U0120281

古代中国内陆

景观考古视角下的古代四川盆地、三峡和长江中游地区

后浪

[美] 傅罗文 著

陈伯桢 著

戚轩铭 译

北京联合出版公司
Beijing United Publishing Co.,Ltd.

致 谢

　　本书初稿是两位作者于 1999 至 2001 年在重庆忠县中坝遗址所做的学位论文。在对遗址所进行的两次田野考察和分析的时间里，我们与来自四川省文物考古研究院和北京大学的考古学家们合作，共同考察了中坝史前食盐生产的专业化问题，并将它置于区域性研究的学术视域内。我们十分感谢我们在中国的同行们，特别是黄建华、曾宪龙、黄晓东、王玉、邹后曦、张钟云、唐飞、钟治和李小波，他们在我们进行研究时从不同方面为我们提供了协助。我们特别感谢研究期间我们在北京大学的导师孙华先生。

　　本书一开始是一个合并了傅罗文（Rowan K. Flad）的偏向以遗址为中心的学位论文和陈伯桢的偏向以区域性角度为中心的著作的尝试。出乎意料的是，这种尝试很快得到了扩展，部分原因是长江上游和中游地区近年来涌现出了很多新的考古发现与资料，部分是因为剑桥大学出版社两位评审人对我们原稿计划书提出的有益建议。

　　当这本书所涉及的范围扩大之时，我们在过去所从事的研究在本书中所占篇幅逐渐下降。这最终促使我们当中的一位（傅罗文）决定独立出版他学位论文中的大部分内容，即是由剑桥大学出版社在 2010 年出版的《古代中国的食盐生产与社会等级制度》（*Salt Production and Social Hierarchy in Ancient China*）一书。本书仍然总结了在那部著作中较为详细介绍的发现，以及陈伯桢学位论文中的一些主要论点。另外，这本书是由剑桥大学出版社独立策划的"早期社会个案研究系列"（Case Studies in Early Societies series）所衍生出的项目。

我们从 2006 年开始写作本书，在写作的过程中，两位作者受惠于来自不同领域专家学者们的巨大帮助。我们很幸运能与中国的同行们，特别是在四川与我们合作了超过 10 年的朋友们一起对我们称为"中国内陆"的这片地区的考古学研究的各个方面做深入的交流。在这些为数众多的朋友之中，我们必须对成都文物考古研究所的江章华、周志清、谢涛、颜劲松、何锟宇、姜铭以及研究所所长王毅特别致谢。在完成了中坝的工作之后，我们开始与成都文物考古研究所合作，着手进行成都平原的考古调查项目，而对这个项目的资料分析将会是这部已经完成原稿作品的主要焦点。这个项目的其他参与者也帮助我们更为全面地理解了这个地区的考古学，他们包括李水城、关玉琳（Gwen Bennett）、乔希·赖特（Josh Wright）、玑玉（Jade d'Alpoim Gudes）、蒂莫西·霍斯利（Timothy Horsley）、埃德温·哈伊奇（Edwin Hajic）。

我们亦从与以下同行的持续互动中受益匪浅，他们包括来自四川省文物考古研究院的孙智彬、雷雨、高大伦，来自四川大学的霍巍、李永宪、吕红亮等。在我们多次到访成都的过程中，他们和其他人为我们介绍了很多有关这个地区的史前史与考古学情况，并为我们接触包含在本书之中的材料提供了便利。我们对于能从某些地方接触一些尚未出版的资料，包括在得到什邡文物局的许可下于2010年1月阅读到有关桂圆桥遗址的资料，表示感谢。我们在分析中坝的材料时亦得益于从专家身上得到的专业意见和协助，他们包括确认植物遗存的赵志军，以及分析动物遗存的汤姆·韦克（Tom Wake）、黄蕴平、袁靖和哈林顿（Harrington）女士。

遗憾的是，我在长江中游的第一手经验较多地受到时间的限制，故这本书较依赖于有关这个地区已出版的材料。尽管如此，我们很幸运能亲自接触个别材料，包括在武汉大学徐少华的陪同下到访湖南的遗址和在会议等其他场合与张昌平、向桃初诸君富有启发性的讨论。罗斌（Robin McNeal）提供了很多有关湖南地区材料的信息，并向我们介绍了对这个地区出土物进行研究的学者们。

很多在中国以外进行研究的同僚对我们原稿的不同版本和多个章节的部分内容提供了大量有价值的回应。马修·利布曼（Matthew Liebmann）、J. 卡梅伦·文罗（J. Cameron Monroe）、迈克尔·弗拉切蒂（Michael Frachetti）对美国人类学学会的会议论文以及傅罗文那些随后发展成为本书基本论点的论文原稿提供了特别有价值的评论。这些观点之所以得以形成，部分是由于在哈佛大学与参加关于贸易和移民考古学研讨会的学者之间多次富有收获的对话；还包括陈伯桢于2011年在哈佛燕京学社的赞助下寓居哈佛并担任为期一年研究员时所开设的一个研讨班。我们必须特别感谢这个哈佛燕京学社，它协助了陈伯桢对这份原稿的部分内容进行修订。我们也必须感谢亨利·鲁斯基金（Henry Luce Foundation）在傅罗文为了上述目的而进行为期6个月的学术休假时提供的援助，以及感谢美国史前研究学会（American School of Prehistoric Research）帮助解决了部分出版经费。

杰森·优尔（Jason Ur）对几个章节提出了有益的建议，而我们亦得到了吉迪（Gideon Shelach）、裴严华（Sascha Priewe）、哈克（Yitzchak Jaffe）和剑桥大学出版社两位匿名评审人对完稿的多个版本所做的有益评论。其他考古学的同行和学生提供了不同形式的建议和协助，他们包括欧弗·巴尔-约瑟夫（Ofer Bar-Yosef）、C. C. 兰贝格-卡罗夫斯基（C. C. Lamberg-Karlovsky）、罗德里克·坎贝尔（Roderick Campbell）、普鸣（Michael Puett）、玳玉、林永昌、梅多（Richard Meadow）、大卫·卡拉斯科（David Carrasco）和其他很多人。史密斯（Adam Smith）帮助我们制作了几个不常见的文字的字体。如果没有得到魏峭巍、廖明英对术语表所做的大力协助和哈克对参考书目所做的工作的话，那么定稿是不可能完成的。大部分地图的初稿由哈克绘制部分或全部，而郭欣谕和谢以萱亦为整理当中的资料提供了协助。詹妮弗·贡（Jennifer Gong）协助我们对原稿最终的校订，而傅罗文亦从吉尔摩·塔米（Gilmore Tamny）、莫妮卡·芒森（Monica Munson），尤其是朱迪斯·巴特勒-文森特（Judith Butler-Vincent）在原稿出版的最后阶段所给予的行政支持中得到了极大的帮助。

我们特别感谢秦岭为我们提供了第3章中提到的关于2009年《田野考古工作规程》的资料，并特别感谢那些允许我们在本书中使用一些照片的同行。成都文物考古研究所的江章华许可我们使用金沙的照片；四川大学博物馆的吕红亮许可使用图3.2；而孙智彬则许可我们使用图7.1；张昌平为图8.4提供了使用许可。在制作本书的整个过程中，我们很高兴得到由剑桥大学出版社比阿特丽斯·雷尔（Beatrice Rehl），以及由阿曼达·史密斯（Amanda Smith）和伊莎贝拉·维蒂（Isabella Vitti）安排的有效率的出版流程。本系列的编辑丽塔·莱特（Rita Wright）同样给予我们支持，并提供了对最终版本结构和内容起到积极作用的编辑建议。

在考古学领域以外的家人和朋友，同样给予了我们极大的帮助。傅罗文必须答谢玛丽·傅罗文（Mary Flad）在编辑上的协助，以及傅罗文家族的其他成员［马吉（Maggie）、哈维（Harvey）、伊桑（Ethan）、里马（Rima）、马泰（Matai），以及刘易斯一家］所给予的鼓励。他也感谢比尔·海耶斯（Bill Hayes）、艾莉森·芒茨（Alison Mountz）、塔玛拉·凯（Tamara Kay）、栎野奈穗美（Nahomi Ichino）、约翰（John）和珍·特德（Jen Todd），以及亚力杭德罗·耶格罗斯（Alejandro Yegros）等人在精神上的支持。最后感谢的是他的伴侣茵·派克（In Paik）无尽的鼓励和年轻的邓肯·灿·派克·傅罗文（Duncan Seongyeol Paik Flad）勉为其难地对爸爸因到中国长期旅行而偶尔失踪给予的谅解。陈伯桢希望将所有荣誉都给予他的父母——陈力和蓝丽华，因为他们对其学术工作给予了无尽的鼓励和支持。他要特别感谢林宜羚，感谢她在他撰写本书时所给予的协助和耐心。

最后，必须感谢我们的导师们，孙华教授、李水城教授，尤其是罗泰教授（Lothar von Falkenhausen）。没有他们，本书将无法完成。我们在与他们的共同工作中学到了很多。近年在四川的工作如果没有李水城教授持续而积极的协助是无法成行的。罗泰教授对于我们成长为学者的过程，以及本书基础想法的形成无疑有着不可估量的影响，而他对所有章节亦做出了批判性的评论。所有仍然存在的错误当然是我们自己造成的，他也可能不认同我们对个别议题的看法。但是，无疑是他协助了我们对那些具有众多争议的资料达成协议，我们亦因为这个原因而将本书献给他。

目　录

第1章

绪　论

（古代长江流域的中心与边缘）

引　言

我们从一个说明开始谈起。对很多人来说，我们错误地使用"中国内陆"（Central China）一词来称呼本书将会集中讨论的那片地区。"中国内陆"这个名词会使人联想到地处中国北部黄河流域那片被称为"中原"的地区，这个地区构成了很多有关中华文明的讨论和对于中国起源的主流叙事的核心部分。但我们所要讨论的地区，其范围涵盖今天的湖北和湖南两省、四川盆地，以及重庆直辖市。它们在那些有关中国文明和中国起源的讨论和叙述中被认为是次要的，并被统称为"中国西南部"（Southwest China）。然而，今天中国的西南部实际上还包括本书未关注的西藏自治区、贵州省和四川西部的山地。由于考古学为现代民族国家赖以为据的发展过程提供了证据，又由于这些民族国家在人们如何收集和分析考古和历史两方面的资料上扮演着关键的角色，故这里以当代中国来界定我们比较广泛的兴趣范围是恰当的做法。同时，四川、重庆、湖北和湖南四个省级行政区正位处当代中国地理中心的南部，而且它们事实上刚好与这个中心相邻。本书将会清楚地说明，人们在研究古代世界的过程中必须审视有关中心性和边缘性的概念。我们对"中国内陆"一词的使用是有争议的，而我们这样做的目的便是希望引起人们对上述问题的关注。

本书考察的是公元前3千纪后期至公元前1千纪后期中国内陆一带各个中心与边缘地区的历时性演变。这是一个社会急剧转变的时期，这种转变对东亚地区的历史发展产生了深远的影响。我们对这个地区的考察属于一种"景观研究"（a study of landscape）。我们将"景观"定义为人群与其居住的环境以及他们与其他居住于此的人群之间发生互动的地理环境整体。尽管有部分学者在运用这个词语时是从比较狭义的角度出发，认为景观呈现的是各种相关现象的空间结构；但我们主张应从更全面的角度来理解这个词。我们接着要将一个景观分解成多个重叠的"概念格局"（conceptual topographies）。这些概念格局以特定空间与个别活动模式的兴衰之间的关系来描述一个地区。政治活动、文化联系、社会记忆、环境变化、历史学的研究传统、认知与经验、仪式习俗以及经济关系等等，上述各项活动的模式均会包括在重叠的格局之中。每个格局都拥有其独特的结构，其中包括强度不一或不同影响力的活动区域。通过对比不同格局的历时性转变，以及重叠格局的集中程度，我们可以了解到景观发展的进程及其与社会转变之间的关系。

人们在描述景观时会倾向于认为某些特定的格局比其他格局更为重要。例如，他们会强调政治与文化的最大影响程度，但却忽视了因此而形成的论述能否有效地描述景观中其他相互关联的部分。在定义那些政治中心或核心地带时，人们会将重点投放在当地政治复杂性的"发展程度"之上（Chase-Dunn and Hall 1991）。这导致他们在对景观进行描述时，会将其他地区贬低到边陲的地位。根据《牛津英语词典》（*Oxford English Dictionary*），我们理解"边陲"的内涵为："那些围绕某种事物的地区、空间或地域；它们是外围，是边缘；它们是一个地区的外围地带；而且是一个与某些……中心距离最远，受其影响最小的地带。"对政治上次要地区的边缘化，并非只局限在它们相对于同时代各政治中心而言所处的地理位置上；那些研究、讨论、解释以及概括他们正在关注的社会的本质的学者亦同样忽视或贬低这些地区的地位。但基于两个重要的原因，这种做法并不能让我们对古时候的景观产生一个正确的理解。

首先，传统以来边陲都被界定为充满影响力的地方。边陲既存在于不同政党和社会群体之内，同时亦存在于它们之外。因此在定义"内团体"（in-groups）与"外团体"（out-groups）、"自我"（self）与"他者"（others）的过程中，边陲往往是一个关键的"概念性空间"（conceptual space）。在历史和民族学的语境之下，对于那些生活在边陲地域的人们以及那些生活在相对于"边陲地域"而言的"中心区域"的人们来说，边陲在他们想象一个共同体的过程中都发挥了作用（Anderson 1991）。当一些地区对于多个核心都是边陲的时候，它们便会成为引来人们争夺的边缘地带。这些边缘地带的影响是多方面的，在某些情况下这些影响更是互不相容的。这些边缘地带大大地刺激了文化交流，人们亦因为它们而有必要构建自己作为某个地方本地人的身份，而在这个发展过程中各种不同的关系将会被纳入考虑之列。在这本著作中，我们会定期将焦点投放在长江三峡地区。在过去的历史中，它一直被视为一个政治上的边陲地区，这导致它在很多考古学和历史学的研究中都受到忽视。自 20 世纪 90 年代以来，当地所进行的水利工程建造了现今全球规模最大的水力发电站（见第 3 章的讨论）。人们因为这项建设而必须对当地的文物进行抢救，这项在近年进行的工作共历时 15 年以上。幸亏这项工程，我们才能够对长江三峡地区进行考察。这场文物抢救工程改变了我们对这个地区的认识，而它在世界考古学史中也是一块重要的里程碑。如下文所述，正由于长江三峡位处多个政治中心之间，该地区成为一个重要且引来人们争夺的边缘地带。

其次，政治格局上的边陲地区有时不仅对区域景观的其他方面而言十分重要，它们也同时对政治中心内部的发展起到关键作用。有些地区对于生产活动或重要的贸易渠道而言是关键的枢纽（例如长江三峡）；尽管这些地区在政治上被边缘化，但它们仍能维持其在经济上的中心地位。在某些情况下，当政治单位的权力高度集中（以及相对较小），大部分概念性格局的核心都会或多或少地聚合在一起。但是，我们相信这是一种例外，并且相信大部分复杂的社会是以那些不会重合但却会相互重叠的格局组成的复杂景观为其特征。就像在现代世界，我们发现商业中心、政治首都及宗教中心往往处于不同位置；我们也能在古代世界看到相同情况。以下为将会在结论部分重提的两个例子：墨西哥中部阿兹特克（Aztec）的那些礼仪性或政治性的景观（Carrasco 1991a）；铁器时代斯堪的纳维亚（Scandinavia）那些文化景观的变化（Thurston 2001）。

本书指出在史前时代后期至信史时代前期这段时间里，有两个政治中心正在中国内陆地区发展。但同一时间，位处上述两个政治中心之间，以及围绕两者的边陲地区正依从自身的轨迹发展，并且

成为各种超地域(supralocal)活动的中心。其中一个最重要的活动
为专门化的食盐生产,它集中于长江三峡地区。长江三峡是这些政
治边陲之一,它位处四川盆地以及长江中游的楚国之间。在四川盆
地的成都平原上,当时出现了一个政治中心。我们将会看到,这些
政治中心地区的发展事实上建基于不同地区之间的互动,而这些互
动是通过诸如长江三峡这些政治边陲地区发生的。因此,我们对政
治发展的理解必然涉及我们对这些政治边陲进行的考察。

再者,一篇只集中讨论政治中心发展的概述将无法解释社会变
迁的过程,这是因为它把促成发展的所有因素都归功于政治中心里
的不同群体。最后,通过解答下列两个具体的历史问题,我们将会
质疑有关描述的合理性。这两个问题为:(1)在公元前最后两千年
这段时间里,四川盆地和长江中游的各个政治中心之间到底发生过
什么事情?(2)同时,如果政治边陲的发展真的对毗连的中心区域
产生了影响的话,这些影响又会是什么?

尽管我们集中讨论的对象为古代中国内陆地区,但我们所提出
的问题既可广泛地应用于东亚其他地区和时期之内,亦适用于任何
关注中心与边陲之间关系的研究之中。在东亚地区,愈来愈多人承
认多个政治中心对于"中国文明"的形成是必需的,人们亦因此认
为必须从这些政治中心之间的关系来理解它们。这种趋势使上述方
法的可能结果变得更加重要(Chang 1986;Shelach 2009;苏秉琦
1991)。随着人们在讨论东亚地区的文明起源时舍弃了目光短浅的
方法,我们清楚地意识到我们不能轻易地界定任何一个政治中心的
影响范围到底为何。那些所谓的"边陲地区"在同一时期与多个中
心互动,这些产生互动的区域对于跨政治实体(interpolity)的交流
而言有时是非常关键的。在某些情况下,"边陲"对于地区景观的某

些方面可能是最中心的部分。此外，在某些时期，或者从某方面而言，所谓的中心亦可能会变成边陲。这里所主张的观点认识到，在有关地区景观的描述中，人们传统以来所界定的中心的重要性。但是，这种观点亦促使我们重视区域史的重要性。区域史不单使我们注意到多层次的景观中各种不同的组成部分，它也突出了一些重要的边陲地区的地位。

在本绪论中，我们将会简略地考察一些区域性的考古学研究——这些研究是上述研究方法的基础。我们会考察人们思考政治、经济、意识形态以及其他格局的方法，并考察边陲是如何在近年有关殖民主义（colonialism）、身份认同（identity）、文化适应（acculturation）、融合（syncretism）以及相关过程的研究中变得愈来愈重要的。最后，我们会简单地介绍本书余下章节的内容。

为"中心"辩护

虽然这看起来可能有些矛盾：我们开始尝试将人们的注意力从传统的对中心区域的重视上转移开，但同时捍卫政治和文化中心仍然作为有用的研究重点的地位。中心地区在任何地区的长远社会发展中都扮演着非常重要的角色。人们普遍认同如下观点，即"一个地方如果没有固定的中心区域，那么该地便不可能有任何文明"（Renfrew 1975：11），这种观点不无道理。在政治格局中，中心指那些通过权威和一体化制度施加影响力的地区。各种政治管制方式都是从这些中心地区发展而成的。

政治中心的重要性与社会的复杂程度有关。复杂的社会由多个互有联系的群体（或家庭）组成。在这些群体中，个人、制度化的不平等，以及一体化和权力机制之间相互依赖的程度都发展得非常密切。这种相互依赖既能团结社会，亦能维持其异质性（heterogeneity）。在一个不平等程度甚低以及较少专门化社会角色的小规模社会里，政治中心并不是那么重要。当较大的群体加入其最高领袖会不时控制大部分地区的政权时，这些个体所居住，并开展能建立与维持社会秩序活动的地方便会成为中心地区，继而成为社会所围绕的枢纽。领袖的居所，及其举办宴会、制定公共决策、举行宗教仪式的地点等均为复杂群体的政治中心。

就地区层面而言，在一个存在着多个超社群政府（supracommunity polities）的地区中，如果某些地方上的居民能够控制着其他群体，那么这些地方在政治上便处于中心地位（例如首都）。这种控制具有多种方式，包括由直接控制到征服、殖民，通过霸权支配以及通过间接方式掌控大片地区（D'Altroy 1992；Hassig 1985，1988，1992；Lyons and Papadopoulos 2002；Stein 2005a）。其他中心地区包括那些支撑政治架构的地方（例如受到政府直接控制的圣地）。因此，人们是通过一些地方在维持相互依存、阶层差异、权力以及一体化的制度中所起到的作用来定义政治中心的。这些制度创造了复杂的社会，且有时促进或控制了资源从政治边陲流向中心的活动。很多描绘地区景观的尝试事实上是在描述由上述政治中心所界定的政治格局。政治中心地区可从规模较小的地方（places）与规模较大的地区（regions）两方面来加以界定，对这些地方进行辨认是区域分析中重要的一环。

对跨地区互动的个别研究方法亦强调了复杂社会的政治中心。例如，由世界体系理论（World Systems Theory，WST）所启发的研究以不同地区中社会的发展程度为基础定义中心与边陲（Chase-Dunn and Hall 1991：5）。由此，中心成为跨地区互动研究得以进行的关键。在世界体系理论的模式刚开始被构建（Wallerstein 1974，1975，1980，1989），以及在随后将这种概念应用到考古学和其他历史语境时（Abu-Lughod 1989；Algaze 1989，2005；Blanton and Feinman 1984；Chase-Dunn and Hall 1994，1997；Frank 1993，1999；Frank and Gills 1993；Gills and Frank 1990；Grimes 2000；Hall 1999；Jeske 1999；Kohl 1987a，1987b；Patterson 1990；Peregrine 1992，2000），这种方法是正确的。中心被理解成在互联的系统中，那些相对其他群体科技更加先进、专门化更为发达、有更多“资本累积”，以及有更为强烈的国家中心意识的地区（Frank 1993；Rowlands 1987：4）。

世界体系理论的研究进路受到考古学家的欢迎，部分原因在于它将学界的焦点放到政治中心化得以发生的区域研究语境中。事实上，有些学者基本将世界体系理论认为是所有承认互动网络重要性理论的简单化版本。例如，弗兰克（Frank 1999：293）声称，当不同地方之间存在系统的联系时，就形成了一个世界体系，“如果不考虑当时或以前在那里发生的事情，就无法理解这里现在发生的事情”。在一般情况下，政治中心化乃起源于那些通过控制各种各样资源发展而成的依存关系（Urban and Schortman 1999）。事实上，世界体系理论的模式是从人们关注历史上各种跨地区依存关系的例子发展出来的。在这些例子中，核心地区开发其边陲的原材料。在互动的开发过程中，这些原材料被提取、再加工以及重新分配（Frank 1966；Peregrine 2000；Wallerstein 1974；Jennings 2006）。总体而言，人们将一个世界体系概念化为一个在经济上自足的系统（Kuznar 1999），这个世界体系亦同时以不对称的政论与经济关系为其特征。

学界对于以世界体系理论解释地区互动的考古学语境这种研究进路，以及在应用这种进路时需要全面修改原始概念这点提出很多批评（Schortman and Urban 1992）。某些评论家强调在地区互动中，奢侈品（prestige goods）的流动削弱了原始世界体系理论模式赖以为据的某些原则（Schneider 1977）。尽管这使部分人否定这种研究进路，但也有其他人试图修订这个概念，借以让其适应不同种类的依存关系（Peregrine 2000；Blanton et al. 1996）。另外，尽管有些人仍然质疑不对称交流对世界体系的重要性，但他们仍然继续使用一般的模式（Chase-Dunn and Hall 1991）。相反，那些认为世界体系进路忽略了"博学的参与者"的"生活体验"（Morris 1999：63）以及地方机构重要性的评论家，倾向于认为世界理论体系模式无法准确地解释跨地区互动，并因而排斥之（Stein 1999a，1999b）。

尽管世界理论体系中的一些部分存有问题，但它在考古学界仍有吸引力，这在20世纪80年代至90年代尤为明显。这种吸引力对于突出政治格局的两大特征有重要作用。首先，一些社区不仅在政治上实力较为强大，比其他群体更有影响力，而且在跨地区互动中也是最重要的枢纽。虽然它们的重要性只能在它们所坐落的那个较为广阔的地区背景中才能被加以理解，但这些政治中心在学术研究中均为重要的焦点所在。同时，世界理论体系的研究进路在引导学界研究那些很可能被忽视的政治边陲方面也有重要的影响。

对政治格局所做的考古学研究很多时候依赖于我们对于"考古学文化"的范围及其多样性的理解。尽管很少明确地从中心和边缘这两方面加以讨论，但人们经常假定由一系列个别特征所界定的

"考古学文化"的地理分布与其政治控制及影响的范围互有关联。若人们不假思索地具体化和接受考古学文化时，它很有可能会出现问题。这问题特别见于那些传统上相对于政治中心被视为"边缘的"，或者是那些由于某些历史原因而没有被全面开发的地区。尽管如此，当我们清楚地界定了考古学文化后，它对于我们的讨论就是必不可少的。这是因为它们反映了过去一些重要的联系（Bashkow 2004；Flad and Chen 2006）。

位于分析中心内的政治边陲

　　尽管确定和考察政治中心有其重要性，而且探讨考古学文化在根本上有其必要性，但我们若只是目光短浅地将焦点投放在景观的这些方面，那么我们便会忽视或边缘化那些与政治发展的论述没有直接联系的地域。纠正这种倾向的一种方法是，有意地将我们的焦点投放在那些如今居于政治边陲的地区。

　　如上文所言，世界体系理论的观点已驱使学者关注更为广阔的地区，而不只是专注于单一社会。这样做的好处是，使研究重点放在其他被忽视的地区（Algaze 2005；Feinman1999；Kuznar 1999）。虽然如此，包括世界体系理论研究进路在内，针对没有明确界限的地区所做的很多研究仍然将重心投放在政治格局与政治中心的影响上。贾斯汀·詹宁斯（Justin Jennings）曾将这种对中心的偏爱形象地形容为中心与边陲之间区际互动的"辐射模式"（radial model，Jennings 2006：347）。这种偏爱所造成的结果是，即使部分学者强调协商而得的周边性（Morris 1999）、边缘（Sherratt 1993）、融合（Hall 1986）及众多相似的过程，但那些在政府看来属于边陲的地区在不对称的关系之中总是被定性为被中心利用的地域，中心仍然是至关重要的。世界体系理论研究意味着比"任何形式的跨政治实体互动"更为具体的一些事情（Parkinson and Galaty 2007：117），但它仍然是通过假设政治与经济中心密切相关，或者是通过从政治格局来描述经济活动这种意图而得以组织起来的。

其他研究地区互动的进路试图通过彻底避开任何中心的概念，以回避这种政治偏见。例如，有关不同领域互动的研究（Caldwell 1964；Chang 1986；Lamberg-Karlovsky 2012；Shelach 2001）至少在理论上避开了对中心的识别，且明确地将研究焦点对准跨地区互动。不同领域间互动的范例，最初是在北美"霍普韦尔世界"（Hopewell world）这个背景下提出来的。在"霍普韦尔世界"中，不同文化传统之间的联系导致变革并形成了一个更为统一的传统（Caldwell 1964）。然而，由于它为区域交流提供了一个静态模型，故该模型没有处理动态过程的能力。这种模型在理解地区景观的有效性方面也经常过于模糊，而且它也无法具体指出导致区域之间互动的本质为何。

我们可以从以下有关地区景观的方法中，找到一个替代方案。这些方法并没有将在政治格局上处于中心的个人或群体完全放在第一位。相反，它们将焦点投放在那些政治边陲上。这些研究将重心放在下列对象上，包括：贸易网络与道路、自然资源的分配模式、宗教场所，以及那些可能已创造了显著而具象征性格局的自然特征。值得我们注意的是，贸易网络的范围很少会与政治中心的影响范围重合。

类似地，研究人群的地域分布、迁移和社会身份建构或转变的区域互动方法表明，这些过程与政治权力的分配模式并不完全一致。

这种分离经由对殖民主义（Gosden 2004；Lyons and Papadoupolos 2002；Stein 2005a）、离散者（diasporas；Chen 2007；Dominguez 2002；Dommelen 2005；Spence 2005；Stein 2002），以及身份认同（Eisenstadt and Giesen 1995；Jenkins 1996）的研究而得到说明。殖民地经由人群迁移、政治中心对人群的管理所引起的征服和经济掌控而得以形成（Stein 2005b：10）。因此，它们与政治权力的网络密不可分，但这也只能被理解为一种位于政治边陲的现象。在那些与故乡有紧密联系的人中间，散居者构成了政治上比较松散的联系，而这种联系在政治上既可以是一致的，亦可能是不一致的（Clifford 1994）。在某些情况下，这些联系与政治中心直接相关，但它们也可能牵涉到想象的共同体和虚构的传统（Anderson 1991；Hobsbawm and Ranger 1983）。处于文化中心之外，以及将拥有截然不同的社会身份的个人与群体并置在一起，这些对于散居这个概念而言是至为关键的。由于不同群体之间的互动可以固化差异，故边界与边陲对于身份的建构与存续是至关重要的（Barth 1969；Eisenstadt and Giesen 1995；Jenkins 1996）。

事实上，一些世界体系理论的研究注意到，互动之中那些重叠的网络有不重合的地方。具体而言，克里斯多福·蔡斯-邓恩（Christopher Chase-Dunn）与哈勒（Hall 1997：54；2000：240）的研究均承认，尽管（政治）中心区域对边陲施加了控制并产生影响，但它们是利用不同方法来进行的，而应利用哪种方法则根据互动的模式来决定。他们将这种模式概念化为一组重叠的"空间边界"（spatial boundaries）。因此，政治和军事活动在控制和一体化方面的程度并不会与散装货物的交换、奢侈品的分配及信息交流在有关方面的程度相同（图1.1）。

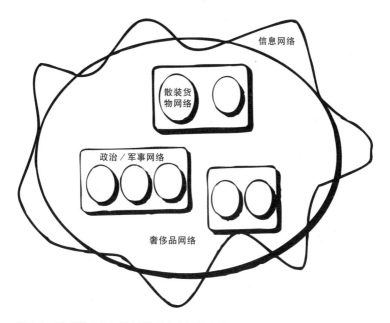

信息网络

散装货物网络

政治／军事网络

奢侈品网络

图 1.1 "世界体系的空间边界"的启发性模型（据 Hall 2000 重绘）

这种方法隐晦地表明，地区之间的互动是由多个实践模式来定义的。尽管如此，它仍将焦点放在由政治定义的，以及在经济上有影响力的中心，这意味着它的解释仍然是由政治所定义的格局中心及其向外辐射地区所关注的事件、行动和制度驱使的（Jennings 2006）。相反，有关边陲、边疆和边界等横贯概念（crosscutting concept）的研究则将政治边陲放在重要的位置。这在当代有关主权与边界的地理学研究［Agamben 1998 (1995)；Hansen and Stepputat 2006；Sturgeon 2005］及古代景观的研究（Morris 1999；Parker 2006；Sherratt 1993）中是很明显的，这些研究承认主权控制的不稳定本质和政治景观的异质性。在此基础上，这些研究强调政治边界的潜在可塑性和边缘地区人群对政治环境的反应和与之关系的可变方式。反之，边陲、边疆和边界被概念化为在众多社会进程中对于社会转变、互动、民族集团形成而言的重要地带（Elton 1996；Hodder 1982；Kopytoff 1987）。

政治边陲已被一些相互关联，但却有着微妙差异的词语所定义，它们包括界线（boundary）、边界（border）、边疆（frontier）和边陲（borderland）（Anderson 1996；Donnan and Wilson 1994；Green and Perlman 1985；Lightfoot and Martinez 1995；Parker 2006；Rösler and Wendl 1999）。布兰德雷·帕克（Bradley Parker 2006：79）中肯地认为我们要区分这些概念之间的不同之处。对他来说，界线是最笼统的概念，它所表示的是一些非特定和普遍的界限或界线，相反，边界则是仅建基于政治或行政单位而设的固定且线性的分界。顺带一提，大卫·安东尼（David Anthony 2007：102）在近期主张这两个词语正好可从两种相反的途径来加以运用。对安东尼来说，边界是一个没有固定意思的中性词，而界线却与"经过严格定义，且通过一些方法来限制活动边界"相一致（Anthony 2007：102）。这两位学者辨析了这些概念的区别，但却选择了一些相同的词语来表示不同的意思。我们在这里将沿用帕克的观点，只是因为边界在口语中的用法似乎更强而有力地表明固定的界线。

边疆是一些相互渗透的过渡性区域，它们"对活动来说是……具有渗透性的，而且很可能是动态的和移动的"（Anthony 2007：102）。边疆有可能是由各种互相重叠的界线所构成的（Elton 1996；Thompson and Lamar 1981：7；Kristof 1959；Lattimore 1962；Lightfoot and Martinez 1995；Rice 1998）。最后，帕克将边陲定义为一些不确定的地区，它们是"围绕或介于政治或文化实体之间的不确定区域，在这些区域中，地理、政治、人口、文化和经济情况或进程可能相互作用，从而产生边缘或边疆"（Parker 2006：80）。因此，边界出现在多个已知的政治实体互动的区域之间，而边疆却被定义为一个文化或政治核心的外部，或是处于这个核心的边缘地区。

帕克（2006）随后有关"边境矩阵"（borderland matrices）的讨论指出了景观不同要素之间潜在的不连贯性（图1.2）。根据休·埃尔顿（Hugh Elton 1996）对罗马边疆的认识——其包括一个由相互重叠的政治、经济和文化界线或界线组合所组成的复杂模型，帕克意识到各个地理、政治、经济、种族、语言、军事和文化的边缘都有着不同程度的流动性，其边境矩阵将不同类型的边界如绳索缠绕般合并和互动的方式概念化（Parker 2006：90）。虽然帕克明确地促使我们将注意力放在边境的环境之上，但这个模型在某些方面是通过辨认景观的多层次特质来建立在"世界系统的空间边界"这个概念之上的。但与"世界系统的空间边界"的方法一样，边境矩阵亦将与政治核心有关的总体性景观概念化。他的模型未能支持有些边界并非位处政治边境之上这个观念。事实上，如果我们承认边界地区的群体受到其核心位置所特有的环境的影响，那么边界地区文化的边界（无论是静态的还是流动的）就无法在边界地区内部找到。将注意力集中在政治边缘，或是那些在非政治格局中属于中心交合点的地方将避开政治格局的这种先天支配权，而我们也能从这些地方探讨不同概念格局之间的关系，并观察它们随着时间推移是如何与另一些地方发生联系的。

当然，我们并非首批关注边缘重要性的学者。上文所引很多

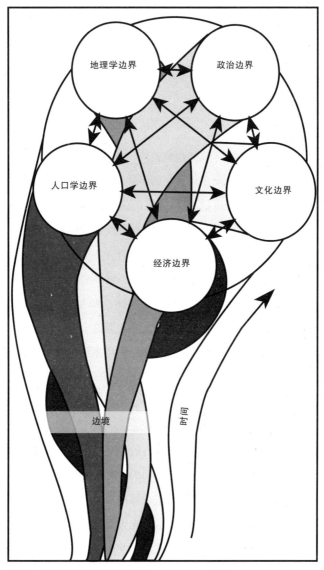

图 1.2　帕克的边境矩阵模型（据 Parker 2006 重绘）

有关边疆、边境和边界的文献已指出，我们在理解整体景观时，每个地方景观都起着关键作用（Ingold 1993：155）。边界和文化边疆能作为辩证互动的背景（Parker 2006：78）。在这个辩证互动即"中间位置"（middle ground；White 1991）中，不同的文化方式得以产生接触，并通过不同过程而合并。这些过程包括：混合（hybridization）、融合、文化适应、模仿（emulation）和克里奥尔化（creolization；Liebmann 2012）。文化边疆能成为民族集团形成的重要背景，这是因为这些过程所导致的文化转变会促进社会身份的建构（Rice and Rice 2005；Rosdeth 2005）。此外，将重点投放在一些通常被政治发展的宏大叙事视为边陲的地方，能使人们对政治发展本身有一些让人惊喜的新发现。例如，迈克尔·弗拉切蒂（Michael Frachetti 2012）最近有关中亚和据称是西南亚核心之间的关系的研究表明，如果人们不是从"所有发展都受西南亚的转变驱动"这个假设开始讨论，那么他们便会开始认为中亚的转变对一个规模更大的宏观地区的发展来说，是有帮助的。将我们的注意力转移至政治和文化边陲的做法，使我们开始发现这个过程。

使政治边陲对区域发展来说变得关键的历程，可能与涉及将景观不同要素组合在一起的环境、文化、经济、仪式和身份背景有关（Kusimba and Kusimba 2005；Stahl 2004）。我们特别注意在考古学学科背景下能从空间上得以调查的要素：政治复杂性、经济活动、仪式行为和环境因素。图1.3介绍了有关几个不同概念格局的理想化但并不详尽的版本。各个图表均代表了个别但遍及同一个物理空间的概念格局中的高峰。诸如政治权力所在地、在沟通和控制方面重要的路线、人口中心等在政治关系中至为关键的特定空间，在这个图表中会由山峰或山脊代表。同样，这个图表亦可代表同一个区域中的经济格局，而其中贸易路线、生产地点、自然资源的来源、市场或其他经济活动将会集中在一起。我们还可以想象地理形势、意识形态、军事活动模式等其他概念在地形学上的图形。尽管很多活动的中心点无疑是会有重叠的，而且我们通常很难，甚至无法梳理政治、经济、仪式和其他类型的活动，但这种思维锻炼却有一定的好处。

在分析中心过程中引进政治边陲的一个好处是，能驱使我们重新评估景观中不同要素在实际上重叠的程度到底如何。在某些情况下，我们可以发现不同地形山峰之间重叠的程度不断上升，这是因为人口中心成为经济、政治和宗教活动的稳固中心。例如，蒂娜·瑟斯顿（Tina Thurston 1999, 2001）对于瑞典贾瑞斯塔德（Järrestad）地区的研究显示，铁器时代出现了从集市、政治和宗教活动等不同中心向合并了上述所有功能的"皇家城镇"的转变。这种模式表明，不同地区之间的关系不是固定的。而这种关系模式的背景是，一个地区的经济和宗教活动中心，无论是偶然还是必然，都与其政治中心分离。

本书架构

本书将建立一个综合而多层次的方法，考察环境、文化、政治、经济和仪式格局在重叠之下的特定历史环境中产生的景观资料，在此基础上推断长时段的社会变化。在随后的章节中，我们将从以上几个方面对三峡地区这个不经意间由原来的中心地带转变为文化和政治边缘的历程进行研究。虽然三峡地区在一个面积辽阔的国家中，可能并不是核心区域人群关注的焦点，但如果将其一直置

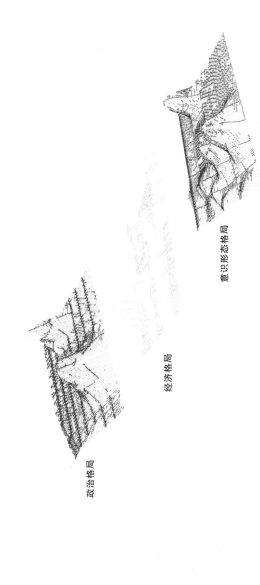

政治格局

经济格局

意识形态格局

图 1.3 概念地形图，显示同一空间中不同行为类型的峰和谷

于一个确实曾存在的集权政治国家的边缘，我们也必定无法对其形成更深入的了解。反之，当这个地区社会生活的各个方面成为分析的对象时，在我们面前便会出现一个更为完整的描述。这里所概述的方法能够应用在任何地理学或社会政治学的背景中。

第一部分将为往后的讨论提供作为背景的概念化信息，而其方法是，先在第 2 章界定我们感兴趣的地区，我们在这里会思考自然环境格局，并对那些我们将会审视其政治、经济和仪式格局的各种子区域进行定义。包括地理环境和生态环境在内的物理环境，是整个中国内陆地区政治发展及景观的其他不同特点相互产生联系的一个重要因素。三峡地区的自然环境对于位处峡谷和周围地区社会的人群互动具有重要影响。这里的社群并不单纯是其自然环境的产物，但自然环境却强而有力地决定了当地的经济、社会、政治和意识形态的发展。

在有关中国内陆地区的考古学研究中，三峡地区直到近年都得不到足够的关注，这很大程度上归因于考古学这门学科在中国发展的一个历史学背景。第 3 章将探讨这个背景，并指出了该区域以前被关注和忽视的领域。这一历史学的研究背景必然会影响我们对古代中国内陆地区的政治、经济和仪式互动所做的结论。

在准备妥当之后，我们在第二部分会将注意力转到中国内陆地区的文化和政治格局之上。在这部分的三个章节中，我们将对传统历史和考古学研究中对社会发展的叙述进行探讨。在第 4 章中，我们将会对四川盆地进行考察，特别是成都平原，那里在公元前 10 世纪时建立了"蜀国"。第 5 章涵盖的内容为长江中游地区，它在楚国存在的大部分时间里都是该国的政治中心。第 6 章将介绍位于三峡地区的重庆，它在传统上与诸如"巴"等历史情况模糊的群体有关。对于三峡地区的考古学认识，在最近几年才取得了一些进展。

随后，三峡地区将会成为第三部分的焦点。我们在这个部分中会思考中国内陆地区的经济、仪式和宗教格局。在第7章中，我们将考察诸如资源开采、贸易和交易等经济活动的考古学证据。这章试图综合与中国内陆三个子区域的原始经济活动有关的大量证据，继而将焦点放在三峡地区食盐生产这项特定的活动上。我们认为，这个区域的食盐生产是促成长江三峡与东西两边区域互动的主要因素。但是，我们不能简单地将三峡地区理解为成都平原或长江中游中心地区的被开发的边缘地带。相反，从它本身的角度而言，它必须被看成对中国内陆广大地区发展至为关键的一个交流和互动区域。

虽然经济因素在对跨域互动所做的考古学研究中是一个共同的焦点，但仪式、宗教和意识形态在近年同样被认为是对互动过程至关重要的因素（Brück 1999；Fogelin 2007，2008a；Insoll 2004；Kyriakidis 2007；Rappaport 1999；Steadman 2009）。尤其是凯瑟琳·贝尔（Catherine Bell）在其著作中（1992, 1997），通过考察宗教仪式是如何涵盖日常生活、传统、观念、规则、神圣性和表演性——这些使仪式活动在考古学上变得可以识别的属性（Bell 1997；Fogelin 2008b；Insoll 2004），从而把注意力集中在宗教和仪式习俗的物质方面。通过这种途径，我们可以理解仪式活动在仪式参与者的社会身份建构与重构过程中扮演的重要角色。

第8、9章将思考仪式活动的格局。我们将特别关注三种类型的仪式的遗存：留存着有价值遗物的祭祀坑；动物卜骨，它被用来减少某种情况下的不确定性；作为葬礼产物的墓葬，在葬礼过程中，生者和逝者的社会身份都得以确立。这些仪式活动的遗址都有着独特的空间格局，而这些格局与之前数章描述的政治和经济格局既有差异又有所联系。这些差异和联系阐明了仪式和宗教格局是整个景观的重要组成部分。

通过比较不同景观的这些特点，我们希望揭示出各种整合过程对本地人想象他们自己、他们的文化或人群关系及他们所居住的环境的影响。每种景观都为内陆中国提出一个与其他景观不同的故事，而唯有将它们放在一起，才能勾勒出这个互动与历时变化的整体景观。在最后三章，我们将焦点放在三峡地区的做法将摆脱传统以来受历史学驱动的、对有关某些国家（诸如楚或蜀）政治版图所做的讨论。相反，这种做法将会揭示"地方认同的发展"（Shelach and Pines 2006：219）和位处政治边缘的当地居民与移民应对及适应与"中心"区域有关的部分习俗的过程（Smith 2003）。

第一部分

设置舞台

我们对于中国内陆景观历时性转变的理解是由两种基本格局组成的:(1)人类社会在这个区域内发展的环境背景;(2)考古学研究史,即这个区域考古研究的历史与发展情况。这两种格局随着时间而转变,前者与本书聚焦的时段同时,而后者则贯穿这个区域考古研究的所有内容。在这两个章节中,我们将考察这些格局和它们转变的轨迹。

　　第2章讨论的环境格局是由人类社会赖以建立和发展的自然地理条件定义的。环境状况包括影响群体互动方式的地理形势和气候状况、人们获得的自然资源,以及某些时候在塑造人类社会方面扮演重要角色的特殊社会(extrasocial)因素。地理形势帮助我们厘清交流的路线和活动的地域界线;气候、水文学和环境的其他动态方面都形成了包含影响人类行为的各种风险和回报的不同景观。我们对这些动态因素的理解固然是不完整的,这是因为这种理解是依赖像碎片一样的考古材料形成的。尽管如此,我们仍能略述那些对本书聚焦时代的内陆中国社群活动造成影响的环境转变，而且能确定那些令特定位置变得适宜定居的地理环境（诸如是否可获得水源和其他自然资源）和那些令其他位置不宜居的因素（包括沼泽地、洪灾和获取资源的困难程度）。

在第3章中，我们将讨论学术研究史对我们理解古代内陆中国造成的影响。在表面上，史学因素与环境状况非常不同。但是，学术研究史的图景是我们对这个区域形成理解的基础。显而易见的是，我们只能根据现存的资料来重构内陆中国的发展史，尽管现存的资料必然存在历史研究的偏见。为了理解历史研究为什么会极度集中在某些领域上，我们必须考虑到这些研究得以进行的史学背景。

在内陆中国，从最早的历史学家开始直至20世纪的主流看法预先决定了史学研究的脉络。这种看法认为，这个区域对于那个以中原为中心的历史叙事来说，在本质上是次要的（Wang M. 2010）。这意味着作为一个整体，中国内陆在中国历史中是一个"边缘"区域。此外，在中国内陆地区内部的某些地区，例如三峡地区，在所谓"蛮夷之地"的语境中仍然是次要的。这些观点形成了一种研究模式，这种模式为我们在第二部分和第三部分中讨论政治、经济和仪式格局奠定了基础，其重要性不亚于环境格局。

第2章

中国内陆的环境

引　言

中国内陆的环境为那些组成古代景观的各种社会和文化格局设立了物质性的舞台。正如上文所说，中国内陆指长江的上游和中游（27°N—33°N，103°E—116°E），包括今天四川省、湖北省、湖南省和贵州省等地的部分地区，以及重庆直辖市（图2.1）。这个区域的海拔范围，从长江中游平原不高于50米（平均海拔）开始，到成都平原西部和西北部的山峰、长江三峡北部巫山神农顶的超过3000米。

中国内陆由长江这条要道及其支流支配。在中文里，"长江"这个名字指出了这条水道的惊人长度（从其源头喜马拉雅山①开始到其在上海附近的出海口止，其长度约为6380千米）。长江的各个部分都有自己的名称。"扬子"（Yangzi）曾经只是用来指代从长江出海

---

① 此处"喜马拉雅山"应为"唐古拉山脉"之误。——编者

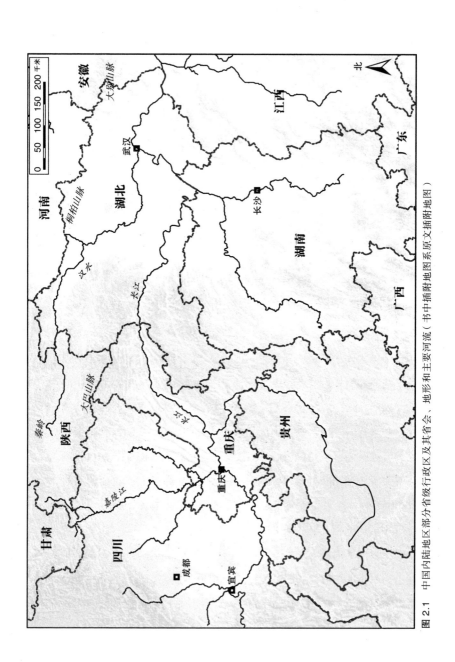

图 2.1　中国内陆地区部分省级行政区及其省会、地形和主要河流（书中插附地图系原文插附地图）

口上溯约 300 千米的最后一段河流，但在 19 世纪，仅仅对这个区域有所体验的西方人将这个说法延伸至现代意义上的整条河流。长江与其支流流域接近 180 余万平方千米，流域内人口则超过 3.5 亿（Shaw 2004；Van Slyke 1988）。

长江今天的水道之所以出现，是印度-澳大利亚板块在 4500 万年前撞击亚洲板块的结果。这次撞击导致喜马拉雅山和青藏高原的隆起，并形成了深深的褶皱，成为几条主要河流的河道，这些河流从高原地区流向印度洋和南海。在长江上游（本地人称为"金沙江"）的山脉地带中，这条河流与东南亚其他数条主要河流的河道，即萨尔温江、湄公河、布拉马普特拉河、红河、伊洛瓦底江并行奔腾（图 2.2）。这些河流不间断地向南流动，不过，长江在石鼓却因为一片名为"云岭"的石炭纪石灰岩山脉的阻挡，而突然转向北方。这种水道的改变使西蒙·温彻斯特（Simon Winchester 1996：354）将云岭称为"中国很多生物的中轴点"。在这个重新定向的位置中，这条河流已流经超过其总长度一半的河段，以及其所经高地的97%。然而正是在这里，由于这条河流进入了四川盆地并稳定流向东方，长江便肩负起它在人口稠密的中国内陆区域的重要角色。

鉴于在史前和早期历史时期，这条河流在交通和跨区域交流方面扮演着的中心角色，故长江是沟通中国东西的重要通道之一。但与此同时，这条河流也经常被视为划分中国北部和南部的界线。第一条横跨长江下游的桥梁直到 1968 年才建成，河流南部的地区在语言、文化和政治方面都与中原各地及位于华北的国家首都存在差别。另一个真实无误的情况是，位于长江干流北岸的社群，以及位于源出北方而汇入长江的支流沿线的社群，在很多方面都与"南方"相似。对于四川盆地和长江中游流域的社群而言，这点尤为准确。

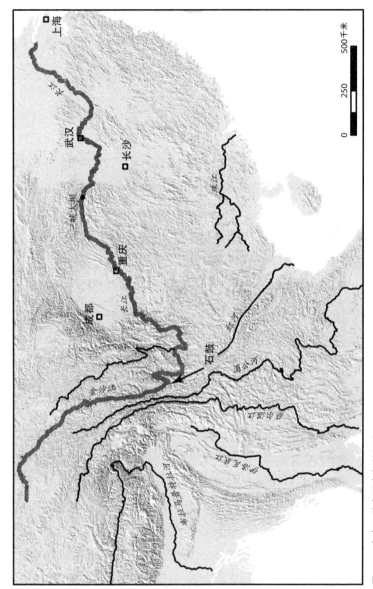

图 2.2 东南亚及中国南部的河流

事实上，位于长江中下游北部的河南、安徽、浙江^①等省的淮河流域，更加适合作为南北之间的文化分界线。位于长江中游北部和覆盖河南南部的大别山和桐柏山脉，通过分隔黄河和淮河流域的华北平原与长江流域的江汉平原从而划分了南方和北方。渭河南岸的秦岭是进一步向西延伸的分界。从这个意义上来说，与其说长江是南北的分界线，倒不如说是中国南方心脏地带的主要动脉。

从靠近宜宾的四川盆地，到上海周边的平原三角洲，在其下半段向大海行进的过程中，长江跨越了多样化的低海拔地区。在最初的 500 多千米内，它的平均海拔从宜宾的约 500 米下降至重庆的约 250 米。它在这里与另一条支流，即嘉陵江汇合，在随后 1700 千米的河段中，它的海拔下降平均值仅为每千米 15 厘米。

当与中国北方的黄河流域及其支流进行比较时，长江流域在很多方面都与前者存在差异。如从早期开始，黄河流域居民的生业普遍由黍类作物支配，而长江盆地的社群则更为倚重稻米（赵志军 2005）。同样，这些广阔地区在新石器时代对动物的利用也有着本质上的不同。黄河流域的社群相对较快地驯化和使用牲畜，而长江流域中游和下游的居民从新石器时代到青铜时代仍坚持依赖捕鱼和狩猎为生（Yuan et al. 2008）。

当然，长江流域内部也存在差异，长江的不同河段在很多方面也有着相当大的区别。例如，在石鼓地区改变方向之前，长江最上游的部分穿过有着形形色色的植物群和动物群的陡峭的高海拔地带，这种环境与长江最接近太平洋的非常平坦的下游冲积地段极为不同。在本章中，我们会将焦点放在构成中国内陆地区的长江的三

---

① 此处"浙江"应为"江苏"之误。——编者

个区域上：西边的四川盆地、东边的长江中游地区和位处中间的三峡地区。在本章，我们主要关注地理形势和气候。我们将会看到，在第二部分成为讨论焦点的人口中心，一般位于河流附近地势相对较低的肥沃地区，具有潜在的农业和交通优势。自然环境的第三项要素：天然资源的分布及其开发历史，将会是第7章讨论的主题。

地理形势

四　川

今天的四川省由两个主要的地形区组成（图2.3）。四川西部包括平均海拔为3500米高的崎岖山脉，构成了约250万平方千米的青藏高原东部。这个区域的大部分土地在1939—1955年是一个名为"西康"的省份。四川东部主要是丘陵盆地，它的平均海拔介于250—750米之间，而覆盖的范围则有大约26万平方千米，大约占该省总面积的54%。我们将集中讨论四川盆地及其毗连的地区，至于四川高原的考古学，则留待其他时间和地方再另行讨论。

四川盆地是上文所述喜马拉雅山上升形成的副产品。印度板块和亚洲板块相撞导致印支造山运动（由地壳的上升和折叠导致的山脉形成过程），其时特提斯海覆盖了东南亚大部分地方，包括北方的四川。由于周围地势出现转变，这片海洋被切断，并在约6000万年前被陆地包围。

这片内海在上新世中期（约340万—160万年前）消失，这使四川因为其四周的山脉而与周围的地区分隔开来：在西边，喜马拉雅高原突然大幅度上升；在盆地的北面，秦岭及其余脉则攀升至平

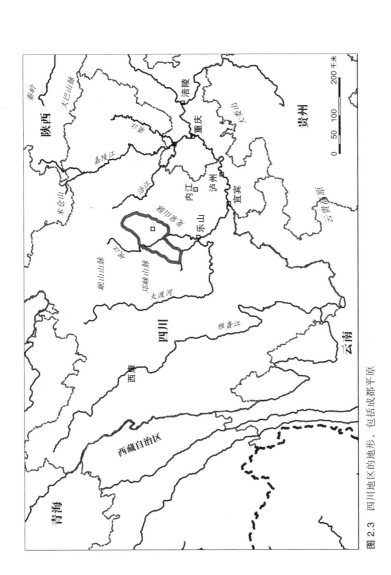

图 2.3　四川地区的地形，包括成都平原

均海拔 2000—3000 米高，这使四川盆地与渭水流域分隔开来；在东面，秦岭东南部名为大巴山的延伸部分分隔了四川与长江中游地区的汉水流域，这种分界向南延伸至巫山。在 116 万—75 万年前，三峡与长江穿过了这片连续的山脉，这些山脉北边的山峰平均海拔在 2000—3000 米，而南方山峰的平均海拔则约 1000 米高（Li J. et al. 2001；Xiang et al. 2007）。位于四川盆地的南部和东南部的云贵高原上升至平均海拔在 1000—2000 米的高度。盆地四周这些崎岖地域相当陡峭，并被水流迅疾的山间溪流分割。凡此种种，都使这些地区不适合成为早期农业群体的居所。这片因此可被定义为"盆地"的地区可被分成三个子区域：西北部的成都平原；位于中部的中心丘陵和嘉陵江走廊；东部一系列的平行山脊和山谷。

成都平原是四川盆地唯一一片广阔的平坦土地，作为一片有着大约 8000 平方千米面积的地区，它是中国西南面积最大的平原（图 2.4）。这片平原是由八块坡度为 4% 的从西北到东南倾斜的冲积扇构成的，这些冲积扇则在整片平原形成了一个枝状的排水系统（四川 1996a：381）。这些冲积扇是由从平原北部到西部冲出岷山和邛崃山的河流形成的，这些河流在第四纪时期又在整个平原上形成了接近 300 米厚的沙砾地层。在都江堰进入平原区的岷江是当地最大的河流（专题 2.1）。

从都江堰开始，岷江冲积扇最北边的支流朝东南偏东方向流至新都区，并成为流入沱江的贡献性支流。很多河道亦流进沱江，沱江流经成都平原北部，穿过构成成都平原东部边界名为"龙泉山"的山脉，并在南边和东南边经过内江市最终在泸州汇入长江。沱江流经成都平原东部的山区和嘉陵江流域的西部。岷江冲积扇的其他河流和它们的支流则在成都平原南部的尽头再次汇入岷江。在乐山

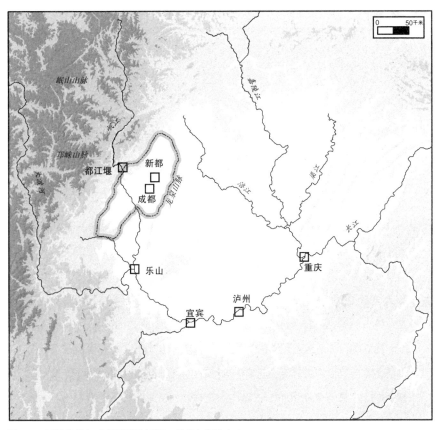

图 2.4　四川盆地与成都平原的河流、城市与行政中心

这里，大渡河汇入岷江，后者则继续向南流动，直至它在宜宾汇入长江为止。

专题 2.1

都江堰

都江堰因为一个在公元前 3 世纪中期由李冰（约公元前 3 世纪）所建成的水堰而闻名，李冰于公元前 256 年被秦国任命为蜀郡地方长官。这一复杂的引水系统将岷江在水流高峰时期的部分过剩水流和泥沙分流到一个单独的灌溉渠道。这个系统在超过 2200 年的时间里有效地解决了洪水泛滥和泥沙沉积的问题（彭邦本 2006；四川主编 1986；孙吉 2006；孙吉与邓文 2006；邹一清 2005），并于 2000 年被联合国教育、科学及文化组织（或联合国教科文组织）列为世界文化遗产。

我们尚不清楚这个系统在秦时究竟多大程度上改变了成都平原景观的特质，但我们知道早至公元前 3 千纪时，村落已经遍及这片平原（王毅 2003；王毅与蒋成 2000；王毅与孙华 1999；又见第 4 章），故在水堰建成之前，这个地区已有社群出现。此外，我们知道在都江堰的水堰建成之前已存在着较早期的分流系统（如在今天成都的方池街；成都与成都 2003；王毅 1991b）。但近年的研究显示，平原北部和西部的社群是很稀少的（成都 2010）。因此，在这个治水系统被引进之前，最接近都江堰的地区有可能因为洪水泛滥和泥沙沉积问题而处于危险之中。

成都平原一直都是四川考古研究主要关注的对象，多年的考古学研究有助于组织对这个地区在新石器时代和青铜时代社会结构的讨论。在三星堆出土的文物（第4章会做讨论）更被认为是以成都地区为中心的政治组织的证据，而有文献记载以后的阶段至历史上的蜀国时期（约公元前316年之前），该地区一直存在一系列复杂的社会。相对四川盆地其他部分而言，成都平原是我们最为了解的地区，它将会是随后章节的地理学焦点。

在东边更远的地方，四川盆地的中心部分是一个由嘉陵江及其支流支配的丘陵地区（图2.3）。从其源头甘肃南部①开始，再经过陕西和四川省到汇入长江的重庆市为止，嘉陵江所流经的地理距离为1119千米，其主要支流为西边的涪江和东边的渠江，两者均在重庆合川汇入嘉陵江。嘉陵江流域中心山丘的海拔介于250—600米，面积为105,000平方千米。这些山丘由水平的侏罗纪和白垩纪砂岩与页岩层构成，且有陡峭的山体和稀薄的堆积土层。

就理解早期不同社群之间的宏观地区关系而言，嘉陵江流域最终将会被证实是一个关键的地区。历史文献视这里为巴国在公元前1千纪最后300多年的中心（Sage 1992），令人遗憾的是，到目前为止这里只进行了为数甚少的田野调查，而嘉陵江流域在跨区互动中的角色亦因此仍然得不到充分的了解。未来的研究则很可能会填补这个空白。

盆地最东边的土地由一系列平行的山脊和山谷组成，它们向东北延伸约30度。山脊的高度从西边的平均海拔约1000米下降至东边的平均海拔约700米。这些山脊与中心的山丘一样，都是由砂岩

---

① 嘉陵江应发源于秦岭北麓的陕西省宝鸡市凤县代王山。——编者

和页岩形成，但由于上述的地壳运动，它们的地层以一定的角度突出。这些山脊形成了一系列阻隔四川盆地本身和盆地东部边界长江东北部河段交流的屏障，它们紧靠着长江河流的交汇处，并最终在奉节汇合。下文将要讨论的三峡地区第一部分则正位处这个地方。

从考古学的角度而言，这片地区因长江西边的山脊被分成多个部分，只有为数甚少的考古调查曾在这里进行，而第 3 章描述的三峡大坝工程则在过去 10 年间开发了这片与长江最接近的土地中的众多资源。由于这些遗址和三峡的遗址在文化与历史学之间的联系，我们在其他章节对这个地区的讨论也将包括在那些集中讨论三峡的部分中。

除却四川盆地这三个主要的子区域，盆地东南边的乌江流域在四川地理形势上是第四个主要地区。乌江向北流经 1100 千米的土地，并经过云贵高原大娄山陡峭的峡谷，直至它在重庆涪陵与从南边来的长江汇合为止。乌江与岷江、沱江和嘉陵江一同构成了四条河的组合，而人们则经常认为它们正是"四川"（四条河流的行政区）所指的事物。

"四川"一词可追溯至宋代（960—1279），而它实际上是指今天该省东部沿着河流而设的四个行政区（任务强与任新健 2002：29—31）。第一个行政区益州路，包括成都平原和周围的地区，与岷江有关。第二个行政区梓州路，包括盆地的中心部分，并包括沱江水系和嘉陵江中游、涪江和渠江流域。嘉陵江上游的水系以及周围的山脉构成了利州路。最后，夔州路包括乌江流域和长江上游从三峡开始的河段。在元代（1271—1368），"四川"首次成为省级行政单位的名称。

乌江流域在过去同样只得到很少的考古学方面的注意，但第 9

章所讨论的一个位处小田溪的青铜时代晚期高等级墓群，为三峡上游地区的社群研究提供了重要的资料。小田溪墓群也与巴人群体及他们在当时的社会结构有关。

总的来说，四川盆地的自然地形可再被分成四个基本的区域：成都平原、嘉陵江及其支流、四川东部的平行山脊和乌江流域。成都平原在这些区域中最受考古学的关注，但人们对其他区域的了解却很贫乏。每个区域的地形状况都非常不同，而它们在气候方面则只有细微的差异。作为一个整体，盆地的地质学史使它在地形学上与东部和北部的地区有所不同，这种情况促使中国内陆的这一地区出现了一个较为独立的文化发展历程。

长江中游

中国内陆的东部包括从三峡至鄱阳湖的长江中游河段（图2.5）。长江中游是一个地壳下陷的区域，当中包括了一系列从白垩纪时期开始由长江和汉水这两条主要河道，以及洞庭湖和鄱阳湖这两大湖泊（及其支流）形成的冲积平原和湖沼平原，这些湖泊很可能是在相对较晚的时期因为河流流动形成的（Fang 1991）。就北边而言，海拔高度介于500—1000米的桐柏山和大别山山脉将这个地区与中国北部的中原分隔开来。在桐柏山的北面，河流流进黄河和淮河排水系统；而在这些山脉的南面，河水则流入汉水并最终汇入长江。大别山南端、长江和幕阜山的北部，以及长江的南部界定了中国内陆东边的界线，这条界线刚好是鄱阳湖四周平原的上游。今天湖南省的高地和低地构成了这里讨论的长江中游区域的南部范围。长江中游的西界，其北端是被三峡穿过的大巴山和巫山，其南端为云贵高原的东北端。我们因此界定的长江中游地区可以分成三

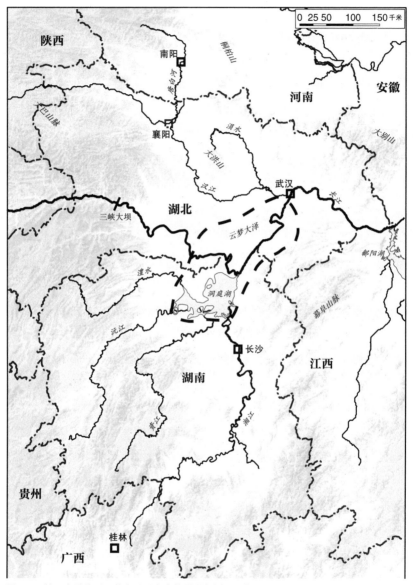

图 2.5 长江中游地区，其中显示高度的阴影与图 2.1 相同

个子区域：南阳盆地、江汉平原和洞庭湖平原（李峰2006：319）。

南阳盆地的海拔高度介于80—140米，包括一批流进唐白河和在之后于襄阳市汇入汉水的支流。这片盆地以三面的高地为界：西部是大巴山，而北方则是秦岭山脉的东侧，东部的桐柏山分隔了盆地和淮河水系。就南部和东南部而言，南阳盆地通过两片地势相对较低的地区与江汉地区连接：西部的汉水流域和东部的涢水通道。它们被大洪山分隔，大洪山覆盖面积为330平方千米，顶峰海拔超过1500米。

尽管南阳盆地的新石器时代文化与中国北部的文化序列（cultural sequences）有关联，但这个地区对于第4章讨论的中国内陆政治格局来说也是很重要的——它有可能是在公元前1千纪时期统治长江中游的楚国最初的政治中心。随着扩张，楚国主要的前进方向促使其势力沿着汉水南进入江汉平原西部的江陵地区。

江汉平原是一片面积广阔而人口密集的低地，并与面积广阔的云梦大泽的北部和周围的低地连接。平原大部分土地的平均海拔为50米，而其边缘地区的高度则介于50—200米（湖北1997：274）。这片平原的特征为低而平坦，其中也包括散布在平原上的、由之前盆地散落下来的河流沉淀物形成的山丘。在这片平原中，云梦大泽在西边从江陵开始延伸170千米至东边的武汉（谭其骧1982：29—30），其覆盖的面积约为8000平方千米，它有可能是在约公元前2千纪初发展至其最大的面积（羊向东等1998），并从汉代（公元前206—公元220年）开始保持为一个大型的沼泽地。这片沼泽地的大部分地方现在已成为由汉水东流河段灌溉的农田。但在本书讨论的时期内，这个地区的大部分地方都是湿软而不适合居住的，有着一些向南流入沼泽的支流，并且经常发生洪灾（Tong 2000；Yin et al.

2007；朱诚等1997）。这片沼泽的排水道在中古时期出现，而在20世纪，为农业目的而重新开垦湿地的活动，加快了这片沼泽的排水速度。

尽管湿地遍及江汉平原的大部分土地，但在本书讨论的史前时期和早期历史时期中，这个地区某些地方则作为长江中游地区政治、文化、经济和意识形态格局中的中心节点。从最早的时期开始，我们便可在江汉平原西部发现与长江中游新石器时代早期文化有关的遗址。在公元前2千纪，在平原东部发现的遗址表明，与中原的商代王朝有着稳固联系的社群在武汉附近建立，它们与沿着涢水流域建立的北方政治实体亦有联系（见第4章有关盘龙城的讨论）。在公元前1千纪，平原的西部成为楚人的核心地带，他们在靠近云梦泽的西北部建立了带有大型城墙的聚落和规模巨大的墓葬群，其中包含了数百座土坑墓。

洞庭湖位处江汉平原的南部，它是由四条河流及其支流汇合而成的。从西到东，这些河流为澧水、沅江、资江和湘江。湘江是其中最大的河流，从其源头，即接近桂林的广西开始，它主要向北流动，全长856千米。在汉代，当云梦大泽仍是一大片湿地时，洞庭湖比近年它所覆盖的4300平方千米的面积要少很多，而它可能要近至2500年前（Fang 1991：528）或稍早的时候（湖南省志编纂委员会1987：560）才开始形成。洞庭湖随后成为长江中游主要的洪泛区和中国最大的淡水湖。近年的土地开垦使它今天的面积在旱季缩小至约2800平方千米，但它在泛滥时的面积则为上述的好几倍。

长江流域最早的农业聚落见于其河水流入洞庭盆地的澧水流域。我们甚至能在湘江支流的上游河段找到一些包括晚更新世（Pleistocene）时期陶片的早期遗址。洞庭湖和其支流因此是中国内陆文化发展的重要中心，但在后世将长江中游与中国北部联结起来的政治进程中，这个地区被边缘化了。考古学发现表明，湖南支离破碎的地理环境与其整个青铜时代多样性的文化和政治格局十分相似。

中国内陆长江中游地区的三个子区域受到的气候影响稍有差异，而它们的水文和地形有着实质性的差别，与其他人口聚集区的距离也有较大差别。尽管存在着这些差异，遍布这个地区的聚落仍相当一致地位于河道附近的二级台地上，而由于河流的下切作用和侧向的侵蚀过程形成了新的平原，这些聚落亦会经常迁移（朱诚等2007）。

三 峡

位于四川盆地和长江中游低地之间的是三峡。在我们的讨论中，我们会将三峡地区分成两个主要地段：西边的万州地区和东边的三峡本身（图 2.6）。

在万州地区，从涪陵到万州区之间的长江河段主要是在四川盆地东端两个东北向的山洼之间流动。在万州区，这些山脊的方向转向东方，而河流则跟着向东并在奉节逐渐汇集于三峡。长江这一河段两边的大部分区域，以位于名为"万州盐床"的沉积层上起伏不平的山丘为特征（《万县地区盐业志》编纂委员会 1991：52；图2.6）。在过去 10 年的调查中，人们在这个地区的长江及其支流的沿岸地区发现了很多考古遗址（见第 6 章）。

三峡本身由长江从奉节到宜昌三个连续而狭窄的峡谷组成：瞿塘峡、巫峡和西陵峡。这些峡谷是长江在燕山造山运动（约1.9亿—1.3亿年前）中形成的一系列山脊向下切割的结果——这与四川盆

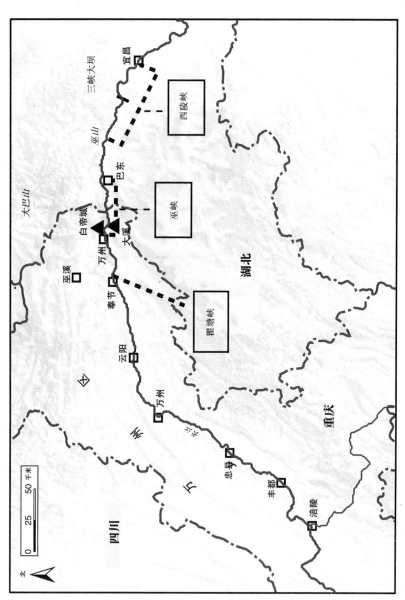

图 2.6　三峡地区

地东部平行山脊的形成过程相同。

瞿塘峡是三峡中最靠西也是最短的峡谷，它只有 8000 米长。周围山峰的平均海拔可达 1000 米，是长江穿过的七曜山背斜层的一部分（Shaw 2004：57）。这里最引人注目的特征为在峡谷入口处形成的夔门：由中生代石灰岩和砂岩构成的垂直悬崖（图 2.7）。夔门作为东汉时期（25—220）名曰"白帝城"的防御性堡垒而著名，这个堡垒在三国时期是重要的军事据点。夔门和与之相关的湍流使长江这段河道在古代难以被横越。

从瞿塘峡向下，在河道南岸的正是大溪这个新石器时代遗址。这是大溪文化这个重要的新石器时代中期文化的典型遗址，这类文化主要分布在长江中游地区（见第 5、6 章）。沿着这个峡谷继续往前，大宁河从北边汇入长江，而这里便是巫峡的起始地方。这个峡谷的长度为 45 千米，并且是长江穿过的巫山背斜构造的一部分。

从巫峡之下的巴东开始一直到湘江与长江汇合为止，四周的地形较之前者不再那么陡峭，长江随即进入由一系列较矮小而又各不相同的峡谷所组成的西陵峡。尽管河流中的许多暗礁在 20 世纪被移走了，但它们还是影响了这个峡谷的早期交通。在这个地区，四周的山体主要为有很多溶洞的石灰岩峭壁。尽管这个环境有着明显吸引人的地方，但内尔斯·C. 纳尔逊（Nels C. Nelson）在 20 世纪 20 年代对洞穴所做的调查显示，几乎没有证据表明它们曾被当作早期聚落（见第 3 章）。事实上，遍及这些峡谷的那些已被考证的考古遗址大多是距离河岸相对较近的露天遗址。

在纳尔逊的开创性研究之后，考古学家却又都忽视了三峡，但这个地区在近年却因为三峡大坝的建造而成为人们关注的焦点（见第 3 章）。这个地区有一些旧石器时代和新石器时代早期的遗物，

图 2.7　夔门（照片由傅罗文在 2007 年 3 月拍摄）

而后者则与长江中游的新石器时代中期文化有着一些相似的地方。相比之下，青铜时代的早期遗物则与成都平原的三星堆材料有着密切关系，但青铜时代晚期的遗物却有相当的本土风格和独特性。第6 章将详细地讨论这个地区的文化发展历程。

陡峭的峡谷本身、汇入这些峡谷的狭窄支脉，以及构成四川盆地最东端的长长的平行山脊，都限制了该地区的人口流动，并影响了该地区古代社群的生存方式。此外，长江在这一地区湍急而汹涌的水流也影响了交通的便利，以及这个地区对中央集权的政治控制的适应性。这些环境特征在塑造古代三峡不同社群之间及这些社群与其他地区社群之间的关系方面，扮演着重要的角色。

气　候

中国内陆以温带亚热带气候为特征，这种气候促成了常绿阔叶林和相对多样性的动物群。这个地区的气候在根本上受到青藏高原在约 5000 万年前、喜马拉雅造山运动时的上升导致的季风影响。东亚盛行风和气候模式的季节性转变在约 1000 万—800 万年之前是相当明显的（An Z. et al. 2001），并有可能在更加早的时期便已开始（Sun and Wang 2005）。由于季风系统在中新世晚期加强，东亚大部分地方的季节性和夏季的降水量都有所提升。这些明显的季节性季风发生时，亚洲大陆相对于海洋的温度上升引起了压力梯度，从而推动低纬度气流进入内陆，在亚洲大陆南部地区形成夏季降雨。

中国内陆在整个全新世（Holocene）时期主要受到东南部夏季的季风气候模式影响（即东亚季风），这一季风从太平洋吹来，并遍及中国东部 40°N 以南的大部分土地。这个过程在冬季会逆转，这是因为西伯利亚的高压得到加强，寒冷干燥的空气从而从较高纬度的地区流入中国（An Z. et al. 2000；He et al. 2004）。东南部地区的降水量较大，这里季风的状态较为强劲，并往北部和西部一路减弱。夏季季风在很多年都较弱意味着南部有更多雨水，而北部则有更多干旱的情况。强力的夏季风意味着北部有更多雨水，但南部的降雨则较少。超过 60% 的年降雨量集中在 6—8 月这些夏季的月份。

现今气候状况

中国中部地区虽然大致属于同一气候带的一部分，但它们现今的年温度和降水状况却互有差异。例如，因为四周的山脉，四川盆地相对长江中下游地区来说有着更为温暖的冬季气候。1 月平均气温为 5℃—8℃，而夏季的温度则更高，约为 26℃—29℃（表 2.1）。周围山脉的年降水量介于 1500—1800 毫米，而盆地的年降水量则为 900—1300 毫米（Zhao S. 1994：234）。冬季特别干燥，相对于 7 月有 150—200 毫米的降水而言，整个盆地在 1 月的降水量只有 10—30 毫米（四川 1996b：18—22）。整个盆地全年相对湿度的平均值约为 80%，且不会有太大的波动（四川 1996b：42）。冬季太阳辐射的平均时间和强度相对来说较低（每月 40—95 小时），而两者在夏季（8 月）则达到最高峰，大约为每月 150—200 小时（四川 1996b：37—39）。

表 2.1　中国内陆平均温度和降水量

	年气温（℃）	一月气温（℃）	七月气温（℃）	年降水量（毫米）
四川盆地	16—18	5—8	26—29	900—1300
长江中游	15—17	2—6	25—30	700—1700
三峡	15—17	～ 5	27—28	1000—1200

　　成都平原的平均降水量为 1000—1300 毫米，稍微比四川盆地的其他地方高（刘清泉 1997；忠县 1994）。由于周围山脉的原因，平原西部边缘的年降水量甚至更高（多达 1700 毫米；四川省地方志编纂委员会 1996b：19）。平原的平均温度与整个盆地的平均气温几乎完全相同（约 16℃—18℃），虽然平原的夏季温度较低，但两者的季节性模式是颇为相似的（四川省地方志编纂委员会 1996b：102）。尽管嘉陵江流域和四川东部平行山脊的夏季可能极为炎热，气温高达 40℃ 以上，但两地的温度状况却与四川盆地的平均温度相符，它们的平均降水量稍微比整个盆地的要低。

　　长江中游不同地区的年平均降雨量均有所不同，其涵盖范围由南阳盆地北部边缘地区的约 700 毫米，到西南云贵高原以山丘为主的东北部和东南幕阜山的 1700 毫米以上（湖北 1997a；湖南 1987）。江汉平原的年平均雨量在 1000—1300 毫米，而洞庭湖地区和南边其支流流域的年平均降水量则在 1300—1400 毫米之间。在更远的北方，陕西和河南大部分的降雨发生在夏季后期和秋季，而长江中游超过 70% 的雨水是在 3—8 月下降的（湖北 1997：365）。1 月的气温介于南阳盆地的 2.5℃ 到洞庭湖南部的 6.0℃ 之间，这比四川盆地要冷几摄氏度。江汉平原的冬季温度最低，它有时会跌过 −20℃。在夏季，7 月的气候炎热，其平均温度达 25.5℃—30℃。长江中游低海拔地区的年平均温度为 15℃—17℃，而南边更远的湖南的年平均温度更高。在这里，冬夏两季太阳辐射的差异要比四川盆地的稍大，部分原因在于季风气候（冬季为每月 44—130 小时，夏季则为每月 190—280 小时；湖北 1997：369）。

　　三峡的气候模式受到周围地形的影响，从东南边而来的季风系统受到长江中游地区西部高地干扰。当地年平均温度约为 15℃—

17℃，而年平均降水量约为 1000—1200 毫米（蓝勇 2003：3）。在峡谷东端的巴东地区，峡谷内的 1 月相对较暖，平均温度约 5℃，很少会低于 –10℃（湖北 1997）。夏季同样炎热，平均温度约 27℃—28℃。但是，四周的山脉却比之要低几摄氏度。河流北边的高地同样更为干燥，南边和东南边的高地却比之更为潮湿，这是因为巫山南部范围和云贵高原东北部每年的平均降雨量超过 2000 毫米。万州地区上游更远的地方年平均温度为 18℃—19℃，比三峡要暖和，而当地 1 月的平均温度为 6℃—8℃，7 月的平均温度为 27℃—29℃（四川 1996b：101）。这个地区的年太阳辐射介于四川盆地和长江中游流域的年太阳辐射之间，在 8 月达 230—250 小时（四川 1996b：37）。

总而言之，中国内陆的气候状况温和，其冬季的温度一般在冰点以上，其夏季则炎热和潮湿。即使如此，在中国内陆的子区域中，其本地状况仍然有所不同。上文讨论过的物理地形对天气模式和季风强度的影响是造成这种差异的主要原因。亚热带气候有助于覆盖这个地区的常绿阔叶林的生长，而其温暖的程度亦足以产生多种农业季节。值得注意的是，三峡大坝的竣工可能会为这个地区带来明显的气候转变。2003 年，当新大坝完工之后水库水位高度上升至平均海拔 147 米时，当地的天气模式已经变得颇不稳定。很难说这些短期的波动与大坝有关，但我们在未来数十年应要密切监测气候状况来评估大坝的影响。

古代气候

现今的气候状况明显没有反映过去的平均温度和降水量（Jarvis 1993；Keightley 1999a；Yi et al. 2003；竺可桢 1972）。对全新世古气候的研究尤其证实了全新世这段较早时期与今天的数项差异，这包括一段全球气候状况最为理想的时期，其时温度较为温和且降雨量比现在多（Winkler and Wang 1993）。在东亚，另一个历时的趋势包括，在全新世早期至中期季风强度达到最高水平，但随后其强度则有所减弱（An Z. et al. 2000；He et al. 2004；Kutzbach 1981；Kutzbach and Gutter 1986；Wang Y. et al. 2005；Zhao Y. et al. 2007：51）。根据一些研究，最理想的气候状况发生在公元前6500—公元前1000年［虽然古气候研究报告通常用距今多少年（bp或kaBP）来标明年份，但我们在这里用"公元前"，从而使本书保持一致］，而约公元前4500—公元前3500年则为最佳时期（Shi et al. 1993，1994；He et al. 2004：61）。不过，上述研究遭到了部分人的质疑。一段被确定为"全新世事件3"的气候紧张时期被认为发生在约公元前2000年的北半球，部分学者将大约发生在这段时期的一些文化消亡现象与这起事件联系在一起（Wu and Liu 2004；An C. et al. 2006；孙华与陈德安 1991；Tang et al. 1996；Tao et al. 2006）。因此全新世的气候与今天的状况不相同，且它也是不稳定的。

　　事实上，全新世的数据表明潮湿和干燥、温暖和寒冷的状况都有着周期性的变化（Chen F. et al. 2007；Wang Y. et al. 2005）。这些气候循环与太阳辐射的波动、内陆冰川活动海洋，以及大气的循环有关（Wünnemann et al. 2007）。尽管全新世的循环并没有如末次冰盛期（24,000—14,500年前）或新仙女木期（约12,700—11,600年前）那般剧烈，但有关波动频繁而有规律，约每隔1500年发生一次（Madsen and Elston 2007：71；Mayewski et al. 2004：244）。在一段时间内，诸如微弱的夏季季风导致东亚北部每隔一段时间就会发生干旱，包括公元前5000—公元前3000年、公元前1000

年，以及约公元 1000 年的严重干旱事件（Chen F. et al. 2007）。这些与人们在约公元前 3000—公元前 2000 年、公元前 2200—公元前 1800 年、公元前 1000—公元前 500 年和公元 800—1000 年观察到的在全球发生的急速气候转变有关（Mayewski et al. 2004：246）。微弱的夏季季风同样意味着中国南部有可能出现更潮湿的时期。上文提到的"全新世事件 3"时期似乎就是一段较寒冷的气温和微弱的夏季季风导致中国北部干旱和南部洪水泛滥的时期（Wu and Liu 2004）。

此外，全新世时期的气候不单是不一致，季风摆动的强度及其影响，以及气候的趋势同样没有在整个东亚同步地发生（An Z. et al. 2000；Chen F. et al. 2006；He et al. 2004；Wu X. et al. 1994；Zhao Y. et al. 2007：62）。因此，抽取其中一个子区域的数据并将之应用到其他区域的做法是有问题的。例如，用来支持全新世早期到中期东亚有着理想气候这个说法的证据表明，这种理想时期在整个地区是发生在不同时间段的（An C. et al. 2006；An Z. et al. 2000；He et al. 2004；Wu X. et al. 1994），而它可能无法作为全新世中期气候普遍的特征（Chen et al. 2006）。虽然中国北部的降水量在公元前 8000—公元前 5000 年达到最高水平，但长江中下游流域的降水量要到公元前 5000—公元前 3000 年才达到顶峰（An Z. et al. 2000）。

我们很难重构中国内陆古气候的准确特征。对宏观环境趋势的笼统描述主要建立在从其他地区得来的资料上，而从某个地区得来的资料则是零星不全的，其中包括长江中游湖泊、四川盆地南部和云贵高原西南部湖泊的花粉研究成果。理论上，从考古遗址收集到的动物遗骸对于评估气候，以及检验自然资源的开采和谋生活动同样提供了有用的资料，但对气候细微波动的评估需要我们聚焦在微生物领域，而中国尚未对这部分全新世晚期遗址进行这类研究。

有关中国内陆的资料并没有全面出版，对这些零星的资料进行讨论要求我们查阅那些引用了多种从未出版资料的二手文献（An Z. et al. 2000；He et al. 2004；Jarvis 1993；孙华与陈德安 1991；Wu and Liu 2004）。与四川盆地最为相关的是几项曾对中国西南地区包括云南、贵州、广西诸省和川西高原所进行的研究。

例如，从四川西南部杀野马湖得到的两批花粉颗粒为我们提供了这个地区的一组数据（图 2.8；Jarvis 1993）。这些颗粒反映了四川盆地和喜马拉雅高原连接处在全新世的气候状况，在这里，东南亚和南亚季风影响了气候长达数千年之久。从杀野马湖得到的花粉数据显示该地区气候在公元前 7100—公元前 5800 年得到改善，这是因为桦木树（Betula）和落叶栎数量下降，而松树（Pinus）和数类落叶阔叶树的数量却有所上升（Jarvis 1993：333），常绿栎树同样变得随处可见。毒芹（Tsuga）的花粉在随后有明显增加，这显示当时出现了微弱的夏季季风系统和持续增加的季节性降雨，截至约公元前 2000 年，冬夏两季的温度差距一直在收窄。其时，气候稳定了长达约 3000 年。虽然我们因南亚季风东移而无法得知其作用，但上述模式的一部分经由额外的花粉数据和有关这个地区其他气候代表标示得到证实（Jarvis 1993：335—336）。

以四川西部西昌附近的螺髻山的花粉数据（李旭 1986；李旭与刘金陵 1988）为例，在约公元前 6000—公元前 1000 年这段时间内，原本不断变化的植物群落转变为包括中生针叶树和中生落叶植物在内的硬叶阔叶类植物（He et al. 2004：54；Jarvis 1993；Wang J. et al. 1990）。在东部稍远的地方，贵州威宁草海湖和云南、四川检测到的湖水深度的波动，为我们描述云贵高原的降雨量提供了资料。这

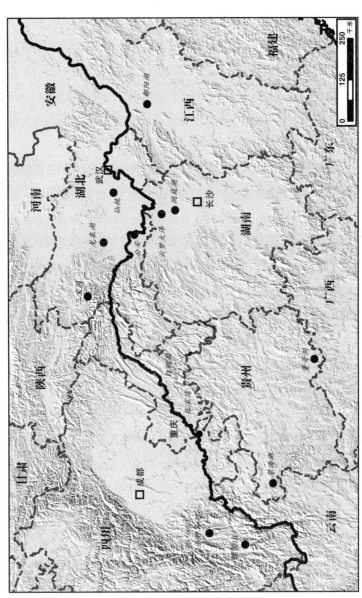

图 2.8 文本提及的古气候研究所涉及的地方

种描述显示在距今 12,000—10,000 年前降水量甚多，而在其后全新世的其余时间里，降雨量已转变为中等。另有些证据说明在公元前 4000—公元前 1000 年出现了例外，其时降雨量有所上升（An Z. et al. 2000：747；林树基与郑洪汉 1987），在更远的南方，靠近贵州荔波（董哥洞），对洞穴堆积物中一个 9000 年的石笋进行氧同位素比值序列的研究表明，季风强度在公元前 2400 年左右突然下降（Wang Y. et al. 2005）。这与其他说明在这段时间发生气候转变的证据，即上文提及的"全新世事件 3"相吻合（Wu and Liu 2004）。

　　上述的数据全部来自云贵高原，对四川盆地的研究更为零星。近年对盆地内第四纪气候研究的例子只局限在从嘉陵江沿岸梯田获得的花粉数据，以及根据对张家湾花粉的分析而对气候转变做出的模糊讨论（罗伦德 1989；孙华与陈德安 1991；朱诚与于世永 2003：203—205）。

　　在长江中游，全新世的数据稍微多一些。这些数据表明，在全新世的理想时期（对这个地区来说，可能在公元前 5000—公元前 3000 年），平均气温比现在高 2℃（Shi et al. 1993）。这些数据有对三宝洞、湖北神农顶氧同位素，以及江汉地区龙泉湖和神农顶大九湖花粉的高分辨率数据（Liu G. 1988；Zhou M. 1985，如孙华与陈德安所引 1991）。三宝洞的石笋数据显示公元前 7500—前 4500 年这段时间的湿度最高，并显示在随后整个 6000 年里，季风强度逐渐下降（Dong et al. 2010）。已公开的花粉数据表明，整体花粉沉淀比在约公元前 8000 年有所上升，这点可能反映了气候最适宜期的开始（李文杰主编 1992；孙华与陈德安 1991，当中引用了 Liu G. 1988 和 Zhou M. 1985）。随后，适应温和气候的阔叶林树种出现了增长，诸如胡桃科的青钱柳属（*Cyclocarya*），石柯属

（*Lithocarpus*）的山毛榉、栎树（*Quercus*）和枫杨（*Pterocarya*），以及针叶树，包括云杉（*Picea*）、枞树（*Abies*）和毒芹。这些花粉共同显示了江汉地区气候的季节性有所减弱。公元前3000年后，多样性开始增加，而草本植物的花粉数量亦有所上升，这或许显示了更为寒冷或更为干燥的状况（孙华与陈德安 1991：540）。

我们可以在这段描述中加上其他花粉证据。湖北公安县的4组花粉记录了每隔一段时间便会出现的数次寒冷期，其中包括发生在公元前2500—公元前2300年的寒冷期，它标志着全新世最寒冷的时期，或这个地区气候适宜期结束时所发生的气候振动（Tang et al. 1996；Wu and Liu 2004）。人们也已从鄱阳湖（Editorial 1987：63—69）、洞庭湖（张晓阳 1991；张晓阳与他人 1994）、云梦大泽（谭其骧 1980）、仙桃（羊向东主编 1998；Wu and Liu 2004）收集了更多的花粉颗粒，它们都提供了进一步的补充性证据（An Z. et al. 2000 引用了所有的证据）。

对这个地区湖泊水位进行的相关研究表明，公元前6000—公元前5000年的降雨量相对较高。江汉平原公元前2600—公元前500年的数据显示了一段相对较湿润的时期（Xie et al. 2005）。这个地区的洪水泛滥在这段时期非常严重，而洪水泛滥又再一次与"全新世事件3"有关（Wu and Liu 2004；朱诚主编 1997，2007）。部分人认为洪水泛滥的原因是季风的增强（朱诚等 1997），但其他人反对这种说法，并将南部降雨量的上升与较弱的季风系统联系起来（Wu and Liu 2004：162）。然而，从公元前1000年以后，湖泊水位一直处于中等水平，直至现代较低的蒸发率导致这一时期湖泊水位再次升高。

我们在长江中游和三峡都找到了洪水泛滥的证据，三峡大九

湖的花粉证据也支持我们在长江中游观察到的一般趋势。峡谷其他
有关史前气候的直接证据局限在考古遗址中的动物和大量植物的资
料中。例如，我们发现公元前 2000—公元前 1000 年有大象和犀牛
遗骸的存在，这表明这段时期的气候较为温和（蓝勇 2003；Flad
2005）。在其他情况下，那些可靠的气候资料只局限在很晚的时期
和那些历史文献中。这些资料包括重庆涪陵白鹤梁的 103 篇铭文，
它们中最早写成的时间为公元前 763 年，并与长江河水的深度有关
（重庆市博物馆 1983a；图 2.9）

　　我们很难根据现有证据来评估当地全新世时期气候转变对中国
内陆文化发展造成的影响。气候状况无疑是自然环境的重要组成部
分，在这种自然环境之中，人类社区得以建立和发展，而气候的剧
烈波动能影响到人群谋生的策略并在极端情况下影响到社会制度。
但一般来说，全新世的气候波动相对轻微，它们的影响也因为社会
习俗和制度之间根深蒂固而又错综复杂的关系得以缓和。

结　语

　　本章介绍的所有资料一同勾勒了三峡环境两个重要的方面：地
理形势和区域性气候状况。有关讨论为构成本书余下大部分内容的
考古资料做好了准备。

　　四川盆地和长江中部地区是中国内陆的人口和政治中心，这些
地区地势较低，土地肥沃，可以从多个方向进入，而且地形多变。
在四川盆地中，成都平原这种地方因为容易遭遇洪灾而变得不适
宜居住，但它却在公元前 2 千纪和公元前 1 千纪成为政治中心（见
第 4 章）。这个地区拥有丰富的动植物资源，邻近多条可以航行的

图 2.9 重庆涪陵白鹤梁题刻(由罗泰于 1999 年 3 月 15 日拍摄。我们在得到他的允许下使用了这张照片)

河道，这为人们进入附近山区、与更为遥远的社区进行互动带来便利。尽管长江中游的情况更为复杂，但我们看到的那些政治中心化程度最高的地区同样位于低地、接近水道，从而让当地人得以获得资源，而且受到来自不同方向的影响（见第5章）。在洞庭湖和成都平原，这种格局无疑因为频繁的洪灾变得复杂，其结果之一似乎是人们对土木工程和其他形式的水利工程的投入，而这些工程亦有可能刺激了公共机构的出现。

相比之下，三峡的自然地形同时受到长江上游和下游相互制约和相互促进的作用影响。尽管三峡的高地在史前有着一些小规模的社群，但在考古学上我们对这个地区认知甚少，而那些存在过的聚落并没有强力地融入地区网络之中。相反，长江沿线及其支流与长江汇流处附近的遗址，与其他地方的政治和文化中心之间有着更为密切的联系。

我们首先介绍景观的这些方面并不是为了表明环境预先决定了历史的发展，相反，我们相信它建构了人们的生活方式和不同地区的人得以互动的途径。正如我们在第二部分所看到的，这些因素似乎确实在整个历史时期使三峡与外界隔离，并阻断其与更远的地区互动。但我们首先要将视线转向另一个在建构我们对中国内陆的理解方面至为重要的因素，即对这个地区的学术史回顾。

第3章

史学及其研究史

（中国内陆的考古学史）

引　言

考古学是一门通过系统地研究物质性遗存以重建过去人类活动模式和理解这些模式为何出现的学科。考古学家非常依赖物质遗存各个方面的背景关系（contextual relationships），背景（context）为我们提供并不存在于遗留对象本身，但却承载着与过去人类行为有关信息的线索。19世纪出现了一种明确的考古研究方法，涉及对历史背景的系统性关注，尽管其知识根源可以追溯到更早的时代（Trigger 2006；Willey and Sabloff 1993）。

考古学作为一门学科的起源在不同地区有着相当大的差异，这归因于围绕思想生活的社会环境的不同，以及过去的思想与现在产生联系的多种途径的差异。区域考古学史（一个地区考古研究的历史和发展）强调了那些研究所集中或忽视的地区。在中国考古学中，中国内陆有些地区偶然会成为考古学特别集中讨论的对象，但它因被认为是历史叙事的边缘区域而更经常被人忽视。在中国内陆，那些得到最多注意的地区提供了大部分可用的资料。因此，中国内陆的历史研究情况从根本上影响了我们理解古代多面景观的方式。

在本章，我们将聚焦1949年中华人民共和国成立后开始的考古学的研究脉络。这段时期的考古学从古物学和早几个世纪之前开始的研究物质文化的早期科学方法发展而来。1949年之前，考古学很少关注到中国内陆；1949年之后，尽管长江中游一直比四川盆地和三峡地区受到更多的关注，成为研究的重点，并且近年在成都平原的考古发现（第4章将专门对此做讨论）使人们对长江中游这个地区的关注得以上升。但中国内陆的很多地区在历史学研究上仍然属于边缘位置。

1949年以前对中国内陆的古物学和考古学研究

中国考古学起源于传统中国古物收藏家的活动、外国人的收藏活动和20世纪早期发展科学的考古学的早期尝试（Chang 1981；陈星灿 1997；卫聚贤 1937）。我们必须留待其他时间才能对这个地区的考古学史做一个详尽的论述。不过，我们将在这里提及一些为20世纪后半叶的考古学做准备的重要发展节点。

我们只有零星证据来说明宋代和清代（1644—1912）的古文物研究者在中国内陆的活动。例如，在四川发现的一些宋朝时期制作的铜器最近成为人们了解宋代古物研究情况的一个焦点（Moser 2010a：246—267，2010b）。1118年于今天湖北孝感发现的古代青铜器，便是宋代古文物研究者收藏长江中游地区古物的一个例子（李学勤 1991；刘昭瑞 1992）。有证据表明，清代的古物收藏家们对四川地区有所了解，但这一证据的来源却令人难以置信。19世纪晚期，一位名为阿尔伯特·艾蒂安·让·巴普蒂斯特·特林·德拉库韦里（Albert Etienne Jean Baptiste Terrien de la Couperie，卒于1894年）的法国学者将一个新发现（在当时尚未充分理解）的哈拉帕印章视为中国起源的物件，他将这个印章形容为"数年前在接近拉合尔的哈拉帕废墟中发现的刻有四川或夏文字的石印"（Dames 1886：1，在Lahiri 2005：25被引用）。"夏"所指的是四川的蜀，这明显证实了来自四川地区的早期蜀印章已经为人所知。

相比当地的收藏家，19—20世纪的外国古文物研究者在中国内陆更为活跃。1840年鸦片战争以后，中国被迫向外国开放整条长江，开放对象包括"西方军事家和政客、商人、传教士、冒险家和动植物搜捕者"（Liljestrand 1933—1934；Lynn 1997：xvi），"地质学家、植物学家、考古学家和民族学家"在三峡下游河道沿岸来回穿梭（Hart 1888：2）。在这些冒险进入长江中游和上游地区的旅客中，较为值得注意的是诸如1868年秋收集四川各种各样标本的生物学家谭卫道（Jean Père Armand David，1826—1900；Bishop 1990）、复原三峡地质过程的地质学家庞佩利（Raphael Pumpelly，1837—1923；Pumpelly 1866）和首位确定四川盐床的地质学家李希霍芬（Ferdinand Freiherr von Richthofen，1833—1905；Richthofen 1870，1872；四川省地方志编纂委员会1998d）。一些到这个地区旅游的外国人收集了考古学的样本。例如，贝德禄（Edward Colborne Baber，1843—1890）在中国内陆旅游时，在重庆发现了两件精致的石斧（Baber 1882：130）。

受到基督教传教士和其他外国思想家的强烈影响，收藏活动在20世纪早期开始加速（Glover et al. 2011；Kyong McClain 2009）。法国军医谢阁兰（Victor Ségalen，1878—1919）是第一批被记录的来川人员之一，1909—1918 年他在中国居住，并在 1909 年和 1914 年两次到访四川。谢阁兰在第二次旅程中进行了一次考古学调查，包括记录遗址和发掘相传为三国时期公主"鲍三娘"的墓葬（图 3.1；Dumasy 2007；Ségalen et al. 1923—1924）。在下一个 10 年里，成都白马寺附近的青铜器成为收藏家们密切关注的焦点（Li 1985：205）。瑞典收藏家奥瓦尔·卡尔贝克（Orvar Karlbeck，1879—1967）在安徽寿县地区获得了大量战国时期（约公元前 475—公元前 221 年）的青铜器（Karlbeck 1955），而来自日本和西方的收藏家则开始从整个地区购买文物。

1922 年 3 月 24 日，在成都的华西协和大学，一个名为"华西边疆研究学会"的组织在一次西方传教士会议上成立（Beech 1933—1934）。这个学会的章程表明其目的是要"促进中国西部边疆和西南各省的科学研究"（Morse 1922—1923: 2）。学会的几位成员开始进行考古学性质的考察和研究，包括托马斯·库克（Reverend Thomas Cook）牧师、A. J. 巴特（A. J. Barter）博士和其儿女、弗里曼（Thomas Freeman）院长、莫蒂莫尔（W. J. Mortimore）夫人、戴谦和（Daniel S. Dye），和可能是最重要的叶长青（James Huston Edgar，1872—1936）等人在早期所从事的收藏活动。叶长青从 1913（郑德坤 1957：18）或 1914 年（Dye 1924—1925：63）开始便在长江和岷江沿岸的许多遗址中收集了文物，而他收藏的文物被称为"中国第一批在地收藏"（Dye 1936：18）。他通过地表采集的遗物确认考古遗址，是古物收集向科学考古过渡的里程碑式的第一步。

尽管成都的华西边疆研究学会中有几位学者在为它工作，例如谢阁兰早期的发掘和叶长青最初收藏的三峡文物，但只有一支从外国来的科学探险队明确地将重点放在中国内陆地区的考古材料上。

图 3.1　1914 年谢阁兰和在昭化县（今四川省广元市昭化区）据称是鲍三娘墓葬的发掘团队，以及奥古斯都·吉尔伯特·奈尔伯斯（Augustus Gilbert Neighbors）和昭化县的当地官员（照片是在得到巴黎吉美国立亚洲艺术博物馆和法国国家博物馆联盟的允许下使用的，来自 Art Resource，NY）

这支探险队在1926年由内尔斯·C.纳尔逊（专题3.1）带领，它是美国自然历史博物馆中亚古生物考察团（Central Asiatic Expedition of the American Museum of Natural History）的一部分。中亚古生物考察团主要集中于搜集动物学、古生物学、民族学和考古学的材料来使美国自然史博物馆那个刚刚建立的空旷展厅放满展览品（AMNH 1917：26）。1922—1923年和1925年的两次长途考察都集中在戈壁沙漠地区或邻近地区（Nelson 1926），但中国的政治事件和普遍的不稳定局势迫使罗伊·查普曼·安德鲁斯（Roy Chapman Andrews，1884—1960）和他的团队在1926年调整他们的计划。

专题3.1

内尔斯·C.纳尔逊

他是1892年到达美国的一位丹麦移民。由于他谨慎地注意发掘方法和对物质文化的历时性转变做出的开创性研究，他被认为是"美国考古学"诞生过程中最有影响力的考古学家之一（O'Brien 2003）。抵达美国后，他在加利福尼亚大学成为阿尔弗雷德·克虏伯（Alfred Kroeber，1876—1960）的学生，他的研究领域主要集中在美洲史前原住民遗存，特别是加利福尼亚沿海的贝丘遗址和美国西南部的普韦布洛（Pueblo）遗址（Nelson 1919，1933）。

长期以来，纳尔逊一直被誉为美国考古学的"革命性"人物，因为他是第一批（如果不是第一个）认识到通过用地层排列遗物以获得遗物之间相对年代序列的人（O'Brien 2003: 65; Browman and Givens 1996; Spier 1931; Woodbury 1960a, 1960b）。纳尔逊与阿尔弗雷德·V. 基德尔（Alfred V. Kidder, 1885—1963）以及曼纽尔·加米欧（Manuel Gamio, 1883—1960）一道，不仅认识了叠覆律（law of superposition），而且意识到挖掘的方法必须通过记录遗物的地层位置来利用这套规律（Browman and Givens 1996）。这些研究标志着计算年代变化方法的转变，或人们从强调地层的共时特点转移至强调历时的特点（Lyman and O'Brien 1999: 61）。

　　纳尔逊在转变过程中的角色从他跟随克虏伯修得艺术硕士学位之后、进入美国自然历史博物馆开始。纳尔逊正是在美国自然历史博物馆从事西南部的研究的时候，开始运用与地层叠覆相关的遗物来"建立连续地而非间断地计算时间的精密计时器"（不连续是指，在从石器时代到青铜时代，或从青铜时代到铁器时代的过渡中，技术的不断创新；O'Brien 2003: 70）。然而，虽然纳尔逊对西南部考古学文化的年表建构和考古学方法奠定了他的名气，他在1913年参与发掘西班牙北部卡斯蒂略洞穴一事却与其在三峡的研究更为有关。参与这次挖掘的其他人中，步日耶（Abbé Henri Breuil, 1877—1961）和德日进（Pierre Teilhard de Chardin, 1881—1955）是另外两位与早期中国考古学有着深厚关系的人（Browman and Givens 1996; O'Brien 2003; Osborne 1931; Woodbury 1960b）。这次经验除了深深地影响到纳尔逊对于地层学的思考方式，还明显使他意识到格兰杰（Granger）在三峡地区确定的石灰岩洞穴和岩洞居所的潜在价值。

由格兰杰（Walter Granger，1872—1941）领导的一支古生物学团队在三峡地区的早期工作使美国自然历史博物馆在该地拥有了一席之地，正是这个基础使纳尔逊的考古团队得以将工作的中心转向这个地区（郑德坤 1957：18；Granger 1932；Read 1939：24—26；Reeds 1932）。纳尔逊首先对先前在地面发现的遗址进行试掘，发现了数块骨头和陶片（Nelson 1932）。在持续数月的时间里，这个团队在峡谷中考察了石灰岩洞穴，砂岩、砾岩和页岩悬壁以及隐蔽居址。通过纳尔逊所说的"随机性的抽样调查"，他们沿河走了230多千米，并沿着支流远足。这个团队沿着河道共调查了122处地方，大部分沿峡谷向内延伸 50 千米。他们还考察了 367 处洞穴和隐蔽居所，当中的 139 个（38%）在近年或现在都是有人居住的。他们也记录了另外 316 处洞穴和隐蔽居所，在这些隐蔽的地点中他们找不到任何史前人类的证据，只找到少量新石器时代社群的痕迹。

纳尔逊在三峡的开创性工作虽然只局限在一个季节，但它却标志着这个地区考古学的真正开始。然而，这一最初的尝试并没有促进美国自然历史博物馆更多的后期工作，也没有激起人们对三峡的兴趣。相反，诸如葛维汉（David C. Graham，即 Ge Weihan，1884—1961）、郑德坤（1907—2001）和冯汉骥（1899—1977）这些华西边疆研究学会成员却从 20 世纪 30—50 年代推进了对这个地区所做的研究，但无论是四川还是三峡，都不受国家层面考古发展领域的特别关注。

葛维汉是一位在四川的传教士，他为这个地区的民族志和考古学研究做出了重要贡献（Kyong-McClain and Jing 2011；McKhann and Waxman 2011）。他最著名的举动是 1933 年在三峡地区组织和指导了一次得到报道的发掘工作（图 3.2），这可能是自谢阁兰 1914

年在汉州（即今天的广汉）的考古遗址进行了初步的工作后，在四川地区第一次正式的考古发掘。这些发掘工作的起因是 1929 年当地富农燕道诚在机缘巧合下找到一些石环，这些发现在 1931 年得到了当地传教士董宜笃（Reverend V. H. Donnithorne）的注意（Dye 1930—1931；Graham 1933—1934）。发掘工作由一名姓罗的地方官员指导进行，而有关发掘方法的事项则由葛维汉决定（Graham 1933—1934：115）。这些研究人员当时不知道的是，这个现在被称为"三星堆"的遗址还包含两个祭祀坑，而祭祀坑中埋藏着的遗物，在 50 年之后被发现时，将给中国考古学带来巨大的冲击（见第 4 章）。

郑德坤有时被称为"四川考古学之父"。1936 年，他来到私立华西协合大学从事一项开创性的研究（郑德坤 1942，1945，1946），1937 年加入华西边疆研究学会（霍巍 2004：4）。在哈佛大学 3 年（1938—1941），并短暂回到成都以后，郑德坤于 1949 年前往美国，后在剑桥大学和香港中文大学执教，直到 1986 年退休（Chang 1994；Chen F. 2001）。在那些年里，他继续对四川地区的文物进行研究，并在 1957 年出版了《四川考古研究》（*Archaeological Studies in Sichuan*）。这部著作记录了从超过 90 处史前遗址出土的遗物，也包括对纳尔逊的研究所做的重估。

郑德坤并不是唯一一位对四川这段时期的考古学做综合研究的中国人。在他到哈佛之前，另一位杰出的学者冯汉骥也在 1931—1936 年于哈佛大学和宾夕法尼亚大学修读人类学（冯汉骥 1936，1937；童恩正 1985）。1937 年，冯汉骥回到中国，最终与另一位四川青年才俊徐中舒（1898—1991），以及 1931—1932 年与他一同待在哈佛的葛维汉一起加入了国立四川大学（Kyong-McClain and Jing 2011：228）。冯汉骥随后在岷江中游流域进行了田野考察（冯

图 3.2　葛维汉与包括工人、管理者和绅士在内的挖掘团队在三星堆
一条发掘进度过半的探沟中（照片见于葛维汉 1933—1934 年之后；
照片的使用得到了四川大学博物馆的允许）

汉骥与童恩正 1973），并出版了有关史前墓葬和四川"巴蜀文化"的著作。上述种种构成了中国内陆地区考古学发展的基础（冯汉骥1980；冯汉骥与童恩正 1973；冯汉骥与他人 1958）。

　　20 世纪 40 年代，受抗日战争和解放战争的影响，大批学者涌入四川，还在此期间于四川开展了其他几个项目。例如，中央研究院历史语言研究所（简称"史语所"），该机构先前以北京为基地，负责对中国北部进行早期考古发掘工作，1938 年，它连同其文物收藏品和仪器搬迁至云南昆明，并在随后的 1940 年连同国立中央博物院筹备处搬到四川南溪的李庄。这两个单位曾合作成立一个由吴金鼎（1901—1948）领导的、名为"川康古迹考察团"的机构，田野考察主要涉及对彭山区汉墓的发掘工作（郑德坤 1957：xv；南京1991）。但是，"有趣的时间"[①]被证实是对四川考古工作的一个诅咒，这是因为 1949 年以前的事件阻碍了更多田野调查的完成。

战后时期

　　系统而科学的考古学要到 20 世纪后半叶才真正地建立。在中国，田野考古调查的规模和广度在内战结束和 1949 年中华人民共和国成立后得到提高，并明显受到马克思主义的解释范式影响（Chang1977，1981；Dirlik 1978：137—179；Fiskesjö 2005；林甘泉主编1982；Nelson 1996；Pearson 1988；Shelach 2004；童恩正 1988，1989，1995）。重组以中国科学院的成立开始，包括在 1952 年建立考古研究所——一个专注于考古学的机构。随后，考古研究所转

[①]　interesting times 在英语中是贬义的，指乱世。——译者

属于1977年成立的中国社会科学院。在考古研究所建立一年之后（1953），古脊椎动物与古人类研究所成立，隶属于中国科学院。此外，还成立了国家文物局，负责监管考古遗址和研究工作。在考古研究所成立时，"中国最多只有10位（仍留下来）受过训练的考古学家"（An Z. 1989：14）。但自从多个由考古研究所主持的训练项目得以在1952至1955年建立并实施（中国2005），考古学作为一门学科于1952年在北京大学建立，地方考古研究所也开始建立，这种情况得到急速的转变，考古研究在中国迅速发展起来。

随着区域化田野调查工作的展开，中国各地方考古学研究的激增也鼓励了在中国内陆地区的更多工作（Falkenhausen 1995）。在四川，史语所在1946年撤离后，成都地区大学里的考古学家成为这门学科的领袖。私立华西协合大学及其博物馆得以保留其在战前的名字直至1951年，是年它改名为华西大学，并在两年之后改为四川医学院。四川大学在1952年承担起博物馆的责任，并成为继北京大学之后，首批拥有考古学专业的大学之一。

1949年之后，中华人民共和国政府于1951年先后建立了名为川东、川南、川西和川北文物管理委员会等地方性委员会来管理文化资源，它们是1949年以后最早成立的一批地方性考古研究单位的一部分。1954年，这四个地方性的行政办事处合并为全省办事处，即四川省文物管理委员会，这个委员会在1958年与四川省博物馆合并。这两个研究机构一直保持着联系，直至"文革"结束以后四川省文物考古研究所成立，负责该省大部分考古领域的发掘研究工作，四川省文物管理委员会则成为这个研究所的附属单位。

在这段时期，四川省文物考古研究所负责的范围包括四川盆地，以及在四川和西康1959年合并以后的川西高原。成都平原地区在20

世纪90年代改由成都市文物考古研究所负责。1997年，当重庆作为一个单独的地方行政单位成立后，盆地最东部的文物考古工作由重庆市文物考古所负责。成都市文物考古研究所的建立使人们在成都平原有了更多的发现，其中包括确认了一些在过去未发现的新石器时代遗址（成都与其他1997，2000）。事实上，研究的重点在地理上有偏重于诸如成都平原这些地区的倾向。四川盆地的其他部分得到全面考察的机会相对较少，而且要到近年才逐渐成为研究的重点。

长江中游的考古研究机构在战后有着相似的发展轨迹。武汉大学与四川大学一样，成为1949年后首批拥有考古学课程的大学（在历史系）。但与四川不同，这个地区的考古学最早要到20世纪50年代才开始（郭立新2005a：2—3），而在较早的时期，这个地区偶尔会有收藏和保护的活动（湖南1992a：366）。在湖北省，湖北省文物管理委员会在1950年成立，负责管理文化遗产（湖北1996b：830）。湖北很多田野考察都是在这个委员会和在1953年建立的湖北省博物馆协调下进行的，委员会1954年并入博物馆，并继续负责当地大部分的考古工作直至20世纪80年代晚期。1989年，湖北省文物管理委员会从博物馆独立出来，并接管了大部分的田野调查工作。

在湖南，一个名为郴州学会博物馆的机构在1897年建立，并收藏自然历史类的遗物，但它又迅速关闭了（湖南1992a：336—339）。民国时期，其他的小型博物馆也曾起起落落，包括1923年成立的湖南教育博物馆，1927年更名为湖南省博物馆。截至1935年，湖南共有4座博物馆，但它们在8年之后全都关闭。最终，一个新的湖南省博物馆在1951年开始筹备，并在1956年开放。这个博物馆最初承担了湖南大部分的田野调查工作（湖南1979a）。但当湖南省文物管理委员会在1950年成立后，前者从事的业务转移至文物管理和保护工作。

1985 年，湖南省文物考古研究所成立并承担了田野工作的责任。

在战后的大部分时间里，位于四川盆地和长江中游之间的三峡是由位于四川省的万州地区和位于三峡东部湖北省的省级研究所管理的。除了省级研究所，博物馆在战后三峡考古的发展方面也扮演着重要的角色。在 20 世纪 50 年代早期，中国政府计划建立名为"西南博物院"的机构来收藏在兴建成渝和宝成铁路时抢救的文物。其时，重庆最初于 1935 年被指定为一个直辖市，并在 1937 年成为中华民国政府陪都后仍然是一个单独的直辖市。但直至 1954 年，重庆被重新指定为一个隶属四川省的行政区，而建立博物馆的计划亦被收紧，最终重庆市博物馆建立并负责当地的考古学研究。当重庆在 1997 年重新成立为一个省级行政单位后，重庆市文物考古所才得以作为省级研究所而建立。

除却这些省级研究所，许多地方的博物馆和县级、市级文物管理行政单位在战后也得以在整个中国内陆建立。但与黄河流域和中国东北部不同，除了 20 世纪 90 年代后期因三峡水坝的兴建而需要的普查，考古研究所和中国科学院（后为中国社会科学院）在该区没有建立起普遍的机构。这种缺乏对本地区关注的现象反映了人们认为中国内陆在中国历史的主要叙事中属于边缘地区的一般态度。

考古学研究在 20 世纪 50 年代开始激增一事并不是均质性地在全国发生。造成这种地区性差异的原因是多方面的，有着较长研究历史的地区倾向于继续吸引着学者们的注意。在很多情况下，这些都与基于传统中国史学对中国文明起源的理解有着密切的关系。其他地区的文化资源管理逐渐受到关注，特别是诸如受新水坝或其他大型建设项目影响的地区。最后，一些没有预见过的发现偶尔会使考古学家因为新问题的出现而转向那些他们在过去所忽视的地区。

我们可以通过考察诸如《考古》《文物》《考古学报》这些重要

的国家级期刊的出版趋势来调查考古学研究领域对于不同地区的态度。在这些期刊中，《考古》在判断国家层面对不同研究地区的兴趣方面提供了最好的标准，这是因为它比《文物》更集中于田野调查的报道，而且比《考古学报》出版得更为频繁，每期有着更多的文章。表 3.1 显示《考古》在每五年内研究各地区的文章数量。这个表中一个可以注意到的趋势是在 1965—1974 年这两个以 5 年为单位的时期里，文章的总数由于"文革"的关系变得相对较少。在 1966 年到 1976 年这 10 年里，全中国的考古研究停滞不前，学术期刊的出版一度中断，而有些博物馆和已知的考古遗址被人有意地破坏或损毁。

　　在过去 50 年中，《考古》10%—15% 的文章一直与中国内陆的遗址有关（图 3.3a）。尽管四川在最初是人们重要的兴趣所在，但这些文章集中在与成都距离最近的遗址，而且大多数是探讨历史时期（1987 年四川文物考古所出版物的书目在 1986 年以《四川文物考古文献目录 1921—1986》为标题出版）。就湖北而言，雷鸣（1985）扮演着相近的角色（Falkenhausen 1992：255）。过去 50 年有关中国内陆的大部分论文关注长江中游地区，而有关长江中游的论文在地理上也较为普遍。正如上文所言，人们一直都是断断续续地关注三峡地区的。尤其是在近年，人们因为它与三峡大坝工程有关而对它有着愈来愈多的兴趣（图 3.3b）。

　　同样，特别是从 1975 年开始，黄河流域的中原日益成为考古学研究的重点（图 3.3a）。这可能不如预期，这是因为考古学于过去几十年在中国不同地方都有所发展，而人们可能会预测中原这个经常成为人们对其历史感兴趣的地区会因为对其他地区的研究增加而变得相对不太重要。造成这个趋势的一个原因是，《考古》直到 1983 年为止都缺乏有关山东的论文，在这之后，有关山东的出版物增加了有关中

表3.1 以5年为单位计算各地区在《考古》中出现的次数

	东北（黑龙江、吉林、辽宁）	近东北（河北、北京、山西、内蒙古）	中原（山东、河南）	西北（陕西、宁夏、青海、甘肃、新疆）	西南（云南、贵州、西藏）	长江上游（四川、重庆）	长江中游（湖北、湖南）	长江下游（江苏、上海、浙江、安徽、江西）	南方沿海（福建、广东、广西、海南）	总数
1955—1959	32	73	94	61	16	57	54	122	55	564
1960—1964	78	92	85	76	16	3	32	105	57	544
1965—1969	5	29	30	10	6	2	15	22	14	133
1970—1974	10	20	25	14	3	1	5	19	3	100
1975—1979	24	26	42	38	7	13	13	44	15	222
1980—1984	58	69	108	58	21	39	40	88	50	531
1985—1989	62	110	224	80	23	20	68	163	58	808
1990—1994	55	99	137	70	25	34	76	118	57	671
1995—1999	36	53	173	42	9	16	59	97	54	539
2000—2004	28	47	86	50	14	17	35	55	30	362
2005—2009	4	9	21	10	3	1	7	15	2	72
总数	392	627	1025	509	143	203	404	848	395	4546

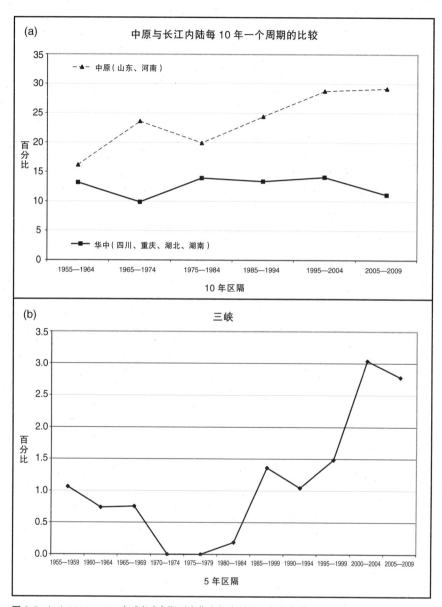

图 3.3 （a）1955—2009 年《考古》期刊中华中与中原地区文章占其发文总量比例的比较，以 10 年为一个区间；（b）1959—2009 年《考古》期刊涉及三峡地区的文章数量占其发文总量比例变化，以 5 年为一个区间

原的文章的总数。第二个原因是诸如中国社会科学院与考古研究所等国家级的机构持续将中原的遗址视为研究工作的重心。第三个原因是发表其他地区数据的地方期刊逐渐增多，从而降低了这些报告在《考古》发表的频率。对于中国内陆而言，最重要的地区性期刊是从1984年开始出版的《四川文物》和从1980年开始出版的《江汉考古》。

在大部分时间里，特别是1980年之前，这些期刊和其他地方出版的有关中国内陆的资料与占据主导性地位的马克思主义解释范式相符。在"文革"之前，对这个地区史前时期有限的理解使很多研究中国内陆的学者集中关注其与中原的关系，而很少强调本地的文化发展。

通过阅读像童恩正（1935—1997）这样主要研究四川早期历史的学者的作品，我们发现中国内陆的考古学开始带有明显的马克思主义色彩。1956年，童恩正进入四川大学历史系，成为冯汉骥的学生。1961年毕业后，他在电影制片厂工作一段时间，又在1962年回到四川大学，担任冯汉骥的助理。在从事多年的田野工作后，他从1978年开始在那里教学，一直到1989年赴美。在这段任期里，1980—1981年他到访美国加利福尼亚大学洛杉矶分校和哈佛大学；1987—1988年到访密歇根大学，并在那里受到美国人类学的强烈影响。从1989年到他去世为止，童恩正一直与美国和德国的一些研究所保持联系。他最后任教于康涅狄格州的维思大学。

童恩正是首位明确利用路易斯·亨利·摩尔根（Lewis Henry Morgan 1877）的文化发展非线性模式理论来解释中国内陆历史的学者。他主要关注早期四川并视巴和蜀为奴隶社会的例子（童恩正 1979）。在"文革"结束后不久，考古证据在当时是非常有限的，而童恩正因此主要以历史文献资料作为其研究的基础。他将奴隶社会再分为多个类别，并认为其中三个与中国西南部的古国有关：蜀国据称是一个农奴剥削社会；而云南的滇国则是种植园奴隶社会；至于四川西北部的冉駹则是"父系奴隶制社会"（童恩正1998）。

随着时间流逝，童恩正渐渐不满于摩尔根的范式，并且是中国首位明确地批判这套范式的学者（童恩正1988，1989）。他的转变并不全然是范式的。相反，这种转变标志着他转向另一种根据埃尔曼·塞维斯（Elman Service）的理论而建立的非线性范式。例如，根据这套范式，滇社会在战国晚期到西汉（公元前206—公元9年）被重新概念化为"酋邦制"。上述看法依赖于童恩正梳理的由有关滇文化铜器的图像而得来的有关暴力、仪式、中心化分布和专门化的证据。

近年来，以"酋邦制"为重点来诠释包括中国中部和西南部在内的中国早期文化的趋势开始升温（谢维扬1995；易建平2004）。我们很难说童恩正的研究直接影响到这些学者，这是因为他在这方面很少被人引用。但他在诸如有关早期四川的研究中就开始频繁地援引"从酋邦到国家"这个发展的顺序（段渝1999，2006；段渝与陈剑2001；彭邦本2003；沈长云2006），与之相比，近年对长江中游地区相似发展的综合研究却没有倒退到这种范式上，而是留意聚落模式、人口证据、墓地的社会分化和与环境改变有关的技术专门化（郭立新2003a，2003b，2004a，2004b，2005a）。童恩正在20世纪80年代的研究表明，随着时间的推移，人们普遍承认地方对国家起源的贡献。

战后，随着公共工程建设的开展和以地方为中心的学者和研究机构的逐渐增多，新的考古研究机构应运而生，考古研究在全国范围内迅速增加并扩张。而当这些研究出版时，有关解释日益采纳教条式的马克思主义进化论。这种范例反映了 20 世纪 80 年代以前民族国家一种相当孤立主义的姿态（童恩正 1995）。

象征这种孤立主义的是中国考古学家对于本国史前考古学由外国人开始一事所表现出来的不满。例如，1968 年尹达（1906—1983）指出，1920—1927 年的重点是外国学者发掘文物并将它们带到外国，只以外文出版，暗示没有中国知识分子参与其中（陈星灿 1997：19—20）。尹达明确批评外国学者们带有偏见的解释，诸如被广泛认为是中国科学考古学主要创始人之一的瑞典地质学家安特生（J. G. Andersson，1874—1960），而且认为他们是帝国主义者；而安特生亦因为他运用的非系统化方法而被傅斯年（1896—1950）、李济（1896—1979）等重要知识分子和考古学家持续地批评（Chen and Fiskesjö 2004）。尹达并非只批评安特生一人，他隐晦地贬低了李济等中国学者的贡献，这可能是因为李济在外国接受训练和他与 1949 年败退台湾的国民党政府的隶属关系。受到尹达的启发，拒绝外国人介入中国考古学这种抵制思想由夏鼐（1910—1985）继承，他无疑是 1949 年后中国考古学的领袖（Falkenhausen 1999b），他这样做可能是为了保护这门学科不受政治的威胁。不过近年，包括 1895 年考察辽宁旅顺的日本人类学家鸟居龙藏（1879—1953），以及包括安特生、李济在内的很多有着外国渊源的早期学者的贡献，被广泛认可为中国科学考古学重要基石（Chen and Fiskesjö 2004），这反映了中国考古学领域从 20 世纪 80 年代早期开始的持续开放。

考古学的繁荣与开放

中国考古学的开放与改革开放的步调是一致的，这最终导致国际考古学共同合作研究在 1991 年确立，而本书也是在这段时间开始写作的。我们通常很难有效地对一个人的一生做出回顾，但可以将这门学科的正式开放至国际合作一事视为这门学科转变的分水岭。在中国内陆，由于三峡大坝工程的特殊情况，考古工作蓬勃发展，但是有关开放政策的具体实施却以一种较缓慢的速度进行着。

虽然中国考古学在 1949 年前后之间的缺口是相当清晰的，但今天的转变却没有那么明显。很多在 20 世纪 80 年代增速的趋势都有来自较早时期的根源。例如，作为政府机构的考古研究所持续改进并为考古工作引入系统化的程序。与此同时，1980 年以后地方机构活动的增加和地方期刊的发展也促进了区域性研究取向。

中国考古学与这个领域的开放有关的最重要的制度转变是 1977 年中国社会科学院的创立并随后将考古研究所合并其中。随着这种改变，1982 年有一份考古学的工作手册出版（中国 1982），而 1984 年则出版了一份考古田野考察规则（国家 1984）。这些出版物说明，尽管有着日渐上升的地方主义，但仍然有一些希望将整个中国考古学进行系统化的尝试（Falkenhausen 1995）。

此外，中国考古学在 1979 年以后对于新观念和新实践变得更为开放。这种思想上的开放性包括对教条表示怀疑，如由童恩正等人对此所做的直接批评。当这个领域不断与新的理论和方法衔接时，20 世纪末期和 21 世纪初的人们日益不满于 20 世纪 80 年代的《田野考古工作规程》。近年，有一套考虑到新的考古学方法的全新田野操作规程公布（国家 2009）。这本新的小册子是 2009 年 6 月在北京大学对中国在职的专业考古学家再培训的重点所在，这次训练聚集了所有在全国积极地领导田野考察项目的考古学家。

共有 627 名考古学家参加了这个培训项目，这是自 20 世纪

50 年代夏鼐的努力以来，首次集中培训统一野外工作方法的尝试（表 3.2）。在这 627 人中，有 98 位（16%）考古学家来自中国内陆的考古研究单位（四川、重庆、湖北和湖南）。前来参加培训的各地区中，来自北京的考古学家最多，共有 92 位来自北京的考古领队参与此次课程。不出所料，排名第二的省份是河南（59）和陕西（47），这再次凸显了中原地区的重要性，不仅仅是在田野工作方面，也是在考古学家心目中的位置。

表 3.2　参与《田野考古工作规程》培训的总人数（粗体显示的地区是属于中国内陆的部分）

省	人数	省	人数
安徽	10	江西	12
北京	92	吉林	20
重庆	**15**	辽宁	16
福建	15	南京	26
甘肃	9	宁夏	6
广东	34	青海	4
广西	21	陕西	47
贵州	5	山东	22
海南	2	上海	6
河北	13	山西	28
黑龙江	6	**四川**	**32**
河南	59	天津	3
湖北	**32**	西藏	0
湖南	**19**	新疆	7
内蒙古	18	云南	11
江苏	11	浙江	26
总人数			627
中国内陆总人数（四川、重庆、湖北、湖南）			**98**

中国考古学的知识开放促进了对田野研究方法的重新思考，其中包括增加与国外考古学的接触。20 世纪 70 年代，外国学者被允许在中国观察考古活动，但收效甚微。如 1973 年，一队由外国专家组成的访问团到访中国（委员会 1973），其中的成员包括美术史学家罗樾（Max Loehr，1903—1988），还可能包括鲁道夫（Richard C. Rudolph；Rudolph 2003），虽然后者的名字并没有列在代表团的报告之中。跟随他们之后的是 1975 年一队古人类学家的代表团，成员包括弗朗西斯·布朗（Francis Brown）、张光直、艾里克·德尔森（Eric Delson）、莱斯利·弗里曼（Leslie Freeman）、F. 克拉克·豪厄尔（F. Clark Howell）、W. W. 豪厄尔斯（W. W. Howells）、基德炜（David Keightley）、艾斯特雷纳·利奥波德（Estrella Leopold）、帕特里克·马多克斯（Patrick Maddox）、麦德（Harold Malde）和 H. M. 威名顿（H. M. Wormington）（Howells and Tsuchitani 1977）。

然而，在夏鼐作为中国最有影响力的考古学家的时期里，任何形式的国际合作都被明确禁止。在夏鼐于 1985 年去世之后，与外国学者真正的开放对话才有实现的可能。

与国际合作的早期进展中，在俞伟超（1933—2003）的领导下，由中国国家博物馆（前身为中国国家历史博物馆）组织的一系列合作保护项目得以推进。1991 年 2 月，中国修改了《中华人民共和国文物保护法》，允许进行合作研究。一些项目利用这一法律变化，创建了多机构的国际合作项目，包括：调查河南商丘附近的新石器时代、商代和周代遗址；贵州盘县大洞、泥河湾盆地及周口店的旧石器时代研究；对内蒙古和新疆的考察；宁夏地区更新世晚期到全新世早期的遗物；湖南仙人洞的洞穴沉积物；湖北中部和成都平原有围墙的遗址；黄河下游的良渚文化遗物；山东省的龙山遗址；内蒙古岱海地区新石器时代和青铜时代遗址；新疆南部克里雅河流域的研究以及其他项目（Cohen and Murowchick 2001；Murowchick 1997）。这种趋势在新世纪加速发展，每年均有很多项目被提出。

在中国内陆，考古研究因为这几个原因呈现出指数级的进展。第一，上文提到的区域性研究范式使整个中国内陆的研究快速增加，这是因为省级和市级的文物管理单位在掌握地方性的研究方面获得了更大的权力。第二，发现令人兴奋和出乎意料的遗物的机会刺激了对于那些在过去受到忽视的地区的研究。这种对于新发现的材料的关注在某种程度上也涉及国际性的合作。第三，大型开发项目驱使资源和考古学家的注意力集中在中国内陆的个别地方。

在整个中国内陆，出版物记录了研究的增长。在四川，《四川文物》这本专注于四川考古发现的期刊在 1984 年开始出版。《成都文物》特别关注成都地区，它于 1983 年开始出版，并在随后的 1999 年被《成都考古发现》取代。在湖北，《江汉考古》在 1980 年开始出版。而在湖南，不定时出版的《湖南考古辑刊》和《湖南文物》分别在 1981 年和 1986 年开始出版。这些期刊为最新的田野工作的初步报道提供了平台。

在众多改变中国内陆在中国考古学中地位的意外发现中，最值得关注的可能是 1986 年在三星堆发现的祭祀坑。这个发现促进了对成都平原的大量研究，而这一地区以前并不是中国考古关注的中心（见第 4 章）。即使是在 20 世纪 80 年代，这也是一个特别令人惊讶的发现，因为人们秉持的传统史观将这个地区视为边缘，由此认为它在商代不应是个重要的地区（Wang 2010）。随后在这个地区进行的研究包括几个国际性的合作项目（成都 2010；成都主编 2000；中国 1998，2001a，2001b）。

对长江中游的研究在过去 20 年同样有所发展。长江中游并没有一个遗址像四川盆地的三星堆一样改变了研究的性质，但由于这个地区的某些部分与中原有着较为稳定的历史联系，故它们已经是中国考古学更加不可或缺的内容。该地区的其他国际性合作项目包括有日本学者参与其中的城头山研究（湖南与国际 2007）、中美联合对湖南玉蟾岩全新世晚期的一个洞穴所做的研究（Boaretto et al. 2009）。

在最近期中国内陆考古学最重要的转变可能是由湖北省宜昌市三斗坪附近的三峡大坝的兴建推动的。这个大坝（专题 3.2）淹没了630 平方千米的地区，在此过程中会有重要历史和考古学遗址被淹没。在准备建造这个大坝时，国务院三峡工程建设委员会办公室和国家文物局监督了从 1994 开始的大规模减灾项目。

专题 3.2

三峡大坝

在写作的当下，这个高 185 米、长 2300 米的水坝是世界上最大的。这是近一个世纪来，人们不断尝试在差不多相同的位置修筑长江大坝的结果（Chetham 2002）。第一个建议由孙中山先生（1866—1925）在 1918年提出，把大坝作为生产电力和改善长江有潜在危险的三峡河段航行的手段。随后，国民政府在 1932 年、日本人在 1939 年、民族主义者于"二战"期间、中华人民共和国政府和苏联工程师在 1954 年，以及中华人民共和国政府在 20 世纪 70 年代再次尝试开始计划，最后的努力使得规模较小的葛洲坝在 1989 年建成。最终，在经历了多年的延宕之后，全国人民代表大会在 1992 年批准了修建大坝的提议，尽管反对的声音不同寻常（1767 票支持，177 票反对，664 位代表弃权）。

一旦做出建造大坝的决定，就必须制订该项目的考古抢救措施，但是参与评价大坝项目的 412 名专家中没有考古学家（Dai 1996）。1994 年，两个机构被选中来监督抢救工作：中国历史博物馆（今中国国家博物馆）和中国文物研究所（今中国文化遗产研究院）。另有 28 个机构参加了该工作。

1993 年和 1994—1995 年初步的调查后，三峡考古抢救工作在 1997 年正式开始。这次调查工作的方法并不清晰，而我们也怀疑它是否是系统性的。尽管如此，调查人员确定了 2176 个遗址（1777 个在重庆，另有 399 个在湖北）。其中略超过半数的是地下考古遗址，其他的则是地面上的诸如庙宇和建筑物这类不可移动文物。研究在 1997 年开始，大部分工作也在大坝结构于 2003 年 6 月 1 日完成之前便已进行。从全国至少 30 个考古学、地质学、古生物学和人类学机构抽调的考古学家参与其中（Song 2007）。在项目过程中发掘了超过 200 个遗址，面积超过 500,000 平方米。有为数可观的文物因为这些发掘而出土，它们成为重庆市一个新建博物馆的藏品，这个在 2005 年对外开放的博物馆收藏了三峡地区的古文物，其名曰"重庆中国三峡博物馆"。

随着项目的进行，开放和发展的总体态度确实允许三峡项目进行一些合作。我们两位作者在当时都是加利福尼亚大学洛杉矶分校的学生。通过学校和北京大学大体上以四川盆地为中心的合作，我们参与了北京大学和四川省考古研究所在忠县中坝遗址的发掘工作（图3.5；Chen 2008a；Falkenhausen 2006a；Flad 2011）。这次合作为整个项目合作带来了很多益处，包括思想的碰撞、外国考古学家的教育机会和使用当时的资料收集方法。这些趋势以及对跨学科研究日益增加的关注，也是中坝研究的重点，它们阐明了21世纪初期中国考古学的整体方向。

总结　考古实践和资料的性质

中国内陆考古实践的历史有着多重根源，每个根源都影响着这个地区的研究进展。一般来说，相对中国考古学研究的重点来说，中国内陆是次要的。这个地区的研究史反映了三件事：历史学的传统、现在模式对过去的投影、发展的影响。

中国考古学对中国内陆地区史学研究的倾向（Falkenhausen 1993），使其对中国内陆地区的研究相较于中原地区而言，在整体上较少。这种情况与这个地区，特别是四川盆地和三峡缺乏充足可靠的早期历史文献资料有关。另外，中国内陆因为其在中国考古学形成阶段与北京、天津、南京和上海这些政治和文化中心的距离而被边缘化。当政治中心在战时移到重庆时，人们可能会预期有一些转变发生，但是这段时间是短暂而动荡的。

其次，研究倾向于关注作为现今人口中心的地区。在某种程度上，这与当地的交通便捷程度有关，但它同时反映了一种强调祖

图 3.5 中坝团队。前排左起：唐德兵、孙智彬、罗龙彬、刘化石、祁雪芳；后排左起：宋健民、王军、吴长源、周明生、信应君、陈伯桢、傅罗文、王静、龚海珍（相片由傅罗文于 2001 年春拍摄）

先以及过去与现在之间的历史延续性的倾向：一种过时的研究方法
（Shelach 2004：22）。第三个影响研究模式的因素是公共建设，特
别是大坝的发展和对受影响地区进行抢救工作的必要性。近年在三
峡的研究正是研究格局因为受到这些因素的直接影响而转变的例子
之一。

　　我们对古代中国内陆的理解不可避免地建立在这个地区的考
古学研究史上，之后的几个章节是根据在这段历史中几个时期收集
的资料写成的，在这段历史中，人们特别关注某几个地区。但随着
时间流逝，研究的原因经历了转变，考古学家也逐渐在这些在传统
史学研究中属于次要的地区积累了很多意想不到的发现和资料。现
在，我们可以比较不同类型的资料在该区域分布的方式。

第二部分

政治和文化格局

第 3 章阐述了文化历史传统的重要性，它是影响中国内陆地区研究历程的主要因素。在随后的几章中（第 4—6 章），我们将把注意力转移至这种文化与历史的本质层面，以勾勒出这个地区政治和文化发展的中心和边缘。我们的重点将会是公元前 3 千纪中期至公元 1 千纪后期这段时间。在这段时期，四川盆地和长江中游分别（但不是独立地）出现了在政治上错综复杂的社会，而三峡则继续作为一个在政治上属于边缘的地区。虽然这两个地区的复合体出现的时机、节奏和规模都有所不同，但在上述两种情况中，政治在当地的文化发展上所扮演的关键角色均通过历史文献和考古资料而得到反映。为了评估文化、政治与其他方面的一致性，我们有必要首先勾勒出文化史的基本格局。

中国内陆的政治和文化格局随着时间而转变。然而，任何单一的叙述都必须将不断变化的情况简化为对占主导地位情况的叙述，我们这里的叙述旨在确定权力和管制中心，以及在政治整合方面扮演重要角色的功能区和遗址点。这些具有影响力的中心由于分别与位于四川盆地的蜀和位于长江中游地区的楚这两个政治实体有关而被记录在历史文献中。

与楚有关的历史资料是残缺不全的，与蜀有关的文献更为零星。将这些资料与中国中部地区的自然格局或其他方面的情况对比，仍然难以确定这两个政权组织的地理位置。相反，考古资料虽然容易定位但难以清晰且毫无疑问地与历史文献中的政治实体或人群联系起来。为了勾勒出这个地区的政治和文化的整体格局，我们必须对这些材料做共时性的分析。在总结这些历史和考古资料之前，我们必须先回头简要地讨论我们在第 1 章介绍的"政治格局"和"文化格局"这两个术语。

在其广泛涉猎的众多著作中，亚当·T. 史密斯（Adam T. Smith 2003：5）将政治景观定义为将"由环境创造的物理轮廓、建筑形式的美学、空间表现的想象与反映"合并的政治权力群体。它们集体创造了"对于地理秩序、政体、统治和制度的结构、运作、瓦解至为关键的一系列广泛的空间规律"。这个观点暗示了对古代（和现代）社会复合体的研究应将重点放在各种将个人和制度融合在一起的机制上，这种机制建立、确认，有时甚至颠覆政治权威。我们认同并采纳这种普遍做法，但我们在使用政治格局来涵盖所有事物时却没有那么大胆。

我们较为狭隘地使用政治格局来指代权力机构和社会融合的空间分布。在中国内陆，我们对政治格局的认识受到可通过历史文献和考古资料反映的权力、等级和社会融合程度的限制。我们关心的是，提供了一般政治史叙述的历史参考资料——政治上强大实体的兴起和消亡——以及（偶尔）提供了关于精英住址或发挥核心政治功能的地理位置资料。在考古资料中，政治格局在微观上通过遗址形态和社会上层人群的家庭、宫殿或行政机构的位置反映出来，通过规模差异或政治组织的不同证明遗址之间在宏观上的关系。这是考古学家长久以来通过调查从事区域研究的传统研究重点。

虽然个别考古资料可被解释成反映遗址之间或遗址内部的政治关系，但物质遗存却更能直接反映我们所谓的"文化格局"。正如使用"政治格局"概念一样，我们从较狭窄的角度使用"文化格局"一词。不同于文化之间关系的所有方面（我们指的是"包括知识、信仰、艺术、道德、法律、习俗以及人类作为社会成员所获得的任何其他能力和习惯的复杂整体"；Tylor 1871：1）和自然环境，为了便于此处的讨论，我们将社会景观的文化方面简化为跨区域共享物质文化（特别是陶器的保有量）的空间模式。当然，文化的概念相当复杂，这也刺激了不同学派的理论。一些人谴责文化作为一种分析工具的模糊性，这种模糊性"放大事实使之失真，也将事实变得更简单"（Evasdottir 2005：263，注4）。我们试图通过限制文化的解释功能来抑制过度简单化和具体化的危险。我们的想法是，相似物质文化组合的地域分布模式意味深长（尽管不完整）地反映了共同享有的习惯和象征性行为的传统，并由此成为多层次文化景观的一个重要组成部分。

根据这种定义，文化格局涉及文物、特征以及物质文化其他方面在时间和空间中相互关联的基本信息。这些联系在"考古学文化"（中文中有时称"文化"）中很有代表性，在中国考古学的描述性、综合性和解释性文献中发挥着重要作用。当考古学文化这个概念被不加鉴别地具体化或接受，特别是用于那些被认为是边缘或没有被充分讨论的地区时，是有潜在问题的。保克塔特（Pauketat

2007）对于有关不加鉴别地将考古学文化具体化的问题做了全面的说明。例如，密西西比州遗址的多样性内涵会因为人们假定少部分遗址能代表所有被冠以"密西西比文化"的遗址而被遮蔽。在中国，"文化"因为受到行政边界（诸如行省）影响的程度比世界其他地方要大（Falkenhausen 1995）而有着额外负担，这种额外的负担还起因于人们根据少数属性而相当随意地应用文化概念的做法。尽管如此，文化的一些定义对于我们讨论考古物质遗存而言是有必要的，这是因为它们反映了过去集体行为的真实模式，并且对共有的物质文化传统来说是一个有效的简略表达方法（Bashkow 2004；Flad and Chen 2006）。

　　在中国考古学中，中国考古学史上一位最重要的人物苏秉琦提出"区系类型"来形容文化传统和它们内部子区域之间的互动（Falkenhausen 1997，1999a；苏秉琦 1997；苏秉琦与殷玮璋 1981；Wang T. 1997）。这个时空系统的模型强调东亚早期文化发展的多区域本质。苏秉琦（1991：115）确定了全新世时期中国考古学文化的六个区系：（1）北部的燕山及其附近区域；（2）东部的山东地区；（3）中原地区；（4）东南部的太湖附近地区；（5）长江中游的西南部地区；（6）南部珠江三角洲附近的地区。四川盆地并不被包括在内，但这个模型并不是一个详尽彻底的体系。虽然这个讨论中国考古学文化区系的假说并未得到广泛的接纳（An Z. 1993；见 Falkenhausen 2004：306—307 中的讨论），但它在组织和讨论中国考古资料的方法上仍然有着持续的影响。

　　物质文化遗存之间的差异定义了文化和文化分支（即类型）。这些概念因此反映了物质文化的生产与使用，特别是陶器生产与使用方面的共有习惯。这些随后代表了连续时段的文化格局乃根据有着共同物质文化内涵的遗址分布空间而定的。考古学家假定共有的物质文化在一定程度上反映了共有的文化价值、制度、习惯和规范，在地图上标志这些有着共同物质文化的遗址因此被认为是有意义的"文化格局"的合理表达。但研究重点上的偏见和资料得不到完整出版一事会导致我们对景观文化特点的理解变得不完整，牢记这一点对我们来说是很重要的，这里介绍的情形注定要做出改变。

通过介绍由历史和考古资料提供的宏观政治和文化格局，我们并不打算默认它们相互之间是一致的。物质文化可以跨越政治边界为人所共有，而一个政治组织也可以是有着多元文化的。尽管如此，在早期中国内陆的整体情况中，景观的政治和文化要素共同有着一个拥有两个主要中心的整体模式，这两个主要中心是四川盆地的成都平原和位于长江中游地区的洞庭湖以北地区。

第4章将关注这两个地区中的第一个。我们首先勾勒与蜀国及其上一个政治组织有关的零碎历史资料；随后，我们将总结这个地区的考古学文化序列，并在此过程中强调与政治组织有关的证据。在第5章，我们将转向长江中游，简单勾勒楚国的历史和这个地区的考古学文化序列。在第6章，我们会以对两者之间的地区，包括与巴国（和神秘的庸国）有关的考古资料和历史文献所做的讨论来总结第二部分。

第4章

四川盆地

（蜀及其前身）

文献中的蜀

正如我们在第 3 章表明的，四川盆地被人们，甚至是那些以这个地区为其研究中心的人视为一个在历史重要性上属于次要的地区。例如，郑德坤在其 1957 年出版的对四川考古学做综合研究的著作中（1957：xix）指出，"四川完全是一个边缘地区，这个省的文化从来都不是独立发展的结果，它经常受到一些邻近文化的影响"。

我们认为，文化的发展总是要受到周边影响的。但如果人们将这个议题搁置在一边的话，四川近年的研究使考古学界更愿意去接受四川本土社群在地方社会发展上扮演着重要的角色，而四川最终并不是一个"完全的边缘地区"。

我们这里的注意力将集中在先秦时期的成都平原上。这里有关政治和文化格局的考古证据相对四川盆地其他地方要更扎实，而历史记载也以蜀为中心。在不同时期里，以"蜀"为名的国家均位于四川地区：前蜀（907—925）和后蜀（934—965）是五代十国时期（907—979）十国中的两国，它们以蜀地之"蜀"为国号。这个国家的名字又转而用来指代被秦在公元前316年所攻占的四川盆地的蜀国（Sage 1992）。

我们只有从在其他地区撰写的历史文献中才得知这个最早的蜀国，而且这些有限的历史资料是由在四川盆地之外的都市化国家以外部的观点撰写的。根据这些材料，蜀据说是一个重要的国家。过去数十年的考古证据表明，成都平原附近的遗址为其政治中心，这为我们对中国内陆景观的讨论提供了基础。

与蜀有关的较次要的历史文献包括一些从商代后期首都安阳出土的甲骨文（林向 1989；董作宾 1942），以及从陕西周原出土的先周和西周早期的甲骨资料（Sage 1992：31—34）。但我们完全不清楚这些为数甚少的例子实际上是否真的在指四川盆地的政治组织或人民［顾颉刚 1981（1941）］。历史学家更加信任《史记》所提及的蜀国与四川之间的关联（《史记》，卷4）。这个名为"蜀"的政治组织是在标志着由商代过渡到周代的牧野之战中参与对抗商政权的联盟国之一。大量研究集中讨论了这场战争的年代，而这些研究将周代征服商代的时间定于公元前11世纪40年代（与具体的年代有关的讨论和材料，见 Falkenhausen 2006b：7；Shaughnessy 1999：23；有关近年夏商周断代工程中尝试巩固这个年代的讨论，又见 Lee 2002a，2002b）。在本书中，我们采纳公元前1050年作为这场战争和与之相关的过渡期发生的大约时间。

对于汉代以前有关成都平原的历史记载中，以公元前316年秦征服四川以后的记载对本书帮助最大。例如，《史记》讨论了李冰对蜀地的管治权。李冰据说负责了多个成都平原的工程项目，其中包括第 2 章讨论到的都江堰。诸如常璩（约 291—361 年）的《华阳国志》这类夹杂历史和神话的传统典籍中记录了蜀国在先秦时期对成都平原的控制，并将蜀人与"黄帝"的后代联系在一起（Chang 1987；李学勤 1985：204）。正如王明珂（2010：7396）指出的，这篇文献的标题"显示了作者将蜀视为华夏边陲的地理意识"。王明珂认为，蜀和黄帝之间的联系再现了一个共有"结构化情节"，通过对去到边疆并建立文明的英雄的身份认同，将所有对中原来说是边缘地区的历史与中原历史本身对接起来。

《华阳国志》和传统以来被认为是由扬雄（公元前 53—公元 18 年）所撰的汉代文献《蜀本纪》零星罗列了传说和虚构的历史记载中蜀国领袖的次序。第一位领袖是蚕丛，紧随其后者则为柏灌、鱼凫、杜宇和最后的开明。这些名字可能是指不同的氏族，它们在不同时代里相继登上权力中心（彭邦本 2002）。这种含糊的历史材料表明成都平原在先秦时期有过脆弱的政治一体化进程，在不同地点相继或周期性地出现过最高统治者。我们在其他文献中也找到了关于蜀的零星资料，这些文献包括《逸周书》和《竹书纪年》，但没有一部文献能无可辩驳地与成都平原的蜀国政治组织有关（Sage 1992：40—41）。部分学者曾尝试将这些记载和下文将会讨论到的成都平原青铜时代早期和中期的遗物联系起来。首位将从四川得来的青铜时代遗物判定属于巴蜀文化的学者似乎是卫聚贤（1898—1989），他断定这些青铜器中的罍、壶、戈、钺和剑的时代为晚商至战国时期（卫聚贤 1941，1942）。冯汉骥通过将成都平原附近巨石遗址古文献联系起来，认为这些遗物是属于古蜀国的（冯汉骥 1985a）。后来的学者亦继续将考古发现与这个地区模糊的历史相联系（有关这个地区的考古学和与蜀有关的历史记载的联系的进一步讨论，又见：李绍明主编 1991；四川省主编 1992a；宋治民 1998a；孙华 2000；童恩正 1979；徐世群 1998；徐中舒 1987），然而，文献资料的历史真实性及上述领袖与考古发现之间的联系是无法得到证实的。

对成都平原的考古学概观

随着考古研究的不断深入，得到的资料已经开始超过零星的历史文献记录，成为我们了解成都平原政治和文化格局的时间透镜。新资料不断地出现，但人们对这个地区文化发展的个别阶段的年代仍然有着不同意见。尽管如此，一个大体框架已经逐渐清晰。我们在这里将主要关注成都平原，也会简单地考察邻近地区。在本章脉络中，我们最感兴趣的是与这个地区政治格局有关的证据，如精英结构、大规模的人口动员迹象和区域性的阶层结构。虽然资料是很零碎的，但我们仍可以做出一些可供将来研究考察的初步陈述。先秦考古编年可粗略分成五个阶段（表 4.1）：宝墩文化时期（约公元前2700—公元前 1700 年）、三星堆文化时期（约公元前 1700—公元前1150 年）、十二桥文化时期（约公元前 1200—公元前 800 年）、新一村文化时期（约公元前 800—公元前 500 年）和青羊宫文化时期（约公元前 500—公元前 300 年）。在介绍每个阶段时，我们会先描述与之相关的考古学文化的整体特征，并在随后讨论那些能够说明政治权威和整体制度的证据。

表 4.1 成都平原地区的考古学文化编年

文化	大约年代（公元前）	与之同时代的阶段／文化
宝墩	2700—1700	月亮湾；三星堆一期
三星堆	1700—1150	三星堆二期
十二桥	1200—800	
新一村	800—500	十二桥二期
青羊宫	500—300	

宝墩文化

位于新津县的宝墩文化遗址于 1950 年被发现（图 4.1），年代被推定为约公元前 2700—公元前 1700 年。在没有得到明确定义的情况下，这个文化又被分成四个年代学阶段（I—IV；王毅 2003）。这一年表主要基于 19 个放射性碳测年数据，由于对报告的年代是否经过校准的不同意见，关于其起始阶段的年代的争论聚焦在公元前 2850 年（2000：295）、公元前 2450 年（成都主编 2000：97），甚至更晚（王毅 2003）。

宝墩本身是这段时期得到最全面公布的遗址（成都与新津 2011；成都 1997，2000；江章华主编 1997，2000；宋治民 2000；孙华 2000：321；王毅 2003；王毅与孙华 1999；中日 1998）。人们报告有 2 座平面为长方形的木骨泥墙房址（成都 2000：70），其他遗迹包括 24 个灰坑和 5 座保存得很差的长方形竖穴土坑墓，没有发现随葬品。有一个平面近乎正方形的土墙围绕着这个遗址，所包围的范围约为 66 公顷（成都 2000：74）。在 2009 年开始的新一轮调查中，确认了第二座包围约 220 公顷土地的墙体，具体情况才刚刚开始公布（成都与新津 2011），而这会使宝墩成为东亚规模最大的一处有墙包围的新石器时代遗址。迄今为止，我们仍不清楚外墙和内墙中间的区域是用作居住、农耕或是存在其他功能。这面墙

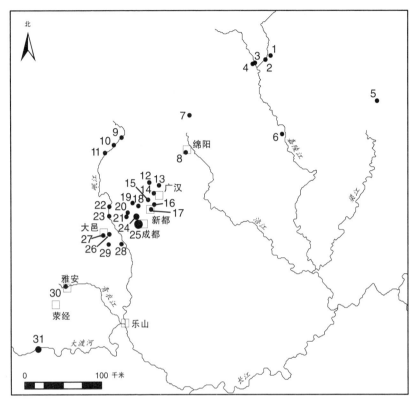

图 4.1　本章提到的成都平原附近的遗址：百花潭（25）；白水寨（11）；宝墩（28）；宝轮院（4）；边堆山（8）；城关（12）；大水洞（7）；邓家坪（3）；方池街（25）；抚琴小区（25）；高山（29）；高新西区（24）（包括在格威地区Ⅰ、航空港、摩甫、方源中科、西南交通大学新校舍的遗址）；古城（19）；桂林乡（17）；桂圆桥（12）；核桃村（25）；化成村（25）；黄忠村（25）；精品房（6）；金沙（25）；君平街（25）；擂鼓寨（5）；麦坪村（32）；麻家山（32）；芒城（22）；岷江小区（25）；岷山饭店（25）；牟托（10）；清江村（20）；青羊宫（25）；人防（25）；三星村（16）；三星堆（14）；上汪家拐（25）；商业街（25）；沙溪（31）；十二桥（25）；十街坊（25）；狮子山（32）；双河（23）；水观音（18）；万安药业包装厂（24）；文庙西街（25）；西城天下（25）；烟堆子（13）；羊子山（25）；鱼凫村（21）；营盘山（9）；盐道街（25）；盐店（27）；张家坡（2）；正因小区（17）；指挥街（25）；置信金沙苑（25）；中子铺（1）；中海国际社区（24）；竹瓦街（15）；紫竹（26）。（有关位于第24、25点遗址的详细景观，见图4.9）

毫无疑问会影响到我们对这个遗址的理解，但我们现在先将我们的讨论集中在已经出版的研究上。

宝墩的陶器主要是泥质陶，表面饰有绳纹，某些器物的底部有圈足。精美的陶器包括没有装饰的宽沿平底尊（图 4.2a 1）和壶，以及饰有刻划纹、戳印纹、附加泥条戳印纹装饰和黑色泥釉的喇叭口高领罐（图 4.2a 3—4）。其他种类的陶器包括敞口平底壶（图 4.2a 5）、宽沿盆（图 4.2b 2）和浅盘豆（图 4.2a 6）。夹砂陶器主要是绳纹壶（图 4.2b 1—4）和敞口圈足尊（图 4.2b 5）以及盘口圈足尊（图 4.2b 6—8）。石制工具为小型的斧、锛、凿、铲、箭镞、杵和磨石。

其他几个宝墩文化的遗址也经过了考古调查。都江堰市芒城带墙的遗址与第二阶段有关（成都与都江堰 1999；王毅 2003；中日 2001a，2001b）。这个遗址被内外两层高度为 1—2 米的土墙包围：内墙围绕的区域面积约为 7.2 公顷，外墙围绕面积约 10.5 公顷。两者都是用遗址周围壕沟的泥土和石质土堆建的。另外，内墙的建造工艺包括系统地使用名为"夯土"的土壤处理技术来夯实 8—10 厘米厚的土层，某些地方仍然保留了一些工具撞击的痕迹。很明显，内墙是分两次建成的，但外墙是一次性建成的。内墙的外层以及整个外墙都分散覆盖着中型鹅卵石。

我们已经知道芒城遗址中有若干房屋遗迹，包括一处为中国新石器时代保存得最好的木骨泥墙建筑物。这座房屋（F5）是在遗址东南角的内墙附近发现的（图 4.3），它包括两个有门连接的独立房间。一部分墙体被烧毁并倒塌进更大的房间，从而保存了有关建筑方法的证据：先挖一个宽 16—23 厘米的基槽，然后将一个由竹竿或木头搭成的骨架放置基槽中，再用淤泥包裹住这个骨架，最后用火将这个木裹泥的骨架烘干变硬，这样就制成了一个木骨泥墙结构

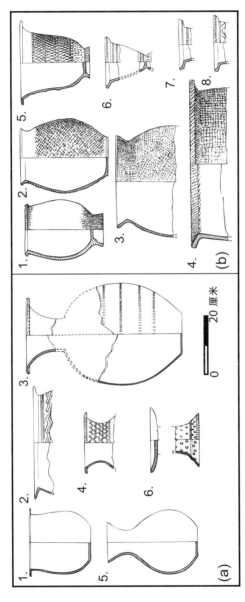

图 4.2 宝墩遗址典型陶器：（a）有精美装饰的陶器类型（左边）1. 宽沿平底尊（H16:57）；2. 宽沿盆（T2030(7):65）；3、4. 喇叭口高领罐 [H2:1 和 T1829(7):14]；5. 敞口平底壶 [T2129(7):2]；（b）夹砂陶器类型（右边）1—4. 各种各样的绳纹罐 [H16:1，T5402(5):4，T2130(6):46，和 T1830(6):75，和 T1830(6):90]。（所有容器的比例都是相同的；根据成都主编 2000 重绘）

6. 浅盘豆（T2029 H5:59,37）；5. 敞口圈足壶 [T1929(7):128]；6—8. 盘口圈足尊 [T1830(6):73，T1830(6):122，T1830(6):90]。（所有容器的比例都是相同的；根据成都主编 2000 重绘）

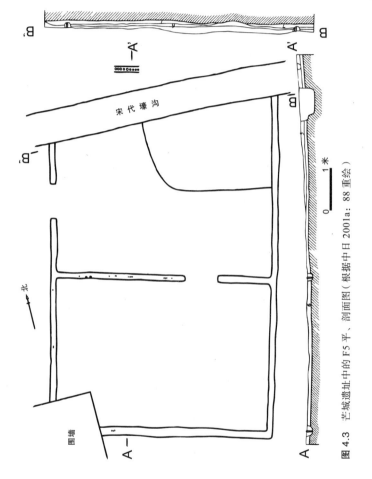

图 4.3　芒城遗址中的 F5 平、剖面图（根据中日 2001a：88 重绘）

的墙。不幸的是，其他房屋并没有得到妥善的保存，而且我们也不清楚整个遗址的布局。大量灰坑和灰沟出土了陶片、石器、炭灰、烧土和丰富的植物岩化石。

陶器既有夹砂陶也有细泥陶，有60%以上的精美陶器由手工制作并经快轮修整。人们发现了许多石器，种类有斧、锛、凿矛和锤，它们全都细致小巧而表面光滑，特别是锛和斧，它们的长度普遍少于7厘米。这些陶器表明芒城与宝墩晚期的一些遗存属于同一时代，并且其中的居住址可分为两个时期。

宝墩文化第三个重要的带墙遗址是郫县的古城遗址（成都与郫县1999，2001a，2001b；江章华主编2000）。与鱼凫（后文将述）早期的地层一样，郫县古城早期的遗物代表了宝墩文化的第三阶段；古城后期的遗物被推断属于第四阶段，即公元前1900—前1700年。古城遗址的城墙是所有宝墩文化遗址中保存得最好的，它的形状是长方形的，方向120度，墙内面积约30.4公顷。发掘工作揭露了超过10座房屋的地基遗迹，当中一些房屋是木骨泥墙结构并呈长方形。我们在其中发现了一些叠压关系，这表示这里有着连续的使用年代（图4.4）。其他房屋则是有中型的鹅卵石长方形覆盖的长方形区域。另外，发掘人员还在遗址中心发现一个由鹅卵石系统排列而成的大型地基（F5；见后文讨论）。郫县古城的陶器主要有夹砂陶和细泥陶，但与宝墩和芒城不同的是，这里泥质陶的数量似乎随着时间而减少。这里的石器则有体积较小而表面光亮的石斧、锛、矛和凿。

鱼凫较早时期的地层年代同样为宝墩文化的第三期，它位于成都平原中部温江区的岷江冲积扇上（成都主编1998；李明斌与陈云洪2001；宋治民2000）。这个遗址保存了围墙环绕的四个片区。

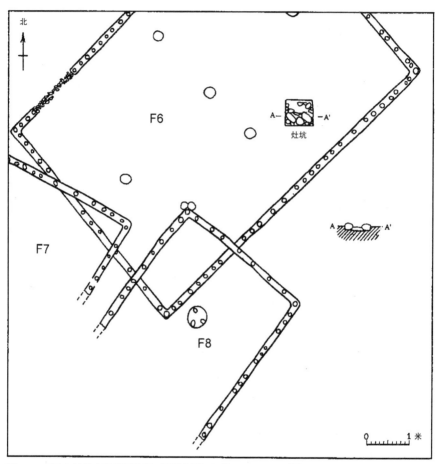

图 4.4　郫县古城的房址叠压情况（根据成都与郫县 2001a: 57 重绘）

围墙的形状不规则，包围着大约 25 至 40 公顷的土地。除了可能是古代河床的一个下陷地带，遗址围墙内的地势要比周围高。

人们在围墙内发现了 14 间房屋的地基遗迹。这些房屋分为三类：一类有为了插上木制或竹制的篱笆墙而设的基槽；一类为存在桩孔线的干栏式房屋；一类拥有由中型鹅卵石排列而成的长方形区域。人们发掘出 155 个灰坑、1 条壕沟和 4 座墓葬。所有墓葬都是仰身直肢葬，没有任何随葬品。

发掘人员将鱼凫的遗址分作三期。第一期在围墙建成之前，第二期是围墙被使用的时间，第三期是围墙被废弃之后。初步的报告推测鱼凫的第一、第二期与宝墩、月亮湾下层和三星堆第一期同期。但在最近，同一位作者在作为其贡献之一的宝墩遗址发掘报告中指出，鱼凫遗址的年代上限比三星堆第一期要晚（江章华主编 2000：106—107）。主流的意见认为这个遗址早期年代在公元前 2550—公元前 2250 年之间，而它晚期的年代则与宝墩第四阶段同时，在公元前 2050—公元前 1750 年（李明斌与陈云洪 2001）。

成都平原还发现了一些与宝墩文化有关的城墙遗址，一些同时期的无城墙遗址也得到了调查。在后者中，有少量遗址已被详细发掘，但有关报道很少。例如，绵阳市边堆山虽然是该地区已知最早的新石器时代遗址之一，但有关它的报道都很简短（何志国 1990，1993；马幸辛 1993；宋治民 1998b；西南博物院筹备处 1954；中国 1990a），一些人甚至认为边堆山遗址是这个时期考古学文化的典型遗址（孙华 1992：23）。在遗址的清理工作中发现了 30 件石器，包括斧、砍砸器、刮削器、尖状器、凿、刀和石镰，以及超过 400 块陶片。陶片中占大多数者，装饰有绳纹、刻划纹、粗凹弦纹、贴花和戳印纹，只有一个盘能被完整地复原。尽管有关资料有限，但这个遗址却极为重要，这可从它在讨论其他遗址的报道中被频繁地提及一事看出来（尤其见刘磐石与魏达议 1974；礼州 1980；四川 2006b；王仁湘与叶茂林 1993；吴耀利与丛德新1996；徐学书 1995；中国与四川 1991；中国 1991a）。人们公布了两个放射性碳测年数据：距今 3960 ± 250 年（ZK—2346；本书使用CalPal_2007_HULU 校正，标准的碳年代为公元前 2467 ± 347 年）和距今 3590 ± 255 年（ZK—2349；碳年代为公元前 1993 ± 335 年）。通过使用较近期的校准曲线（Stuiver et al. 1998）来产生一个比原本的报告范围更广阔的校准年代（中国 1991d），原始报告中校准年代分别为公元前 2883—公元前 2050 年和公元前 2330—公元前 1630年。奇怪的是，在江章华主编的著作（2000：115）中将这两个例子列为距今 4505 ± 270 年和距今 4020 ± 260 年。虽然我们无法解释这种矛盾，但这个遗址的年代理应为公元前 3 千纪后期。

　　近年，人们日益频繁地在成都市附近发现小规模遗址。但我们并不清楚哪些遗址代表了整个聚落和与之相关的特点，哪些又是更大型遗迹现象的一部分。成都平原没有围墙的宝墩时期遗址有成都市西部的十街坊（朱章义 2001）、格威药业一期（成都 2005c）、航空港（成都与郫县 2005a）、摩甫（成都 2006b）、高新西区方源中科（成都 2006c）。还有邻近的地点：中海国际社区毗邻的遗址（成都 2007b）；黄忠村的一条壕沟和放满宝墩文化陶器的灰坑（成都2004c，2005a，2005b）；康家村精品房分散的遗物（成都 2006e）；出土了墓葬、灰坑和几座房屋地基的化成村（刘雨茂与荣远大2001）和置信金沙苑一期的建筑物地基、10 座墓葬以及 21 座灰坑（成都 2004b）。后面的这些地点全都位于成都平原的西北部。人们在置信金沙苑发现了三个长方形基槽，基槽里有作为支撑墙的木和竹的柱洞，它们与墙的相对位置相同。这显示在一段时间内，人们一直居住在这个地方。

在宝墩文化之前的时期里，居住在成都平原的人口似乎很稀少，但我们知道附近的高原上有着一些较早时期的遗址。例如，在过去多年沿着岷江进行的调查确认了超过100处新石器时代遗址（陈剑2007；陈卫东与王天佑2004；江章华2004a；蒋成与陈剑2001；四川2007；孙吉与邓文2006；徐学书1995）。最著名的是营盘山遗址（陈剑2007；成都与其他2002），挖掘人员在其中发现了与在黄河上游的马家窑文化（约公元前3300—公元前2700年）有关的彩陶。这些遗物记录了遗址与北方的联系，并显示公元前4千纪晚期，相对较接近成都平原的前宝墩文化人群的存在（洪玲玉与其他2011）。诸如绵阳附近的大水洞（四川2006b）和白水寨（成都2007a、2007b）这些平原北部边缘的其他遗址证明了岷江流域和边堆山的联系。它们表明，北方是成都平原早期接受域外文化影响的主要方向。

就东北部而言，广元市中子铺的年代约为公元前5000—公元前3500年，并与汉水流域的遗址有着一些共同的特征（李永宪1996；叶茂林1991a；中国1991a）。我们也知道在四川盆地东北部也存在其他几个新石器时代的遗址（重庆1983b；李永宪1996；马幸辛1989，1993），这些遗址中，张家坡可能像中子铺后期的遗物一样早（江章华主编2000：116；吴耀利与丛德新1996；中国与四川1991）。另外，广汉西北方的什邡近年也发现了一个名为"桂圆桥"的遗址，这个遗址有着与营盘山和三峡哨棚嘴类似的小型石器和陶器。对这个遗址以后的研究可能会确定成都平原在宝墩时期之前的聚落。

　　人们在其他邻近的地区也找到了与宝墩文化同时的遗址。例如，狮子山遗址（刘磐石与魏达议 1974；马继贤 1991；中国 1991b），位于汉源县西南部的山地中，它的年代约为距今 4500—4000 年（江章华主编 2000：119）。近年在大渡河和安宁河地区进行的调查确定了其他诸如麦坪村的早期遗址（大渡河 2003；中国主编 2006）。在东北部嘉陵江流域的遗址，如邓家坪（叶茂林 1991b；吴耀利与丛德新 1996）和擂鼓寨（孙智彬 1992；雷雨与陈德安 1991；四川与通江 1998），则与边堆山有着一些共同的特征，而其年代也与早期宝墩文化相一致。人们根据四种放射性碳测年数据和公元前 3 千纪中期之前的一些最早的遗物推断邓家坪的年代在公元前 3634 至公元前 1647 年之间 [这些见于江章华主编（2000：121n28）的著作之中的年份与它们大概来自中国（1991d：229）所载的年份并不相符。我们将依据后者的材料]。就擂鼓寨而言，最早地层（第 9 层）的校准年代为距今 4995±159 年（校准年代为公元前 4221—公元前 3377 年），这表明人们在该地区进行活动的时间要早于成都平原聚落的出现。

　　遗憾的是，上述资料存在多种不足。这种情况即使在诸如宝墩这类得到详尽发掘的遗址也是存在的，在成都平原及其周围地区规模较小的遗址情况更糟。尽管如此，已出版的资料和总结性的论述因为本着极度的谨慎，还是包括了一些容许人们对成都平原的新石器时代，特别是制陶业方面的一些特点做整体性总结的第一手资料。但是，这个总结对远离这个区域的遗址来说缺乏足够的准确性，而且是不适用的。

　　有着花边口沿的壶，不同种类的大口尊，长颈瓶或类似的有着喇叭形口、带网状小孔圈足的容器是在成都平原众多宝墩文化遗址中发现的典型器型。江章华和他的同僚已根据地层叠压关系和陶器种类与器型的变化来将这个地区的陶器仔细地分成四个年代学时期（2000：106—113；成都主编 2000：122—134；江章华主编 1997，2002；孙华 2000：309—314）。尽管我们对仅仅完全依赖陶器的地层关系及其器型变化作为文化变化标志的普遍做法存疑，但从陶器制品方面来探究这些共同种类的容器和它们的相似性也是有趣的尝试。成都平原早期的陶器主要以泥质陶为主，夹砂器在新石器时代晚期较为常见。石制的工具主要是磨制石器，这些石器往往体现出多种制作工艺和工具，主要有锛、斧和凿，它们的体积都异常地细小。

人们在许多遗址中发现了建筑遗迹。许多遗迹证明了当时有着一些建在地面的、有着木骨泥墙的房屋结构，而且当时人们都使用在外形、大小和深度方面都不同的灰坑。没有资料能清楚地证明这些无处不在的灰坑具体功能为何。我们在一些遗址中得知有其他类型的房屋，包括有鹅卵石的地面。墓葬往往是简单的竖穴墓。

为了超越文化描述，研究宝墩文化的政治面貌，我们需要考察等级制度、权力和社会融合有关的方面；也需要讨论这些宝墩文化遗址的空间分布特征；并绘制遗址的区域格局网络，找出那些能显示出一些政治互动网络中心节点的证据。

宝墩文化的围墙和公共建筑物 最能直接说明权力模式和社会整合机制特征的是位于郫县古城的墙址（图 4.5）和大型建筑基址（F5）。中国新石器时代晚期围墙的出现通常被看作社会政治发展复杂化最为关键的指标（Demattè 1999；Liu L. 1996；任式楠 1998；Underhill 1994；Underhill et al. 1998，2002；许宏 2000；严文明 1999；Yang X. 2004）。除了表明有大规模的劳动力动员，围墙也

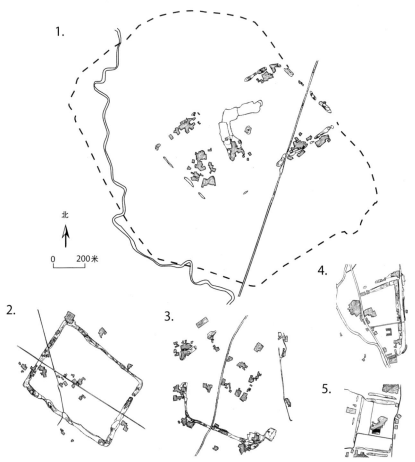

图 4.5 宝墩文化新石器时代的带墙遗址：1.宝墩；2.古城；3.鱼凫村；4.双河；5.芒城（根据王毅 2003，重绘，比例相同；有阴影的部分为现代建筑；虚线显示了 2010 年到宝墩考察发现的未公布外墙的大致轮廓）

可能证明了社群间的冲突是很普遍的，而这本身也可能是与复杂社会出现有关的现象（Carneiro 1970）。此外，考虑到中国历史上城市所扮演的宇宙中心般的角色，它们作为这种政治力量的典范和象征的潜力不应受到忽视（Wheatley 1971）。

但是，对于围墙和其他类似结构建筑的另一种解释却没有对冲突和等级制度做相同程度的强调。围墙很多时候都不是防御性的，而必要的劳动力则可通过全体或集体行动获得（Renfrew 1973）。虽然诸如围墙的倾斜度和聚落围护程度这类要素并不总是能够很好地反映墙体的功能（Arkush and Stanish 2005），但成都平原聚落围墙的低坡度已被用作说明它们主要是防洪壁垒，而不是防御性堡垒的证据（黄昊德与李蜀蕾 2005；Xu J. 2001b：23）。不过，虽然这些围墙并不是非常巨大，与不同群体之间的冲突也没有必然的关系，但它们却需要投入大量的劳动力去建造和维修，这些围墙所包围的那些相对较大的空间也反映了这些地点的社会吸引力。因此，这些墙是一个标志，表明在宝墩文化时期，社区融合特别显著。

除了上文讨论过的宝墩、芒城、古城和鱼凫的遗址，我们也得知其他几个遗址也有围墙：崇州的紫竹和双河，大邑县的盐店（成都 2002；江章华主编 2001；王毅 2003：129；王毅与蒋成 2000；Yang X. 2004）。此外，保存着宝墩第四期重要遗物的三星堆也有一系列的围墙，但这些围墙似乎比宝墩文化要晚。

对兴建这些围墙所需劳动力数量的初步评估告诉我们（专题4.1），这些围墙可能是由数个以 20 人为一组的小队在数年，或数百人在一整年修建而成，也有可能（可能性较大）是在相对较短的时间内，数倍于此的人共同努力的结果。例如，宝墩遗址的内墙可能是由 4000 人在一个月内勤奋地工作建成的，或是由较少的人在较长的时间内完成的。虽然这种大规模的劳动力动员并不具有巨大的里程碑意义，但它确实需要持续的、有组织的、集体的努力。因此，这些墙代表了一种重要的综合实践的物化，这种实践在宝墩社群中很常见。此外，近年在宝墩发现的一道外墙可能需要超过1000名劳动力花费数年持续来建造。但在不知道其特有的高度和宽度的情况下，这种工程量所需的劳动力是很难计算的，而且我们也并不知道它的建造过程是不是连续的。

专题4.1

宝墩文化围墙

在其外墙在近年被发现之前，宝墩已经是中国最大型的有围墙遗址，但只有东北部长约500米的内墙得到相对妥善的保存。假设这道内墙没有倒塌的话，它的长度将会达到3200米。现存围墙的一部分有3—5米高，其地基则有30米宽，接近墙顶的宽度则为8米。如果我们用一个平均高度为4米的梯形截面的话，我们可以估计墙体总体积为243,200立方米。相比谷歌地球的影像，根据笔者对遗址的调查，我们推算出宝墩外墙的长度约为5850米，但当中有接近550米与内墙共用。我们用墙体横截面尺寸较为适中的芒城围墙（而不是宝墩的实心内墙）来推算建造城墙所需劳动力的最低数量。

就芒城而言，我们根据保存较好的内墙（面积为270米×210米），以及南北长220米（保存较好）、东西宽270米（保存得非常差）的外墙来估计围墙的长度。外墙目前只保留了三边，我们假定四边均有着外墙，但我们没有任何证据证明外墙是封闭的，故使用了这种比较保守的方法来估计长度。保存下来的围墙有 1—2.5 米高、5—20 米宽。在计算时，我们假定城墙有 2 米高，其底部宽 20 米，顶部则宽 5 米。

双河内外围墙的北部和东部都保存较好，但其西边的部分要么是从来没有存在过，要么便是被附近的螃蟹河冲毁了。我们假定是后者，根据现存的部分估计这道墙最小的尺寸为何。我们根据内墙（面积约 200 米 × 450 米，总长度 1300 米）和外墙（250 米 × 500 米，总长度为 1500 米）推断其体积。外墙得到保存的部分，宽度在 3—10 米，高度在 0.5—2 米，内墙底部宽为 15—30 米，高为 2—5 米。我们假定其内墙的底部宽度为 20 米，顶部宽度为 10 米，高为 5 米；外墙底部宽 10 米，顶部宽 5 米，高 1 米。

古城拥有保存得最为完好的围墙，因而在计算长度和体积方面是最为可靠的。长方形的围墙面积为 620 米 × 490 米。我们根据其平均高度 3 米（现存部分的高度在 1—3.8 米之间）、底宽 25 米、顶宽 10 米（现存的部分的宽度为 8—40 米之间）来计算其体积。

最后的鱼凫古城存在一个较大的问题：围墙只有一些断断续续的残垣保存下来，而且围墙的外形是不规则的。围墙保存的部分有 1350 米长，包围了 30,375 平方米的土地，我们据此推测其平均的高度为 1.5 米，底宽 20 米，顶宽 10 米。如果我们假定这道墙如图 4.5 显示的那样是连接在一起的，那么围墙的长度要再加上 650 米，我们从而对围墙的长度和遗址的面积做出保守的估计（约 27 公顷）。

我们可以利用成都平原其他各种围墙的规模来估计这些不同结构围墙的体积（表 4.2）。要将这些数字转换成劳动力的使用数量，要求我们根据建筑人员拥有的技术和这些工作在何等程度上是以全职形式完成的

表 4.2 对兴建宝墩文化遗址围墙所需劳工的评估

遗址	围墙总长度(米)	推断的体积(立方米)	每 1 立方米每天所需要的劳工的人数(人/年)	每 2 立方米每天所需要的劳工的人数(人/年)	每 3 立方米每天所需要的劳工的人数(人/年)
宝墩	3200	243,200	666	333	222
宝墩外墙	>5200	约 130,000	356	178	119
芒城	1900	47,500	130	65	43
双河	2800	108,750	298	149	99
古城	2220	116,550	319	160	106
鱼凫	2000	45,000	123	62	41

等方面做出更多的假设。我们推测，为了建造这些围墙而每天花在地面物体移动上所需的能量范围，从近东人们为建造夯土城墙时每人每天搬运 0.5—1 立方米的大型石块和石质土（Bar-Yosef 1986: 158；Dorrell 1978），到美索不达米亚每人每天搬运 1.6—3 立方米的物料，后者记录在乌尔第三王朝的文献，特别是从乌玛遗址发现的文献中（Waetzoldt 1990；与 Benjamin Studevent-Hickman 在 2005 年的私人联络）。近年在河南王城岗一个龙山文化时期带有围墙的遗址所进行的实验性研究，考察了利用传统工具和夯土技术来建造围墙的劳动力使用量（Beijing and Henan 2007: 657—663）。研究人员评估了挖掘、移动和将土壤填进围墙内各自需要不同的时间。他们估计一个人在一天 8 小时内能挖掘 3 立方米的土壤，并将 13.3 立方米的土壤移动 20 米，或踩平 10.1 立方米的土壤。如果我们能最有效地为这些任务分配时间的话，那么一个人每天能挖掘、移动和夯实平均 1.97 立方米的泥土。这种估算其实没有完全考虑到实验员的观察。他们认为，当土坑变得较深时，挖掘和运输的速度将会变慢。人们近年对内蒙古赤峰市三座店的夏家店下层文化防御性石墙和土墙遗迹，也应用了与之类似的评估多个阶段使用劳动力数量的方法（Shelach et al. 2011: 21）。

宝墩文化围墙的泥土似乎是从周围距离最近的地方获取的（中日联合考古调查队 2001a: 97）。考虑到这点，又由于泥土中并非含有特别多的岩石，故在没有证据证明其使用夯土工艺的情况下，每个劳动力每天可以搬动最多 3 立方米的土壤。在没有强制劳动的情况下，我们可以想象每人每天搬动 2 立方米的土壤是一个恰当的估算。我们保守估计，特别是对夯土墙或需要远距离输送土壤而言，每人每天要搬运 1 立方米的土壤。

此外，弄清居住在这些有围墙社区的人口数量，和这些人是否永久地或只是在某些季节或因特别事件才来到这些地区是很重要的。遗憾的是，学界只进行了很少的能让我们对人口进行评估的研究。我们完全不清楚居住在这些地区的人口密度为何，也完全不清楚在很多情况下，被围墙包围的地区有多少部分是专门用在农业方面，而不是居住用途。我认为居住在最小的有围墙遗址的人口约为1000人左右，而最大的（宝墩）人口可能还要多好几倍。现在的田野考察将有助于回答其中的一些问题。

这里讨论的围墙明显是有着多个功能的。除了作为抵挡洪水的壁垒和可能是为了保护社区而造的防御工事，围墙亦被用来标记社区之间的界线，并将人口分隔成多个部分。它们的产物就是那些共同建造的历史遗迹（Edmonds 1999），而这些遗迹又可能是通过投入集体劳工而创造的中心地带。因此，这些围墙在任何构建当时成都地区的政治和文化格局的尝试中都是重要的交接点。

除了围墙，建筑物亦能说明宝墩遗址权力和统合的关系。迄今为止在宝墩文化遗址中发现的大部分房屋相对来说都是小型的，有着木骨泥墙结构，只有位于芒城的 F5（图 4.3）内部有着多个房间。很多建筑被解释成居住的场所，尽管它们往往缺乏火炉或其他支持这一分类的遗存。芒城的 F5 再次充当了一个例外——在其东北角落有着一个灶坑。

古城的 F5 是一座独特的建筑物（图 4.6；成都与郫县 2001a：59；王毅 2003：126—127）。F5 位于遗址的中心，与遗址围墙的方向平行。长方形的地基面积为 50 米 × 11 米，外围是一个布满鹅卵石的基坑，鹅卵石内埋设木桩，木桩间距为 0.7—1.2 米。建筑物的围墙由竹框做成，表面涂抹了草拌泥，将涂抹了草拌泥的竹框固定在木架上，用火烘烤变硬。在东边，有一个用鹅卵石铺成的圆形石堆，直径65厘米，这个圆堆可能支撑了一根木柱，这个木柱是用来支撑内部屋顶梁的。建筑物的西侧在古代就被扰乱了。房屋的中心有五个排成一排的长方形鹅卵石堆（图4.6，1—5），这些鹅卵石可能是用来做台基或柱础。石堆周围挖有基槽，槽内埋有密集的圆竹，有些圆竹已经炭化，它们可能是祭坛，或有着其他一些结构上的功能。F5独一无二的特征、巨大的面积和其居于遗址中心的位置都表明这座建筑物在古城社群整合过程中扮演的重要角色。古城F5很可能是用来举行公共仪式活动的，分散居住在古城周围的人们会参与这种集体活动。

古城遗址的围墙和F5为我们提供了有关集体政治活动的、遗址层面的证据。就区域角度而言，我们需要一个对聚落模式的全面研究，以用来评估政治格局情形。我们仍然不清楚，例如，带有围墙的遗址是一个在稳固统合网络中的地方性中心，还是一个偶尔承接精英活动或公共集体行动的次要中心。近年的调查工作证实，宝墩时期小规模的遗址遍及整个成都平原，故带有围墙的遗址并不代表这段时期唯一的聚落（成都2010）。尽管如此，带有围墙的遗址似乎是这段时期已知聚落中最为重要的（王毅2003；王毅与蒋成2000）。

虽然我们知道成都平原上最早的新石器时代遗物在平原的北部，但有围墙的遗址却最先出现在平原的西南部。在第三期，古城和鱼凫展示了平原内部的聚落，而此时西南部较早时期的遗址已经荒废。在下一阶段，只有平原东北部的三星堆拥有密集的聚落。

三星堆文化

位于广汉鸭子河和马牧河附近的三星堆最初在1927年被发现，

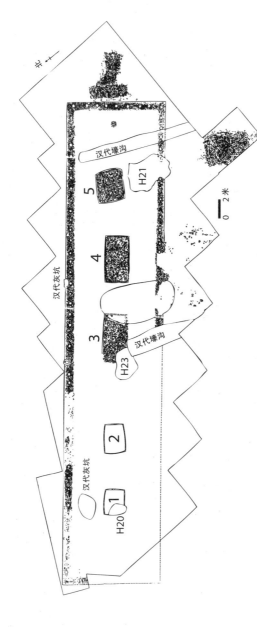

图 4.6 郫县古城 F5 建筑物的地基（根据成都与郫县 2001a: 58 重绘）

而最早的发掘工作则在 1934 年进行（Graham 1933—1934；有关它的年代的讨论，见 Xu 2008：11）。1951 年之后，人们只会偶尔对三星堆进行研究，然而在 20 世纪 80 年代开始（Sichuan et al. 1987c）的系统发掘与研究活动一直持续至今（有关三星堆研究史全面的描述，见陈显丹 2001；肖先进与其他 2001；Xu 2003，2008）。在三星堆之外，人们还发现了围合面积超过 3 平方千米的巨大城墙——东亚青铜时代已知最大的城墙聚落之一。

在三星堆的发掘工作出土了新石器时代（即宝墩文化）重要的聚落遗迹。这些新石器时代的地层最先是在 1963 年月亮湾的发掘工作中确认的（马继贤 1992）。这些地层被一些人称为"月亮湾下层"，或被其他人称为"三星堆一层"（陈德安 1991；陈显丹 1989；马继贤 1992；四川主编 1987c；孙华 1992，2000；详细的讨论见 Xu J. 2003，2008：29—36）。新石器时代的遗迹包括 3 处房屋基址，其中有两个是圆形的，一个是长方形。其他宝墩文化的遗物包括大量陶器碎片和石器，所有这些遗物整体上似乎都属于宝墩文化。但据我们所知，目前还没有令人信服的证据证明该遗址的城墙可以追溯到宝墩文化时期。

相反，围墙的年代似乎属于三星堆文化时期（约公元前 1700—公元前 1150 年）。但我们应该强调的是，在已出版的著作中，这个文化的绝对年代仍未明确。事实上，个别遗物与三星堆文化的关联程度一直是争论的焦点（Xu J. 2003）。例如，一些学者认为这个遗址的晚期青铜时代的地层是属于十二桥文化（见后）的，这主要是由于那些地层有尖底盏出土，他们又认为这些地层反映了一个衰落的时期（孙华 2000，2013）。但是，其他人却主张这是一种文化延续而不是衰落，反对任何被认为是属于尖底盏带来的转变性暗示，同时认为这种盉在三星堆文化后期已经出现（Xu J. 2003）。根据前一种观点，后文（和第8章）将会讨论的祭祀坑可追溯到三星堆文化晚期，但后一种观点则认为这些祭祀坑的年代为公元前2千纪后期，但不能追溯到任何文化转型时期。根据后一种观点，十二桥地层与三星堆青铜时代最晚期地层（即12和13层）属于同一时代，这反映了当时成都地区开始受到三星堆的影响。

三星堆最为著名者，是那些构成了三星堆文化典型器物的早期青铜时代遗物（即三星堆Ⅱ）。这段时期最为著名的，是1986年在三星堆两个祭祀坑中出土的宏伟青铜雕塑，出土这些雕塑的地点后来为整个遗址和与祭祀坑有关的文化提供了名称（四川主编1987a，1987b，1989；四川1999；见随后的讨论）。三星堆文化首先是根据陶器组合来定义的，最具代表性的陶器包括有着三只袋形足的盉、高柄豆、小平底罐和有着钩状嘴的鸟头形勺把（Xu 2001b，2008）。本书稍后将会介绍一些其他类型的器物，包括瓿、樽和卷口三足器。正如许杰（Jay Xu，2001b：28）指出的，文化转变似乎表现为在本地的基础上吸收来自长江中游地区和黄河流域中原的新型制陶工艺。

大部分有关三星堆的讨论都集中在祭祀坑（Bagley 1990；Falkenhausen 2003；李伯谦1996；李绍明主编1993；李学勤1997；俞伟超1996；赵殿增1996；邹衡1996。在那些数不清的出版著作中，这里仅举数例）。祭祀坑（K1和K2）的年代大约为公元前1200年。不过人们认为它们的年代稍微有点不同，以K1较早（四川1999；四川主编1987a）。祭祀坑出土了大量有价值的遗物，包括玉石器、青铜器、金器、象牙、陶器和贝壳（Flad 2012）。

自从三星堆K1、K2以及仓包包和月亮湾（三星堆的其他地点）其他相似但较小的祭祀坑遗存被发现后，它们便顺理成章地受到关注。这些遗存为三星堆文化时期仪式和经济格局的中心提供了独特的证据。祭祀坑是破坏型仪式所产生的最终结果，这种仪式涉及破坏与特定仪式有关的物品的行为（见第8章；Xu J. 2001a）。此外，这些遗物反映了生活在三星堆的人群，至少是从事祭祀活动的个人所获得资源的相对广泛的网络。这些人可能居住在三星堆，至少是参与了这里的仪式活动（Falkenhausen 2003，2011；So 2008；Flad 2012；见第7章）。

尽管这些仪式无疑在该地区较广阔的政治格局中扮演了重要的统合角色，但祭祀坑出土的遗物却没有任何反映政治权威的明确证据。即使是图像元素，包括拟人化的头像和穿着精美服饰、与真人一样大小的青铜人像也不是社群领袖的明确代表，而是超自然的存在。大量青铜头像上不同的头饰和发型或许反映了特定社会角色（孙华2013），但它们在本质上并不必然与政治有关。

然而，这些材料的某些方面确实与建立和维持等级制度的机制有关。例如，祭祀坑出土了大量玉制武器和青铜兵器，它们显示了战争的象征对于正确的仪式行为来说是重要的。但是，这些都不是实用性的武器，这表明参与战争可能既有象征意义，也有现实意义。另外，生产大量玉器和铜器和获得上述资源必须有一个组织良好和一体化程度较高的专业工匠系统。

祭祀坑之外，从三星堆不同地点得来的三星堆文化遗物都没有得到完整的出版（虽然预计有一份全面的报告即将出版）。但是，我们确实掌握了一些有关这个遗址建筑物遗存的资料。早期的建筑可能与宝墩文化层有关，有简单的矩形或圆形的柱洞线。后期，在三星堆文化层及之后，是木骨泥墙和火烧墙建筑，以带有木骨架柱洞的基槽为代表（四川主编1987c）。这些围墙长度在3—9米，宽度则为2—

9 米。有时候两间房间会共有一面墙，但由于这些房间在内部是相连的，故它似乎并不是一座有着多个房间的建筑。此外，人们在青关山遗址（河道北岸，三星堆遗址的对面）的北部发现了高等级的建筑基址，但这些建筑的资料并没有得到详细的公布（孙华 2013）。

人们报道了在三星堆发现的墓葬，大部分都是简单的土坑墓，出土有少量随葬品（四川主编 1987c）。已经公布的最大型墓群位于三星堆遗址西墙外面的仁胜村（四川 2004；宋治民 2005a；见第 9 章）。这些墓葬几乎没有显示出明显的社会等级差别。

聚落规模从宝墩文化时期的简单聚落发展到三星堆文化时期有着巨型围墙的大型聚落。这道围墙由三个部分组成：位于墙体中心的土层以及外侧和内侧的倾斜土层（Xu J. 2001b：28）。假设各个方向的外墙都是连接在一起的，这道墙和遗址内部保存下来的部分围墙的总长度将达到 7800 米。这长度是很多宝墩文化围墙长度的三倍以上（虽然它的长度比宝墩内墙和外墙合在一起时要短）。因此，修建这堵墙所投入的劳动力，比之前讨论的大多数宝墩文化遗址围墙所投入的劳动力要多几倍。超过 1000 名劳动力连续数年地投入到兴建这些墙体的工程中，进一步证明三星堆是人口密集的社区网络的中心节点和集体劳动的重点区域。

当然，三星堆并非成都平原在公元前 2 千纪中后期唯一遗址。人们在三星堆附近的成都平原北部发现了一些同时代的遗址（四川 1992b），它们当中有一些已被发掘，包括烟堆子（四川 2005）、桂林乡（成都与新都 1997）、清江村（成都与郫县 2001c）和羊子山、核桃村、金沙巷以及水观音（Xu J. 2003：175）。

由于历史原因，位于新都区的水观音遗址是它们当中最重要的一个（四川 1959d）。水观音在 1956、1958 年进行过两次发掘，是这个地区在"二战"后首批被发掘的遗址之一。人们在遗址中发现了三个文化层，最底层有着我们今天将之联系到三星堆文化的遗物，以及属于三星堆后期的几座墓葬。

成都市内或附近的其他一些地点出土了一些同时代的遗物，三星村（不要误解成三星堆；成都与青白江2006）、精品房（成都2006e）和黄忠村（朱章义与刘骏2001）都拥有三星堆文化的遗物。在东边稍远的地方，十二桥下层可能反映了这个地区从三星堆文化转变成随后的十二桥文化的过渡阶段。毗连十二桥的是方池街，它的第5层包含一些与三星堆文化的器物极为相似的陶器（成都与成都2003）。但在其他方面，它的遗物与沙溪的遗物相似，而方池街据说在文化上与三星堆有别（成都与成都2003：315）。

最后一点引发了一个与三星堆文化有关的有趣问题——这些不同的三星堆文化遗址之间的关系究竟是什么性质的？由于大部分遗址的结构、建筑特征和陶器之外其他遗物的资料相当缺乏，故我们在这里仅能做出推测。三星堆遗址本身就反映了它们延续了宝墩文化的一些集体策略。墙的建造在三星堆很重要——不仅用一个保护性的壁垒围绕着遗址，而且还将遗址内部分开。但是祭祀坑及其所出遗物却反映了在宝墩文化遗址中没有的活动。

祭祀坑中的遗物反映了一种对相对全面的资源获取网络的控制，并证明了冶金技术的进步。图像学的意义和重要性并不明显。例如，K1和K2有着一个完整的青铜人像和上文提到的青铜人头雕像。由于有一些木头黏附在一些青铜头像内，又由于其中存在着大量可能是燃烧过的木炭，故这些人头雕像似乎是放在木制身躯上的。这些头像是否代表着某些特定的人物、一般的"祖先"、神灵和其他生物呢？不同的发型是否意味着不同的社会身份，或者代表着不同的宗族或民族？孙华（2013）确定了两种发型：将头发束在头后并以饰针维持的髻发和由向后垂的发辫组成的辫发。他认为前者与仪式专家有关，而后者则与行政或军事专家有关，并主张三星堆的领导集团以这两个精英群体的等级关系为特征，进而认为那些负责仪式活动的人在随后的十二桥时期失去了权力。这种解释是有争议的，而我们也很难说这些差异到底是反映了普遍而共有的身份，还是个别而有名字的人物。在任何情况下，在一个明显重要的仪式组合中使用人类肖像至少标志着个人在社会中重要性的相对转变。这说明相对宝墩文化不太明显的政治特点，三星堆社会在政治层面上存在一定程度的群体策略（被定义为排他和以个人为中心的政治行动，它与较以群体为导向的集体策略相反；Blanton et al. 1996）。值得注意的是，特别考虑到青铜头像的木质底座的证据，类似的易腐烂的雕塑可能在青铜制品进入该地区之前就已经制作出来了。但即使这是事实，我们现在仍没有任何证据来证明它。

十二桥文化

成都平原下一个考古学文化是十二桥文化，人们通常推断其年代为公元前1200—公元前800年。我们仍然需要持续关注这种对成都平原文化史随后阶段所做的断代和年代学的鉴定。正如后文所解释的，现有的理论显示了三星堆和十二桥文化有重合的时候。推定从十二桥文化转变到随后的新一村文化发生在约公元前1000年（Falkenhausen 2001b：179），或发生在较接近公元前800年的时间范围一事，正如这里所言，需要对放射性碳测年数据进行更多系统的收集，并且要有稳定的数据采集背景。十二桥文化最初是在成都市中心附近一个遗址被确认的，该文化的其他遗址主要是在这个迅速扩张的城市中被分散地发现的。十二桥本身的地层横跨了三星堆文化过渡到十二桥文化的时期，而它们重要的特征（后文将会讨论到的几个木构建筑）在年代学上可能是仍然属于三星堆文化的（江章华与王毅1998；孙华1996）。具体而言，十二桥第13和12层（在遗址的最底层文化层）中所包含的遗物很多都与三星堆晚期的遗物相同，下文描述的建筑遗存位于这两层之间。人们推断第13层校准后的年代分别为公元前1859±100年（距今3520±80年）和公元前2013±108年（距今3630±80年）。但这些数字相对于地层实际的年代很可能稍早，这很可能是年代较早的木材导致的。从第11层开始，尖底器占有优势一事表明物质遗存的普遍特征有着一个重要的转变，从而形成了一种不同的文化（见Xu J. 2003中的讨论）。该遗址因而并不是十二桥文化的典型遗址。

第11—9层中的陶器是十二桥文化的典型遗物（图4.7），第9层的放射性碳测年校准后为公元前595±140年（距今2465±105年）。当中最为重要的是尖底盏，但我们也发现有其他有尖底或小平底的器型，包括尖底杯和尖底罐（宋治民1998b，2005b）。除此之外，在三星堆文化遗物中很普遍的陶器种类，如鼓肩小平底盆和高柄豆仍然继续出现。我们可在成都和附近的其他遗址，包括在金沙江（诸如黄忠村和人防）、万安药业包装厂、方池街、桂林乡和正因小区这几个地点观察到由十二桥第13和12层所代表的过渡期（成都2001，2005c，2005g；成都与成都2003；成都与新都1997；成都与新都2003，2005；宋治民2005b：25）。

十二桥的典型遗址最为著名的是在1985年发现的大型木构建筑（四川1987b）。这座建筑被发现于第12层之下，所占空间从西到东长142米，宽133米。这些桩柱组成了至少两座不同建筑物的地基。

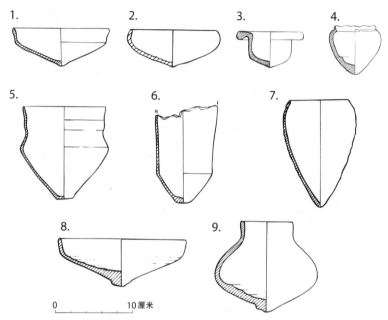

图 4.7 十二桥（容器 1—7 根据成都与四川 2009 重绘）和新一村（容器 8—9 根据成都 2004f 重绘）的尖底器：1、2. 尖底盏［ⅡT39(12):30 和ⅡT43(10):8］；3. 尖底盉［ⅠT7(12):73］；4—7. 杯［ⅠT5(12):9；ⅡT50(13):8；ⅠT7(12):31；ⅡT30(12):3］；8. 尖底盏 T404(6):48；9. 尖底罐 T404(6):38。（所有图均按相同比例绘制）

一座大型的建筑物（F1）有一个由一系列地板梁组成的地基（图 4.8），基于巨大的面积——约 560 平方米，F1 被解释为一座"宫殿"。另一个规模相对较小的建筑建立在由木桩组成的框架上。这座较小建筑的墙身是通过将竹篾笆绑扎在木架上建成的。两者的屋顶都是用榫和系在一起的屋顶梁建造而成的。这些遗存为对古代建筑物进行的研究提供了极好的资料，但对政治或文化强权方面却没有提供多少有用的证据。即使是那个所谓的"宫殿"也不是特别富丽堂皇，而它有可能是另一种形式的公众集会大堂。无论如何，这些木制的地基要么是早于十二桥文化，要么就只是反映了这种文化极早阶段的某些情况。我们因此必须观察其他地方才能对这段时期有一个更好的理解。

除了十二桥，在成都西部和西南部的南河及其支流沿岸也发现了同时代的聚落遗址。这些遗址有抚琴小区（王毅 1991a）、方池街（成都与成都 2003）、君平街、指挥街（四川与成都 1987）、岷山饭店、岷江小区（李明斌与王方 2001；Zhu Z. et al. 2003）、高新西区（成都 2005b，2005c，2005d，2005e；成都 2006b，2006c，2007a，2007b；成都与郫县 2005a，2007）和金沙，它们都得到了最深入细致的调查。

金沙位于成都市中心西边 5 千米远的位置，它是在 2001 年一次道路兴建工程中被意外发现的（遗址的位置和早期发掘历史全面的概述，见 Zhu et al. 2003）。这个遗址覆盖了超过 5 平方千米的土地，包括流经城市中心的摸底河，在这条河的两岸发现了 20 多处独立遗址点（图 4.9）。

在这些地点发现的部分建筑遗迹中，人们于黄忠村三和花园（金沙遗址聚落的北部，它最先于 1995 年被调查）确认了 5 座大型建筑基址。这些建筑可能有着行政功能，或作为上层人士居所的一部分

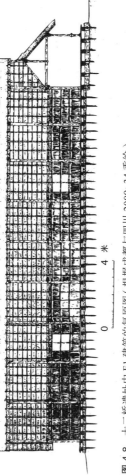

图 4.8 十二桥遗址中 F1 建筑的复原图（根据成都与四川 2009: 34 重绘）

0   4 米

图 4.9　成都高新西区、市中心和金沙遗址聚落群不同挖掘地点的地图。文中提及的位置包括：A 线的地点（37）；B 线的道路工程（39）；百花潭（15）；春雨花间（35）；藏池街（19）；方源中科（3）；芙蓉苑（33）；抚琴小区（9）；格威药业一期（5）；国际花园（36）；海滨村（29）；航空港（1）；核桃村（25）；化成村（30）；黄忠村（34）；京川饭店（16）；金沙巷（8）；金鱼村（38）；君平街（20）；兰苑（44）；梅苑（43）；岷江小区（26）；岷山饭店（23）；摩甫（4）；西南交通大学新校（6）；青羊宫（14）；人防（42）；三和花园（32）；无线电机械学校（18）；上汪家拐（22）；商业街（11）；十二桥（12）；十街坊（27）；蜀风花园城（42）；万安药业包装厂（2）；万博（40）；文庙西街（21）；西城天下（31）；新一村（13）；羊子山（28）；雍锦湾（41）；运动创伤研究所（17）；指挥街（24）；置信金沙苑（45）；中海国际社区（7）；中医学院（10）

（成都 2001）。人们在附近发现了大量小规模的建筑基址，大型和小
型建筑物同样都是木骨泥墙结构。小型建筑物的面积约为 20 平方米，
大型建筑物占地面积超过 430 平方米，并拥有对称结构。其他在遗址
住宅区发现的建筑附属遗迹包括诸如由鹅卵石铺成的水沟这类集水设
施、仓库或灰坑，还发现了 16 处用来烧制陶器的浅窑窑址。

　　金沙遗址附近的其他地点也有着类似的遗存，包括灰坑、"井"
（一种深坑，坑中埋入一件无底陶罐，坑底及坑壁镶嵌着鹅卵石）、
窑址、墓葬和房屋基址。这些遗址包括：黄忠村 B 线道路工程所
在地的灰坑和窑址（成都 2004a）；毗邻 A 线的灰坑及遗物（成都
2005a）；"西城天下"的灰坑（成都 2007b）；万博的灰坑和墓葬（成
都 2004d）；"春雨花间"所在地的墓葬、窑址和灰坑（成都 2006d）
和"芙蓉苑"中用作集水的"池塘"与 7 处十二桥时期的建筑物基址
（成都 2005h）。这些基址与位于附近三和花园的遗址一同表明，金
沙遗址北边有着密集的住宅区和行政区。在后文将会讨论的"献祭
区"南侧兰苑所在地也同样有大面积遗迹，包括 461 个灰坑、17 处
建筑基址、3 处窑址和 100 多座墓葬（成都 2003a）。

　　从宏观上观察这个遗址，它的很多遗迹都可能是仪式活动的结
果：墓葬（见第 9 章）和所谓的祭祀遗迹（见第 8 章）。这些遗迹几
乎都是小型窖穴，里面埋藏有玉器、象牙、黄金、青铜器，也包括
人类俘虏、蛇和虎的石雕。虽然墓葬遍及各处，但祭祀遗迹却集中
在行政区对面摸底河南岸的梅苑。这个遗址的建筑物似乎与在三星
堆所见的建筑相类，其中住宅区和行政区位于河道北岸，而仪式区
则在南岸（孙华 2013）。

　　人们也能在成都之外找到十二桥文化的遗址。诸如沙溪和水观
音这些在三星堆部分已经提及过的遗址，说明在这段过渡期内，很

多遗址都具有连续性。另一个与十二桥文化有关，重要且神秘的遗址是位于竹瓦街的窖藏。竹瓦街位于彭州东边、三星堆西南10千米处，所出铜器埋藏在遗址的一件陶缸中，可分为两组（冯汉骥1985b；四川与彭县1981；王家祐1961）。一组有21件铜器，其中有13件武器；另一组则包括4件容器和15件武器。虽然我们很难推断这些遗物的具体年代，但这些铜器有可能是在约公元前10世纪生产的，即西周（约公元前1050—公元前771年）早期，与十二桥文化同时（Falkenhausen 2001b）。竹瓦街的窖藏可能代表了所谓的"巴蜀青铜器"生产系统的源头（冯汉骥1980：42）。

在成都平原西南边缘，雅安沙溪的早期遗物包括小型的平底、尖底和圈足陶器，以及大量的有肩石器（冯汉骥1989；李明斌1999；四川与雅安2007；四川主编1990）。在其他地方，人们在雅安到乐山的青衣江沿岸（中国1988），在大渡河沿岸诸如麻家山等遗址（大渡河2003；中国主编2006），甚至在云南范围内做调查时都发现了类似的遗物。在与沙溪和成都方池街相似的遗址中，石器频繁出现的现象延续到了十二桥时期。

十二桥文化与前几个时期存在明显差别。首先，社群之间的冲突似乎变得更为突出，也更加普遍。在三星堆文化时期出现的武器，其出现频率在整个公元前1千纪日益上升。武器激增的现象可在十二桥文化遗址以及牟托、青羊宫和其他后期遗址中看到（Falkenhausen 2003：222—224）。此外，人们在金沙附近和包括方池街在内的其他地点发现了数个石人，石人双膝跪地，手放后背作缚状（图4.10）。我们在三星堆中至少发现过一个与之相似的石人，这件石人现在上海博物馆展出，但是我们并不清楚它的遗存关系。这些武器和石人表明在十二桥文化中，制度化的冲突是政治行

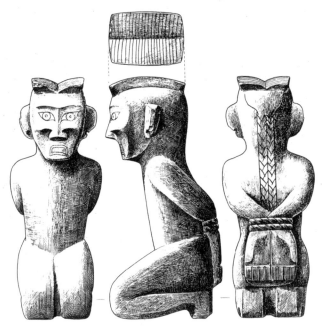

图 4.10 在金沙发现的石跪坐人（2001CQJC：716）（根据成都与北京 2002：177 重绘）

动的一个重要组成部分。讽刺的是，尽管十二桥时期明显强调战争，但围墙在遗址中的角色却似乎淡化了。这可能支持了宝墩文化和三星堆文化围墙的主要功能不是用作防御的观点，但也有可能是因为未经过完整发掘。我们不应感到惊讶：将来可能会在十二桥遗址，包括金沙，可能还有高新西区，发现防御性城墙。

第二个不同之处在成都平原聚落的分布方面是很明显的。最为重要的政治中心从广汉地区转移到在过去只有较小型聚落的成都地区。唯有在与十二桥第 10—11 层同时的时代里，权力的中心似乎才转移到成都地区。聚落，包括被较小建筑包围的所谓"宫殿建筑"的一些证据，以及一个独特的仪式区——这是与三星堆的另一个明显区别，三星堆是在几个不同的地方发现了"祭祀坑"。但在行政和仪式区域的南北分界中，也可能存在着一些延续性。

在三星堆之后，虽然在诸如竹瓦街等遗址中仍然发现了大型青铜器，但几乎没有证据表明存在纪念性青铜器的铸造痕迹。十二桥文化本身的铜器缺少过去那种复杂而成熟的工艺（Falkenhausen 2003：220）。此外，物质遗存的重心亦有转变。三星堆的铜器铸造者将资源、时间、心力和社会资本投放在制作为仪式展示和统合集体行为而设的物品上，但十二桥的铜器铸造者却参与制造了战争武器。冲突和协商对于维持十二桥社会的制度来说变得日益重要。

新一村文化

成都平原从公元前 1 千纪中期到后期的考古遗存并不如较早时期丰富。不过，零星的研究却使人们确认了这个地区历史中两个额外的时段：新一村文化（约公元前 800—公元前 500 年）和青羊宫文化（约公元前 500—公元前 300 年）。这两个时期在文化上与十二桥文化有多大程度的区别，尚需更多的资料来研究。然而，在我们的概述中，有足够的特征将这些阶段彼此分开，因此我们在这里将它们视为不同的考古学文化。

1995年，距离十二桥100米远的新一村遗址得到发掘，由此命名了"新一村文化"（成都2004f）。新一村的陶器有别于十二桥：首先，新一村的陶器缺少了小平底容器以及长颈的豆、瓶、壶和与三星堆文化晚期有关的鸟头形勺把；其次，新一村的陶器只有少数代表十二桥文化的尖底杯。新一村的陶器以与十二桥文化相似的尖底盏为主，但新一村的尖底盏口较大、腹较浅，口沿也更直。大型陶瓮与绳纹敞腹罐、鼎和其他个别种类的容器一同构成了新一村文化的典型器物（图4.11）。

其他有着新一村文化遗存的少数遗址包括指挥街和方池街（成都与成都2003；四川与成都1987）、金沙在西城天下所在地（成都2007d）和西南交通大学高新西区新校区（成都与郫县2005b）的遗址。人们在国际花园所在地的金沙遗址找到了与新一村文化有关的墓葬（成都2006f）。

相对于前一期金沙遗址出土的大量遗存，以及随后包括商业街船棺葬和羊子山的"金字塔"在内的青羊宫文化，新一村文化在成都平原并不具有代表性。这是说明该地区总体人口减少，还是没有找到新一村人口集中的地方，还是仅仅反映了对新一村文化底蕴认识不足，尚待确定。孙华（2000）认为，这与十二桥文化之后的几个世纪中普遍的混乱状态和遗址的废弃有关。

青羊宫文化

成都平原青铜时代最后一个阶段为青羊宫文化（约公元前

500—公元前 300 年），以成都西边一个用来供奉老子的庙宇来命名（四川 1956a；四川 1959b）。其他与之相关的地点包括上汪家拐（成都与四川 1992；它有时被用作这段时期典型的遗址，如 Zhu et al. 2003）和十二桥遗址群的方池街（成都与成都 2003；成都与四川 2009；四川 1959b；孙华 2000：11）。青羊宫文化层的陶器大多是棕色的夹砂陶。比较有特色的器型包括釜形鼎、大口绳纹釜与小口绳纹釜和多种用来盛放食物的豆（图 4.11）。但是，也有承续了新一村文化和十二桥文化的尖底盏。其他遗物包括陶制虎形器，它延续了从金沙石虎开始的虎形肖像传统，并从公元前 1 千纪下半叶开始用来装饰所谓的"巴蜀青铜器"（冯汉骥 1961）。

　　青羊宫本身无法复原青铜时代晚期的聚落是如何组织的，而随后大部分研究都集中于这段时期的墓葬。在很多出版物中，这些墓葬被确认为"战国墓葬"（见第 9 章）。独特的青铜器包括有着环形手柄的鍪、一种用来蒸煮食物的甑和所谓的"巴蜀青铜器"。这些巴蜀青铜器包括柳叶形剑和尖叶形矛、圆刃弧肩钺和有着三角形援和方形内的戈，至战国晚期，戈的援变长且弯曲（李学勤 1985：207）。许多在中国其他地方已经过时的青铜器种类在四川继续存在了几个世纪，且与它们的中原源头分道扬镳（Falkenhausen 2001b：187）。

　　此外，装饰元素加重了遗物的地域特色。重庆地区出土的青羊宫类型的青铜器经常统一使用一套数量有限的符号系统。这些符号包括风格化的虎、雀鸟、鹿、蝉、蚕、人类手臂、心形或花蕾状的图案，以及盔甲和其他几何、抽象的符号（Sage 1992：48—50）。这些符号可以在青铜兵器、钟和印章中找到（Sage 1992：74）。此外，后来一些仍保留有这些符号的器物同时也带有一些未被破解的

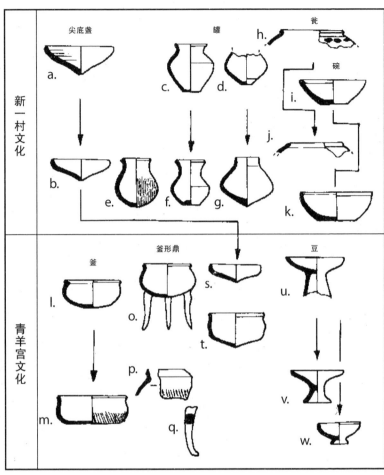

图 4.11 新一村文化和青羊宫文化的陶器。尖底盏：a. 新一村 Ta2(8)；b. 新一村 Ta4(7)；s. 青羊宫 1958(3)(4)，t. 指挥街 (5)。罐：c. 新一村 Te1(8)；d. 新一村 Te1(8)；e. 新一村 Td4(6)；f. 新一村 Td4(6)；g. 新一村 Ta4(7)。瓮：h. 新一村 Ta2(8)；j. 新一村 Td4(6)。新一村出土，有着向外翻的边沿和平底的碗：i. 新一村 Ta2(8)；k. 新一村 Td4(6)。釜：l. 指挥街 (6)；m. 青羊宫 1958(2)。釜形鼎：o. 青羊宫 1958(3)(4)；p、q. 上汪家拐 (4)b。豆：u. 指挥街 (6)；v. 青羊宫 1958(2)；w. 上汪家拐 (4)B。(根据孙华 2000: 99 重绘)

"巴蜀文字"所写成的铭文（Sage 1992：73—75；冯汉骥 1996；刘志一 1989；彭静中 1980；钱玉趾 1988，1989；魏学峰 1989）。尽管这些铭文与周文化圈的铭文有一些基本的相似之处，但它们与中国其他文字系统之间还没有明确的铭文联系，所以现存的少数铭文的内容并不清楚。

青羊宫文化墓葬的几个特征反映了该时期社会阶层的加速分化。一些墓葬，如文庙西街的两个墓葬被装饰得非常华丽（成都 2005g）；其他墓葬则放置了船棺，即独木舟形的木棺。这些墓穴与没有棺木在内的土坑墓葬形成鲜明对比。在这些放有船棺的墓葬中，最令人印象深刻的是成都商业街的墓葬（成都 2002；成都 2009）。那里出土了 17 具完整或不完整的船棺，所有棺木都水平排列在一个土坑中，墓坑底部平置有平行的原木（见第 9 章）。除了两具船棺保存完整，其余棺木均已在古代被盗掠，但发掘过程中仍出土了大量陶器、髹漆的木器、竹制用品及铜器。这些铜器大部分都是武器和工具，但当中亦有几个铜制的印章和带钩。商业街的棺木证实了成都地区在战国时期是上层人士的居住地。

从 20 世纪 50 年代开始，人们已陆续在整个四川地区发掘了青羊宫时期的墓葬遗址，包括很多置有船形棺木的墓葬（四川 1960；见第 9 章）。当保存状况较好时，青羊宫文化的墓葬倾向于包含有大量遗物。因此，它们不是战国时期普通社会成员墓穴。相反，它们反映了上层人士的墓葬传统，并可能是分散在四川盆地的政治领袖的墓葬。这些墓地中很少有大量的墓葬，这很可能表明绝大多数人的墓地尚未被发现。

已知的墓葬证明了当时人们对军事资源的持续关注。新型武器（剑和匕首）在战国时期的墓穴中变得很普遍，其中很多武器刻有用未被破解的当地文字写成的铭文，或可能是族徽的单一符号。此外，在许多遗址中发现了印章，这些遗址包括商业街、什邡城关（四川与什邡 1998；四川主编 2006a）、宝轮院（四川 1960；四川与广元 1998）、荥经附近的遗址（四川 1984；荥经 1994）。商业街出土的一些印章是几何形的，但其他印章却描绘了可能代表重要仪式活动的场景（图 4.12）。这些印章的广泛存在显示了与通信和所有权有关的普遍习俗。虽然印章在战国时期中国很多地区都为人所知（李学勤 1985：399—413），但四川的印章由于没有可以识别的战国时期文字而与其他印章有所不同。

青羊宫时期的很多遗物都与远方地区出土的遗物相似。例如，商业街和其他遗址出土的漆器可能是在当地所制的，但它却明显与长江中游地区的漆器生产有关。又如新都的铜器与长江中游楚墓的铜器有着极为密切的关系（李学勤 1985：213）。我们甚至可以确认百花潭的铜壶与其他地方有更深层的联系。[①] 这个壶由镶嵌的场景装饰，其中展示了射箭、准备食物、收集桑叶、乐师、上层人士饮酒进食、跳舞、狩猎和处理鹅、狩猎各种珍奇的野兽，以及两个战争场面：攻城与水战。这件容器很有可能是在山西侯马的铸造作坊中生产的，离它埋藏的位置很远（Thote 2001：219—220）。

虽然青羊宫文化的墓葬和随葬品较丰富，但我们只有很少的证据来说明遗址的结构。上汪家拐有一些灰坑（成都与四川 1992），人们亦在方池街确认了一些"灌溉设施"（成都与成都 2003：297）。但是，这些遗迹的规模都很小，无法证明城市规划的重要程度。

---

① 详情请参阅《成都百花潭中学十号墓发掘记》，《文物》1976 年第 3 期。——编者

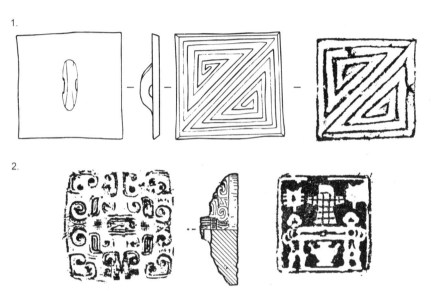

图 4.12 青羊宫文化的印章：1. 商业街墓葬 1:31（据成都 2009: 48 重绘）；2. 出土于新都马家公社（据四川与新都 1981: 4 重绘）

　　一个较能直接地说明集体建造活动的遗迹是羊子山那个所谓的"金字塔"（四川 1957）。它曾经是一个 10 米高的土丘，但却不幸地在发现不久后被破坏了。这个土丘的年代在十二桥文化之后（江章华主编 2002：12），是一座战国晚期墓葬（四川 1956b）。发掘人员将这座遗迹复原为一座三层的金字塔。人们普遍认为这个土丘是用于祭祀的（林向 1988；孙华 2000：213），但到底目的为何，我们无从知晓。孙华相信它的建造和使用与开明部族在成都建立蜀国首都一事有关（孙华 2000：212）。

　　青羊宫文化墓葬和羊子山的位置可能大致与这个地区的政治中心对应，而且明显与第 8 和第 9 章所讨论的仪式格局有关。遗憾的是，凭借这些遗迹无法对青羊宫时期人口规模和重要政治节点的分布做全面描述。如果我们将视线转回历史文献，我们会对这段时期的政治格局有更多的了解，关于这一时期的历史文献要比早些时候可靠些。开明氏族第九代成员在成都建立首都一事可能是在公元前 5 世纪进行的，而这件事也是这种政治地理的一个例子。此外，墓葬资料表明，在相当大的地域范围内，精英阶层内部存在着文化联系。他们的墓葬形式基本相似：均使用船棺和青铜武器、陶器、竹木器（有时髹漆）以及殉牲（有时是放在陶器或竹制的容器之内；成都 2007e）。这些墓葬显示了在青羊宫文化时期有着重要而根深蒂固的等级制度。在这个阶段的后期，商业街的墓葬和羊子山的金字塔证实了现今成都地区似乎再次成为一个重要中心的事实。

总　结

　　出人意料的是，考古资料对于这个地区文化顺序的较早阶段来说是最为坚实的证据，表明宝墩、三星堆和十二桥时期是政治格局的过渡期。我们看到多个面积巨大的早期大型遗址分布在整个成都平原的情况，这些遗址可能代表了对于邻近的村子和农庄来说有着统合作用的公共庇护所。在公元前2千纪早期，这些遗址的其中一个，即三星堆变得重要，并控制了整个地区资源获得的网络。有证据显示以个人为导向的权力结构出现，而不同社群之间的冲突也开始了。冲突在十二桥时期变得更为显著，其时这个地区的影响力中心向南转移到成都地区。就我们所知，这种情况一直到这个地区为秦攻占为止。但这种情况在公元前1千纪并不是一成不变的。整个地区的人口有可能出现了波动，在青羊宫时期，一些通过墓葬的方式来展现自己地位的次要精英出现在成都平原。但正如传世的文献记录所表明，当时仍有一些显赫的氏族。

这里的描述仍然是不完整的。我们的资料主要是来自成都平原和与之相连的地区。尽管成都平原在我们所讨论到的整个时段中无疑是主要的政治和文化中心，但四川盆地的其他地区仍然可代替成都平原的角色，但由于缺乏对这些地区的研究，故它们在政治和文化格局中的地位因此只能是一种猜臆而已。例如，位于盆地中心部分的嘉陵江流域是南北交流的地区，其中包括有连接成都平原和三峡的路线。可是，即使它有着这一重要的地位，它在过去却极少得到关注。峡谷之外是长江中游，它将会是第6章的重点所在，我们现在将视线转向这个地区。

第5章

长江中游

（楚与其前身的考古学与历史学研究）

文献中的楚

与四川盆地相比，长江中游更容易受到持续的考古研究关注，因为长江中游靠近中原，有着令人兴奋的考古发现记录，而且与历史资料中所知的重要政治人物和个人有联系。相对于作为一个永久边缘性地区的四川盆地而言，长江中游与中国文明的主流叙事之间联系的程度一直以来都是变动不居的。在西周晚期，这片地区成为楚政权的核心地区。

与蜀相反，楚（公元前790年以前—公元前223年）是周的一个城市化诸侯国。周是占据着中原地区的、具有文化修养和生产青铜礼器的贵族政体国家。在其发展的初期，楚便以长江中游那片紧接三峡东部的地区为中心。我们从历史文献和考古发现中均能得知在这片地区所出现的楚政权的政治与文化特征。尽管如此，有关楚的学术研究由于"楚"含义的高度多样性而变得复杂（李学勤1991）。人们以多种方式使用"楚"来指一个地区、一个特定的政体、有着共同种族身份的人群和一种与楚国有关，但不一定相互一致的文化。这些定义反映了研究分析上不同的焦点所在（Cook and Major 1999a，1999b）。

楚所扎根的长江中游地区有着一段与中原有着直接联系而且历时甚久的历史。它最早开始于"商代早期"这段与位于今天郑州的二里岗遗址有关的原史时代（约公元前1425—公元前1250年）。但是，二里岗文化扩展至长江中游地区这件由考古学所记录的事情，在历史文献中没有记录。在不迟于安阳殷墟的商代晚期，商代的中心与长江中游在考古上的联系并不明显，而作为东亚最早的原始文献的商代甲骨文并没有具体地讨论到长江中游。

反之，长江中游通过其与楚的联系而成为历史叙述中的一个重要元素。一些名为"楚"的政治实体存在于商代，但我们并不清楚它是否是一个国家（Blakeley 1999b：9 and n.2），以及它是在何时开始与长江中游有着地理上的联系。就后一个论点而言，"我们现阶段最多只能说楚在不迟于公元前706年位处湖北"（Blakeley 1999b：13），或较为谨慎地说，"我们在长江中游地区并没有找到时代约为公元前600年以前与楚有关的考古材料"（Falkenhausen 2006b：265）。在商代，"荆楚"被说成是一直以来都作为附庸的群体，这个群体在武丁统治时代叛变，并受到商的惩罚性讨伐与镇压（李学勤 1991）。《诗经·商颂·殷武》这首诗歌据说写成于商代，其中提到了"荆楚"，而"荆楚"又见于甲骨文之中。这些商代的参考资料既没有具体指出楚的性质，也与这里所感兴趣的地区没有直接的关系。

长江中游的楚国的起源有点黯淡。众多研究巨细无遗地概述了楚国和与之相关的族群的传统记述（王建辉与刘森淼 1992；文崇一

1967，1990）。这篇记述集中在公元前 11 世纪晚期周成王将楚这片"蛮夷"之地授予早期的楚君熊绎一事（《史记》卷 40）。这是封建制度较早的一个例子，通过这个制度，领土被授予周代统治者的王室成员，继而受到这位王室成员的永久管治（李锋 2003a，2006：110—116）。楚随后在公元前 8 世纪末期由于西周的衰落而独立（李锋 2006）。在春秋时期（公元前 770—公元前 476 年），楚是中原国家之间的政治斗争中的一位重要参与者。它在整个战国时期一直是一个强大的政治实体，直到公元前 3 世纪成为秦国统一进程的最后一个障碍为止。

在这段介乎于独立和被征服之间的时期里，楚经历了多个扩张和转变的历程（Blakeley 1999b：14—15）。直至公元前 3 世纪为止，它的中心维持在河南西南部和湖北西部之间。公元前 710—公元前 689 年，楚进入了第一个扩张阶段，统一了汉水沿岸地区。这涉及攻占诸如邓、绞、罗、卢戎、随和郧这些邻近的国家，这些国家可能是由独立的有城墙的城镇及其附近民户组成的小国。第二次扩张集中向北发展，它发生在公元前 688—公元前 656 年。对淮河流域的进一步扩张发生在公元前 655—公元前 585 年。楚因公元前 632 年在城濮的战败而遭受到第一次挫败。公元前 584—公元前 508 年，楚在淮河中游地区与吴国发生冲突。这导致了一场全面的战争，吴使其时受楚支配的国家转而对付楚，并最终于公元前 506 年占领了楚在郢的首都。这可能促使了楚人和政治机构向南的迁移。此后直至公元前 4 世纪后期的记录均较模糊，但楚却重新占领了淮河那片败让给吴的土地。公元前 4 世纪见证了一段楚与北方国家短暂僵持的状态，这种状态一直维持至楚与秦国之间在公元前 312—公元前 311 年和在公元前 281 年再次发生的战争为止。它发生于秦在公元前 316 年征服四川之后（见《史记》卷 5），这次征服使秦成为楚西边一个日益增大的威胁。当秦在公元前 278 年占领了南阳盆地（包括郢在内）时，楚的贵族逃亡，并最终将首都迁移到东边。最后，首都于公元前 223 年落入秦的手中。

楚在东周时期（公元前 771—公元前 256 年）与中原的周王朝有着紧密的联系（Major 1999；Sukhu 1999）。与其他中原国家一样，楚的行政以血缘为基础，而不同皇室世系的兴衰在这个国家的政治史中是最为重要的（Blakeley 1999a）。尽管有着这种联系，但人们一直以来却经常以司马迁、班固和其他早期作家将楚的习俗描述为异质的和古怪的一事作为依据，由此认为楚与中国北方的规范是"不相容的"（Cook and Blakeley 1999）。这种理解似乎是一种对差异所做的事后推算，但它亦同时掩盖了楚与其他国家之间众多的共通性（Falkenhausen 2006b：264）。楚的礼仪和宫廷行为的多个方面都是模仿中原的规范。

长江中游流域是楚国从其起始直至公元前 3 世纪早期为止的政治中心，即使楚的宫廷在这段时期经常迁移。楚在这个地区建立了两个首都，第一个称为"丹阳"，第二个名为"郢"。丹阳这个首都一直被人认为是由熊绎所建立的。首都在约公元前 690 年迁移到郢，并一直持续至公元前 278 年为止。我们并不清楚这些首都的准确位置为何处，部分人认为两个首都的位置均位于南方：丹阳邻近秭归或丹阳市，而郢则位于荆州的北部，或许位于纪南城（见后文的讨论）。其他学者认为其位置在更远的北方，并与位于南阳盆地地区周的中心较为接近，于是，丹阳的位置便为陕西的东南部或位处作为汉水支流的丹江沿岸的河南西南部。这种观点同时认为郢的位置接近今天湖北北部的宜城市（Blakeley

1999b；王红星 2006)。

当然，即使是在楚快速扩张的时期，整个长江中游也并非都是由它控制。很多小规模的村落并没有整合到任何国家的机构下，那些位处遥远地区，包括山区和湖南偏僻区域中的村落尤为如此。这些小规模的群体和除楚以外的小规模国家在楚早期的发展时期位处长江中游。这些位处湖北东北部和河南南部，介于汉水和淮河之间的若干政权，包括厉、吕、随、申和唐等 (李学勤 1985：171)。这些政权中的一部分与近年的考古发现有关，而这种关系尤其以青铜器铭文为基础。在湖南，当地那些没有合并到楚国的青铜时代的社群有时 (相当不合适地) 被人以族名"越"或"扬越"来称呼。例如，这个地区出土的春秋时期铜器被称为"越族铜器" (湖南省博物馆 1984)。这类种族性的专有名词一般指南方多个在青铜时代仍然在华夏政权范围之外的族群。

考古学的视角

长江中游的考古工作在 20 世纪上半叶间歇地开始。20 世纪 50 年代以后，对这片地区史前时期的人群活动情况所进行的系统性研究进行得如火如荼 (长江 1961；石龙过 1956；中国 1965)。从那时起的发现一直帮助人们建构一个广为人所接受的考古学文化序列。虽然我们这里主要关注新石器时代晚期到楚这段时间，但我们将以一段有关长江中游在新石器时代较早时期的简要概述作为开始 (表 5.1)。我们随后会将焦点放在那些与我们在第 4 章所描述的四川盆地考古学文化序列处于同一时代的文化。

表 5.1　长江中游地区的考古学年表

文化	大约年代（公元前）	集中地区
彭头山	7500—6000	澧水／洞庭西部
城背溪	7200—5000	长江／江汉平原
皂市下层	6000—4800	澧水／洞庭西部
高庙	5800—4800	沅江上游／湖南、贵州
汤家岗	4800—3500	澧水／洞庭西部
大溪	4300—3300	江汉平原西部／洞庭西部？
油子岭	4300—3300	汉水东部／江汉平原北部
屈家岭	3300—2600	
石家河	2600—2000	
"后石家河"	2100—1900	
商代早期（二里岗时期）	1425—1250	盘龙城／岳阳
费家河／樟树潭	1300—1000	岳阳
商代后期	1250—1046	
西周	1046—771	
春秋	770—476	
战国	475—221	

新石器时代

　　事实上，中国境内关于从狩猎和采集的流动人口逐渐过渡到定居、生产陶器的农业群体的一些最早证据来自长江中游地区。陶器生产在非常早的时期（校正年代约为公元前 16,350—公元前 12,490 年）便于诸如湖南南部玉蟾岩遗址中开始（Boaretto 2009；Yasuda 2002；Yuan 2002）。然而，尽管早期稻作遗存也在玉蟾岩（Crawford and Shen 1998）被发现，未来的研究可能会证明那里的植物种植处于早期阶段；但目前几乎没有证据支持这么早的定居农业活动。

位于洞庭湖西边的澧阳平原的全新世早期遗址，是众多已知的最早期遗址中的一个，但人们对其知之甚少。第一个有充分证据的新石器文化是彭头山文化，它与彭头山、八十垱以及湖南的其他遗址有关（湖南 1996, 2006a；湖南 1990；图 5.1）。彭头山聚落既有地表的房屋，也有半地穴房屋，有 21 处墓葬，15 个灰坑，分为三个阶段。基于 27 个放射性碳年代测定数据，彭头山聚落年代可追溯到公元前 8 千纪末至公元前 7 千纪初（湖南 2006：613—618）。彭头山和其他相关遗址的陶器为相对简单的碗和罐，其中一部分陶罐的两侧附有双耳，所有陶器的外层都有粗绳纹。陶器均很粗糙，在低温下烧制，使用碳化稻壳和谷物作为回火剂。彭头山的石器大部分为片状，并有一些磨制石器。

在洞庭湖区还发现了大约 15 处与之相关的同时期遗址（湖南 1986，2006a：14）。其中得到最全面调查的遗址为八十垱，包括 24 座建筑物、80 个灰坑、98 座墓葬以及无处不在的稻谷残留物（湖南 2006a）。稻米种植明显是八十垱和彭头山文化一个重要而普遍的经济活动。

大约与彭头山文化同一时代的是以位于湖北宜都市的一个遗址命名的城背溪文化（长办 1988；湖北 2001c；黎泽高 1991）。人们在 20 世纪 80 年代早期沿着长江位于宜都市的河岸对 7 处与该文化有关的遗址进行了调查：城背溪、花庙堤、金子山、栗树窝、青龙山、孙家河和枝城北。考古学家最初认为这些地方的一部分属于大溪文化后期，但 3 个放射性碳测年数据则将城背溪文化的起始置于更早的时间，约为公元前 7200 年。城背溪遗址以简单的陶器和片状石器为其特点，陶器在整体上与位处东南边更远的彭头山文化的陶器十分相近。在长江中游的北部，这个时期的南阳盆地遗址符合中原考古学文化序列，并与仰韶文化的前身有关（其年代约为公元前5000—公元前3000年）。

当地学者认为，澧水下游地区在考古学序列中的下一个阶段与皂市下层遗物有关（何介钧2004：329）。所谓"皂市下层文化"的遗物在地层上位于八十垱的彭头山文化遗物的上层，并分布在洞庭湖周围，它们包括坟山堡（岳阳1994）、黄家园（郭胜斌与罗仁林1996）、金鸡岗（湖南1986）和涂家台。其陶器以圈足器和较特殊的手柄形器为特征，从而与皂市下层文化较早时期的遗物区别开来。

人们在近年确认了一个名为高庙文化的考古学文化类型，它大约与皂市下层文化同时，位于沿着邻近湖南和贵州边界的沅江上游和清水河向南更远的地方（湖南2000，2006b）。高庙文化的遗址（约公元前5800—公元前4800年）包括由贝壳堆积而成的贝丘和小型聚落，聚落外围出土有装饰着精致戳印纹的白陶。2005年在高庙遗址中确认了一个1000平方米大的祭祀区，其中包括了多个放置了精美陶器的灰坑。

汤家岗文化时代稍后，是直接从洞庭湖西部皂市下层文化发展而来的。这一文化的后期是属于大溪文化（后文讨论），还是在成为大溪文化的地方性变体之前形成了一种独立的文化，目前还存在一些分歧（郭立新2005a：40）。汤家岗的陶器包括多种类型，碗和罐在汤家岗（湖南1982）、城头山（湖南2007）、丁家岗（湖南1982b）、划城岗（湖南1983a，2001；湖南主编2005）、刘卜台（湖南1989）、新湖（益阳与潘茂辉1999：175—178）、三元宫（湖南1979b）等地发现较多（郭立新2005a：48—53；尹检顺2007）。

从公元前5千纪的下半叶开始，这个地区分散的文化格局开始

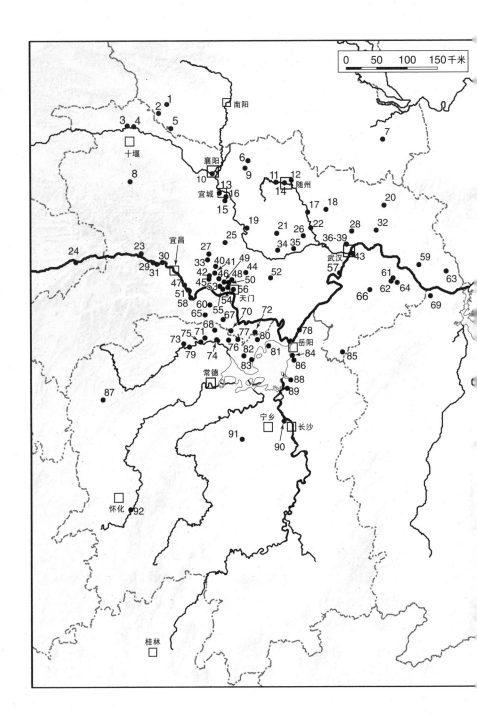

图 5.1　本章所提及的长江中游地区遗址与其位置：安居（11）；白庙（31）；八岭山（49）；宝塔（79）；八十垱（68）；博宇山（65）；不二门（87）；蔡家台（55）；草王嘴城（61）；朝天嘴（29）；城背溪（47）；城头山（71）；楚皇城（50）；楚王城（22）；大溪（24）；大寺（3）；雕龙碑（6）；丁家岗（74）；对门山（84）；鄂王城（66）；放鹰台（43）；费家河（84）；坟山堡（81）；高庙（92）；高砂脊（90）；关庙山（45）；官庄坪（23）；桂花树（60）；郭家岗（13）；古楼岗（50）；红花套（47）；划城岗（76）；花庙堤（51）；黄家园（89）；黄楝树（2）；季家湖（41）；鸡叫城（68）；鸡鸣城（67）；纪南城（50）；荆家城（44）；荆南寺（54）；金鸡岗（75）；金盆（36）；金子巷（58）；栗树窝（51）；刘卜台（80）；六合（19）；龙湾（52）；吕王城（37）；鲁台山（28）；马家垸（25）；毛狗洞（9）；毛家山（48）；毛家嘴（59）；梅槐桥（53）；门板湾（26）；庙台子（12）；磨盘山（40）；聂家寨（18）；盘龙城（39）；彭头山（71）；七里河（8）；青龙泉（4）；青龙山（58）；青山（42）；清水滩（30）；屈家岭（21）；三元宫（68）；晒书台（17）；纱帽山（57）；石家河（34）；孙家河（51）；汤家岗（77）；炭河里（91）；陶家湖（35）；铜鼓山（78）；铜岭（69）；铜绿山（62）；土城（34）；涂家台（83）；王家岗（70）；五里界（64）；下集（1）；香炉山（32）；肖家岭（16）；下寺（5）；下王岗（7）；西花园（14）；新湖（82）；杨家湾（38）；杨木岗（27）；尧家林（85）；阴湘城（46）；意生寺（63）；余家寨（20）；玉笥山（88）；皂市（73）；赵家湖（33）；张家山（54）；樟树潭（86）；枝城北（58）；郑吴山（10）；中堡岛（31）；周梁玉桥（56）；朱家台（50）；走马岭（72）。（高度的阴影与图 4.1 同）

联合。其时，大溪文化在江汉平原西部和三峡东部出现，并开始广泛扩张。

大溪文化（约公元前 4300—公元前 3300 年）在三峡的典型遗址首先由内尔斯·C. 纳尔逊确认，并在 1959 年和 1975—1976 年得到更为详尽的调查（四川 1961, 1998c）。大溪文化［在汉语拼音中，它常被错误地翻译成"Daxi"，或在威氏拼音法（Wade-Giles system）中被错误地翻译成"Ta-hsi"］的遗址集中在江汉平原西部和湖南北部，而我们在荆州北部更远的地方也找到相关遗址（徐祖祥 1990；张之恒 1982）。汉水东部荆州地区的遗址分布在天门和荆山之间，有时被人认为是油子岭文化的遗址（郭立新 2005a），其他人认为这是大溪文化的一个"地域分支"或类型（向绪成 1983；向绪成与黄锡全 1995）。油子岭文化的典型陶器为黑陶。南阳盆地在这段时期仍然与仰韶文化的发展有着联系。

重要而典型的大溪遗址包括蔡家台、朝天嘴、关庙山、桂花树、红花套、荆南寺、毛家山、清水滩、王家岗、伍相庙、杨木岗、中堡岛和朱家台（有关大溪文化广泛的综合讨论，见郭立新 2005a；何介钧 1982；李文杰 1986, 1988；林向 1982；孟华平 1992；向绪成与黄锡全 1995；张之恒 1982）。大溪的社群生产粗糙磨制的石器。随着文化的发展，更多精细磨制石器和钻孔工具得以生产。陶器一开始为泥条盘筑，后期引进轮制。大溪文化最具特色的陶器为红陶，内壁为黑色。黑色着色剂应用于氧化器壁，在某些情况下，它亦用在条纹和波浪形的设计上。特色陶器包括由黏土所制的足部，用作器物的支柱和有标点线作装饰的陶球。大溪文化的房子基本上建于地面，墙壁和地表都是经过高温烘烤过的，得到较好保存的例子见于关庙山（中国 1981, 1983）和其他地方。墓葬分布普遍，而大部分土坑墓均为南北向。

　　在这些早期阶段，已知的聚落聚集在江汉平原和洞庭湖平原的西部边缘，特别是两个地区：在北方，三峡和荆州之间沿着长江河岸的遗址属于城背溪和大溪之间的文化序列；在较远的南方，湖南北部澧水流域和洞庭湖附近的遗址属于从彭头山开始，到皂市下层，再到汤家岗的文化序列（裴安平 2004）。在大溪文化的后期，是一个被一些人称为"原始屈家岭文化"的整合阶段，遗址之间的相似性显示出一个日益强大的互动范围（郭立新 2005a：57—61）。

　　屈家岭文化（公元前 3300—公元前 2600 年）陶器主要有以薄胎彩陶、轮制彩陶、蛋壳陶、彩陶纺锤、黑陶、双腹碗以及豆和鼎。在一些地方发现了奇怪的管状陶器，表面装饰着水平的条带状附加堆纹和尖钉状黏土突出物（图 5.2 A）。石器包括有孔斧、锛、凿、铲、石镰、薄片状矛头和用于狩猎的石球。屈家岭人群从事稻作农业（裴明相 1990），狩猎和捕鱼仍然是重要的经济活动，他们亦会饲养牲畜。

　　屈家岭文化的中心区位于江汉平原和洞庭湖地区。这个地区包括位于湖北京山市的典型遗址（屈家岭 1992；杨宝成与黄锡全1995；中国 1965）和遍布这个地区的其他遗址（对屈家岭文化所做的综述包括郭立新 2004b，2005a；孟华平 1997；裴明相 1990；祁国钧 1986；沈强华 1986；王杰 1987）。屈家岭文化遗址多达数百个，当中较为重要的有：位于湖北的城头山、关庙山、毛家山、青龙泉、清水滩、朱家台和走马岭；位于河南西南部的下王岗、黄楝树和下集。江汉平原北部、汉水东部地区的遗址与公元前 4 千纪早期的油子岭文化有关，其分布区域有别于集中在江汉平原西部的大溪文化遗址。屈家岭文化遗址分布广泛，东起武汉附近的黄陂区和

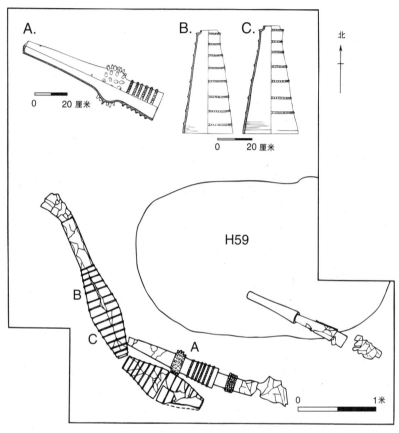

图 5.2 邓家湾遗址探沟 AT301(4) 发现的屈家岭文化管状陶器（据湖北主编 2003: 29, 63—64 重绘）

赣北，西至三峡，南至洞庭湖，北至南阳盆地十堰地区。正是在此时，诸如青龙泉和大寺的遗址将南阳平原纳入中国内陆文化格局中（中国1991c）。

屈家岭的房屋延续了大溪文化的建造传统。门板湾（湖北2001，2007b：66）、雕龙碑（中国2006）和青龙泉（中国1991c）中几个保存良好的例子显示了两种建造方法：一种是将房屋内部的居住面夯平，再在周围建基墙并挖掘壕沟；另一种为半地穴式（裴明相1990）。屋顶由内部的柱子支撑，墙体为木骨泥墙结构，用火烘烤，居住面用石灰覆盖。房间通常都有坑灶和经过烘烤的居住面。在雕龙碑和门板湾，毗连门口的墙身底部均有着破旧的沟槽，它们是人们使用推拉门的证据。

房屋一般都是长方形，有着多个房间（图5.3）。在雕龙碑，数个房间共同使用内部的墙壁；而在某些情况下，房间连接在一起形成拥有多个房间的住宅。这些房间有着很多附属设施，诸如火炉和可能是用作储存的设施。在诸如位于河南淅川的门板湾和黄楝树遗址（长江流域规划办公室考古队河南分队1990）的其他例子中，房间是成排布置的，它们都有独立的出入口通向外面。类似的建筑物见于诸如陕西康家（陕西1988，1992）和安徽尉迟寺（中国2001）这些位于中原的聚落。这些复合式的建筑可能住着规模庞大的血缘群体，而每一个房间均为独立的家庭单位使用。

屈家岭文化墓葬与居住区分开，但没有规划明确的墓地（周光林1993）。大多数成年人墓为单人葬，多为长方形竖穴土坑墓，无葬具；除少数例外，葬式均为仰身直肢。儿童有时被埋在房子居住面下的瓮棺里，或埋在成年人墓里。

屈家岭文化遗址分散于几个不同类型的地理环境（topographic

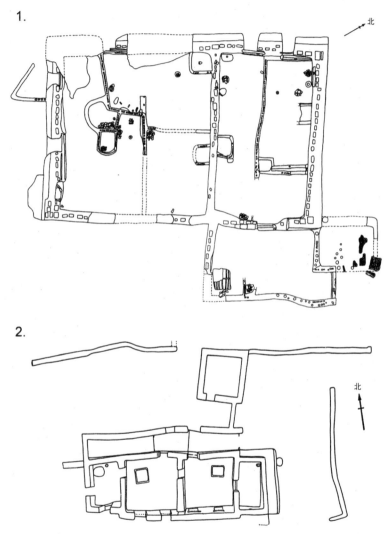

图 5.3　屈家岭文化遗址中有着多个房间的建筑基址：1. 雕龙碑 F19（据中国 2006：178 重绘）；2. 门板湾 F1（据湖北 2001a: 10 重绘）

contexts）之中。诸如黄楝树的一些遗址位处河流或溪流的汇合处，但其他诸如下王岗遗址（河南与长江 1989）则位于台地上，离河堤更远。其他遗址诸如枝江的关庙山（中国 1981，1983）则是在江汉平原的湖泊间被发现的。一些典型的屈家岭遗址的城墙至少可以追溯到屈家岭文化晚期。有些地方，比如城头山，一开始被沟渠包围，后来这些沟渠被改造为护城河（湖南 2007；湖南与国际 2007）。与宝墩文化建有围墙的遗址一样，这些原始的建筑物似乎主要是用作防洪的。但在石家河文化时，围墙可能越来越具有防御性。

石家河文化

石家河文化（约公元前 2600—公元前 1900 年）大约与四川的宝墩文化同时。它被分成两个阶段：早期（公元前 2600—公元前 2300 年）和晚期（公元前 2300—公元前 1900 年）。有人认为石家河晚期的面貌与前期相差很大，应该是代表了一个不同的族群，应被理解为一个与之不同的文化（白云 1993；王劲 2007）。石家河属于中国新石器时代晚期的"龙山时代交互作用圈"（张光直 1986），而今天我们认为属于石家河文化的遗物事实上在最初被冠以"湖北龙山文化"或其他包括"长江中游龙山文化""季家湖文化""桂花树文化""青龙泉三期文化"（杨宝成与黄锡全 1995：61）在内的专有名词。这段时期见证了长江中游地区与华北中原之间的可辨认联系的增强。一些学者因为铜制品使用和小型青铜器生产这些证据而称这段时期为"铜石并用时代"（严文明 2004：60；张弛 1997；有关石家河遗址使用金属的证据，见湖北等 1999：236；张绪球 1992：279—282）。

石家河文化以湖北天门市石家河遗址群命名，这些遗址包括了差异较大的陶器遗物（石龙过 1956；张绪球 1991a：407）。有光泽的黑色陶器反映了与其他"龙山型"（Longshanoid）文化之间的关联。超过一半的石家河陶器没有装饰，尽管有少部分上了漆，但大部分表面的加工都是篮纹、附加堆纹、镂孔和刻划纹。个别玉器，诸如玦、璜、管和玉蝉显示了与长江下游流域同期玉器有着相似之处。其他诸如人和动物的头部则与当地强调形象表征（figural representation）的传统有关。

石家河文化尤其著名的是用黏土做成的小雕像。它们所表现内容包括诸如猪、狗、羊和鸡等家禽家畜，鸭、老虎、大象、海龟和猴子等野生动物，建筑物，拟人的塑像，诸如人类捕鱼的情景（石河 1990；杨宝成与黄锡全 1995：68—69；张绪球 1991b）等。这些小塑像被认为与石家河艺术品的基本特性有联系，即强调自然主义的基调（So 1999：40）。这些小塑像很多都是一批批地从灰坑中出土，人们相信它们与社群的仪式活动有关。同样，其他与之相似的大型贮藏，诸如那个在石家河三房湾发现的贮藏所，里面收藏了估计有 100,000 件红色陶杯，人们将之解释成仪式性的仓库（北京主编 1992：220—228；Yang X. 2004：119）。

石家河文化的建筑展现了技术上的精密性（杨宝成与黄锡全 1995：69）。房屋的一侧通常为一个略微升高的平台，作为开放生活区。入口和生活区偶尔会被石灰覆盖。房屋内的木柱支撑着房顶。柱子下面有时会有瓦片和烧硬的泥土。在湖北西部，一些房屋是半地穴式的，这是与该地区较早时期屈家岭文化建筑的一个显著区别（李德喜与陈树祥 2008）。其他值得注意的建筑特征还包括在石家河西北部邓家湾发现的连接在一起的陶罐网（湖北主编 2003：

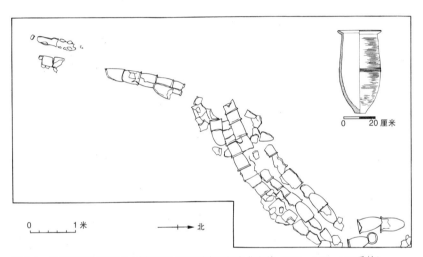

0   20 厘米

0   1 米   → 北

图 5.4 邓家湾套缸遗迹 1 中的石家河文化陶缸（据湖北主编 2003：140，159 重绘）

139—141；图5.4）。这些陶罐看起来很奇怪，像水管，但它们的底部是封闭的，许多陶罐都有刻痕。在石家河遗址的屈家岭文化遗物中发现的一些具有突出物的奇怪陶管状遗物也被发现以线条的形式相互衔接。在该处遗址中，这些物体是管状的、两端有开口，或者两端闭合被破坏（图5.2 A—C）。虽然这些一排排的遗物（屈家岭文化和石家河文化的例子）确切的目的为何仍不清晰，但它们却被挖掘者诠释为"仪式物品"。它们使人联想到那些诸如河南淮阳县平粮台的龙山文化遗址的陶制管道，人们认为这些管道象征着城市设计和社群融合的程度（河南与周口1983）。这些龙山文化遗址是中型的围城，考古学家在其中发现了聚落出入口的大门、晒干的砖坯、早期的金属残渣、一排排的建筑和有着陶制管道的排水沟。

至少有8个石家河文化遗址是有围墙的（图5.5）。它们一开始是屈家岭文化的遗址，后来被石家河文化人群继续使用（湖北1997b，2007a：102；张绪球1994，2000）。有围墙的遗址包括鸡叫城（湖南2002）、鸡鸣城（贾汉清1998）、马家垸（湖北1997）、门板湾（湖北2001；王红星2003）、石家河（北京等1992；中村慎一1997c；石河1990，1994）、陶家湖（李桃元与夏丰2001）、阴湘城（荆州1998；荆州与福冈1997）、走马岭（荆州等1998）。一如四川宝墩文化的情况，它们反映了人们为了集体利益而动员人力的能力（小泽正人1998；任式楠1998），但最重要的劳力动员发生在屈家岭文化后期、石家河文化之前。然而，这些城墙在石家河时期仍在使用，在某些情况下，它们可能在当时的军事防御中发挥了更大的作用。

有围墙的遗址中面积最大型者为石家河本身。位于石家河的围墙十分高大，它包围了100公顷的土地，其面积是大多数同时代遗址的5—10倍（虽然比近年发现的宝墩古城要小）。保存得最

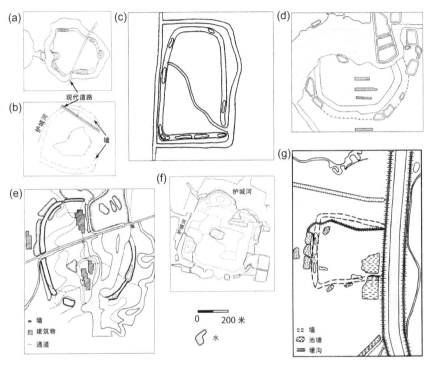

图 5.5 石家河遗址围墙平面图汇编（所有大致上是同一尺寸）：（a）走马岭；（b）鸡鸣城；（c）马家垸；（d）阴湘城；（e）陶家湖；（f）鸡叫城；（g）门板湾。（据严文明 2004：120—121 重绘）

完好的是西墙，其底部约有 50 米厚，而顶部则为 4—5 米宽，高度超过 6 米。围墙之外是一条巨大的护城河，而兴建围墙所需要的泥土则从中挖取。假设被围墙所包围的区域大体稳定，围墙总长约 3750 米，那么这道墙便包含有 607,500 立方米，或多至 760,000 立方米的泥土（中村慎一 1997b）。因此，建筑初期每年便需要 555—1664 位工人来完成。中村慎一估算的结果在总人数上稍微比上述为高，但仍然不是他所认为的"数万人"，这个夸张的说法为冈村秀典（2000）所批评。尽管如此，建造这道围墙是一个重要的，且在当时的中国少有可与之媲美的工程。

　　人们对石家河的人口数目给出了各种不同的估算。一些人认为在居住的高峰时期，至少有 20,000 人居住在邻近天门的遗址群中（约公元前 2600—公元前 2300 年）（张绪球 2000：177）。中村慎一（1997a）曾主张石家河本身的城市人口超过 5000 人。这个估算主要是建基于遗址宏大的规模和在遗址中心发现的房屋所占据的辽阔空间。但冈村秀典（2000）指出，整个被围墙包围的区域可能不是用于居住的，这个事实对上一章所讨论到的，宝墩一个被外墙包围的巨大区域来说可能也是真实情形。在石家河，聚落只局限在遗址的中心区域（谭家岭的所在地），但其他在南和在北的区域可能用于多个用途（北京等 1992）。遗址南边（三房湾的所在地）那个保存大量小杯的地区可能是某种生产中心。西北边的区域（邓家湾所在地）有着多个埋藏有小塑像的土坑，而它可能是一个主要用于举行仪式活动的区域（石河 1994；湖北主编 2003）。此外，人们在枯柏树、罗家柏岭（湖北等 1994）和肖家屋脊（湖北主编 1999）的围墙外确认了几个聚落的地点。因此，即使几千人看似是一个合理的估算，但我们仍然不清楚当地人口的规模。

石家河遗址集中于江汉地区，特别是天门附近（天门1987），整体的分布与屈家岭文化一样广泛。分布区东部的遗址数目正在上升，而沿着桐柏山，从南阳盆地东南边到接近武汉的江汉平原东部的地区有着很多石家河文化遗址，而屈家岭文化遗址则较少。甚至是更远的东北部，淮河流域诸如河南驻马店杨庄的遗址同样被认为属于石家河文化（北京等1998）。相关的遗址分成5个不同的地区性群组：江汉平原的中心区域，北临青龙泉，东接尧家林，南接划成岗，西接季家湖（杨宝成与黄锡全1995；张绪球1991b）。在数百个有着石家河文化遗物的遗址之中，重要而已经公布的包括放鹰台（武汉1998；湖北2003）、荆家城（荆州1987）、六合（荆州与钟祥1987）、七里河（湖北2008；湖北等1984）、纱帽山（湖北1987b）、西花园（武汉1991；武汉等1993b）、意生寺（湖北2006a）、余家寨（湖北主编2006）、朱家台（纪南城1988；湖北1991c；湖北与武汉1996）。

具有石家河文化特色的遗址分布广泛，可能并不代表对整个地区具有政治控制的扩张主义政体。然而，天门附近的石家河遗址群似乎已经成为一个重要的中心（北京主编1992；冈村秀典2000）。当这个区域在石家河早期愈来愈具影响力时，其他同样从屈家岭时期已有人居住、有着围墙的遗址变得相对不重要了（张绪球2000：178）。但同一时间，有证据显示在这些遗址之中，建于屈家岭时期的围墙在石家河时期得到加固（其中一个例子是鸡叫城，见湖南2002），这可能表示围墙在石家河时期具有愈来愈明显的防御功能。石家河文化影响亦非单单局限在长江中游流域，其核心元素似乎曾影响黄河流域的二里头文化，而石家河的影响在成都平原的三星堆同样明显（浅原达郎1984：25；Falkenhausen 2003：220）。

一些学者曾认为在公元前2千纪开始时，长江中游地区出现过文化衰退（刘德银 1990）。湖北和湖南在公元前 2000 年后的多个世纪里只有少量遗址，这一衰退显而易见（刘顺 2007）。这一现象与约公元前 2000 年的环境情况有关，而一些人则认为这导致在差不多的时间里，整个中国的人口都有所下降（Wu and Liu 2004；朱诚主编 2007）。这可能涉及气候的变动，或更重要的是无规律的水力变化和大量的洪灾（严文明 1992）。根据这种观点，很多遗址在公元前 3 千纪末期可能都没入正在扩大的云梦大泽中，人群被迫搬迁到其他地方，而遗址则被遗弃（Wu and Liu 2004；吴小平与吴建民 1998；羊向东、朱育新、蒋雪中、吴艳宏、王苏民 1998）。其他学者则认为这次衰退反映了政治上的情况，特别是以中原为基础的"华夏"人群和南方土著之间的战争（高崇文 2000）。这些观点并不是相互排斥的，它们可以与其他因素一起来对公元前 2 千纪早期的聚落模式产生根本的影响。为了评估这些假设，需要进行更系统的研究，特别是在江汉地区周围。

总的来说，湖北北部南阳盆地周围的新石器遗址被认为与中原早期的新石器文化遗址存在联系。与之形成鲜明对比的是，江汉平原及洞庭湖周边在新石器时代早期具有独特的地方考古文化特征。一幅破碎的文化地图与湖南破碎的自然地形尤其相称（刘顺 2007）。在江汉平原较为平坦的区域，最早的遗址见于西部，它们发展成为大溪文化。随后属于油子岭文化的独立文化发展进程出现在东部。从屈家岭文化时期开始，整个平原都发展出一种很强的联系，跨越长江中游发展起来的互动圈反映了社会复杂性的出现（郭立新 2005a）。这个互动范围因石家河文化而得到巩固，石家河文化在长江中游地区的东部表现得更为明显，且其与接近中原的地区有着更稳固的联系。最终在公元前 2 千纪，这些与中原的联系变得相当紧密，最明显的是在公元前 2 千纪中期，也就是青铜时代早期到中期。

青铜时代早期至中期（商）

我们仍然不清楚长江中游地区在公元前 2 千纪早期的考古情况为何。这个地区的北部被形容为与中原有联系的"后石家河文化"（孟华平 1997；王劲 2007）。公元前 2 千纪早期见证了湖北北部的社群再次向北移动。在更远的南方，公元前 2 千纪的前 100 年见证了上述石家河文化的衰落（或崩溃）。

尽管很零碎，但更为重要的资料阐明了公元前 2 千纪中期和后期的情况。这些资料与华北二里头和二里岗同期。据说，与二里头晚期或二里岗早期的陶器有密切关系的遗址包括白庙、荆南寺和盘龙城（中国 2003：472—473）。有关中国内陆青铜时代早期的其他资料正在急速增加（中国 2003：473—491），但盘龙城仍然是最重要的（专题 5.1）。

青铜器是分布在长江中游地区的其他商代文物的重要组成部分。其中一些与盘龙城中的部分遗物属于同一时代，但其他可能是公元前 2 千纪末期的产物，与殷墟同期。在这段时期，一个独特的"南方"青铜器传统得到发展[1]（Bagley 1980，1999；李学勤 1991）。南方青铜器众多特征之一是比北方的青铜器更大，设计更奇特，其中包括"动物主题"。它们包括三维的动物造型、动物头部和雀鸟形的翼缘。此外，这一地区的青铜器中铅和锡的比例比北方的青铜器高。铅的含量可能已经进行了调整，以确保熔融的青铜具有足够的黏性，能够流入精心设计的南方模型组件中。

---

[1] 此处的"'南方'青铜器"在中国考古学界并无一个严格确切的定义。根据本文内容，应指江淮及长江以南地区出土的商周时期青铜器。——编者

专题 5.1

盘龙城

盘龙城位于湖北黄陂，南距武汉大约 5 千米（Bagley 1977；湖北 1976b，1976c，2001b，2007b；盘龙城 1976；武汉 1998a）。尽管遗址早期的居址与二里头第 2 至 3 期同时（湖北 2001b: 442），但学者们一直依据在该遗址发现的那些青铜器和河南郑州二里岗青铜器之间的相似性，以及其他与这两个遗址有关的特征，认为盘龙城属于商文化的二里岗时期（李学勤 1976，1991: 3）。由此，盘龙城一直以来主要被人视为商的前哨基地。这个基地是在中原早期国家形成的扩张阶段建立的，且可能是为了保证能获得邻近铜矿资源而做出行动的一部分（Bagley 1999；张光直 1980；Liu and Chen 2003）。

盘龙城和二里岗之间的联系包括遗址围墙和建筑物地基的相似性。盘龙城的围墙南北长 290 米，东西长 260 米（湖北 2001b，2007a）。围墙的地面部分高达 5 米，直到 1954 年为抗洪所破坏。在随后的发掘和研究过程中，陆续有许多发现，特别是 20 世纪 70 年代在墙内东北区发现了大型建筑基址，这些基址的结构和二里岗相同。

这些基址包括一座被命名为 F1 的房址，面积为 280 平方米，内部被分为 4 个小房间；F2（27.5 米 × 10.5 米），内部没再被分成数间，被认为是一座行政大厅。F1 和 F2 非常相似，它们被认为是一座更为大型的宫殿的组成部分，宫殿方位为北向东 20 度。这些建筑物在建造技术和方向上都与二里岗的宫殿建筑 C8F15（北向东 15 度）和 92ZSC8 Ⅱ F1（北向东 20 度）在内的建筑遗迹十分相似（河南 2001: 248, 275）。盘龙城的其他方面也遵从这种布局，包括围墙和在围墙附近找到的大型墓葬。遗址围墙的建造过程亦同样与二里岗类似。在这两处遗迹中，夯土墙均向

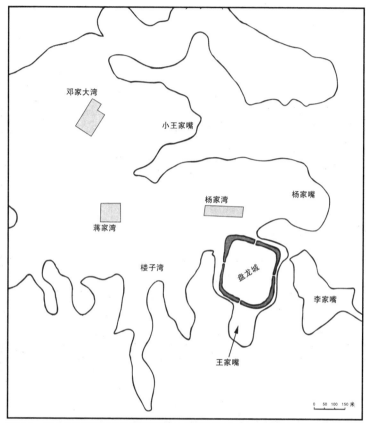

图 5.6 盘龙城和周围带有围墙的遗址点（据湖北 2001b: 5. 重绘）

内缓慢倾斜，但外部均较为垂直，这增强了围墙的防护功能。

　　盘龙城青铜时代的遗物分布在被围墙包围的 7.5 公顷及城墙外超过 100 公顷的土地上。挖掘人员在王家嘴（围墙南部；图 5.6）发现了数种不同的窑址，以及诸如分散的灰坑和小型建筑物遗迹。遗址周围的其他地点（楼子湾、杨家湾、杨家嘴和李家嘴）有着各种各样的灰坑和房址，以及 37 座墓葬（见第 9 章）。很多墓葬随葬有青铜武器、礼器，还有玉器和陶器。

相对二里岗而言，盘龙城的陶器都比较薄，且经过更高的温度烧制，除此之外两者的其他方面都十分相似。以陶器为标尺，盘龙城的遗物被分成 7 个阶段。遗址的围墙和宫殿区是在第 4 阶段建成的，年代与二里岗文化从下层过渡到上层同时（约公元前 1425 年）。由此，第 1 至第 3 阶段被指是盘龙城的早期，而其具体年代被推断为公元前 1800—公元前 1425 年。在这段时期，盘龙城面积约 20 公顷；随后围墙出现，这 20 公顷成为 100 公顷的组成部分。盘龙城西北部的其他遗址也有该时期遗物，这或许显示了中原和武汉地区持续的互动（Liu and Chen 2003: 78）。这些遗址包括孝感的聂家寨（孝感与孝感 1994）、安陆的晒书台（余从新 1980；孝感 1993）和新洲的香炉山（武汉等 1993a）。然而，它们没有得到全面的调查或公布，一些遗址的年代似乎是在二里岗之后（中国 2003: 473）。

在盘龙城早期，黑陶及其他细泥陶器相对来说较为普遍，但第 4 至第 7 阶段则以较粗糙的夹砂陶为特征。早期陶器包括鼎、罐、大口圈足尊。随着时间的推进，更多器物种类被引进，其中很多展示了与中原清晰的联系，包括绳纹袋足鬲、蒸煮食物的甗和带鋬三足爵。

盘龙城和相关地点的青铜器与二里岗铜器或多或少具有相似性，而且是表明两者有直接联系的有力证据之一。但这并不是说盘龙城的青铜器全都是从中原输入的。杨家嘴遗址的坩埚和炉渣可作为盘龙城冶金技术的证据，但尚未找到铸模。盘龙城可能是二里岗精英建立的殖民地，以保证他们能一直获得附近的铜矿资源，尤其是湖北大冶的铜绿山（后德俊 1996；见第 7 章）。人们在盘龙城总共发现了 186 件可辨明器型的青铜器、35 件工具、123 件青铜武器和 7 件其他种类的青铜器。这些器物大多数是作为酒器的觚（32）、斝（54）、爵（50），作为食器的鼎（19）和尊（13）。我们均能在二里岗找到与之相对应的器物，同时它们有着相似的纹饰。

构成长江中游的商时期铜器并非全出土于居住址。在湖北，人们发现了一些青铜器窖藏，我们可在随县（随州1981）、宜昌（宜昌1986）和其他地方找到例子。在湖南，很多商时期的铜器是在小型窖穴中被发现的，这些窖穴分散在相对较偏远的地区，且很少是在墓地出土。我们并不清楚这些青铜器是否为躲避这片地区的政治动乱而被埋藏的，抑或是普遍的、祭祀山河的仪式习俗的遗物（Hsü and Linduff 1988：218；衡阳1978；见第8章）。

尽管有这些证据表明湖南地区存在一些共同的文化规范，但几乎没有证据表明存在实质性的政治融合。反之，这个地区在文化和政治上都是支离破碎的。大多数遗址的面积相对来说都是较小的。在沩水地区的宁乡市炭河里遗址便是一个例子：它有着一道圆形的夯土墙，其时代推断为商周的过渡期（高至喜1963；湖南等2006；向桃初2006）。近年的发掘工作揭示了这个遗址的大型建筑基址和仪式中使用青铜器的证据。沩水在更远的下游与湘江交汇，而当地高砂脊遗址的年代同样被推断为商代晚期或西周早期（湖南等2001）。

在较远的北方，洞庭湖周围很多遗址反映了其与二里岗文化的一些联系，它们很可能是经由盘龙城渗透而来的（McNeal n.d.）。在洞庭湖东部的岳阳，有关例子包括发现具有二里岗风格的陶器和青铜器的铜鼓山遗址（郭胜斌2001；岳阳2002；湖南与岳阳1989）、属于二里岗二期的樟树潭遗址（罗仁林1999）和其他地方。铜鼓山可能曾经是一个由来自盘龙城或在其他方面深受二里岗文化传统影响的人群建立的前哨基地（郭胜斌2001；McNeal n.d.）。它也可能代表着一个官僚等级制度下的较低层次的定居点，但在盘龙城的政治影响范围内（向桃初2008）。对遗址的使用一直持续到公元前 2 千纪后半段，此时，当地的文化元素变得更加突出。

在这个大约与殷墟属于同一个时代的时间里，我们得知在铜鼓山南部，沿着洞庭湖南侧诸如汨罗和新墙河等支流有数个遗址，它们包括对门山、费家河、玉笥山和樟树潭（罗仁林 1999；郭胜斌 2005；向桃初 2008：52—90）。这些遗址各有不同，但却与铜鼓山的最新资料被一同归入费家河和樟树潭文化（郭胜斌 2001；向桃初 2008：52—53）。它们中的一些陶器被用来与东南山区的江西越文化同类器物进行比较（McNeal n.d.）。

公元前 2 千纪湖南的其他遗址仅有很少的证据能说明本地居民与二里岗文化之间的联系。例如在西部澧水旁边的皂市遗址，当地的铸模碎片和炼铜炉渣（周世荣 1962；湖南 1992b；何介钧 1986）为我们提供了二里岗时期这里有居住的证据，包括唯一能直接证明长江中游有制铜作坊的证据。在石门附近，人们在宝塔发现了与二里头和二里岗同时的遗物（何介钧 1996；何介钧与曹传松 1987；王文建与龙西斌 1987）。这些遗物显示了二里岗文化和本地文化因素混合之后的复杂面貌。在湖南更靠西的地方，像永顺的不二门这样的遗址并没有显示出与二里岗文化有联系的证据，而且可能直到很久以后才与外界发生联系（湖南与湘西 2002）。

在湖北西部和中部，公元前 2 千纪的遗址包括宜城附近的中堡岛（国家 2001；湖北与四川 1987）、位于沙市的周梁玉桥（彭锦花 1986）、位于江陵城外的荆南寺（荆州 2009）。荆南寺 12 米厚的文化堆积层记录了江汉平原上与盘龙城同时的当地文化（荆州 2009；荆州与北京 1989；荆州与江陵 1987；何弩 1994）。周梁玉桥的遗物在时代上稍晚于荆南寺的遗物，其时代被推断为商代晚期。

总的来说，位于江汉平原东缘的盘龙城遗址有着目前已知关于青铜时代早期政治中心的最有力证据。盘龙城似乎是从被整合进二里岗影响范围内的较小型本土聚落发展而来的。我们预期盘龙城北部和西部的聚落将表明它们也是连接盘龙城和河南二里岗核心地区的社群网络的一部分。在公元前2千纪的最后一段时期，盘龙城与中原的联系似乎有所减弱，一些小型的地方中心出现并重获重要性，包括诸如炭河里等遗址。

西周时期

在中原，公元前2千纪末见证了商周政权的过渡。这段过渡期存在广泛的影响，包括对中国内陆的影响。但这些影响不是突然和剧烈的，而商周的分界线也并不明显，这在考古学的资料方面尤为明显。

在中国内陆具代表性的西周遗物中，最重要的是散落的青铜器（李学勤1991）。例子包括第3章提到的宋代在孝感市发现的西周铜器、盘龙城附近鲁台山M30墓随葬的14件西周铜器（黄陂主编1982；张亚初1984）和在诸如湘潭等洞庭湖附近遗址所找到的西周青铜编钟和其他器具（湖南1966）。总之，青铜器的数量较商代少，这可能反映了这个地区在商周过渡后政治命运的衰落（李学勤1991）。

长江中游的西周遗址大多集中在大别山和长江之间的江汉平原。值得注意的是，盘龙城附近地区在进入公元前1千纪后仍然很重要。邻近的遗址包括金盆、黄陂的吕王城和鲁台山，以及蕲春的毛家嘴。毛家嘴是长江中游最早发掘的遗址之一（中国1962），最重要的发现为两组保存完好的木结构建筑（图5.7）。这些长方形的有着木骨泥墙结构的建筑遗存有着大量分散的柱洞。在左侧的建筑中（图 5.7a）的一组柱洞中发现了漆器和卜骨，这或许表明这是一个供上层集团进行集体活动的场所。在右侧的建筑中（图 5.7b），人们发现了一件西周早期青铜爵和其他青铜器及陶器。

1996 年，人们在毛家嘴聚落附近发现一组窖藏的青铜器（湖北与湖北 1997）。这些窖藏包括 7 件青铜器：5 件长方形的鼎、1 件圆形的鼎和 1 件铜斗。发掘人员认为，这些青铜器和木结构建筑都是与周朝王室有关联的上层集团的证据，他们可能掌管着蕲春地区的一个军事据点（吴晓松与洪刚 1997）。这些青铜器不但与武汉地区发现的其他青铜器具有相同的特点（黄陂等 1982；张亚初 1984），如鲁台山 M30 墓出土的四足方鼎，而且也与陕西、河南和山东发现的商代晚期和西周早期的青铜器相似（中国 2004：133—135）。

在较西的地方，湖北中部和西部江汉平原上的西周遗存出土于香炉山（武汉等 1993）、梅槐桥（何弩 1991）、庙台子（武汉等 1993）、土城（北京主编 1992：237—238）。在湖北西部，在江陵附近的张家山和博宇山（陈贤一 1980；荆州 1987a），秭归的官庄坪（国务院与国家 2005b）等地发现了西周时期的遗存。在较南的湖南长沙附近，洞庭湖南岸的望城高砂脊记录了西周贵族曾出现在湘江边（中国 2004：138—141；湖南 2001）。然而，有关西周文化人群在湖南定居的证据相对较少。

长江中游的西周青铜器并不一定属于楚政权。直到西周末年，才出现了一种广泛存在的考古学文化的现象（Cook and Blakeley 1999：3），这种考古学文化可能与某个政治控制地区相对应。虽然如此，其与楚的联系仍不清晰，不能与之直接对应（李零 1991）。此外，当时楚的物质文化面貌可能与中原并无不同之处

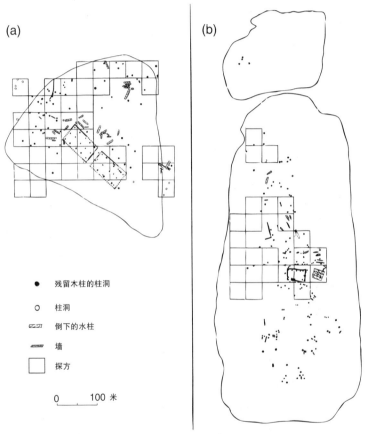

(a)

(b)

● 残留木柱的柱洞

○ 柱洞

▱ 倒下的水柱

▱ 墙

☐ 探方

0   100 米

图 5.7   位于毛家嘴的建筑物基址（a）和（b）（据中国 1962: 2—3 重绘）

（Falkenhausen 2006b：264）。西周时期的中国内陆是否存在楚政权同样也是模棱两可的。

如上所述，文献资料认为楚的第一个首都位于名为"丹阳"的地方。虽然有学者认为丹阳与长江接近，或是在秭归或在丹阳季家湖（中国 2004：270）；但它也极可能是在汉水支流丹江沿岸［Blakeley 1999b：11—12；石泉 2004（1988）；王红星 2006；张西显 1983］。人们在河南淅川下寺发现的高等级墓葬有可能与该地区早期的楚贵族有关（河南 1979；河南等 1991；So 1999：34）。然而，目前还不知道这个地区的西周城市中心是否代表丹阳，而且这些遗迹很有可能已经消失在丹江水库下（王红星 2006）。

东周时期：春秋至战国

在历史上，春秋时期是楚扩张的时代。这次扩张主要集中向南方的长江两岸以及湖南湘江沿岸地区。楚这次扩张所影响的范围远至南方包含着今天两广的岭南地区（Allard 2004）。

在不迟于春秋时期的某个时间里，一种独特的物质文化元素开始出现。这些文化元素通常都与楚有关，包括钟和容器在内的青铜器，以及某些墓葬习俗（Xu 1999；见第 9 章）。例如，某些规范的结构特征出现了——精英墓葬面朝东，地位较低的墓葬面朝南。这与中原面向北和秦地面向西的墓地取向相反。

楚系（或南方）风格的物质文化和北方风格的物质文化之间存在着一些明显的差异。北方青铜器中常见的一些器型被其他器型所代替，如簋被簠代替。又如成套青铜器的用法在某些方面也有所不同，例如，列鼎制度中的鼎经常以偶数而不是像北方那样以奇数的方式出现。此外，引进了个别新的器型，包括有着平坦底部和弧形耳的升鼎，有着盖、深而圆的腹部和笔直耳的食鼎，球形的敦。就像镇墓兽一样，诸如敦、盂和鉴这类盛水的器皿代表了一类在北方的墓葬中并不常见的随葬品（Falkenhausen 2006b：269）。与周代其他地方一样，随着时间的推移，器物上的装饰也变得越来越精致，尤其是在春秋末期，与蔡、曾政权有关的墓葬就证明了这一点（Xu S. 1999：23）。最后，在春秋时期，漆器和丝绸逐渐取代青铜器，成为主要随葬品（So 1999）。

长江中游出土的有关东周与楚国的考古资料中，绝大部分都是墓葬遗存。根据随葬品、规模和葬具的不同，可以将精英墓葬划分为不同的等级（Falkenhausen 2006b：374—385；见第9章）。整个地区有数千座装饰华丽的墓葬，例如湖北、湖南、河南、安徽和重庆记录了超过10,000座与楚有关的墓葬，而其中至少有8000座位于长江中游地区（陈振裕 1987；Falkenhausen 2006b：371—392；郭德维 1982，1983，1995；李学勤 1985；彭浩 1982；So 1999；Xu S. 1999）。

东周聚落遗址的数目较少，而过去50年调查的许多遗址中，大多数都只进行了初步研究。南阳盆地是楚国境内聚落最集中的地区（Xu S. 1999：29）。一个例子是襄阳的邓城遗址，它建于西周后期，在秦汉时期依然是一个重要的中心，彼时兴建的围墙留存至今。大部分邓城遗存的时代被推断为东周后期，其中包括多达2000座东周后期的墓葬。这个地区因为其战略位置在整个楚时期都很重要。

在南部更远的地方，汉水中游沿岸和由荆门、宜城和荆州所形成的三角地带有着大量东周时期与楚有关的聚落遗址。这个地区的北部为宜城的楚皇城、郭家岗和古楼岗。在南边较远的地方，东周时期的聚落包括当阳的季家湖、磨盘山和杨木岗，江陵的纪南城、荆南寺、阴湘城和张家山，以及潜江的龙湾。

在这些遗址之中，楚皇城、纪南城和季家湖一直都被认为是楚后期的首都"郢"。楚皇城位于汉水西部宜城市东南 7.5 千米。1976 年进行的调查和发掘发现了一道圆形围墙和数个战国至汉代的墓地（湖北 1965；楚皇城 1980a，1980b）。包围这个遗址的围墙长 6440 米，宽 24—30 米，高 2—4 米，包围了 2.4 平方千米的土地（图 5.8a）。这道围墙可能动用了 475—1430 的人花费数年来兴建，这比我们估计石家河围墙所用的人数稍低。围墙的高度在古代很可能更高，但这个推算并没有将东北部那道包围了 0.38 平方千米土地的内墙遗址面积计算在内。尽管发掘人员认为在春秋或更早时期，这里明显有人居住，但楚皇城大部分遗存的时代被推断为战国到汉代。我们需要进一步的研究来证实认为这个位置就是郢这个观点。

我们可以对当阳季家湖这个有围墙包围的遗址做相同的说明（中国 2004：270），它被认为与丹阳和郢有关。这个遗址被一道环形围墙包围，围墙所包围的面积为 2.25 平方千米（湖北 1980c；杨权喜 1980），比楚皇城稍小。季家湖有着凸起的平台，邻近几个楚文化大型墓地，包括赵家湖、八岭山和青山。即使它不是一个国家的首都，它也明显是楚国的一个重要地点。

纪南城位于季家湖东南边，湖北中西部的江陵郊外。自 20 世纪 50 年代至 70 年代进行的深入探索（湖北 1980a，1980b，1982a，1982b），以及随后的针对性研究，使我们对这个遗址有了基本了解（郭德维 1999；Höllmann 1986；湖北 1987a，1988b，1991b，1995a；中国 2004：259—263）。围墙内部面积约 16.65 平方千米，其中四个区域由河道相互分隔（图 5.8b）。这个遗址的围墙长 15.5 千

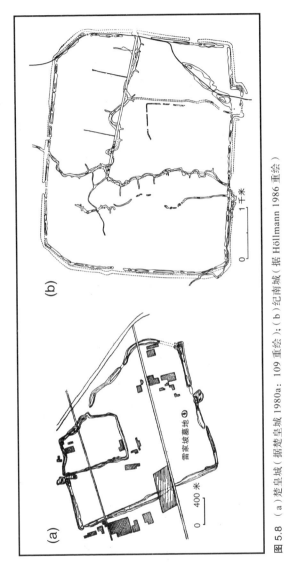

图 5.8 （a）楚皇城（据楚皇城 1980a：109 重绘）；（b）纪南城（据 Höllmann 1986 重绘）

米，高 4—8 米，其地基宽 30—40 米，顶部宽 10—20 米。这可能需要每天 2125—6370 人来营建，这数字是石家河和楚皇城的 3—4 倍。对遗址所进行的调查确认了围墙的 7 道大门及 85 个夯土平台的位置。这些平台集中在遗址的东部，特别是东南部。一组特别密集的平台的一部分被另一道夯土墙包围（湖北 1991b），这使人联想到中原早期那些被围墙包围的遗址内部，以及楚皇城东北部的建筑群中被内墙包围的贵族住宅。纪南城通常与郢都联系在一起（Höllmann 1986；中国 2004：259；王红星 2006），尽管有人认为其人口的高峰似乎是在战国时期，即郢都的鼎盛之后（Blakeley 1999b）。但是，这可能是对遗址发掘不足引起的结果。尽管这个遗址十分重要，但直到现在仍然没有出版任何全面的报告。

在这些所谓的都城遗址之外的定居点，政治权威的证据来自最近公布的对潜江龙湾遗址的发掘，东南距纪南城 50 千米。这些发掘工作发现了大量宫殿建筑的遗存，是首个在楚政权范围内被发现的宫殿（湖北与湖北 2005；荆州与潜江 1987）。发掘工作集中在放鹰台 1 号宫殿建筑（图 5.9），人们认为这个宫殿覆盖了 1.3 公顷的地区，是在春秋晚期或战国早期兴建的。另一个较早时期的宫殿基址被认为压在了 1 号宫殿基址的下面，而其时代被推断为西周时期。这座宫殿结构复杂，包括一个厚实的夯土地基、贝壳铺砌的通道和庭院区域。过去不为人知的技术被应用到它的建筑过程中。建筑覆盖着陶瓦屋顶，包括青铜器的碎片，进一步支持了这个基址是一个高等级建筑的假设。

其他东周时期的聚落分布在汉水下游沿岸以及湖北东部随县的安居、云梦的楚王城、鄂城的鄂王城和大冶的五里界（湖北 2006c，2006d，2006e；武汉 1984；Xu S. 1999；张泽栋 1983；朱俊英与

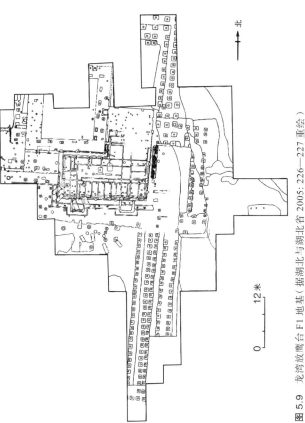

北

0 _____ 12 米

图 5.9 龙湾放鹰台 F1 地基（据湖北与湖北省文物考古研究所 2005: 226—227 重绘）

黎泽高 2005）。其中鄂王城和五里界以及草王嘴城汉代遗址位置均
邻近铜绿山的铜矿，在整个周代它一直是重要的金属矿源。这些遗
址附有城墙、城垛和护城河，可能是为了保护通往铜绿山的金属矿
交通线（Peters 1999：103）。在洞庭湖附近和长江南部进入湖南的
地区，在长沙、慈利、怀化、麻阳、平江、石门、桃源和湘阴存在
东周时期的聚落。20 世纪 40 年代的发掘工作首先确认了楚政权范
围延伸至南方的长沙（饶宗颐 1946），随后发掘的数千座墓葬证实
了楚文化存在于该处（湖南等 2000）。

楚国被认为在春秋晚期或更有可能在战国早期将湖南纳入其
统治（Wagner 1987）。在整个东周时期，楚在湖南的统治可能都是
不稳定的。在楚到来之前，这个地区的其他遗存有时被确认为属于
"越"这个当地族群（湖南 1984）。在这些分布散乱的东周时期遗址
中，就有不二门遗址。不二门遗址拥有一些穴居遗址，从商代到青
铜器时代晚期都有人居住（湖南与湘西 2002）。这些地方的证据显
示，在楚存在于湖南的整个时期里，湖南其他地方一直都存在着拥
有渔猎经济结构的小型社群。

当然，在中国内陆以外地区，即河南、安徽、江苏、浙江和
上海均能找到东周时期的楚遗存（Xu S. 1999），但它们不在本研
究讨论的范围内。我们在这里看到，有着政府机构的人口中心主要
集中在南阳盆地和江汉平原。重要的聚落同样位于湖北东部，沿大
别山和随州大洪山之间的走廊分布。这些遗址属于曾、唐、厉和随
这些小国。这些小国在楚于东周扩张时臣服，并被并入楚国的政治
版图。

总　结

　　与四川不同，长江中游青铜时代晚期的考古学资料极为丰富，但是它们绝大部分是墓葬。特别是与楚有关的资料，主要来自湖南、湖北及河南、安徽和重庆发掘的数千座所谓的"楚墓"（我们会在第 9 章再次讨论这些墓葬资料）。从这些墓葬和与之相比较少的遗址中提取的聚落信息，显示出楚从政治中心区向外扩张的政治与文化强权。这个中心地区涵盖了自南阳盆地沿汉水向南进入江汉平原西部的走廊地带；至战国时期，更沿着湘江向南扩展至长沙地区。

　　东周以前的情况较为混乱。直到西周末期，楚才可能向南扩展到南阳盆地之外；在商末和西周时期，长江中游其他地方的社群似乎没有在政治上发生融合。在更早的公元前 2 千纪中期，武汉附近的盘龙城是当地的政治中心，并以其与二里岗中心的关系，以及凭借自身作为军事要塞和经济枢纽的角色来获取影响力。在长江中游的其他地方，当地社群在政治和文化上的影响相对有限。

　　而在更早的时期，即公元前 3 千纪末至公元前 2 千纪初的石家河时期，似乎是文化影响从一个突出的核心区——天门附近的石家河遗址群——向外扩散的第一阶段。在整个新石器时代晚期和青铜时代里，长江中游地区的政治和文化格局发生了巨大变化。这篇综述在描述和概括方面必然是粗糙的，但它提供了一个基本的文化历史框架。在这个框架中，我们可以研究长江中游地区政治和文化格局更具体的方面。

对传统叙事的质疑

第 3 章所述的史学研究格局导致中国内陆地区史学研究相对不均衡。对某些地区的研究比其他地区更为深入和频繁，这不可避免地误导了我们对这里所呈现的政治和文化格局的理解。现有的资料讲述了一个以成都平原为中心的四川盆地和以江汉平原和南阳盆地为中心的长江中游为例的政治中心迁移的故事。

我们可能会问，在政治中心出现的地方，哪些因素是重要的。在四川盆地，三星堆似乎是在这片肥沃的平原上崛起的，而在这片平原上，在过去的几个世纪里，相互影响的居民点不断发展。三星堆本身似乎是对等政体间互动网络的参与者之一，尽管它位处这个网络的东北边缘。这个稍远的位置对这个遗址的社会和政治发展可能一直都是有利的，尤其是，成都平原可能因为洪水成为一个风险不可预测的地区，而三星堆则可能较少受到频繁洪水的影响。在随后的发展中，尤其是政权从三星堆转移至成都地区一事可能反映了其控制水文活动能力的转变或者政治命运的变化，也可能与成都在获得资源方面所能提供的优势有关。尽管秦在公元前 316 年征服了四川，但这个地区政治格局的一般特点在公元前 1 千纪仍然相当稳定。

在长江中游，由于环境因素，地处富饶江汉平原的石家河可能成为一个重要的区域性节点。当然，该地区的文化联系在这段时期有所增强。盘龙城在公元前 1 千纪中期的出现标志着一个戏剧性的转变，长江中游被吸收进中原的政治体系中。这些联系对当地社群产生了影响，当地精英阶层的证据证明了这一点。以经济联系为动力的政治关系始于盘龙城，在公元前 1 千纪，随着政治和意识形态模式的建立，长江中下游地区与更远的北方社群紧密相连。同一时期，楚政权的地方认同感不断增强，也支持了这一观点。

四川盆地和长江中游在漫长的转变期间并不是彼此完全隔绝的，这两个地区新石器时代后期遗址的围墙建筑反映了二者之间最初的间接联系。紧接其后的，是一些证明二者互动更为直接的证据。例如，三星堆的玉器和铜器显示了其与远距离地区之间联系的证据，而这些地方有些是与长江中游地区有关的（Falkenhausen 2006b），这些联系有可能是沿着汉水进入四川的（Falkenhausen 2011）。关于这些联系是如何产生的问题使我们将注意力转移至三峡地区——这个位处多个政治中心之间的区域。

当我们关注三峡时，我们不仅要考察成都平原和长江中游政治和文化中心之间的互动，也要考察这个地区本土社群的性质。在第6章，我们将勾勒这个地区政治和文化模式的研究现状，并为第三部分对其他格局进行的讨论做好准备。

第6章

位处中心的边缘

（巴和三峡地区的考古学文化）

文献中的庸和巴

我们在前两章综述了成都平原和长江中游的文化历史和考古学资料，借以对这些地区从新石器时代晚期到青铜时代的政治和文化格局做一个概述。我们在这里将把注意力转移到两者之间的三峡和长江及其支流的邻近地区。

与四川盆地相似，历史文献中对三峡地区的记载也比较模糊。几个不同的族名散见于历史文献中，它们可能是指这个地区的同一个族群。作为"过去概要说明"（Bagley 1999：230）的一部分，这些族名在某种程度上可能是外部强加给当地文化人群的，即通过命名带来的"地域暴力"（geographical violence）来支持关于政治秩序的特定观点（Said 1994：225）。外来者总是认为本土族群之间的差异是无关痛痒的（Dominguez 2002：69），通过使用单一专有名词或少量名词来指代所有的"他者"，本地族群的身份被人为消解（Lightfoot and Martinez 1995）。因此，我们在处理那些描述过去族群特征的外部文献资料时必须特别谨慎。

在那些文献记载中提到的、而现代学者认为它们是位于三峡地区的族群名称中，"鱼""夔"和"庸"是最令人费解的（蓝勇 2003：119；童恩正 1979）。此外，我们亦不清楚这些族群在过去是否被人想象成是彼此有所区别的，或其中某些是否有可能是隶属于另一个族群的小族群。《尚书》提到，"庸"为西南部落的领导群体，它在周灭商的过程中提供了帮助。它们在过去被认为占据了陕西、四川、重庆和湖北的部分土地。在三峡，人们认为他们主要居住在奉节和巫山地区（Morse and Yen 1936：111）。虽然庸据称在春秋时期被秦和楚的军队征服，但有关庸的记载总体上十分稀少。

与"巴"有关的文献相对较多一些，但也都是模糊和不完整的。在有关巴人的文献中，有一篇现在已经失传的《世本》，它被范晔（398—445）在《后汉书·南蛮西南夷列传》中引用。这篇文献认为巴源自长江中游，并主张巴人从长江中游迁移至今天的重庆地区（孙华 2000：360），特别是邻近的涪陵（Sage 1992：54）。巴的早期统治者据说被埋葬在今天的涪陵地区（Sage 1992：54；王家佑与王子岗 1980）。虽然人们在涪陵邻近的小田溪遗址中发现了随葬有大量青铜器的墓地（见第 9 章），且当中一部分是属于巴的贵族的，但人们推断其年代似乎不早于公元前 4 世纪。我们很难说他们向上游移居的确切时间为何，也很难说四川盆地东部的居民可能于何时联合成为一个与"巴"这个名词有关的政治或民族实体。

斯蒂芬·塞奇（Steven Sage 1992：54）曾依据零散的资料总结出巴人的基本特征：

> 文献资料所传达的巴人形象为一班好战民众，他们挑选

虎作为图腾，借以回想起野兽与巴的英雄和始创者廪君之间神话般的联系。他们有关战争的歌曲和舞蹈是广为人知的。除了善于战斗，这些人似乎一直生活得很好。稻作文化得到长足发展，但巴人同时也追求混合型经济，种植不同种类的谷物、饲养不同种类的牲畜、植桑以养蚕，并种植大麻类作物、用于制作漆的漆树以及茶叶。据说他们会捕鱼和狩猎野禽、龟和犀牛。其他声称是巴的遗物包括青铜器、铁和盐以及个别有价值的药草。

我们将在第 7 章中进一步讨论对这个地区史前经济活动具有重要影响的两个要素：鱼和盐。各种文献资料证实巴与一个在地理学上涵盖今天陕西、湖北、贵州和重庆部分土地的广阔地区有着联系（Sage 1992：53—54）。

文献资料显示巴与楚、秦和其他族群之间自春秋开始发生频繁的冲突（Sage 1992：60—66）。例如在公元前 673 年，巴进攻并击败了楚，紧接其后的是在公元前 609 年击败了庸，于公元前 475 年再一次进攻楚，以及公元前 4 世纪与蜀展开持久的战争（见郑德坤 1945：5 中根据《华阳国志》的内容进行的详尽讨论）。当楚的势力在长江中游发展时，巴的影响力似乎主要局限在三峡西部地区（万州地区）及湖北的汉水流域，然而楚最终也侵占了这些地区。当巴在三峡的存在减弱之时，巴政治活动的中心（在一定程度上当地有着一个这样的中心）据称曾转移到嘉陵江流域（李学勤 1985：205）。据说巴在公元前 337 年对楚发动了另一次袭击，但最终在约公元前 316 年作为可以辨别的政治实体被秦吞灭。在考古学方面，楚与巴的互动在公元前 4 世纪，亦即秦于公元前 316 年征服四川之前是最为频繁的（孙华 2000：367—372；Sage 1992：64；朱萍 2002，2010）。

人们并不了解楚政权对重庆和三峡之间的长江沿岸和汉水沿岸的影响力或统治程度为何。塞奇（1992：65）指出人们一直没有在这个地区找到楚的货币、简牍和军事据点。但是，楚的墓葬习俗见于三峡地区的多个遗址，我们在第9章中将会有更详细的讨论。尽管楚国没有在三峡地区建立直接由其控制的经济、军事或政治机构实体，但巴的统治有可能转移到北方和西方；重庆地区的人们在经济上与楚市场的联系也越来越紧密。

一般来说，尽管历史资料曾偶尔提及巴，但这些资料既不是由巴人写的，也不是与巴属同一时代。第4章提到的青铜兵器上的标志和铭文可能与巴有关（冯广宏 1996；彭静中 1980），但它们都是在相对较后的时期制作的（公元前500年后）。尽管这些青铜铭文与中原系统的文字相近，但它们仍然无法得到破译。这种文字有可能是由一群过去在其他地方（有可能是楚）与中原系统文字接触过的人发明的。如果语料库（corpus）足够大，可以进行解密，最终可能从这些遗物中收集到潜在的当地人群的历史信息，但我们现在甚至不清楚这些铭文是否是一种记录任何历史资料的书写形式。因此，现有文献资料只为我们提供了一个有关巴的有限而模糊的图景。

有关三峡的考古学观点

三峡和四川盆地东部的考古学遗存经常被解释为与巴有直接关系，而这是中国考古学中史学传统的一个反映（Falkenhausen

1993）。例如，冯汉骥对四川船棺所做的早期研究认为它们是属于巴人的（冯汉骥、杨有润、王家祐 1958；四川 1960）。然而，直到最近，随着近年来三峡考古的蓬勃发展，这种联系所依据的考古资料才有所增加。

在这个地区的河流沿岸所进行的调查确定了多处早期遗存（北京 1994；重庆 1983；四川 1959a，1959c；四川 1998e），且发掘工作已在其中多个地方进行（多份由下列单位出版的报告：重庆与重庆 2001，2003，2006，2007a，2007b；国务院 2003，2005a，2006a，2007a，2010b，2010c）。不足的是，伴随着大量资料出土的是略显仓促的抢救性考古发掘。在水坝工程开始之前，人们根据多项调查做了初步的估算，辨别了 842 处"有文化价值的地点：376 处地表遗存，466 处地下遗存"（Walker et al. 1993：28）。人们估计有大约 10% 的受影响地区将会由多个机构进行联合调查，而已知墓葬的 30% 将会得到专业调查与研究。随后，重庆和湖北西部地区的工作集中在旧石器时代至清代之间的各个时期。

新石器时代

人们在诸如龙骨坡这类三峡遗址中发现了旧石器时代晚期的原始人类遗存（陈铁梅主编 2000；侯亚梅主编 2006；Olsen 2000；吴新智 2000；有关遗址的位置，见图 6.1）。诸如鱼复浦这类旧石器时代晚期和新石器时代早期的遗址有着多种石器，其时代被认为可能在公元前 8000 年，这甚至比长江中游的城背溪和彭头山文化早（中国等 2001；邹后曦与袁东山 2003）。其后，诸如朝天嘴和柳林溪这类在三峡东段的遗址有着城背溪文化层（高应勤

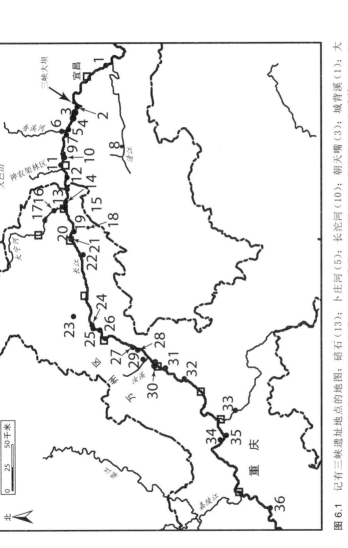

图 6.1 记有三峡遗址地点的地图：硐石 (13)；卜庄河 (5)；朝天嘴 (3)；城背溪 (1)；大溪 (19)；邓家沱 (31)；杜家院子 (30)；清井河口群 (30)；官庄坪 (6)；红庙岭 (11)；江东嘴 (15)；老关庙 (20)；雷家坪 (11)；鲢鱼山 (23)；柳林溪 (35)；李园 (29)；龙骨坡 (18)；罗家桥 (30)；麻柳沱 (27)；毛溪套 (1)；茅寨子湾 (11)；庙坪 (4)；楠木园 (12)；哨棚嘴 (30)；石门嘴 (3)；双堰塘 (17)；苏和坪 (26)；糖坊坪 (25)；跳石 (14)；王爷庙 (36)；瓦渣地 (30)；杆坪 (9)；魏家梁子 (16)；香炉石 (8)；小田溪 (33)；新浦 (22)；崖脚 (30)；鱼复浦 (21)；玉溪 (32)；玉溪坪 (32)；镇安 (34)；中坝 (30)；中堡岛 (2)；中坝子 (24)

1998）。在西边较远的万州地区，同时代的遗存有丰都县的玉溪和玉溪坪遗址（重庆 2003a，2006b；邹后曦与袁东山 2003）。玉溪新石器时代早期的遗存包括大量动物遗骸，数万块碎石和磨制石器，以及约 1000 块低火候的粗砂绳纹红陶片。陶器器型大部分为鼎，其他为圜底之下附有厚重并粗制的圈足器。湖北巴东县楠木园遗址时代为公元前 6 千纪晚期至公元前 5 千纪早期，其时代与之相同的遗存同样有低火候的粗砂绳纹陶以及粗加工的石片工具（国务院 2006b）。

正如第 5 章所论，长江中游西部的大溪文化紧接城背溪之后（表 6.1），而其典型遗址则在三峡地区。虽然这个文化的地理范围主要是在长江中游地区，但其他大溪文化遗址却被发现于整个三峡东部地区。大溪主要是一片墓葬区，人们在过去总共发掘出 208 座墓葬（四川 1961；四川 1998c），而近年的发掘工作亦发现了另外 9 座墓葬和 240 个灰坑（重庆 2007a）。随葬的物品和墓葬反映了该地是大溪文化的一个特殊地带。因此，即使大溪遗址以其丰富而重要的遗迹命名了这个主要分布在长江中游地区的考古学文化，但这个遗址在事实上并不能代表这个文化的全部面貌。

大溪稍晚地层遗物与哨棚嘴文化的典型遗址——忠县哨棚嘴的遗物有关。哨棚嘴遗址位于㽏井河河口，与邻近的瓦渣地、杜家院子、罗家桥和崖脚这些新石器时代后期和青铜时代的遗址一同成为"㽏井河河口遗址群"的一部分（北京 1994；北京与重庆 2003a；北京与忠县 2003；北京主编 2001，2007a，2009；北京 2006；四川 1962；孙华与陈德安 2000；王鑫 1996）。

表 6.1 三峡地区的考古学文化年表

	文化	大致年代 （公元前）	重要遗址
新石器时代	城背溪	5500—4500	朝天嘴、柳林溪、楠木园、玉溪
	大溪	4300—3300	大溪
	哨棚嘴	4300—2500	哨棚嘴、中坝
	老关庙下层 / 中坝	2500—1700	老关庙、魏家梁子、中坝
青铜时代早期至中期	三星堆	1700—1150	瓦渣地、镇安、中坝
	十二桥	1200—800	邓家沱、李家坝、瓦渣地
	瓦渣地三期	1100—500	镇安、中坝
	新一村	800—500	中坝子
青铜时代晚期	渔井沟	800—200	麻柳沱、小田溪、崖脚
	巴蜀 / 青羊宫	500—200	中坝

    哨棚嘴的文化层超过 9 米深。最早的阶段曾被称为"0 期"，这个术语是 1999 年发掘出比先前命名的哨棚嘴"1 期"更早的遗物而引入的，但最近被称为"1 期"（北京主编 2006）。这一期的绝对年代尚未完全确定，但它应该与大溪同时（孙华与陈德安 2000：323）。但与较远的下游找到的大溪遗存相反，它包括了一些高直领的器物。下一期（图 6.2）包括与屈家岭文化遗物相类似的壶（图 6.2 b 和 e）。反之，稍后的陶器大多为缸，这些缸装饰以菱形的压印绳纹和水平的附加堆纹（图 6.2 i、j、s）。晚期的缸流行花边口，底部为尖底或小平底（图 6.2 u 和 v）。据孙华所言（2000：323），三峡地区的同时期遗存，即使不是全部，也是绝大多数属于哨棚嘴文化。

    哨棚嘴有着众多不起眼的大型灰坑，1 座长方形的房屋基址（F2），1 座没有随葬品的墓葬（M4）（北京等 2006：574，605）。那些与新石器时代哨棚嘴的陶器相类似的陶器在邻近沿着渔井河向上游 6 千米的中坝遗址被发现。中坝遗址有着很深的层位，在大部

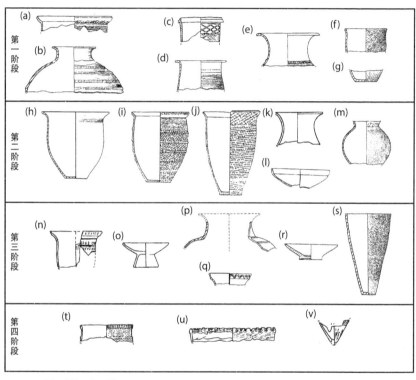

第
一
阶
段

第
二
阶
段

第
三
阶
段

第
四
阶
段

图 6.2 哨棚嘴第 1 期（第 1—4 阶段）和邻近遗址具代表性的陶器种类：(a) 哨棚嘴 T411(9):20；(b) 哨棚嘴 T311(9):6；(c) 哨棚嘴 T411(9):24；(d) 哨棚嘴 T311(10):7；(e) 哨棚嘴 T311(9)；(f) 哨棚嘴 T411(9):25；(g) 哨棚嘴 T411(9):26；(h) 哨棚嘴 T411(6):10；(i) 中坝 H283:2；(j) 中坝 H283:1；(k) 中坝 H283:3；(l) 哨棚嘴 T411(6):9；(m) 哨棚嘴 T411(6)；(n) 中坝 H297:25；(o) 中坝 H314:2；(p) 哨棚嘴 T403(9)；(q) 哨棚嘴 T403(10):13；(r) 哨棚嘴 T421(8):30；(s) 哨棚嘴 H57:5；(t) 中坝 H292:23；(u) 中坝 H291:1；(v) 中坝 H291:3。（图并不依比例绘制；据江章华 2002: 42 与孙华 2000: 308, 315 按时代重绘）

分时间里是一处重要的食盐生产基地（陈伯桢 2008a；Flad 2011；
四川与重庆 n.d.；四川与忠县 2001；孙智彬 1999，2003a，2003b，
2005；见第7章）。在中坝，与哨棚嘴同时的还有一些底部有黏土
层的灰坑，其中有些灰坑的底层附近有岩石，以及主要是羼有石英
颗粒的夹砂粗陶。中坝大部分新石器时代的地层均属稍晚的时期，
年代被认为是新石器时代老关庙下层阶段。

老关庙位于奉节县一处俯瞰长江北岸的三角台地，位于瞿塘
峡的西侧入口（江章华与王毅 1998；吉林与四川 1998；赵宾福与
王鲁茂 1996）。发掘人员将有关遗存分成两个阶段：老关庙下层和
上层。老关庙下层属于新石器时代，老关庙上层可能为青铜时代早
期，我们将在稍后对此做进一步的讨论。

老关庙下层文化的陶器大部分都是粗糙的绳纹红陶，一些器
物有着花边口沿（图6.3）。陶器的种类包括瓶、盆、圜底碗、豆、
器盖以及和人们在中坝新石器时代底层发现者相类似的尖底缸（图
6.3b）、在中坝新石器时代晚期地层中十分常见的平底贴边罐（图
6.3a）。由于地层扰乱严重，M1据报是唯一一处遗迹。这是一座长
方形竖穴土坑墓，埋藏较深；其中安葬一具稍微有点弯曲的骨骸，
其足部附近是一件豆，其头部旁边则有穿孔石斧，这与长江中游地
区的一些墓葬十分相似（赵宾福与王鲁茂 1996：55）。

新石器时代总结

除了这里提及的遗址，三峡其他很多有着新石器时代遗存的遗
址，包括重庆的一些遗址，均已在初步出版物中得到讨论。它们包
括位于重庆江津的王爷庙（重庆 1992；吴耀利与丛德新 1996）、涪
陵的蔺市（重庆与重庆 2003c；重庆与涪陵 2003）、忠县的罗家桥

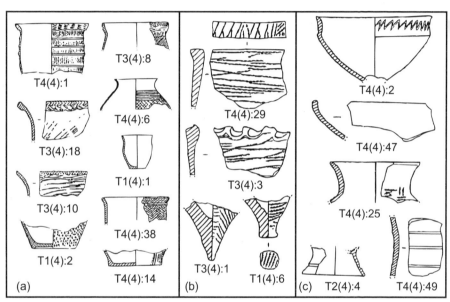

图 6.3 老关庙下层的新石器时代陶器：(a)夹砂罐；(b)尖底缸的碎片；(c)其他种类的陶器。(据赵宾福与王鲁茂 1996: 48—50 重绘；没有提供比例)

（北京 1994；成都等 2007c）、涪溪口（福建与重庆 2003，2006；福建与万州 2001）、万州的苏和坪（重庆等 2007b；重庆与万州 2006）、碚石（南京与巫山 2006；南京等 2007a）、跳石（南京与巫山 2001；南京主编 2003a）、江东嘴（湖南主编 2007；南京等 2007b，2007c）和巫山的魏家梁子（吴耀利与丛德新 1996；中国 1996）。在三峡东缘，位于湖北的新石器时代的遗存包括巴东县的卜庄河（宜昌 2006）、红庙岭（国务院与国家 2010a）和雷家坪（国务院与国家 2009）及秭归的官庄坪（国务院与国家 2005b）和茅寨子湾（国家与厦门 2001；湖北 2006f）。

　　尽管人们曾试图确认这个地区不同的新石器时代文化分期，但由于缺乏全面的放射性碳测试，这些不同遗址之间的年代关系并不十分清楚。关于重庆地区新石器时代遗址是否与成都平原的新石器时代遗址有足够的不同，以保证新石器时代文化的独立序列，学者们尚未达成一致意见（Flad and Chen 2006；有关近年就这个年代学问题所做的讨论，见江章华 2002：40—43；江章华主编 2000；孙华 2000）。由于大部分出版物只对有关资料提供初步的描述，故一个全面的考察仍是试探性的。目前，总体格局是明显的：几乎所有的遗址都位于俯瞰长江的台地上，远离主要水道的支流或山地地区的遗址很少。但这个格局可能单纯反映了一个抽样偏差，因为很少有人尝试在河岸以外地区进行系统的调查工作。

　　已知的遗址记录了其中一个聚落社群彼此互动的地区。这些聚落社群从事着捕鱼、狩猎、陶器生产等工作，而且生产并使用小型磨制石器。据报道有少数房屋的遗存，它们包括哨棚嘴和魏家梁子的房址，以及中坝新石器时代的三个窑址。中坝遗址有着各种各样的灰坑，包括保存完好、有黏土层的，无处不在而且高度多样化。

除了大溪遗址，很少有墓葬被报道。大溪遗址可能与长江中游的新石器时代人群有关，与长江上游的其他新石器时代遗址关系不大。除此之外，各种石器、骨器、动物遗骸和陶器都是我们做出判断的根据。骨制品包括发簪、锥子和装饰物。中坝遗址中新石器时期的动物遗骸说明了一个混合捕鱼和狩猎来获取肉类的策略。

对包括哨棚嘴在内拥有深度地层遗址的发掘表明，新石器时代中期至新石器时代晚期，许多遗址的陶器组合高度变化，最终演变为以小底深腹花边口缸为主的组合。在新石器时代晚期的许多组合中，夹砂器似乎占据了主导地位，尽管不同地点之间存在着相当大的差异。

现有的证据没有显示出任何政治中心的迹象，但显示出三峡内部及其上游遗址的陶器组合与长江中下游地区的陶器组合间存在着微弱的文化联系。例如：缸曾被用来作为将石家河文化后期和哨棚嘴老关庙下层联系起来的直接证据；哨棚嘴较早期的遗存至少在表面上与那些在下游找到的大溪文化和屈家岭文化陶器有着相似的地方；甚至是在较早的阶段，如玉溪所出陶器也显示出与城背溪文化陶器的某种联系。

同样，那些在诸如三峡中坝和哨棚嘴中发现的饰有菱纹和附加堆纹的深腹缸，与在成都平原上宝墩文化遗址发现的同类物品基本相似，这显示了其与成都平原之间的一些联系。这些联系反映了一个陶器制作的共有传统和其他可能的联系形式。相反，这个地区内部陶器之间的变化似乎比成都平原的要大。

在过去，于三峡工作的考古学家根据他们对有关遗址陶器的粗细程度、随处可见的石器、没有金属制品等的主观印象将这些遗址划入新石器时代。按照近年在诸如忠县的瓦渣地遗址所进行的细致发掘工作（下文将对此做讨论），人们现在能自信地推断，其中大多数遗址的时代属于更晚的时期。

青铜时代早期至中期

三峡地区只有少数公元前 2 千纪的遗址得到记录，这使我们对这段时期的评估更具试验性。在那些已得到考察的遗址中，具有代表性的地点为李家坝、瓦渣地（位于㿿井河河口遗址群）、镇安、中坝和中坝子。

镇安遗址位于长江涪陵县段的北岸，面积为 22 公顷（北京与重庆 2003b，2006）。发掘工作出土了大量陶片及 12 座墓葬、12 个灰坑和 4 条沟槽（它们有可能是用作排水的水道）。陶器证据表明，早期文化层的年代为青铜时代早期至中期，而大多数墓葬的年代晚至战国到秦汉时期。较早期的陶器主要是小平底盆和高领壶，大部分无纹饰，少部分在颈部有刻划纹或绳纹。在稍晚地层中，表层装饰，尤其是绳纹数量有所上升。尖底杯和尖底盏变得常见，还有罐、鼎、捏柄盖和高领壶（图 6.4）。从类型学来说，尖底杯和尖底盏与那些在中坝和其他位于重庆和三峡之间的遗址所出土者颇为类近。它们同样表明，这个阶段与第 4 章所讨论的十二桥和新一村文化处于同一个时代。

忠县㿿井河河口遗址群或许是三峡地区横跨新石器后期到青铜时代多个时期的遗址群中最重要的，其中包括哨棚嘴、中坝、瓦渣地和邓家沱。哨棚嘴属于青铜时代的遗存构成了遗址的第 2、3、4 期，并应分别与第 4 章所讨论的三星堆和十二桥文化，以及后文将会讨论的瓦渣地文化属于同一个时代（北京主编 2001，2003；北京主编 2006）。这些联系乃建基在当地特色陶器上的：第 2 期的敞肩

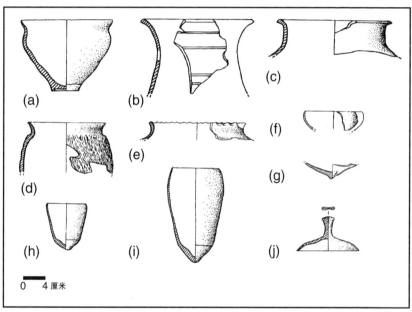

图 6.4 镇安陶器样本:(a)H8:38(小平底盆);(b)H6:1(高领壶);(c)T0603(6):1(高领壶);(d)H6:7(鼎);(e)T0502(5):24(鼎);(f)H6:23(尖底盏);(g)T0502(6):1(尖底盏);(h)G1:10(尖底杯);(i)G1:11(尖底杯);(j)H8:4(捏柄盖)。(据北京与重庆 2003b,按比例尺重绘)

小平底盆和高柄豆；第3期的尖底杯和第4期的花边沿深腹罐及其他器型。哨棚嘴第4期的遗存数量相对较为丰富，而人们在邻近的瓦渣地遗址发现了更多青铜时代的遗存。

瓦渣地位于邻近哨棚嘴的第二个台地（北京与忠县 2003；胡明明 2003；孙华 2000：17，120—121，263—274）。考古工作发掘了超过1000平方米的土地，虽然它遭到修路及建房的破坏，但在一些地方仍然保存了厚达6米的完整地层。青铜时代早期地层（瓦渣地第2期）包括与三星堆文化有关的耸肩小平底盆、高柄豆形器和属于十二桥文化类型的高领壶和角状尖底杯。在这种器型组合基础上，发掘人员判断这个阶段可追溯到三星堆文化过渡到十二桥文化的时期。一个窑（Y8）的时代为瓦渣地2期。

瓦渣地大部分遗存的时代为第3期（根据3个从322号沟第9层所得的放射性碳年代，其校正年代为公元前1150—公元前750年），这大约与西周时期的十二桥文化和新一村文化早期属于同一时代。一些学者称其为瓦渣地文化，这是因为并非所有成都平原文化独有的特征都在此出现（孙华 2000）。与之相关的地层包括大量陶器，它们主要是不同种类的圜底绳纹罐，经常为花边口沿。较早期陶罐的口沿无装饰或呈浅花边口，相对于后期数量较少，这些后期种类一般有着深花边口，有时是弯曲的口沿。其他常见的种类包括角状尖底杯和敛口尖底盏（图6.5）。

瓦渣地的长方形竖穴墓是这个地区最早的青铜时代墓葬之一。但其中只有一座墓葬（M1）埋藏有随葬品，它们是1把铜剑、1件三角形援无胡铜戈、1件磨石（北京与忠县 2003：666—669）。有着烧制不成型的陶器废品和很厚的陶片残渣堆积的窑址表明，瓦渣地是一个以这些窑址为中心的陶器生产地。正如在中坝一样，这些

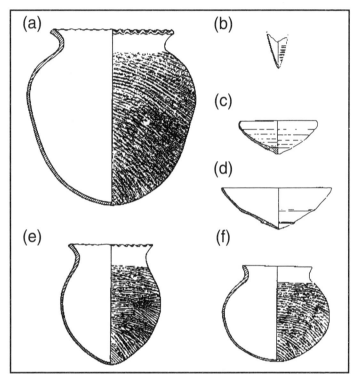

图 6.5 瓦渣地常见的陶器种类 [全部来自 97ZGWT322(8)；手工艺品的号码见圆括号内]：(a) 圜底罐（82）；(b) 角状尖底杯（5）；(c) 敛口尖底盏（17）；(d) 尖底盏（13）；(e) 圜底罐（78）；(f) 圜底罐（74）。(图按比例绘制，但我们并不知道其绝对比例；据北京与忠县 2003 重绘)

渣滓可能亦反映了食盐的生产（见第 7 章），然而我们并不知道在相邻地区是否有获得卤水的地方。但是，卤水有可能是通过管道或其他方法沿着㕎井河上游输送到这个地区的，如此食盐便得以生产并利用长江轻易地运送到别处。

从瓦渣地上游开始，沿着长江往西南约 13 千米是邓家沱，这是一个俯视邓家溪河口的三角形台地（李锋 2003b）。邓家沱代表了三峡地区一种青铜时代早期的小规模遗址，与涂井镇汝溪河的李园那些仍然未公布的小规模遗址一样（与张钟云在 1999 年的私人联络），邓家沱有着多层陶器碎片堆积，其中绝大部分都是尖底杯。在密度最高的堆积中，挖掘人员发现了超过 20,000 块陶杯的碎片，当中很多几乎是完整的器皿，其他类型只有不到 100 块碎片。其他种类的陶器包括㕎肩小平底盆、高领器和长柄豆。所有这些陶器表明，这些遗物的年代为青铜时代早期（三星堆到十二桥）。挖掘人员推测，尖杯是用于制盐的。

尽管与瓦渣地文化属于同一时代的遗存数量相对较少，但中坝的青铜时代早期遗物数量则非常多。中坝较早期的地层约与三星堆同时，这些地层包括灰坑、大量浅沟和数以千计的小洞。这些小洞可能是一些专门化的烘干设备或架子，或与食盐生产有关，或是与用盐来腌制肉和鱼有关的遗存（陈伯桢 2008a；Flad 2005，2011）。中坝地层中埋藏的陶器组合变化极大，由不同种类的缸、瓮、有柄豆形器、杯、各种各样的罐和不同种类的尖底杯组成，而尖底杯可能是制盐工具（陈伯桢 2003；Flad et al. 2005；见第 7 章）。

中坝子（与中坝有别）位于长江万州段北岸，它包括 5 层文化遗存，最底下两层的时代为青铜时代的早期至中期（西北与万州 2001）。除两座随葬磨制石器和三星堆文化风格陶器的长方形竖穴墓外，发掘人员同时发现了多条平行的犁沟和凹凸不平的水田工作面（西北与万州 2001：351）。相似的痕迹，包括那些保存下来的牛蹄印和以一定间隔匀称排列的圆点，已被用来确认位于云阳李家坝的宋代稻田（四川与云阳 2001d；四川主编 2001；图 6.6），为该地区类似的发现提供了先例。

　　中坝子的陶器主要为手制，羼有细砂，以微敞口的耸肩小平底盆、高柄豆、尖底盏、高领壶（罐）和角状尖底杯最为常见（图 6.7 a—g），所有这些器型均能在瓦渣地早期层位找到。特别引人注意的是一件鸟头形勺把，其时代为青铜时代早期，与在成都平原和长江中游的遗址所找到的十分类似。这些遗物强有力地证明这段时期整个长江走廊之间的互动（图 6.7 h 和 i）。此外，人们也在中坝子发现了使人联想到中国内陆和华北青铜时代早期器型的鬲（有着袋足的三足器）和觚（圆筒状的酒杯）。这些陶器进一步表明，三峡是青铜时代早期至中期一个与长江上游和中游沿岸有着联系的技术互动网络的一部分。

　　最后，云阳李家坝的遗址进一步描绘了这个时期的三峡图景（四川 1998b；四川与重庆 2011b；四川与云阳 2001b，2003a，2003b；四川主编 2004）。李家坝被流入附近澎溪河的小溪分成三个主要部分，它们是上游、中游和下游的筑堤。这个遗址的主要部分位于上游的筑堤上，其中包括以农田为主的地区（第 1 区）、一个青铜时代晚期的墓地（第 2 区），以及一个汉代和六朝的墓地（第 3、4 区）。

　　李家坝青铜时代早期至中期的遗迹包括 3 座有着密集柱洞的房屋基址（F7、F8 和 F9）和 1 座随葬有 2 件陶器、7 件石制工具的墓葬（M12）。由于没有任何明显相关的活动地层或其他特征，故这些房屋可能是临时的木栅栏或田间建筑，而不是用来居住的。人们在

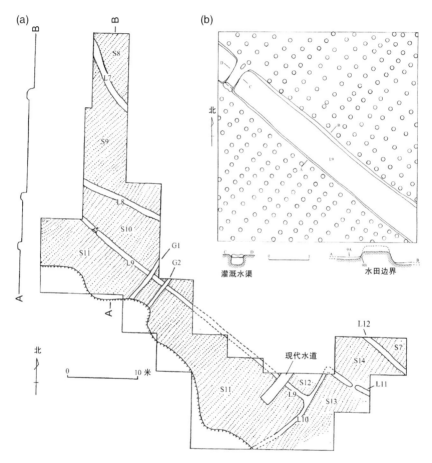

图 6.6 云阳李家坝第 1 区第 9 层的水稻田：(a) 第 1 区第 9 层唐宋时期的农田；(b) 农田与农田界线的细节。(据四川与云阳 2001d: 315, 317 重绘)

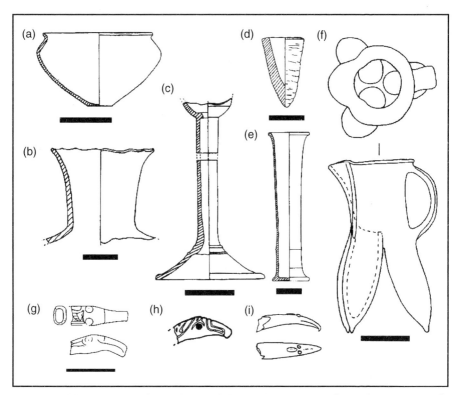

图 6.7　文中提到的中坝子陶器种类:(a)耸肩平底盆(M7:5);(b)高领壶[Ⅱ T0703(4):95];
(c)长柄豆[Ⅱ T0803(4):149];(d)角状尖底杯(H28:3);(e)觚[Ⅱ T0803(4):138];(f)鬶
[Ⅱ T0704(4):81];(g)鸟形勺把[Ⅱ T0704(4):110](所有比例尺的长度为8厘米;据西北和万州
2001: 352, 359, 361—362 重绘)。成都平原和湖北西部出土的鸟形勺把:(h)三星堆 1980 年 3 期;
(i)路家河。(尺寸大致相同;据孙华 2000: 96 与 江章华 2002: 46 重绘)

墓葬中发现两件陶器：一件耸肩小平底盆，一件高柄豆。这表明这座墓葬的时代在三星堆文化到十二桥文化之间。该遗址中其他早期遗物反映了一个稍晚的年代，它们与在瓦渣地青铜时代中期地层位中所发现的遗物较为类似。它们包括了花边口沿绳纹罐、尖底盏、捏柄盖和炮弹形尖底杯。

青铜时代早中期的总结

上述均为三峡地区青铜时代早中期最为人熟知的遗址。近年的调查和发掘工作已确认了这个地区同时代的其他遗址。例如，老关庙上层很有可能属于这个时代（江章华与王毅 1998；吉林与四川 1998），而在官庄坪（国务院与国家 2005b）、红庙岭（国务院与国家 2010a）、雷家坪（国务院与国家 2009）、双堰塘（中国与巫山 2001, 2006）、糖坊坪（重庆与陕西 2003；陕西与万州 2001；陕西主编 2007）和新浦（吉林 1999；吉林与奉节 2006；吉林主编 2007b）等地的遗存亦然。与之前的时期情况一样，三峡地区那些已知的青铜时代早中期遗址中没有一个能被充分证明曾为政治中心。

三峡地区青铜时代早中期遗址与在成都平原的三星堆—十二桥—新一村这个文化序列属于同一个时代。在三星堆文化和十二桥文化这两个时段中，三峡很多遗址的陶器遗存与成都地区的陶器遗存有着很多相似的地方。基于这个原因，孙华和其他学者认为它们应被归入这个文化序列之下（孙华 2000：129—130；朱萍 2002）。新一村文化在地理上的延伸范围似乎不如之前的三星堆文化和十二桥文化那么广阔，事实上，它也不是这段时期三峡地区青铜时代文化遗存的代表。而且，我们在这段时期的早期阶段找到了瓦渣地文化。至此，三峡与成都间的文化联系被削弱，而它与长江中游的文化联系则有所提升。正如下文将会进一步讨论，这个趋势在青铜时代晚期得以延续。

尽管与下游的联系在青铜时代中期才有所上升，但这并不代表在较早的时期二者是彼此隔绝的，上文曾提到玉溪和哨棚嘴出土遗物与城背溪—大溪—屈家岭这些考古学文化序列之间一些微弱的联系。同样，物质遗存的个别特点似乎显示了青铜时代早期从成都地区到三峡和直到湖北西部之间的互动。例如，我们已看到在三峡两岸遗址发现的鸟头形勺把（孙华 2000：13）和其他类型遗物（江章华 2002：44—46）之间的相似之处。湖北西部其他含有与之有关的青铜时代早中期遗存的遗址包括秭归县朝天嘴的 B 区、宜都的毛溪套、清江的香炉石和宜昌中堡岛上层（国家 1989, 2001；湖北 1995b；江章华 2004b；林春 1984；罗二虎 1994；孙华 2000：12；王善才 2007）。在三峡地区，那些上文已讨论过的青铜时代早中期遗址和其他已初步公布的遗址均位于长江两岸，或是位于诸如澎溪河和瀼井河这类支流的沿岸，这与我们从新石器时代所看到的格局相近。但遗憾的是，正如上文所言，我们不能确定这个格局是否是研究的先入之见形成的结果。

我们只发现少量保存完整的遗迹。李家坝的建筑物可能单纯是与农业地区有关的田地窝棚。瓦渣地的发掘工作出土了一系列的窑址，但它们的结构并非完全清晰，似乎是很简单的火坑。有少数墓葬发现于上文讨论到的各个遗址，而这些墓葬表明青铜时代早期的墓葬形制是简单的竖穴墓，并只有极少随葬品埋藏其中，通常是实用性的陶器和小型石器。

三峡地区在青铜时代早中期的三个特点特别令人感兴趣。首先，青铜时代早期，特别是三星堆过渡至十二桥的时间里，三峡陶器和那些成都地区陶器之间的相似程度似乎有明显的上升。在公元前2千纪晚期，居住在长江沿岸的人开始使用很多类型的陶器，这些陶器有可能是来源于成都平原，且与过去新石器时代的类型颇有不同。这种转变可能与成都平原的人口迁徙有关。如果这是正确的话，那么这种迁徙便大约与三星堆的祭祀坑属于同一个时代，而这些事件有可能是互有关联的，因有证据表明万州地区被纳入三星堆政体影响范围内。尽管有着这些趋势，三峡地区的遗存仍然存在连续性。例如，很多种类的陶器并非与成都地区的陶器直接相同，而石制工具似乎与三峡新石器时代的工具十分类似。有关转变并不必然表明有着大规模的人口更替，而可能单纯地与成都平原小规模的人口迁徙有关。

第二个有趣的特点是这个时期普遍缺乏贵重遗物的发现，包括铜器在内。人们在中坝等遗址中发现了少数箭镞和玉饰，但总的来说，贵重的高等级遗物很少。

同一时间，三峡似乎在青铜时代早期的长距离互动中扮演了一个角色。例如，在三星堆发现的一些铜器和玉器必定是从长江中游输入的（Xu J. 2001a：68；Falkenhausen 2003），尽管这也可能发生在汉水沿岸（Falkenhausen 2011）。如较早时所言，中坝子一些青铜时代早期的陶器与中国内陆的类型相近，而鸟头形勺把表明，长江上游和下游的沿岸有着联系。此外，正如第8章将进一步讨论的那样，诸如中坝这类遗址出土的青铜时代早期的甲骨证实了当地属于一个与中国其他边远地区有联系的意识形态系统。

或许与外地有着关联的物品是有很高价值的（Helms 1993）。事实上，以高柄豆为例，其柄是常见的年代学标记，可追溯至早期青铜时代，高柄豆本身是极具价值的奢侈品。鉴于三星堆政体的高度发展，这些高柄豆可能标示了与成都平原之间的联系，而这种联系有可能是一种带有象征意义的行动。

第三种显著的特点是，这段时期特别是青铜时代中期普遍缺少保存完好的遗址，这可能又再一次是非系统的调查和参差不齐的出版物所造成的结果。尽管如此，相当数量的遗址似乎都有着新石器时代晚期的遗物和可能属于青铜时代早期的遗物，没有任何青铜时代中期的遗存，并再一次于青铜时代晚期为人所居住。这种格局见于如镇安和中坝子，而中坝亦在一定程度上有此格局。在青铜时代中期，这里居住的空间并没有新石器时代晚期和青铜时代早期，或随后的青铜时代晚期那样密集。这个地区在青铜时代早中期的总人口是否有所下降？这是可以想象到的，但目前为止，我们亦无法对此加以确定。尽管如此，就目前对这个地区所得出的长时间的文化-历史观点来说，青铜时代中期相对缺乏遗存一事（一些诸如瓦渣地这类遗存丰富但规模较小的遗址除外）是一个有趣的特征。青铜时代晚期则有着更丰富的考古遗存。

青铜时代晚期

三峡及其邻近地区青铜时代晚期的遗存一直都与有关巴的历史叙述联系在一起。考古遗存记录了它与成都地区和长江中游两者之间的联系。与成都平原的联系在"巴蜀文化"（赵殿增 1983；赵殿增等 1987）、青羊宫文化（孙华 2000：24—25；朱萍 2002：4，48—50），或由于对忠县包括瞀井沟在内属于这个时期的几个相邻遗址所进行的研究（四川与重庆，没有出版年份），也在"瞀井沟"文化下得到诠释。有关这个地区的考古学和与巴有关的文献记载之间的联系的讨论数量众多（段渝 1999；李绍明、林向与徐南洲 1991；四川省博物馆 1991；宋治民 1998b；孙华 2000；童恩正 1979；徐世群 1998；徐中舒 1987；赵殿增等 1987；其他考古学的综合研究包括高应勤 1998；马继贤 1988；孟华平 1993；孙华与陈德安 2000；王鲁茂 1997；吴耀利与丛德新 1996；赵宾福与王鲁茂 1996）。这一时期的考古遗存，主要是墓葬，在整个四川盆地大体相似，似乎不容易被划分为不同的子文化，这些子文化可以归属于历史文献中提到的巴蜀两族（朱萍 2002：4）。

在三峡，巴蜀遗物在一些地方与本土那些带有楚文化特点的遗物混杂在一起（朱萍 2002，2010）。这里出现了一些与我们在楚国发现的木棺类似的木棺，表明了楚文化在三峡地区的影响，并在更普遍的层面上标志着这个地区与周文明这个主流渐渐合并。尤其是在重庆地区找到的一些墓葬埋藏有用白膏泥保护的木棺，这种习俗使人记起"对保存尸体以免它们腐烂的关注"这种属于楚的墓葬习俗（Thote 2001—2002：281）。虽然之前的遗迹一般都被认为与楚有关，但楚是一个涵盖大片地区的复杂而有着多元文化的社会。人们对楚文化在其他地区的显现，或楚墓中出现"外国"的元素这些情况，有着多种不同的解释，包括"殖民化、有限的长途贸易……长时间的交流、战利品等"（Thote 2001—2002：271）。我们将在第 9 章进一步考察这些在三峡的可能性。

在许多遗址的发掘中发现了青铜时代晚期的遗迹。在小田溪、崖脚、麻柳沱和李家坝的发现提供了具有代表性的例子（大部分为墓葬，我们将在第 9 章做进一步讨论）。小田溪是涪陵区的一处墓地，它位于长江支流乌江（段渝与谭晓钟 1991；四川 1974；四川 1998；四川与涪陵 1985；王家佑与王子岗 1980；徐中舒 1974）。

有人猜测，小田溪可能是战国时期巴人首领的墓地。在某程度上，这是被巴的首都曾一度位于涪陵，以及巴最早的领袖葬于邻近地区这两个想法激起的（Sage 1992：51）。小田溪M1出土了14件钮钟，是四川东周时期前所未有的奢华发现。这些乐钟产于楚，可能是"楚王送给巴统治者的外交礼物"（Falkenhausen 2001a：226），这是楚统治者常用的交换礼物的方式（Falkenhausen 1991：84—85）。这些发现亦包括M2墓中的1件名为"钲"的手摇铃和M9墓中1把镶有合金的精美铜剑。除此之外，这些发现尚包括那些常见于青羊宫青铜器之中的图案。在这些图案中，钲上的记号不管是巧合与否，其外形竟与中原文字"王"相一致。发掘人员推测，这铭文证实了小田溪墓地葬有巴的统治者的想法，但却无法证实他是整个巴政权的统治者（段渝与谭晓钟1991；四川1998：195）。由于与王字相像的铭文亦见于其他地方出土的遗物上，故它似乎并非是被小田溪M2墓主垄断的图案。我们从小田溪遗物的性质可清楚看到，这些墓地所埋葬的死者在当地的社会有着极高的地位，并且获得了大量青铜。鉴于这些墓地的武器、盔甲和在战争时用来发出信号的钟的数量，他们的社会地位亦似乎取决于战功。同样有趣的是，与战国中期到后期诸如崖脚和李家坝这些位于长江较下游沿岸的墓葬不同（见第9章），几乎没有证据证明小田溪的墓葬结构及葬式，或随葬品的风格和图案（除钮钟之外）受到楚的影响。

在忠县地区，在中坝和崖脚有大量青铜时代中期到晚期的遗存。在中坝（四川与重庆，没有出版年份），公元前1千纪的不同遗迹包括灰坑［某些大概是用来存放卤水（brine）这种用来在这个遗址生产食盐的盐水］、作业面（其中很多被认为是在生产食盐过程中的临时建筑物的表面）、沟渠（有可能是用来输送雨水或在工作坊的范围内运送卤水）、墓葬、道路和其他尚未探明的遗迹（Flad 2011；
见第 7 章）。该时期陶器器型单一，绝大多数为圜底罐：这是一种
构造简单的器物，表面饰有绳纹，有可能是用来蒸发卤水的（陈伯
桢 2008a；孙智彬 2003a）。圜底罐的造型与世界很多地方用来生
产食盐的器皿有着很强的相似性（陈伯桢 2003），而化学检测表明，
这种器皿的确被用于这种目的（Flad et al. 2005）。

　　崖脚（或半边街）和邻近的墓葬遗址位于从哨棚嘴横越磜井河
河口的陡坡台地上（朱萍 2002，2010；北京与重庆 2003a；北京等
2007a）。这些墓地占地约 48 公顷，由 4 组墓葬组成，分别位于 4
座有起伏的自然高地上。崖脚的墓地包括三种墓葬类型，分别被认
为是楚墓、巴墓和西汉墓，这三种墓葬类型在某种程度上都是同时
使用的。这些资料对考察这个地区的仪式习俗和身份形成至关重要
（第 9 章）。

　　位于万州的麻柳沱，是三峡库区为数不多的几处青铜时代晚
期不带墓地的遗址之一。位于长江北岸的麻柳沱除青铜时代早期和
晚期遗存之外，尚包括新石器时代晚期、公元前 1 千纪和明清时期
的地层（重庆 2003a；重庆与复旦 2006；复旦 2001；上海与万州
2001；中国 1990b）。青铜时代早期的遗存大约与邓家沱和镇安同
时，但仅限于陶片；青铜时代晚期的遗存则包括 14 个灰坑、1 个
房屋基址、2 条沟渠和一片被火烧过的地面。房屋遗迹没有得到很
好的保存，它缺少可以识别的墙或入口，但发掘人员确定到一个长
方形的灶台和与之相关的陶片、动物遗骨、石块、多块青铜残片和
战国中期至晚期的卜骨。其他青铜时代晚期的遗物包括各种陶器和
其他小型物品，这些陶器包括三足鬲、花边口沿罐、尖底盏、圜底
钵、圜底罐和素口罐（图 6.8）。三足鬲特别能表明该遗址与楚国的

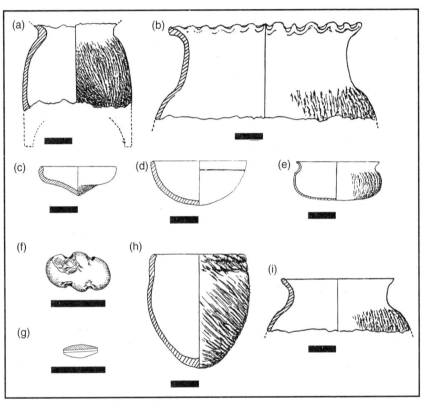

图 6.8　从麻柳沱挑选出来具代表性的器物：(a) 三足鬲 [AT2(4):6]；(b) 花边罐 (H9:10)；(c)
尖底盏 (H9:5)；(d) 圜底碗 [AT2(4A):35]；(e) 浅绳纹鼎 [T3(4):21]；(f) 石制网坠 [AT14(3):95]；
(g) 陶制网坠 [BT7(3):1]；(h) 圜底罐 [AT1(4):20]；(i) 素口罐 (H9:11)。(所有比例尺为 1：2 厘
米；据重庆主编 2003a: XX 重绘)

直接或间接联系，这种器型在楚国很常见（重庆 2003a）。

　　与狩猎和捕鱼有关的石器比那些与农业有关的石器更为常见。前者包括 900 个石制网坠，另外还有大量陶制网坠，这显示了捕鱼活动在这个遗址的重要性。多个用来制造铜剑、斧和箭镞的铸模显示这里有小型的冶金活动，而这种冶金活动证明了乡村传统的石模青铜铸造模式仅能生产简单的工具和武器（复旦 2001：144）。遗存的多样性表明，这个遗址是长江沿岸的一个以捕鱼和狩猎为生的小规模定居社群，经济上自给自足，偶尔与其他邻近的族群接触。

　　其青铜时代早期到中期的遗存，已在上文有所提及的李家坝同样包括了大量青铜时代晚期的遗存，其中大部分都是墓葬（四川与重庆 2011a，2001b；四川与云阳 2001a，2001b，2001c，2003a，2003b）。非墓葬的遗迹包括数量可观的灰坑和灌溉用的沟渠，以及 3 处陶窑。保存得最为完好的陶窑遗迹为 Y2，它包括一座放置陶器的高台，用来作为窑床，窑床四周为火腔（图 6.9 a）。

　　墓葬以外的遗物包括陶器、铜器、铁器、石器和屋顶的瓦。人们发现了大量花边口陶罐和侈口罐，或矮领罐。另外，该处亦有着大量甑的碎片，其中大多数有可能是放在三足鬲上的。此外，该处亦出土有鼎和高柄豆（图 6.9 b—g），还出土了陶制的网坠和纺轮，铜制的带钩、箭镞和铜钱。但是，在李家坝发现的大部分青铜时代晚期遗物集中于上层筑堤第 2 区的一个大约有百余座墓葬的墓地中（见第 9 章）。

青铜时代晚期的总结

　　尽管人们已在重庆地区确认了大量青铜时代晚期的遗址，但其聚落的格局并没有如新石器时代和青铜时代早中期那般清晰。这段

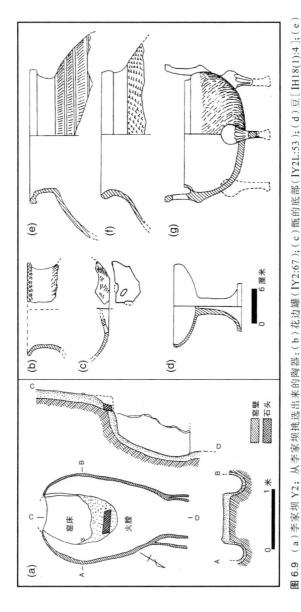

图 6.9 （a）李家坝 Y2；从李家坝挑选出来的陶器：（b）花边罐（IY2:67）；（c）甑的底部（IY2L:53）；（d）豆［IH18(1):4］；（e）侈口罐［IBT0701(24A):63］；（f）矮颈罐（IY2:52）；（g）鼎（IH32:6）。（所有器皿的比例均相等；据四川与重庆 2001b：224—227 重绘）

时期大部分遗址都是诸如崖脚、李家坝和小田溪这类墓地。所有这些墓地均位于可俯视河流的台地上：这三个遗址分别俯视长江、澎溪河和乌江。在这三者中，人们仍无法确认与之相关的居住区域，即使李家坝事实上有着并非用作丧葬的遗存，但它却没有明显的居住遗迹。崖脚附近的墓葬有可能与若干社群有关，甚至有可能与在瞢井河上游6千米的中坝有关。中坝并没有任何用作墓葬的区域，但却有着代表高度专门化生产的青铜时代晚期遗存。

诸如麻柳沱和镇安这类青铜时代晚期非丧葬用遗址的内部缺少用于居住的遗迹或可以识别为居址的布局。在墓地中，大多数墓葬基本上面向着相同的方向，即使这种方向在各个墓地之间并不一致。这些墓葬全都为长方形竖穴墓，其中一部分令人联想起楚墓，而它们的随葬品为我们提供大量有关三峡地区与其他地区的互动，包括与楚的联系的信息。这些联系包括当地人对楚风格的接受，以及对在长江中游地区生产并扩散到当地的物品的接受。第9章将对这些关系做进一步的探讨。

在青铜时代晚期，我们可能有一些考古学上的证据来证明小田溪有着一些政治权力的中心。但是，有关证据并不清晰，而且全都是建立在墓葬遗存上。那些所谓巴蜀铜器的分布与政治控制并不一致（李学勤1985：206），而该地区的政治权力似乎仍然是分散的、偶然的和临时性的。三峡在整个青铜时代仍然是一个政治边陲，但正如我们将会在随后几章看到的，这个地区并非在任何意义上都是一个边陲。

总　结

人们对新石器时代早期的认识仍然很贫乏，但近年在郧西的发现表明，在早至与城背溪文化（公元前 6000—公元前 5000 年）同时，这个地区已有着多个使用陶器的族群。哨棚嘴（约公元前 4300—公元前 2500 年）的早期遗存和大溪文化最西边的证据代表了文化序列中稍晚的阶段。新石器时代晚期的遗址更多，其中最重要的是中坝和老关庙。一些学者认为它们代表了不同文化阶段（吴世恩 2003；孙智彬 2005；于孟洲 2010；赵宾福 2004；赵宾福与王鲁茂 1996），但其他人则将它们归入哨棚嘴文化（江章华 2002）。重庆地区的青铜时代遗存基本上能分成五个连续（和稍微重叠的）的文化阶段：三星堆文化（约公元前 1700—公元前 1150 年）、十二桥文化（约公元前 1200—公元前 800 年）、瓦渣地文化（约公元前 1100—公元前 500 年）、新一村文化（约公元前 800—公元前 500 年）、青羊宫文化（约公元前 500—公元前 200 年）。这些暂定的年代范围只能被认为是粗略的估计，因为未来的研究无疑会修正这些估计，这里只是为了方便起见将它们表述为各个紧接其后的不同阶段，但它仍然只是未得到最终证明的年代学观点之一。此外，根据现存的资料，大部分战国之前的遗存似乎是来自活动场所或住宅性的遗址，但大多数青羊宫文化的遗存是来自墓葬的（孙华 2000：6）。从现在的有限资料中可见，青铜时代早期到晚期（与新一村文化同时）的遗址在数量和规模上都有所下降。

　　根据现存的资料，在新石器时代早期到中期，当地人口密度很低，不存在大型聚落。我们并不清楚新石器时代人们赖以维生的基本活动，但低温烧制的陶器和片状的石器证明当时的技术处于低水平，而其与其他同时代族群之间的接触也较少。不迟于新石器时代晚期，该地区与其他地区的联系变得频繁，而人口似乎有显著的上升，可是我们仍找不到有关政治整合的证据。精心磨制的小型石斧、石凿、石镞和骨制的鱼钩以及动物遗骸象征着一种生业方式，这种生存策略是混合型的，包括狩猎、捕鱼、畜牧业和农业活动，我们将在第 7 章进一步讨论。诸如老关庙和中坝埋藏的大量单一类型陶器显示了集约化的专业生产。但是，我们仍然没有具说服力的证据证明这段时期有着系统性的社会不平等，也没有发现并确认像新石器时代晚期在成都平原发现的那些大型城墙遗址。

根据陶器组合的相似性，青铜时代早期可能出现过人口从成都平原迁徙到这个地区的情况。人们发现了更多关于密集生产活动的证据，但只发现少数完整的遗迹和住宅性的建筑物基址。维生策略仍然集中在渔猎和驯化动植物上。有关阶层分化的证据仍然很贫乏，但有更多的物品——比如与三星堆有关的高柄豆——可能已经被赋予了社会地位的重要性。从这个时期到下一个时期，青铜器逐渐普及。

不迟于青铜时代中期，青铜箭镞和其他工具很常见，最终青铜武器和容器变得广泛。在这一时期，人们似乎更加重视捕鱼，尽管相关考古资料较少，而且仅来自我们可以依赖的少数几个完整遗址。这可能意味着一段社会骚乱的时期，或可能人口集中在一些尚未开发的地区。鉴于近年的研究一直集中在低海拔地区的这一事实，它可能同时显示了人口向上移动，但这仍然属于推测。

最后，青铜时代晚期产生了大量墓葬。这些墓葬反映了葬俗的转变，在一些情况下，这种转变涉及对从下游而来的楚墓风格的接受。同样，即使维持生计的活动仍然集中在渔猎上，但这个地区的人口数量可能曾有着显著的上升。社会不平等现象在那些随葬有青铜器、漆器和陶器，并有着华丽装饰的墓葬中是很明显的，战国晚期尤甚。随葬的青铜器中很多都有青铜武器，这表明该地方存在着武士精英。遗物风格和墓葬习俗表明，重庆地区在战国中期渐渐被纳入楚文化的范围，但这种影响在青羊宫末期逐渐减弱。

这些转变对经济活动造成的影响将会是下一章的主题。尽管三峡并没有出现过政治中心，但食盐生产使这个地区成为经济活动的关键地区。甚至楚势力出现在长江中游之前，大规模的食盐生产已在这个在其他方面属于边陲的地区发展起来，而这种生产刺激了该地区与其他地区远距离的经济和仪式联系。

第三部分

经济和仪式制度格局

直到目前为止，我们从整体上考察了中国内陆地区，这些考察包括新石器时代晚期和青铜时代那些影响人类活动的自然环境状况、影响我们对这个地区做出理解的研究史以及因为这些研究而得以概括的普遍性的政治和文化格局。尽管我们要承认仍有很多空白需要未来的研究来填补，但这种概览为理解这个地区的历史变化提供了一个合理的基础。

我们在随后的三章将探讨中国内陆变化着的史前景观的其他方面。我们尤其会考察经济和仪式活动的地理位置，并考虑它们如何与那些有重要的政治机构和密集人口证据的地点相一致。我们将会看到，那些几乎没有证据证明其已发展出政治机构的地区，却是重要的经济和仪式制度发展的地方。

唯有同心协力地采纳普登斯·莱斯（Prudence Rice 1998）所言的"边缘中心化法"（pericentric approach），亦即把政治上的边陲地区放在调查的最前方，这项考察才有可能进行。通过将焦点放在政治边陲上，我们会考察这些地方在整个更大地区的社会动态变化中到底有着何种程度的重要性。在随后的篇章中，我们尤其会集中关注三峡地区。甚至是进入到中国历史的较晚时期，三峡在中国内陆的政治格局中无疑仍是一个边缘地区。诸如李白（701—762）和白居易（772—846）这些诗人谪居此处时，对这里的落后和位处边缘的状况做出悲叹。尽管如此，我们将会看到三峡地区在中国内陆的历史中并不是无足轻重的。

正如第 1 章所论，世界系统理论研究古代历史的主要贡献之一是鼓励对政治格局的边缘地带（如三峡）的研究，特别强调对资源开发与社会发展和转变之间关系的理解。在第 7 章，我们将通过考察资源获取、生产和交换的各个过程延续这个传统。在我们对三峡的这些议题所做的讨论中，我们会考察食盐生产这个特殊的行业。三峡的食盐生产是该地区与相邻的长江中游以及成都平原的政治中心互动的重要方面。我们将会考察，正如世界系统理论所预期的那样，是否有证据证明人们是故意不充分地开发三峡的，以及这种生产系统的哪些方面突破了世界系统理论的方法路径。

第 8、9 章会集中在中国内陆的仪式制度格局上，特别强调三种在考古学上显而易见的习俗，包括有意地废弃贵重物品的祭祀仪式、使用动物遗骨占卜和丧葬习俗。尽管这些并不能全面反映中国内陆地区仪式制度的复杂性，但它们确实提供了证据，表明仪式制度发生的地点与政治和经济活动的重要地点之间存在着不同的联系。我们最终将再一次回到三峡，并详细讨论政治边缘地区的墓葬习俗如何帮助我们理解这个地区与政治中心的关系。

第7章

经济格局

（食盐的生产、交易与整合角色）

引　言

通过把重点放在那些资源开采、生产和交易发生地的空间布局上，我们把注意力转移到这个地区的经济格局。在这些格局的节点中，有动植物资源，矿山或其他原材料产地，有将原材料转变为成品的作坊等地点，以及道路、其他交通网络、市场或其他经济交易场所。

当然，家庭生产的空间分布和家庭经济活动的其他方面是与聚落的居住格局平行的。此外，由于物质文化（尤其是陶器）的生产与交易定义了考古学文化的空间范围，所以一个考古学文化的经济和文化格局是紧密相关的。同样，当经济生产与交易是统治精英对一个地区进行政治控制的重要因素时，经济和政治格局也是密不可分的。尽管如此，对经济活动的地理节点所做的考察促使我们在评估区域活动格局方面有着不同的出发点。

本书的篇幅无法对中国内陆的整体格局进行全面讨论，但通过将焦点放在政治边缘地区的重要经济节点上，我们能探讨经济格局与上文所述的政治与文化格局的分离程度如何。因此，我们接着会对中国内陆的基本经济格局进行概述，并更集中地讨论三峡的食盐生产。三峡的食盐生产与交易在公元前1千纪有所增强，并成为推动三峡内外社会转变的动力。

　　自古以来，三峡通过食盐生产与交易推动了不同地区间的互动。我们在中坝的食盐生产遗址找到了证明当地于公元前2千纪与成都平原有着联系的证据。在随后的公元前1千纪，中坝和其他邻近的遗址证明了三峡与长江中游有着相对密切的接触。公元前1千纪三峡食盐生产的增加，有可能不单反映了楚地区城市食盐消费者带来的食盐增产，也反映了长江中游地区咸肉和咸鱼的生产。不迟于公元前1千纪中晚期，楚的商人与当地专家的交流，比如与当地盐商的交流，成为推动政治核心社会发展的活跃的社会引擎的一部分。

中国内陆的自然资源开发

　　古代中国内陆社群开发的自然资源中，有用于食品、纺织、工具、建筑等功能的动植物资源，也有用于陶器生产的黏土、回火剂等自然资源；用于制作石器的石材原料；制造工具、武器和仪式用品的金属矿石；还有盐。我们的概述将依次考察四川盆地、长江中游和三峡这三个中国内陆主要地理区域中经济资源开发的考古学证据。

四川盆地

动植物

从生态学而言，四川以亚热带常绿阔叶林为特征。在整个古代，这个地区的动植物资源应该是多样的。我们从近年对这个省份的调查中得知，四川总共有1238种脊椎动物和超过10,000种植物（中国1995：366）。现代这类对动植物多样性的省级评估受到川西高原这个地区的极端生态差异性的强烈影响，这一地区不在本文研究范围内。此外，密集的人口和自然景观过度的历史变化也影响到四川低山丘陵地带的野生物种的多样性。考虑到这些情况，对古代四川盆地动植物资源所做的摘要可能要依据植物考古和动物考古的研究。

可惜的是，对全新世动物群和人类对该地区植物的开发利用的考古研究至今仍处于起步阶段。我们在这里将考察范围聚焦于成都平原，这个地区也是有限的研究开始的地方。我们在讨论时会在有关名词首次出现时提供其拉丁名称，并且只会在属（genus）、种（species）在出版物当中已得到鉴定时才会如此。值得注意的是，在某些情况下，已公布的鉴定在分类学上有可能比得到授权的更为精确，而我们几乎不能确定分析员是否使用了比较资料库（comparative collection），并且很难知道我们应给予个别鉴定多大程度的信心。这为诸如猪、狗和牛这类物种带来的问题很少，但却为较稀有的物种带来较多问题。在大多数情况下，对于稀有的物种来说，中国的分析员只能够确认种类最容易辨别的部分（诸如鹿角或完整的下颌骨）。

尽管资料是散乱的、没有系统的且偶尔不精确，但对动物遗骸的关注显示，新石器时代晚期和青铜时代的人会利用牲畜以及若干野生动物作为肉食或用于其他目的。家养动物包括猪（*Sus domesticus*）、牛（*Bos* sp.）、马（*Equus* sp.）、狗（*Canis familiaris*）、绵羊或山羊（*Caprinae*）和鸡（*Gallus gallus*）。野生动物的遗骸较为常见，包括水鹿（*Cervus unicolor*）、梅花鹿（*Cervus nippon*）、麂（*Muntiacus* sp.）、麝鹿（*Moschus* sp.）、其他的鹿、猕猴（*Macaca thibetana*）、亚洲黑熊（*Selenarctos thibetanus*）、一般的獾（*Meles meles*）、犀牛（family Rhinocerotidae）、象（*Elephas* sp.）、虎（*Panthera tigris*）和各种鸟类。

就宝墩文化而言，尚未有关于动物遗骸的出版物。同样，在三星堆与之相关的公元前 2 千纪遗址中的动物遗骸仍然没有得到系统分析，甚至祭祀坑中的动物群也只被草草研究而已。例如，对 K1 的动物所做的简短报告确定了动物大多为中型的哺乳动物，诸如公山羊（绵羊或山羊）和猪（四川 1999：522）。牛和山羊似乎同样见于祭祀坑出土青铜器的纹饰。

此外，三星堆还埋藏有野生动物的遗迹，包括鹿、鸟类、虎、象和贝壳。鹿角碎片和老虎牙齿上的穿孔表明，捕杀老虎是一项值得纪念的成就（四川 1999：413）。虎和鸟类同样常见于青铜器纹饰，有可能作为一种具有宇宙论意义的符号。

人们在多个遗址中发现象牙，包括祭祀坑（四川 1999；江玉祥 1993）和位于仁胜村的墓地（四川 2004；宋治民 2005a）。两座祭祀坑中总共藏有 80 副象牙，当中 K1 出土 13 副，K2 出土 67 副（和另外 4 副碎牙），这些象牙代表了至少 40 头象。一些较小遗物是由象牙制成的，但大多数象牙仍保持其自然的形态，有些象牙偶尔会被分割。这些牙齿可能曾与在祭坑中的青铜人像陈列在一起，甚至

图 7.1 三星堆 K2 祭祀坑出土的站立式人像〔物品 K2(2):149、150〕（相片来自 Xu J. 2001a: 73；获四川省文物考古研究院授权使用）

有可能放在那些真人大小的青铜立人像的环状双手里（图 7.1）。

三星堆时期当地无疑有象群的存在，它们只是最近才消失的（Elvin 2004；江玉祥 1993）。虽然象有可能被驯服，但我们并没有动物考古学和图像学方面的证据来支持这一观点。相反，象有可能是野生的，而这些象牙样本的产地可能相当广泛。雌性亚洲象（Asiatic elephant）通常没有长牙，故我们能够假设这几十头象均为雄性。成年雄性象倾向于独居，而这些象牙不太可能只来自一两个象群。反之，更有可能的是，整个成都平原都有象被猎杀，而三星堆的象牙则反映了来自分散社群的贡品以及对象牙的历时性管理。

祭祀坑中发现的贝壳（Cypraea sp.）（敖天照 1993）与东亚新石器和青铜时代使用贝壳作为私人饰物、陶器装饰和（青铜时代）货币的传统有关（Li Y. 2003）。在三星堆 K1 的青铜器和青铜头像中发现了贝壳（四川 1999：150）。例如，青铜头像 K1:6 藏有 20 枚贝壳，而 K1:11 则藏有 42 枚；K1 出土的一个青铜尊（K1:258）藏有大量（至少 62 枚）烧过的贝壳。K2 土坑至少藏有 4600 枚贝壳，大多数被发现于尊这类青铜器中（四川 1999：419）。这些贝壳代表了几种不同的贝类（张善熙与陈显丹 1989），有可能是来自数千千米远的印度洋或中国南海。人们在青铜时代的整个中国都发现了这些相似的贝壳（Yang B. 2011）。它们反映的可能是基于贸易关系的长距离联系，正是这种关系奠定了"西南丝绸之路"的基础：通过云南和四川，连接中国的部分地区与南亚、东南亚（Yang B. 2004）。

随后在金沙遗址摸底河沿岸的祭祀遗址中发现了大量野猪下犬齿和较大的鹿角与麂角。在邻近的地方，其他动物遗骸包括狗的牙齿和象牙（图 7.2）。与三星堆一样，并没有报告指出当地有象颅

图 7.2　金沙 K11 发现的象牙（由傅罗文于金沙遗址博物馆拍摄）

骨之外的身体部位出土，这些象牙似乎是成都平原的居民带到金沙的。竹瓦街青铜器上的大象图案（王家祐 1961），以及虎、蛇、龟的石雕（图 7.3），进一步反映了象的象征性意义。龟同样用于占卜，这在第 8 章将有更多的讨论。

十二桥木桩结构遗迹附近的一处贝丘中出土的同时期的骨头，代表了被精英阶层消费的动物（成都 2007f；成都与四川 2009：206—220）。在三星堆文化过渡至十二桥文化的时间里（第 13 和第 12 层），猪和鹿（水鹿、梅花鹿和鹿）是最常见的，排在它们之后的是牛、狗、猕猴、亚洲黑熊、猪獾（*Arctonyx collaris*）、马、犀牛、鲟鱼、鲤鱼和雁形目鸟类的骨头。在较晚的地层中，动物种类的数目相对较少，但仍然以猪、鹿、牛和狗为主。

时间跳至战国时期，商业街墓葬的动物遗骸反映了得以延续下来的多种动物混合利用策略（成都 2007e；何锟宇 2009；何锟宇主编 2006）。265 个动物标本中的大部分被解释为献给死者的食物，有一半可辨认为水鹿，而其他种类的动物，根据其出现频率，依次是鸡、猪、鹿、山羊、猕猴、狗、牛和马。最后两者（牛和马）由身体的某个部位代表，有可能是经扰动后进入墓葬中的。水鹿和鹿的数量优势和有猕猴骨骼出现一事，说明了战国时期人们继续利用野生动物，并表明了当时那里有比现在树木繁茂得多的灌木丛和林地。

总结成都平原史前动物的开发利用情况，尽管现存的动物群落可能偏向于最能反映生存活动的生活居住环境，但几乎没有证据表明整个范围内的动物资源利用从野生类群转向了对驯养动物的特别依赖。狩猎的社会意义在整个青铜时代仍然很高，这不单是因为狩猎在获取肉类方面扮演的角色，而且也因为猎人有可能成为一条防

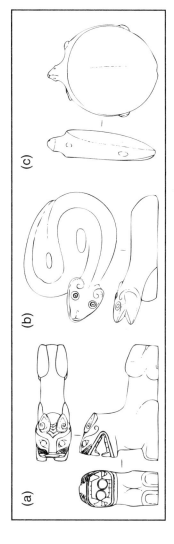

图 7.3　金沙所发现的石制动物：（a）虎；（b）蛇；（c）龟。（据成都 2006a: 110、112、113 重绘）

御老虎和其他危险野兽的保护线，而他们亦能收集诸如象牙和虎皮这类对仪式活动必不可少的材料。

迄今为止，我们对成都平原及其周围地区植物开发情况的了解还很少。我们仍然无法确定平原上的史前社群是否完全是农业性的，而如果它们是的话，那么当地人最常种植何种作物？在近几个世纪里，四川盆地的农业一直着重于诸如玉米和稻米这类谷物和种类繁多的蔬菜，包括油菜、各种绿色的多叶蔬菜、根茎类蔬菜、莲藕以及其他块茎。外来植物中最主要的是玉米。这些植物有可能是数千年历史里，当地农业的主要作物（邹一清 2006）。然而由于没有植物考古学的资料，我们很难认为我们对这个地区早期的植物开发有所理解。

一些新的资料已开始解决这个问题（D'Alpoim Guedes 2011；姜铭主编 2011；赵炳清 2008）。作为当代一个稻米种植地区，人们预期水稻在该地区早期定居社群中具有重要地位。事实上，芒城这个有围墙的宝墩文化遗址已发现水稻化石（中日 2001a：89），但没有任何有关这些遗存的正式报告出版。现在，新的资料增加了我们对宝墩文化水稻遗存的认识，并证实了水稻在宝墩文化中的角色（姜铭主编 2011）。其他研究显示小米在早期社群中的重要性比人们在过去所预期的要高。

例如，营盘山宝墩文化以前的马家窑文化遗存中的植物材料包括粟（Setaria italica）、黍（Panicum miliaceum），以及中国梅（Prunus mume）、杏（Prunus armeniaca）、胡桃（Juglans sp.）和一些葡萄品种（Vitis sp.）（赵志军 2005）。在金沙，十二桥文化的样本不仅包括小米，也包括稻米和燕麦（Avena sp.）的种子。更多的研究将帮助我们了解新石器时代和青铜时代成都平原的主要谷物作物是小米还是稻米（或两者都是或都不是）。

个别植物资源，诸如竹和木对于兴建住宅以及制作其他必要的工具和容器来说是不可或缺的。植物亦有可能被用在生产纺织品上，而诸如漆树（*Toxicodendron vernicifluum*）树液这类专门的植物资源有可能同样被人们从成都平原附近的树林中收集。有关漆器的最早考古学证据来自长江下游河姆渡的新石器时代遗址（Hu S. 1993）。随着漆器生产水平的提高，四川成为一个重要的漆器产地。例如，广汉和成都的汉代漆器作坊是最著名的官方漆器作坊之一，为汉代宫廷制作漆器（Barbieri-Low 2008；Hu S. 1993）。迄今为止，四川早期的漆器生产通过包括羊子山 M172（四川 1956）和商业街贵族墓地这类东周时期遗址发现的漆器得到证明。

这个地区在整个新石器和青铜时代的植物开发图景就像是一幅马赛克图案：蔬菜种植、采集野生的植物食物、种植诸如稻米和小米这类谷类作物，以及为了建筑用材料、漆树液及其他资源而开发森林。整个新石器和青铜时代为人所利用的植物有可能是就地获得的，故植物利用格局与聚落格局是紧密相连的。它在一定程度上与在地理分布上更为分散、被同一人群所利用的野生动物资源形成对比。

其他自然资源

其他自然资源同样被四川盆地史前的人群开发和利用，它们包括：用来制造陶器的原材料；用作工具和其他手工艺品的石材；制造工具、武器和仪式用品的金属矿藏。例如，陶器由在整个四川盆地随处可见的黏土制成。不幸的是，迄今为止几乎没有对任何时期的陶器进行岩石学研究，新石器时代或青铜时代的陶器生产设施也很罕见。金沙就是一个例子，有超过 17 处窑址在遗址北部的不同地方被发现（Zhu Z. et al. 2003），它们被称为"馒头窑"，这是一种外形如馒头一样的小规模、低密度的窑。较早期的宝墩文化遗址并不见有任何窑址，这可能是田野考察的一种疏忽，但更有可能表明，大多数宝墩文化陶器是在诸如露天土坑中用简陋设备烧制成的。但是，个别早期宝墩的陶器是在一个受到控制的缺氧环境中经过烧制而呈现出统一的灰色，而这种环境与陶窑内部是一致的。

尽管我们得知四川周围的遗址有着小型石器和其他碎石器，且磨制石器是新石器时代遗址中无处不在的工具，但三星堆为研究利用诸如软玉、绿松石、石英、石灰岩和大理石这些原材料制造工具、个人饰物和用于仪式上的个别石器的重要工作提供了最早的证据。经过更为精细处理的石制物品不管其实际的矿物成分为何，都经常被人称为"玉"（专题 7.1）。在三星堆，处理这些材料的证据来自工具、未切割的巨石和部分加工过的器具（So 2001：153）。

专题 7.1

三星堆的"玉"

在被归入"玉石"这个名称之下的硬石矿物中，含有一定程度的软玉或硬玉的矿物可称为"半玉"（hemijade；Wen and Jing 1992）。然而，其他在矿物学上有所不同的矿物则为"假玉"（pseudo-jade；Middleton and Freestone 1995）。三星堆的 K1 和 K2（四川 1999）藏有 "玉" 器和 "石" 器。两者之间的差别在理论上主要是基于对制品和材料的精致度所做的视觉检查。但在实际上，这种区别却是相当武断且并非建立在矿物学的考察上的（Xu J 2001b：29n32）。事实上，三星堆被称为 "玉" 的物品只有不多于 6% 是真的软玉（So 2001: 154；四川 1999：500—521）。这些玉／石器包括诸如琮、戚形璧、仪式性武器（我们以此称呼它们的原因是它们似乎过于脆弱，无法实际应用于战争）、凿、璧、有孔小珠、手镯在内的 "仪式用品"，原材料的碎片，以及各种刃部分岔的通常被称为 "璋" 的器型，这是最常见的器型。此后，尽管 "玉" 一词并不准确，但我们将遵循中国考古学中使用 "半玉" "假玉" "软玉" "硬玉" 的习惯。在有更多具体信息或相关信息的地方，我们会更精确。

三星堆的一些精美玉石制品，包括由软玉制成的玉璧，可能是从遥远的东方或北方的生产者那里进口的（So 2001, 2008），其他包括玉璋在内的器物即使是在当地生产，但它们仍参照北方的标准。正如在三星堆遗址发现的原材料和生产工具证明的那样，个别器物明显是在该遗址生产的（图 7.4）。这些器物的原材料有可能来自成都平原西北部的山地，也有可能就产自本地，成都平原本身有些河道就能获得鹅卵石。我们仍然未能在其他同时代的遗址找到证明有集中加工玉或石的证据。

在随后的时代里，玉石器生产的中心有可能随政治权力的转移而转移，这是因为最有可能支持专业玉石器生产的人搬迁到了成都地区。在金沙所进行的发掘和抢救工作发现了接近 2100 件玉器及超过 700 件其他石制的手工艺品（成都 2006g：13）。在这处遗址中，多种玉石原材料为人使用，而大多数玉石含有软玉（杨永富等 2002），其成分与成都平原西北汶川县龙溪乡找到的原材料成分类似（成都 2006g：18）。当地遗物与三星堆发现的类似，其中的玉璋有着多种类型，玉璧也是最常见的类型之一。

梅苑所在地的人物和动物小雕像有可能是金沙本土制造的产品之一（图 4.10 和图 7.3）。这里发现了至少 28 尊这类石像（成都 2004a）：10 尊手在其背部紧扣着的人像和 18 尊动物的雕像，包括 8 尊虎像、9 尊蛇像和 1 尊龟像。三星堆博物馆陈列了一尊与之相像的人像，而尽管我们不知道它的出土背景，它有可能是出版物含糊地提到的三星堆出土的两尊人像之一（Wu H. 1997：61），而且极有可能是从三星堆那些与金沙的地层属同一时代的地层中发现的。这些雕像显示成都平原的工匠们参与着表现人物的艺术，而这并不见于青铜时代中国的其他地方。

在新石器和青铜时代，各个社群的成员都有可能为了狩猎、农业和其他目的而制造不同种类的石器。在三星堆和十二桥文化时期，个别石器加工工作仅限制在少数遗址的专家手里。在随后的公元前 1 千纪时间里，我们再也找不到证明这些石头加工传统的证据，相关专家极有可能去参与诸如冶金术和漆器生产等其他工作。

冶金生产似乎与整个青铜时代成都平原的政治格局紧密相连。四川盆地有关青铜器最早的证据来自三星堆的仓包包遗址。1987 年，人们在这个地方发现了 4 块青铜徽章，其中 2 块镶嵌了绿松石（四川与广汉 1998）。这些徽章与甘肃天水地区（Falkenhausen 2003；杨美莉 2002：29）、河南二里头遗址找到的徽章有着明显的

图 7.4　三星堆用于制造玉石器的原材料（照片由傅罗文于三星堆遗址博物馆拍摄）

相似之处，它们有可能是在二里头生产的，这是因为我们得知二里头有青铜生产和制造镶嵌物的绿松石作坊（Liu and Xu 2007；中国1999）。相反，苏芳淑认为所有这些徽章有可能是在三星堆生产的，但迄今为止，人们仍然没有在当地找到绿松石和青铜生产的作坊。

三星堆的青铜生产有可能是在公元前2千纪后期的某个时间——这个稍晚的时段才开始的。祭祀坑中的一些青铜器，诸如青铜尊有可能是从长江中游地区输入当地的（Bagley 1999：213）。但大多数青铜器毫无疑问是三星堆当地制造的（Xu J. 2001b）。这些产品吸收了东亚其他地方上达千年或更长时间所发展的金属生产工艺与形制（Bagley 1999：136—141；Linduff et al. 2000；Mei 2009）。

三星堆的冶金专家需要铜、锡和铅矿。我们并不知道成都平原本身是否有铜矿，但平原西边的大渡河却有已被开发的铜矿，附近的其他资源则出现于西昌附近的四川西南部高原。这些资源也存在于云南高原、陕西南部秦岭山脉以北和长江中游地区的东部。在这些地区中，云南、陕西和长江中游的铜矿资源是中国境内最丰富的（Hua 1999；朱训1999）。

虽然铅广泛分布在整个中国（Liu and Chen 2001：39；朱训1999：238—248），四川青铜生产所使用到的铅却有可能是来自云南的。我们知道这个地区的铅资源的同位素成分与人们在三星堆当地所生产的青铜以及新干与安阳的青铜器中所确认的同位素成分类似（金正耀等1994，1995，1999）。铅锭有可能是在公元前2千纪中期通过贸易从云南向北运到四川，沿长江而下，甚至到达中原（李晓岑1993）。但是，我们并不清楚云南的铅资源在三星堆时期之后是否继续为人使用。

三星堆青铜的锡含量相对于公元前2千纪其他中国青铜器

而言较低（见 Xu J. 2001b：表 1 所做的比较）。锡矿在四川是很稀有的，而有关锡矿有可能是从中国南方获得的。中国南方是一个有着丰富锡矿的地区，并构成了一条从东南亚经过贵州和湖南南部延伸到江西的锡资源地带（Kamitani et al. 2007；朱训 1999：381—403）。如果这一情况属实，那么成都平原的冶金专家也需要对锡进行远距离采集。

人们在四川盆地附近那些源出川西高原的河流中找到了黄金（Ji et al. 1997）。在成都平原北部和东部一个川、甘、陕三省接壤的金三角中，人们发现一个大型的金矿（Zhou T. et al. 2002）。我们几乎可以肯定，三星堆和金沙发现的黄金器物的生产者使用了这些相对属于本土的黄金资源。即使我们有理由怀疑黄金的生产是否是在三星堆和金沙遗址中进行的，但我们直到现在仍全然不清楚这些器物生产的精确位置为何，以及黄金是通过何种方法被运到这些生产场所的。

最后，盐是四川盆地一种重要的天然资源。《华阳国志》记载，在秦最初占领四川时期，任职太守的李冰监督着提取食盐的运作（常璩 1987：132—133）。在历史时期，盆地的中心部分，尤其是今天自贡周围地区成为当地食盐生产的中心。在这片区域中，卤水资源相对盆地的边缘来说更加集中，但同时它们亦埋藏得更深，这使人们在早期阶段难以获得这些资源。我们得知成都平原西部边缘的邛崃市和蒲江县地区的盐源埋藏相对较浅，早期的人们有可能曾试图在这片地区生产食盐作为额外的社群交易之用，但迄今为止，几乎没有证据证实这一点（Falkenhausen 2006a）。我们现阶段只知道，文献资料告诉我们成都地区在不迟于公元前 4 世纪为秦占领之时，有着重要的盐井。

原材料和制成品一定是通过日益一体化的交通网络在不同社群间移动的。例如，动物资源至少早在三星堆时期就开始从一个相对较大的地区汇集在一起。象牙有可能是由不同社群收集并被送到三星堆作为供品的，这暗示整个平原上有着一个将不同社群联系在一起的固定通信网络。同一时间，甚至一些来自更远地区的资源亦成功进入这个交通网络之中。例如，铅、锡和贝壳来自南方的云南和更远的地方。这些材料表明，四川和东南亚部分地方之间的联系在不迟于公元前 2 千纪已建立起来。

长江中游

动植物

与四川盆地一样，长江中游动植物的多样性同样颇高。近代对湖北生物群所进行的调查确认了 3816 种植物和 728 种当地的野生动物。其中，有 176 种鱼类、44 种两栖动物物种、49 类爬行动物、超过 340 种鸟类和 119 种哺乳类动物（湖北 1997a）。在湖南，相似的调查已确认了超过 5000 种植物和 80 种当地的野生动物、373 种鸟类、75 种爬行动物、40 种两栖动物和 169 种鱼类（湖南 1987）。但正如对四川的描述，这些数字亦受到现在的环境影响。

我们现在转到考古记录上。人们在长江中游沿岸的若干遗址中发现了新石器时代的动物遗骸，这些遗址包括三峡（下一节将简要地对此做讨论）、湖北的平原和清江流域的数个遗址。诸如猪、狗和牛这类驯化的动物并没有在这些新石器时代遗址发现的动物群中占主导地位，而即使是在青铜时代，野生动物仍然特别常见。至少就我们现时所理解，这种情况与北方黄河流域属于同一个时代的遗址是相当不同的（Yuan et al. 2008），但我们并不清楚江汉平原低地的聚落在多大程度上与这种情况相一致，而湖北北部的遗址（在南阳盆地）则有可能显示了与黄河流域同时代遗址有着一些更为相近的肉类开发策略。例如，雕龙碑的大溪文化和屈家岭文化遗址位于接近黄河流域的南阳盆地，而猪在其埋藏的动物骸骨中占大多数（中国 2006：367）。但这个遗址并不能代表更远的南方的情况。

可惜的是，在长江中游平原，对现代动物群的研究很少。关于猪在屈家岭文化随处可见的观点可能是基于诸如雕龙碑这些不一定具有代表性的遗址提出的。在屈家岭和石家河这两个文化的遗址中所找到的动物雕像表明动物在新石器时代晚期已被人利用（图7.5）。它们不单包括诸如猪、狗、羊和鸡这类家养动物，也包括大量野生动物，如鸭、虎、象、龟、猴子和鱼（湖北 2003：174—227；石河 1990；杨宝成与黄锡全 1995：68—69；张绪球 1991b）。这种多样性与据报道分散在长江中游地区较早和较晚时期的动物遗骸相吻合。

例如，城头山大溪文化与屈家岭文化遗址的动物骸骨包括猪和牛的遗骸，以及多种其他动物的遗骸（袁靖 2007）。这些遗骸包括貉（*Nyctereutes procyonoides*）、大灵猫（*Viverra zibetha*）、鼬獾（*Melogale moschata*）、一般的獾、狗、象、水鹿、麂、其他鹿类、水牛（*Bubalus bubalis*）、龟。同样，从清江流域数个遗址所收集到的动物遗存亦已得到研究（陈全家等2004；湖北与湖北 2004）。在这些遗址中，香炉石收集到的其年代属于公元前 2 千纪早期和中期的遗存包括有数种鱼类，诸如鹤、鹰和雉等鸟类，软壳和硬壳龟，以及各种不同的哺乳动物，包括竹鼠（*Rhizomys sinensis*）、豪猪（*Hystrix brachyura*）、刺猬（*Erinaceus* sp.）、食蟹獴（*Herpestes urva*）、猪獾、

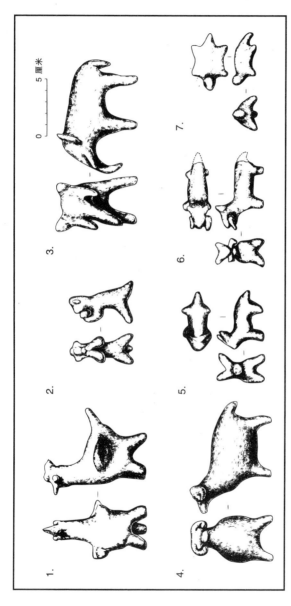

图 7.5　邓家湾的陶制动物塑像：1. 鸡（H4:17）；2. 猴（H33:1）；3. 象（H4:15）；4. 羊（H4:51）；5. 兔（H116:31）；6. 狗（H116:36）；7. 龟（H67:51）。（据湖北主编 2003:185～227 按同等比例重绘）

猫熊、熊、猕猴、豹／虎、豺（*Cuon alpinus*）、狐（*Vulpes vulpes*）、狗、马、犀牛、水鹿、鬣羚（*Capricornis* sp.）、麂、麝鹿、水牛和野生与家养的猪等（陈全家等 2004：134—181；湖北与湖北 2004：196—308）。所收集到的遗存极富多样性，这表明香炉石获取肉类的策略依赖于野生动物和鱼类。

公元前 2 千纪至公元前 1 千纪，少数其他动物资料显示当时人们仍然继续将焦点放在野生动物的资源上。沙市周梁玉桥出土的晚商材料就是一个例子（彭锦华 1990）。这些材料包括狗、鼬鼠、水牛、野生和家养的猪、鹿类（大多数为梅花鹿）、兔、豪猪，鱼类诸如鲤鱼（*Cyprinus carpio*）、青鱼（*Mylopharyngodon piceus*）、鲶鱼（*Silurus soldatovi*）和鳜鱼（*Siniperca chuatsi*），数种双壳贝类，爬行动物包括硬壳龟（*Chinemys reevesii*）、软壳龟（*Pelochelys bibroni*）和由其皮内骨板所确定的扬子鳄（*Alligator sinensis*），这种动物对鳄鱼皮鼓的生产非常重要。同样，荆南寺公元前 2 千纪的动物包括象、兔和梅花鹿的骸骨，以及诸如狗、猪、牛、水牛、羊（*Ovis* sp.），甚至是马这些驯化的动物（荆州 2009：237—249）。这些动物反映了一种潮湿的林地，这显示这片地区在公元前 2 千纪晚期是一片森林。

战国楚墓经常随葬有诸如完整的狗、猪、鹿、羊和山羊的骸骨，以及鱼、鸡和其他鸟类的遗骸，如在包山 M2 铜尊中的动物（刘华才 1991）、擂鼓墩 M2 墓的青铜鼎和大鼎中的鹿骨（随州 2008：156）和天星观 2 号墓的青铜鼎里和鼎附近的动物骸骨（Jin and Liu 2003）。在上述最后的例子中，所有鼎都盛有鸡、猪、水牛和牛这些不同动物的骸骨，其中一个青铜鼎（8 号）藏有若干鱼的骨头，包括 7 条乌鳢（*Ophiocephalus argus*）、5 条鲤鱼、6 条鲫鱼（*Carassius auratus*)，2 条红鳍鲌属（*Erythroculter*）的鱼（余文斌等 2003）。

简言之，在长江中游的遗址所找到的动物混合了有可能是由大部分家庭饲养的驯化动物、在湖泊和河流捕获到（或在鱼池或稻田"养殖"）的鱼类，以及有可能在这个地区的丘陵和森林区域较为常见的野生动物。这种多样性暗示一种在整个青铜时代持续进行动物资源开发的灵活策略和多变格局，而家养动物只是偶尔得到人们的偏爱。事实上，野生物种显著存在于整个新石器和青铜时代的动物群落中，这显示，即使长江中游在公元前 1 千纪出现了极度复杂的城市社会，野生的哺乳动物和鱼类在其后仍然是这个地区人群饮食的重要组成部分。我们在本章稍后将会提出，这种对野生肉类和鱼类的需求有可能是长江中游和三峡地区日益增加的商业互动的一个重要因素。

长江中游地区对植物的开发则是另一回事。人们很早就开始种植驯化了的植物，而稻作农业有可能主导了从新石器时代开始运行的维生策略，一些最早的水稻种植记录出现在这个地区。尽管我们缺少有关新石器晚期和青铜时代植物考古的研究，但稻米在整个公元前 1 千纪似乎一直是主要的农作物。

人们在极早的遗址中发现了稻米壳和稻米化石，并在湖南西南部的玉蟾岩遗址中发现了原始陶器（Yuan 2002）。在这个遗址发现的稻米有可能是更新世晚期狩猎采集者开发的本地野生植物，甚至有可能是证明早期稻米驯化的证据（张弛 2000；Zhang and Hung 2010；Zhang and Yuan 1998；赵志军 1998）。人们在遍及华南的其他遗址，包括江西省吊桶环和仙人洞在内的岩洞遗址中找到了能说明稻米开发的类似证据（Crawford 2006；McNeish and Libby 1995；McNeish et al. 1998；张弛 2000；赵志军 1998）。人们在湖南西北部洞庭湖附近的澧阳平原找到了更多有关稻米种植的重要证据（湖南 2006；张文绪与裴安平 1997），包括彭头山和八十垱在内，其时代属于公元前 7500—公元前 6100 年。其他有可能被这些社群的居民开发利用的植物包括菱角、莲藕和多刺的睡莲（Crawford 2006）。

不迟于新石器晚期，长江中游确立了稳固的稻作农业传统。例如，与屈家岭文化有关的考古遗址显示了大量有关水稻生产的证据。人们在房屋居住面、墙脚和陶器中找到了羼入其中的稻米壳，甚至在一些遗址中找到了稻田遗迹（裴明相 1990）。稻米被假定从这个时间开始便成为主要的农作物，而石家河文化的社群，以及公元前 2 千纪至公元前 1 千纪的聚落人群被认为是将稻米及其他可食用植物作为其饮食的主要成分的。尽管如此，植物考古学研究在这些地区仍然十分有限，特别是那些拥有最早农业遗存的遗址。

其他在长江中游地区被开采的具有重要经济意义的植物包括竹子。竹子极有可能被用来建造木骨泥墙的房屋和制作成工具或家庭用品，如竹篮，在很多浸满水的东周墓葬中发现了这种遗物，以及漆器，公元前 1 千纪的墓葬遗址中也有着大量漆器。在盘龙城发现的几件漆器是这个地区最早期的漆器之一（盘龙城 1976）。与在四川商业街所发现的漆器一样，它们和其他大多数在长江中游的漆器都是出土自墓葬，尤其战国时期的墓葬中。例如，人们在诸如龙湾（湖北与湖北 2005）、雨台山（荆州 1980；湖北与中国 1984）、天星观（湖北 1982）、湖北曾侯乙墓（湖北 1989、2007c）、湖南常德（湖南 1963）等地发现随葬有漆器的墓葬。长江中游墓葬所发现的多种漆器包括乐器形的器物、梳子、鹿角形的镇墓兽、马和马车的配件及武器（商承祚 1957；Xu S. 1999）。自战国至汉代这段时期里，漆器随葬品价值似乎越来越高（So 1999）。漆器的生产是精细的、专门的，而且工艺是费时的，这些因素使漆器的价值变得很高（Barbieri-Low 2008：76—83）。

其他自然资源

长江中游有关陶器生产的证据要比四川盆地早很多，而且以世界上最古老陶器之一的玉蟾岩陶器为始（Boaretto et al. 2009）。新石器时代很多陶器生产以本地的方式进行，社群生产陶器是供他们自己使用的。但在不迟于石家河文化时期，一些社群开始对个别种类的陶器进行专门化的生产，这清楚地表明，与之前屈家岭文化时期相比，各遗址之间的相互依存增强了（张绪球 2000：176）。这种带有专业化生产倾向的遗址一直延续至青铜时代，例如在二里岗时期，位于岳阳南部的樟树潭与费家河遗址似乎已变成主要的陶器生产遗址。人们在费家河发现了 63 个整齐地排成多行的陶窑（郭胜斌 2005）。这些遗址很有可能参与了为满足整个地区的需要而进行的生产，而这个地区的陶器甚至有可能出售至安阳这些遥远的地方（McNeal n.d.）。

人们在数个遗址中确认了属于稍后青铜时代的陶器生产场所。例如，东周几个重要且有围墙环绕的中心展示了专门化的陶器生产场所，当中包括楚皇城（楚皇城 1980a）、丹阳的季家湖（湖北 1980c；杨权喜 1980）和纪南城（湖北 1980a，1980b）。尽管一些人根据纪南城遗址中的宫廷区接近当地的陶器和冶金作坊一事，主张纪南城的陶器和青铜器生产受到楚宫廷的控制，但这些场所并没有为专门处理陶器生产而设的组织机构的痕迹（刘彬徽 1980）。

狩猎和农业用途之外的石器生产在石家河文化晚期也有所发展。例如，肖家屋脊、罗家柏岭和六合等石家河文化的遗址均有着大量玉石器饰品（湖北与中国 1994；湖北主编 1999；荆州与钟祥 1987；张绪球 2000：178），这些器物包括雕刻出多种动物（特别是鸟类）和人头部的小垂饰，以及发簪、手镯、玉璋。这些种类中很多都与数百年后的三星堆器物相近（So 2008）。我们得知桂花树（湖北 1976a）、鼓山（湖北与湖北 2001）和其他地方（何介钧 1998）的大溪文化遗址中有着更早的装饰性玉器，但石家河文化石器生产的强度和精细度都有显著的提升。但是，几乎没有证据说明这些器物是在何处生产的。

公元前 2 千纪，盘龙城所收藏的玉器是最多的。当地有超过 1000 件玉器被发现（湖北 2001b：513）。盘龙城的玉器见于整个遗址，其中大多数来自墓葬，包括戈、手柄形的玉璜、发簪、玉剑和垂饰（张昌平与郭伟民 2005）。公元前 1 千纪的高级墓葬同样埋藏有装饰性玉器，它们多为垂饰或其他个人装饰。战国时期很多玉器为诸如曾侯乙这些死去的贵族的丧服提供精美的装饰。

有关盘龙城的报告将玉器分为透闪石、蛇纹石、耀石英和绿松石。报告推断透闪石的原材料来自辽宁和新疆，蛇纹石的材料来自辽宁，绿松石则来自湖北。我们得知湖北北部汉水从丹江口开始的上游两岸有着绿松石的资源（湖北 1990：221），而这种资源有可能是我们在盘龙城发现的器物所用的原材料。相对辽宁或新疆而言，其他更近的地区也可能是玉石原材料的来源地。河南南部可能存在蛇纹石软玉（Middleton and freeone 1995），已知的含相关矿物的矿山存在于盘龙城以东、长江以南的鄂东和黄石之间。我们也知道在邻近的江西的一个采矿区至少有 5 个矿场出产透闪石（Ding et al. 2006；李德喜等 2008；Zhao Y. et al. 1999；Zhou T. et al. 2002）。假设遗址报告对于矿物的鉴定是正确的，我们就没有理由认为这些材料的来源远至新疆和辽宁。同样是在公元前 1 千纪，当地的资源有可能已得到使用，但从较遥远的源头而来，品质较佳的原材料在其时亦有可能被用作高级墓葬中的玉器随葬品，而这些玉器很多可能是在长江中游以外地区生产的，且作为商品传入当地。

石家河文化晚期遗址中发现矿石和矿渣是长江中游存在冶金术的最早证据（张绪球 2000：177）。我们在公元前 2 千纪中期找到许多重要的冶金术证据。例如，人们已在皂市找到与二里岗文化属于同一时代的铸模部件和炉渣（何介钧 1986；湖南 1992）。人们在湖北阳新大路铺确认到另一个冶炼遗址。最重要的是，人们已在盘龙城找到有关青铜器生产的矿渣与用来冶炼矿石的坩埚（尚未找到青铜器铸模）。盘龙城有可能是专门的熔炼基地和运输枢纽，因其拥有一个河流港口，附近的矿石资源在这里被加工，然后用船舶运往其他地方进行生产（后德俊 1996：81—85；Liu and Chen 2003：77；王傅雷等 1998）。

盘龙城的冶金专家开采的资源来自鄂东，这片地区的铜矿是中国铜矿分布最密集的地方之一（Liu and Chen 2003：36—44，105，116—117）。对于湖北冶金用的矿石进行的调查确认了位于 50 个独立的铜源中的超过 400 个已知遗址，其中大部分均位于鄂东这片地区（Pan and Dong 1999）。这个地区包括若干个考古学家已辨认的存在古代采矿活动遗存的遗址，它们包括大冶的铜绿山（黄石1981，1999；夏鼐与殷玮璋 1982）、江西瑞昌的铜岭（刘诗中与卢本册 1998）。

这些地区的采矿业在二里岗时期已经开始，正如铜绿山和铜岭的放射性碳定年结果认为有关工作开始的时间为公元前 3330 ± 60年（校正年份为公元前 1617 ± 73 年；刘诗中与卢本册 1998：469）。

铜绿山是已知最大型的中国古代采矿遗址，其中古代矿井延伸的范围长 2000 米，宽 1000 米。现场冶炼的证据表明，在精炼铜（可能以铜块的形式）通过盘龙城等中转站运往其他地方之前，当地居民最初对矿石进行了加工（彭适凡与刘诗中 1990）。铜岭遗址规模较小，其中采矿和熔炼的遗存覆盖了 3 公顷的地区。在遗址中发现了木制的矿井支柱和用来从矿井中抽取矿石的绞盘残留物，以及诸如斧、锛子和凿子这些采矿用的工具。

这些矿石资源的使用一直持续到商代晚期。对岳阳附近的樟树潭和玉笥山遗址进行的调查出土了矿渣和铸模的碎片，这证实了这个地区在二里岗之后的青铜器生产（郭胜斌 2005：68；罗仁林 1999；McNeal n.d.；向桃初 2008：64—66，82—83）。同样，老鸦洲相关的遗址有用来冶炼青铜的坩埚（向桃初 2008：82）。这些遗存有可能记录了邻近铜鼓山在二里岗时期的前哨基地的残余影响，但它们只反映了小规模的青铜器生产。人们在长江中游的其他地方找到了公元前 1 千纪有关冶铸青铜器的证据。例如，位于纪南城的陈家台是东周时期一个生产金属的地区（中国 2004：262），而且有可能曾与楚国宫廷的生产有关（刘彬徽 1980）。此外，铜绿山的矿井在汉代也得到利用（黄石 1981，1999），而鄂王城、五里界、草王嘴城这些由楚到汉代、附有围墙的遗址，埋藏有能证明铜绿山最初在二里岗时期为人所利用的很久以后还一直有着小规模金属冶铸的证据（湖北 2006c，2006d，2006e；Peters 1999：102；朱俊英与黎泽高 2005）。事实上，这些遗址有可能意味着在春秋时期，一开始位于五里界遗址的冶金工作坊在战国时期转移到鄂王城，并最终在汉代转移到草王嘴城。

我们在铜绿山地区也发现了黄金（Zhao Y. et al. 1999）。事实上，铜绿山是从武汉延伸到上海的"长江黄金区"中最大的富金铜矽卡岩矿床（Zhou T. et al. 2002：273）。然而，尽管长江中游的黄金是可以在当地获得的，但在长江中游，黄金的使用程度与在公元前2千纪末或公元前1千纪初的四川盆地几乎是一样的。唯有在后来楚国时期，黄金才在长江中游得到显著的利用，此时，它被用在装饰青铜器及铸造货币上（Peters 1999：113）。

最后，长江中游地区在相对较早时期已有铁器的铸造活动存在。尽管东亚最初的鼓风装置和熟铁最初应用于中国西北的铁制武器生产上，但铁器铸造和使用鼓风炉来生产铁器却首先出现在华南。有关这点的最早证据来自江苏六合公元前5世纪属于吴国的遗址中（Wagner 1993，2003：140—141）。在楚地，其他铸铁生产的早期证据来自江陵的雨台山墓地，人们在这里的公元前4世纪早期墓葬中发现了铁器。铁资源分布广泛，而当处理铁器铸造的技术得到发展时，政治措施（包括国家对铁器生产与贸易所做出的垄断）在帝国时期得到建立。在本书所聚焦的时期里，铁在中国内陆才刚刚被人开采。

这里所讨论的很多资源，包括各种金属矿石，都将通过长江中游地区的贸易和交换而转移。这些资源中的一部分对中原的冶金生产至关重要。对上述内容所做的一个貌似合理的回顾为：金属铸块在二里岗时期从鄂东的采矿区经过盘龙城，再经河南南部范堂，沿溵水河和洹水运至中原地区（Liu and Chen 2003：118—119）。类似的这种长途贸易均有可能利用河道作为运输方式，即使如此，诸如云梦大泽这类湿地在这一期间仍然可能限制了人们在这个地区的活动。历史时期，长江中游和长江下游之间的交通似乎并非主要通过鄱阳湖沟通，而是通过北边更远的淮河进行的（Li F. 2006：

318）。尽管如此，河道的航行使大量大宗商品（包括金属）得以长途运送到别处。

在战国时期，作为贸易许可证的钱币和符节说明了贸易在这个地区的经济版图中扮演的关键角色。货币被用作促进相距甚远的社群之间经济互动的媒介。在楚皇城，出土的多种货币表明，某些城市进行了涉及多种交换媒介的长途贸易（楚皇城 1980a：134）。同样，铸造于公元前 323 年的一套通行证件描绘了楚国封君鄂君启这个得到国家支持的商人所进行的大规模商品运输活动（Falkenhausen 2005）。这些在安徽寿县附近发现的符节罗列了运输的数额、在个别情况下豁免课税的规定和禁止运送军用资源的禁令（殷涤非与罗长铭 1958）。这些符节有可能是用在楚国内部指定区域和水道的商业网络中。

商人是整个楚国时期长江中游地区的一个重要社会群体。他们是楚多方扩张中活跃的组成部分。楚的贸易沿着多个河流系统向南进入到今天湖南的丘陵地区，这可从带有楚风格的墓葬延伸到这些地区得到证明。在公元前 4 世纪，楚有可能已开始占领了湖南的部分土地（Wagner 1987），但可能主要是以诸如使用像鄂君启节一样的许可证，并有可能是"在那些楚才刚开始渗透的地区投资"的楚商人作为其存在于这个地区的形式（Falkenhausen 2005：95）。岭南地区的青铜器记录了楚心脏地区与遥远南方地区之间的互动（Allard 2004；Falkenhausen 2001c），而楚商人有可能将一些青铜器带至岭南地区。在第 9 章中，我们将讨论三峡商人在楚国西部边缘地区的盐业开发中所扮演的角色，而盐业是长江中游地区无法获得的一种自然资源。

三　峡

动植物

与其他有着垂直分布带（vertical zonation）的生态区一样，三峡地区直到今天也维持着很高的的动物多样性。当地盛产具有经济价值的动物，包括多种大型和中型的鹿类、野生猫科动物、猴、熊、野猪、兔、啮齿类动物、淡水龟、蛇、多种鸟类和多种鱼类。在近几个世纪里，高密度的人口意味着很多野生动物已不再常见。地方志罗列数量最多的动物是诸如猪、鹅、鸡、狗和牛这些家养动物。在古代，我们从考古研究中了解到动物的多样性。

上文所讨论清江的动物群来自三峡东段南侧平行的河谷。我们在包括楠木园、庙坪、柳林溪、桅杆坪、西寺坪和城背溪（Yuan et al. 2008）以及远至西部万州地区的玉溪（赵静芳 2003）在内的这些分散在三峡长江沿岸的遗址中得知有一些新石器时代的动物遗骸。其中一些诸如楠木园、庙坪和玉溪的遗址中，鱼类的遗骸占了绝大多数。根据报告，其他遗址中大多为哺乳动物，以鹿和猪最为常见。在诸如秭归县官庄坪这些遗址中，屈家岭文化层埋藏有普氏野马（*Equus przewalskii*）、水鹿和鱼，而石家河文化层则有水鹿、鬣羚（*Capricornis sumatraensis*）、中国獐鹿（*Hydropotes inermis*）、斑羚（*Naemorhedus goral*）和大熊猫（*Ailuropoda melanoleuca*），我们在这些遗址中根本找不到任何家养动物的证据（武仙竹与周国平 2005）。同样，巴东地区长沱河收集到的少量公元前 2 千纪的动物遗骸包括水鹿、麂、狗、草鱼、鳙鱼（湖北 2005），而邻近的罗坪遗址收集到的青铜时代晚期和汉代的动物遗骸也同样具有多样性，其中混杂了野生和家养的动物以及大量的鱼类（武仙竹与杨定爱

2006）。

要更全面地了解动物群开发的历时变化，需要系统地收集每个年代的资料。如果这类资料是来自多个层位很深的遗址，那么这将会是最好的，但这在目前仍然是不可能的。但是，人们从中坝得来的一组丰富资料反映了三峡地区从约公元前2500至公元前200年一个开发动物资源的连续序列。超过200,000件动物骸骨埋藏在一个地层剖面中（探方DT0202），而其中的129,444件已得到种属鉴定（Flad 2005，2011）。随后有36,977件骸骨得到进一步的分析。在分析的过程中，确定了27种哺乳类、15种鱼类、软壳龟和硬壳龟以及至少2种两栖动物。鱼的遗骸数量几乎是哺乳动物的3倍（91,103比33,454），但这些鱼的遗骸重量只有哺乳动物遗骸的一半（74.0千克比140.9千克）。鸟类、爬行动物和两栖动物的骸骨则是微不足道的。

鱼的数量（图7.6a）和种类的多样性日益上升，这是最重要的情况（图7.6b）。中坝遗址中鱼数量的上升是由捕鱼技术的转变促成的，这是因为渔夫从使用骨制的鱼钩转而依赖利用有陶制网坠的渔网（图7.7）。中坝遗址捕鱼量的上升有可能不只与捕鱼技术转变有关，也可能与跟食盐生产一同发展的腌制鱼类和鱼露生产有关。除了鱼骨数量的上升，哺乳动物的多样性也随着时间而有所增加，而野生动物也日益普遍。这些转变可能与几项因素有关，包括饲养家养动物和为远方的市场腌制野生动物（Flad 2005，2011）。

三峡当代植物的多样性同样很高。单是神农顶便有166个植物科（families）、765个植物属和1919种植物（Zhao S. 1994：229），而忠县的地方志则罗列了超过1000种不同的种类，包括161个植物科、472个植物属中的728种已命名的种类（忠县 1994：67）。

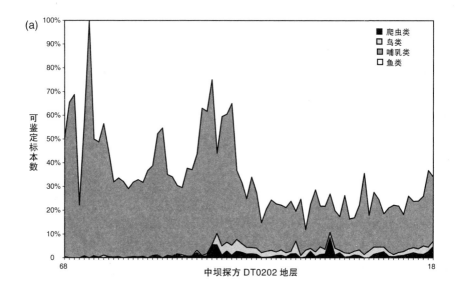

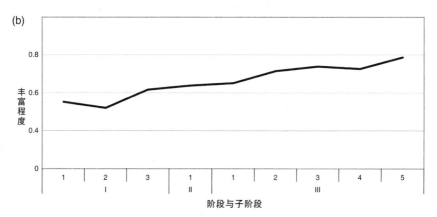

图 7.6 （a）四种在中坝遗址收集到的主要类别动物的百分比。注意鱼的数目随着时间显著上升。有关资料来自遗址探方 DT0202 的地层剖面。68 层为探方之中最低的地层，18 层则为最高的地层。（b）哺乳动物的多样性指数乃根据探方 DT0202 出土的可辨认标本的数量（Number of Identifiable Specimens，NISP）。注意其自第一阶段（Ⅰ，早期）至第三阶段（Ⅲ，晚期）随着时间而上升。多样性的丰富程度乃根据香农−维纳多样性指数（Shannon-Weaver diversity index）计算。（Flad 2005, 2011: 179）

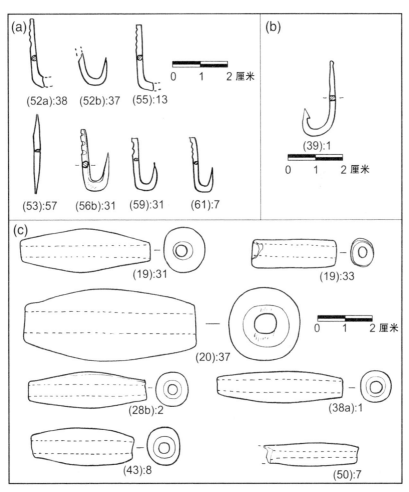

图 7.7 在中坝发现的捕鱼工具：（a）骨制的鱼钩［(52a):38；(52b):37；(55):13；(61):7；(53):57；(56b):31；(59):31］；（b）青铜制的鱼钩(39):1；（c）陶制网坠［(19):31；(19):33；(28b):2；(20):37；(50):7；(38a):1；(43):8］。所有遗物均从 DT0202 出土。遗物编号根据以下格式表示：(层)：器物号码。(依照 Flad 2005: 245 重绘)

当地有重要经济价值的树木包括白桑树、橘子树和油桐树。常见的树木作物包括柚子树和荔枝树的果实，栽培作物一般包括稻米、花生和芝麻等（忠县 1994：135—147）。但是，其中很多都不是本地原产品种（甚至不是亚洲原产的）。

植物方面的考古学资料十分稀少，但中坝遗址的 86 个样本提供了一些初步的参考（Zhao and Flad n.d.）。这些样本包括 55 件块茎的碳化碎片和 1235 颗植物的种子。大部分已经过鉴定的种子（92%）为小米，其中黍（*Panicum miliaceum*）略多于粟（*Setaria italica*），值得注意的是，中国北方的小米农业主要以粟为主。正如中坝的盐场一带显示的那样，它有可能与粟属对于高盐度土壤的较强适应能力有关。粟能承受高达 0.3% 的含盐度，而一些品种甚至能够在盐度高达 0.7% 的田地上种植（柴岩 1999）。

在 1235 个植物种子标本中，只有 26 个是水稻，86 个样本中只有 12 个为水稻。在新石器时代和青铜时代早期，稻米在谷物中占主导地位，而在青铜时代，稻米的产量略有增加。此外，这些样品中还含有豆类，可能是山绿豆。虽然这种鉴定是尝试性的，但也有少数种类不明。该地区还没有发现其他考古植物遗迹。

其他自然资源

迄今为止，有关三峡地区陶器生产、冶金或石器制造的资料很少。在中坝遗址确认到三个用来烧制陶器的新石器时代晚期窑址（图 7.8a）。它们的方向为从西南延伸到东北，长方形，稍微倾斜。在其他地方，青铜时代中期的陶器生产以哨棚嘴的一堆堆叠在一起的尖底杯为代表（图 7.8b），但没有任何报告证明这个遗址有烧制陶器的设备。人们已在李家坝发现了东周时期用来生产陶器的地面

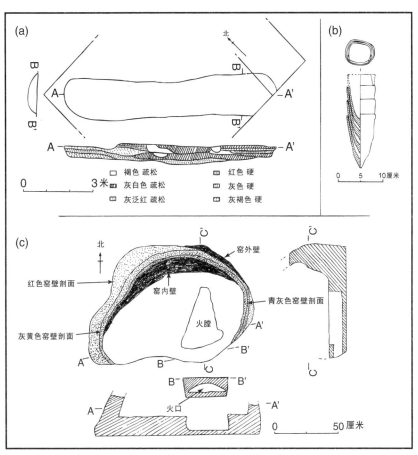

图 7.8 （a）中坝 Y15（据四川主编 2007：984 重绘）；（b）哨棚嘴的废料堆（据北京主编 2001：646 重绘）；（c）新浦 Y1（据吉林与奉节 2003：245 重绘）

椭圆形窑址，连同大量烧制失败的陶器碎片（四川与云阳2001b：223；图6.9a）。我们从大约与李家坝遗存属同一时代的新浦遗址上层得知有另一个陶窑（吉林与奉节2003：245）。此处窑址是一个有着半地穴式火膛和狭窄烟道的大型椭圆形坑窑（图7.8c）。在整个新石器和青铜时代里，陶器生产似乎是就地进行的，有各种各样的烧制设备。

许多遗址有证据表明，在公元前1千纪，石器、金属工具和武器的生产都是小规模的。例如在石地坝遗址属于公元前1千纪的地层中，发现了用来生产青铜箭镞的铸模（重庆与丰都2006）。同样，在整个三峡无处不在的纺轮反映了这个地区重要的纺织工业。在本书研究的时间段中，大部分这些不同种类的生产活动似乎都是在家庭的层面上进行的。然而在青铜时代的三峡，有一种工业脱颖而出并成为一个主要的经济因素：食盐生产。

三峡的食盐生产

人类与大多数动物一样对食盐有一种生理上的需求（Alexander 1993；Bloch 1963；Brown 1980；Gouletquer 1975；Keslin 1964；Multhauf 1978；Parsons 2001）。食盐有助于调整血液的含盐度、调适神经功能、维持身体酸碱度的平衡和体液的整体平衡（Bloch 1963：89；Dethier 1977：744；Kaufmann 1960）。很多材料建议每日消耗的食盐量最少约为0.5—2克（Andrews 1983；Kaufmann 1960；Keslin 1964：11），而尽管以肉类为主的饮食提供了足够盐分，但完全的素食却需要食盐补给。此外，生理上对食盐数目的需求可能根据温度和活动量而有所改变。

更重要的是，包括人在内的很多哺乳类动物对盐很敏感，这导致人类对食盐有很强烈的欲望（Dethier 1977：750）。人对"食盐的爱好"使食盐变得"令人上瘾"（Adshead 1992：24；Bloch 1963：88）并成为"天然的防腐剂"（Multhauf 1978：8），在一些文化中是必不可少的（Andrews 1983：10；Kurlansky 2002），与包括玛雅世界（Andrews 1983：11；McKillop 2002：95）、东非（Alexander et al. 1993；Connah 1996；Fagan and Yellen 1968；Nyabongo 1945）和历史时期的中国在内的很多社会中都有着重要的仪式性联系（Multhauf 1978：8）。食盐的仪式性内涵与食盐作为防腐剂有关，它时常与生命的保存和延续有关（Kurlansky 2002：37）。

盐是一种耐储存的商品，可以很容易地进行长途贸易，多种不同的盐交易在整个地区的商业和经济上都扮演了重要的角色（Adshead 1992；Godelier 1986；Multhauf 1978）。交易的方法在很大程度上依赖于盐在社会和经济系统中的角色，以及食盐价值的界定（陈伯桢 2007a）。

在中国内陆各种影响食盐价值的因素中，我们要特别注意其中两点：主食对生存模式的重要性和食盐资源的可得性。特别是对大米的大量依赖，可能导致中国内陆地区对盐作为膳食补充的需求增加，特别是在长江中下游地区，那里的社群似乎较早地采用了水稻农业。尽管考古学研究并不足以证明这个地区在新石器晚期和青铜时代对稻米的依赖有所增加，但人们普遍认为稻米种植对这些时期里的人口增长和城镇化都是一个重要的因素。石家河文化最初的城镇化和楚国的城市发展均有可能曾依赖于稻米的种植。随着人口增长和农作物变得越来越重要，食盐有可能成为一种日益重要的商品。

根据食盐资源可获得的程度，食盐的生产限定在个别地方。食盐资源来自五个主要的形式：（1）能够从地表直接挖取的固体矿物盐；（2）那些在蒸发时会残留盐沉积物的盐湖；（3）同样能通过蒸发而获得食盐的海水；（4）地下盐沉积物经过滤淡水而成的卤水和（5）盐生植物（有关这些植物的一个较详细的列表，见 Kaufmann 1960）。从这些源头生产消耗性食盐的过程涉及不同的步骤（Adshead 1992；Connah 1996；Connah et al. 1990；De Brisay and Evans 1975；Godelier 1969，1977，1986；McKillop 2002；Parsons 2001）。

在东亚，海水或许是最重要的盐源，大约在公元前 685 年的齐国，山东半岛著名的制盐业形成了首次食盐垄断格局（Chen P. 2008b；郭正忠 1997；李水城 2003，2009；吕世忠 1998；有关文献资料来自《管子·轻重甲》）。位于青藏高原、蒙古草原和黄河流域的盐湖是历史上重要的盐源，其开采历史至少可追溯至公元前 1 千纪（Guo Z. 1997），或是更早（Chen et al. 2010；Liu and Chen 2001，2003）。在历史晚期，坑道能进入岩盐沉积层，使得四川和其他地方的岩盐得以开采。但在更遥远的古代，这些盐源中只有卤水能够为人所获得。云南和四川的卤水盐源从早期开始已被人开采。

四川的卤水是因地下水将深埋在地下的地质盐带往上层而形成的，而这些地质盐则是在上新世中期被陆地包围的古特提斯海蒸发时沉淀下来的（见第 2 章；李小波 2006；Sweeting 1995：143—148；中国与武汉 1985）。在盆地的中央，这些盐埋藏得相当深，有些在距离地表接近 1000 米深的地方。但在盆地的边陲，盐积层则偶尔接近地表，特别是在那些因河道侵蚀而导致构造隆起（tectonic uplift）与下切作用同时发生，并让高盐度的地下水可轻易通过裂缝到达接近地表位置的地方。反之，没有任何盐资源存在于长江中游地区，因此要从其他地区运入。

离长江中游最近的盐源位于四川盆地东部边界的三峡地区。在公元前1千纪后期，楚国有可能部分因为其对食盐的需求而向东边寻找海洋（陈伯桢2007a）。但在公元前1千纪的大部分时间里，三峡资源对于长江中游的社群来说似乎越来越重要。近年的考古工作已发现了数个大致的地点，包括一些在相关的食盐生产与贸易中扮演着重要角色的特定考古遗址。

与长江中游最接近的是包括巫溪县和巫山县在内的大宁河地区。大宁河上游沿岸为巫溪县宁厂镇，我们在当地发现了从天然卤水生产食盐的历史证据（Falkenhausen 2006a；Flad 2011）。盐资源在这里有可能在相当早的时期已被人开采，但仅有少量的考古发现记录了大宁河沿岸早期的食盐生产。

但在万州这个位于长江中游西边较远的地区，大量考古证据反映出早期食盐生产的工作和组织。这些资料大部分都来自丰都、涪陵和忠县。这个地区在历史时期是主要的食盐生产区域，而史前时期的食盐生产则早至公元前2千纪（钟长永与黄健1997）。涪陵镇安遗址埋藏有大量可能是用来生产食盐的尖底杯（北京与重庆2003b，2006），丰都的石地坝同样埋藏有许多尖底杯以及数目众多的勺状的浅口陶器（船形杯）（重庆与丰都2006）。人们认为船形杯是用于食盐生产的，他们在三峡多个遗址中找到了类似器物，这些遗址包括丰都的石地坝、玉溪坪、玉溪、信号台，忠县的邓家沱和哨棚嘴，云阳的丝栗包和巫山的大溪（白九江与邹后曦2009）。但这些遗址似乎没有深埋的多层陶器遗存，它们也没有彼此之间较为相似的陶器。

相反，中坝那些从新石器时期开始的陶器极为同质，在青铜时代早期，尖底杯的生产与使用达到惊人的规模（Flad 2011）。根据这些资料，我们能够推测在诸如镇安和石地坝这些其他遗址中的尖底杯有可能同样被用于食盐生产中。事实上，忠县地区其他包括哨棚嘴、邓家沱和位于漕井河河口瓦渣地在内的遗址，以及邻近汝溪河的李园遗址同样埋藏有尖底杯。例如，尖底杯在哨棚嘴收集到的陶器中占绝大多数，在个别遗址中超过三分之二（北京主编 2006：632）。

虽然哨棚嘴、瓦渣地、邓家沱、李园、镇安、石地坝和其他遗址有可能是公元前 2 千纪晚期食盐生产的中心，但中坝却为这个地区史前食盐生产提供了最为有力的资料。两位作者在 1999 年到 2004 年间在中坝进行了发掘和分析工作，并明确地将重点放在复原那些能够说明食盐生产历时性变化的资料上（Chen P. 2004, 2008a；Flad 2004, 2005, 2007, 2011；Flad et al. 2005；四川与重庆，没有出版年份）。我们对中坝生产组织的理解基于几组相互关联的证据：这些遗址中用来生产食盐的陶器、工作坊位置的空间分布、其他食盐生产遗址的分布和在食盐生产区域发现的动物骸骨。这些资料暗示了食盐生产的规模在公元前 1 千纪有着显著的增长，而食盐的贸易成为巩固三峡和周围地区社群间关系的一个重要因素。随着食盐生产组织结构的变化，三峡成为整个中国内陆的盐业生产中心。

陶器为中坝食盐生产结构的转变提供了尤为重要的证据。根据三组证据，我们可以得知陶器是用于食盐加工的工具（用于储存和蒸发在当地获得的卤水；陈伯桢 2003；Flad et al. 2005）。首先，中坝收集的陶器内部的同质性是压倒性的，这表明当地的陶器残片

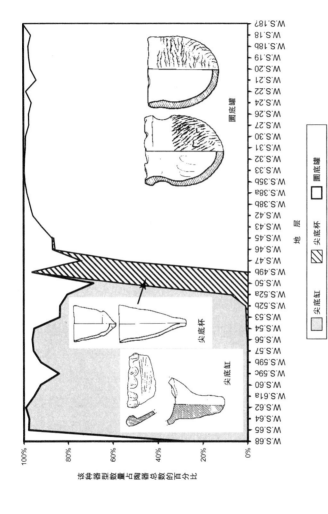

图 7.9 中坝遗址中数量相对丰富的三种陶器的地层分布情况；根据 DT0202 各层陶器碎片总数统计（有关进一步的讨论，见 Flad 2011: 75）

并非我们一开始预测的陶器生产作坊的遗物，因为若是陶器生产作坊，陶器的种类会丰富得多。反之，从当地收集的那些属于三个年代学阶段的陶器中，有一种器型占绝大多数（图7.9），它有可能是各个阶段集中在进行专门化生产土丘中的一种重要的工具。

其次，这三种占大多数的器型各自都与世界其他地方有关食盐生产的民族学和考古学遗址有着相似之处。在中坝遗址的较早阶段（约公元前2000—公元前1750年），很常见的尖底缸与日本海岸的食盐生产使用到的器皿很类似（近藤义郎1975）。尽管我们并不是完全清楚它们的用途，但这些缸有可能是在蒸发卤水前用来储存和浓缩卤水的。第二阶段使用的尖底杯（约公元前1630—公元前1210年）与欧洲和美索不达米亚生产食盐时所用的器皿有着相似之处（Potts 1984；Riehm 1961；Saile 2010）。如上文所言，人们已在这个地区的其他若干遗址中发现了大量尖底杯。在中坝的第三阶段（约公元前1100—公元前200年），圜底罐占大多数，而它们亦同样与包括美索不达米亚（McKillop 2002，2010）、非洲（Gouletquer 1975）、菲律宾（Yankowski 2010）和中国东部山东地区这些例子在内的食盐生产遗址有着相似之处。这些罐有可能是做蒸发之用的器皿，并同样有可能是用来制作盐饼的模具。尽管它们比第二阶段使用的尖底杯要大很多，但其形制大小亦相对标准化，而其数目随着时间亦日益上升。中坝这些尖底罐的惊人数量说明公元前1千纪食盐生产的巨大规模。

第三组证据来自对中坝陶器所做的化学分析对比（Flad et al. 2005）。我们比较了中坝第三阶段圜底陶器中的残渣，蒲江、四川有2000年历史的煮盐盘上的残渣和重庆云阳当代废弃的食盐生产遗址的残渣，对以上三种情况所做的X射线衍射（X-ray diffraction）成像均很相似，这反映了相似的成分。此外，在中坝遗址中怀疑是用来制盐的陶器（即生产食盐的陶器）的内壁上发现了氯化钠的痕迹。

陶器不单帮助我们确定了食盐生产是中坝主要的活动，而且允许我们对食盐生产组织的特定方面进行调查。例如，我们可以通过调查制造陶器所涉及的技能和器型标准化的相对程度，来检查陶器生产的强度（例如，陶瓷制造在多大程度上是一项全职或兼职活动；Costin and Hagstrum 1995）。中坝多种经济活动当然是相互有关的，故陶器生产的强度也与其他包括食盐生产在内的活动的强度有关。同样，通过分别计算陶器生产规模和工作坊区陶器的使用规模，来直接或间接地考察食盐生产的规模。这些分析与其他对陶器所做的分析允许我们在下文中概括在中坝这三个连续阶段中，与食盐生产的组织相关的陶器加工与使用情况（有关下文重建的详细信息，见 Chen P. 2008a；Flad 2011）。

在第一阶段，专家们有可能生产了过多的尖底缸。这些尖底缸在随后将被公共的食盐生产组织或食盐生产的专家使用。随着时间的流逝，第一阶段的缸在生产工艺上有所下降。这或许显示了一种相对较低的生产强度，而这种生产强度可能与生产群体扩大有关。与此同时，器物标准化的程度显示了陶器生产在空间上日益集中，而食盐生产亦有可能日益集中在中坝的土丘，而其规模也日益扩大。

在第二阶段，中坝的陶工相对于第一阶段可能更为专业，而这也有可能适用于制盐专家。这段时期的食盐生产在地区上似乎变得更为分散，其他遗址出土了尖底杯说明了这一点。第二阶段用于食盐生产的尖底杯数量令人印象深刻，但我们并非全然清楚相对第一阶段而言，食盐的实际产量是否增加了。相对其他器物，尖底杯标准化程度更高，负责生产它们的可能是一个小型群体，而其内部亦可能存在血缘关系。

在经历了第二和第三阶段中间一段为期甚短的停滞或中断后，中坝第三阶段的食盐生产使用的陶器数量达到了巅峰，陶器生产和食盐加工均需要有可能为全职专家的人参与其中。但在历时 900 余年的第三阶段中，生产组织并非一成不变。陶器遗物的各个方面显示出强度和密度的波动，包括圜底罐外部表面的绳纹的大小和容器壁的厚度（Flad 2011）。在第三阶段开始时，陶器加工与食盐生产有可能分散在这个地区的若干遗址里，但在不迟于公元前 7 世纪时，当地的食盐加工的中心已（或许是从瓦渣地）转移到中坝。

生产规模的波动是第三阶段食盐生产最重要的历时性转变之一。直至公元前 4 世纪，陶器使用与食盐生产的规模均有所上升，而在这之后制盐陶器的使用率则有所下降。在一个地区（探方 DT0202）经过小心控制的发掘工作，已通过从生产区发现的圜底罐的数量和体积变化中记录了这种趋势（Flad 2011：130—132）。圜底罐的数量与体积在第三阶段的第四个子阶段上升到最高峰，而这些器皿在其后逐渐变少。第三阶段接近完结时所出现的这种下降趋势有可能与另一项技术转变——人们在公元前 2 或公元前 3 世纪生产食盐时采用了铁锅一事有关。故此，虽然以陶器为基础的食盐产业有所下降，但这个地区的食盐生产有可能仍然有着相当庞大的规模。这些转变亦有可能是在公元前 4 世纪开始的，陶器生产有可能比从前更为集中和受到更严格的控制。此外，公元前 1 千纪中期的食盐似乎已变得更有价值，这是因为它明显开始在地区性的经济交易中扮演着重要的角色。

中坝的作坊遗迹与布局，进一步巩固和扩展了我们对陶器分析的认识。遗址中很多最为常见的遗迹，包括有着薄层黏土的灰坑和临时的工作地层与那些属于非洲、墨西哥和其他地方的遗迹很类似（Parsons 2001；Sutton and Roberts 1968）。此外，对这些灰坑的一部分以及工作地层所进行的化学分析显示，相对于来自其他环境的沉积物，钙和镁的含量较高，这是食盐生产特征的一种预期模式（Flad et al. 2005）。

中坝发现的很多灰坑有着很多将它们与一般用于储存的灰坑和垃圾坑区别开来的特征。在第一阶段的遗址中，它们经常有着一层厚厚的内层黏土，而这些土坑的底部经常埋藏有多个石块（图7.10a）。在后来的第三阶段中，有着内层黏土的土坑其外层有由黏土形成的厚边界，但它似乎还有着一层薄的木制矩形遗迹（图7.10b）。较早期的土坑散乱地分布在生产区附近，其中并没有一个可以辨识的空间布局。相反，后期的土坑分布较有规律，与第三阶段作坊区的空间格局相符合。

第三阶段的地层中发现了大量的临时性、形状约为矩形的作坊的地层。这些地层表面沉积着由砂质和黏土质沉积物相互交错组成的晶体，在一些地方这些晶体与木炭和零碎的陶片混合在一起。这些作坊似乎被使用了一段时间，或者直到它们无法修复，然后它们将被废弃，最终被一个新的地层或其他生产碎片覆盖。但在整个公元前1千纪里，这些作坊都是非常有规律和一致的，这暗示当时有一个相对团结的有组织结构的群体指导着中坝作坊区的空间使用（Flad 2011：162—166）。

因此，中坝土丘的生产活动在公元前1千纪似乎是一个整合良好，近乎工业化的社群活动。一班领袖或行政人员极有可能确保了

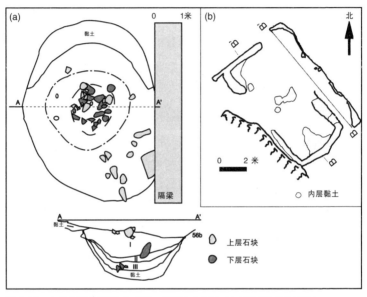

图 7.10 中坝的黏土灰坑:(a)第一阶段(H633);(b)第三阶段(M75)

工作坊空间得到有效的组织、多种技术得到整合和制成品可运送到中坝社群以外的市场中。虽然在遗址中找到的陶器有可能是在附近制成的，但食盐是一种出口商品，并有可能以盐饼和腌制的肉和鱼这两种形式被售出。

上文所描述的动物遗存在工作坊区的中心被人发现，而这个区域的主要制成品似乎为食盐。上文提到鱼和野生动物的遗骸数目在第三阶段有所上升，这表明这些物种对于公元前1千纪的中坝是尤为重要的。在某种程度上，这一趋势可能反映了盐商从自己饲养动物转向更方便的获取肉类途径（Flad 2005，2011）。但是，它似乎也与食盐生产直接有关。

汉朝的画像砖上，包括在成都附近的羊子山发现的一块画像砖，展示了在长炉灶上用铁锅制作盐的过程（图7.11）。在这些铁锅中烧开的卤水是从左下角的井中获取的，并经过竹管运至烧水设备中；画像砖的上层图景描绘了其他人正在狩猎鹿和家禽。狩猎野生动物与食盐生产并存于同一个场景暗示了这两种活动是紧密相连的。这种联系在中坝有可能涉及腌制哺乳类动物和鱼类的肉，借以保存它们并将之运往可能位于长江中游地区的远方市场（Flad 2005）。食盐生产规模与动物资源开发的数量极为一致地证实了这个设想的准确性。中坝以陶器为基础的食盐生产与肉类的腌制都在第三阶段的第四子阶段达到顶峰，这大概也与楚国在长江中游地区建立起稳固的统治同时（公元前770—公元前400年）。咸鱼和野生动物对长江中游地区的居民特别有吸引力，因为这些居民依赖农业，并且有消费鱼类和野生动物的倾向，这一点从该地区遗址的动物群遗骸就可以证明。

三峡的中坝和其他地点的食盐生产在巩固这个地区与其他地区

图 7.11　成都羊子山汉墓出土的一块描绘食盐生产与动物狩猎的画像砖（照片由陈伯桢拍摄）

之间的联系上扮演着重要的角色。即使一些食盐绝对有可能通过长途贸易运送至食盐匮乏的社群，但食盐生产在新石器时代似乎是一种相对局部的活动。我们找到了有关三峡与四川盆地之间在公元前2千纪中期有着多种相当稳定的物质文化联系的证据，后者本地的食盐资源比前者更难以获得，这些资源要到多个世纪后因人口增加的缘故才被开发。此时食盐生产技术的转变（引入了尖底杯）和有可能参与食盐生产的遗址数量上升表明，食盐买卖有可能是刺激这些互动的部分原因。随着食盐生产技术得到改进，三峡居民生产了更多食盐，并最终促使食盐生产接近工业化水平。这些发展不单涉及食盐生产，而且也涉及为居住在下游地区的消费者提供咸鱼与腌肉，这些消费者所在的地区人口稠密但食盐匮乏，主要包括湖北和湖南两省。我们在上文讨论到的楚商人是推动长江中游地区政治与文化发展的重要人物，而他们在这种食盐贸易的发展中也扮演着一个关键角色。在随后两章中，我们将会看到三峡的仪式习俗是如何反映类似的远距离联系模式的，并说明在那些远离祖国政治中心的楚国商人群体中间，身份认同是如何维系的。

总　结

在新石器时代晚期与青铜时代的中国内陆，某些资源成为经济活动的重要重心。诸如出现在鄂东采矿区的青铜矿这类资源影响了周边政治中心的建立，如盘龙城、五里界、鄂王城和草王嘴城等带有城墙的遗址；而其他诸如三峡制盐的遗址在它们变得最为重要的时期仍然与政治中心距离很远。我们正是在这些地区看到了政治与经济格局之间最为明显的差异。

在四川盆地，我们从考古学资料中可观察到下文所言的普遍趋势。平原附近动物资源的开发活动在新石器晚期和青铜时代初均相当分散，为获取肉类，人们运用了一种混合策略，囊括了野生的和家养的两类动物。诸如三星堆和金沙这些政治中心在相对较大的范围收集了某些动物资源，包括用于仪式活动的象牙和有可能作为原始货币的贝壳。大多数生产金属制品所需的矿石也来自遥远的地方，尽管盐业资源在四川盆地十分丰富，但只有在与成都的政治中心距离相对较远的盆地边缘，人们才能较容易地获得这些资源。因此，长距离的互动对四川盆地的政治发展来说是重要的。

相反，长江中游早期的政治发展涉及在重要的资源附近建立政治中心。这些中心固然有可能继续参与长距离的互动，但它们是这些资源得以散布的转口港（entrepôts），而非远方商品的接收者。在整个青铜时代，长江中游的生计策略主要集中在栽培植物和混合型动物资源开发，并持续集中在野生动物群和鱼类方面。

当三峡的食盐生产发展到一个相当高的水平之后，对鱼和野生动物的兴趣在促进公元前1千纪中期到晚期的食盐贸易上可能扮演着重要的角色。三峡很多经济活动确实是以当地为中心的，它们包括动植物资源的开发和石头的开采活动，甚至包括低水平的金属生产。但食盐和盐产品的制造使三峡小规模的社群与其他地区规模较大的城市人群联系起来。这些联系是由诸如楚这些遥远地区的商人促成的。

因此，从某种程度上说，如果我们仅从楚国的角度来观察这一地区，那么一般世界系统理论模型所预测的"资源丰富的边缘地区在政治上表现为欠发展的状态"似乎确实适用于这里（陈伯桢2010）。但这种观察却遮掩了对于三峡地区社会发展来说必不可少的地方性进程，这是因为世界系统理论的解释有可能会认为发展的动力主要控制在楚国的手里。正如科赫（Philip L. Kohl）对西亚相似背景下所做的讨论一样（1987b：15），"由于参与了这一体系，那些从事原材料采购或生产精致商品的小社群本身也发生了变化"。此外，食盐的生产与贸易并不是将峡谷与成都平原和长江中游这些遥远地区社群联系起来的唯一活动。中坝与其他遗址中的占卜遗存显示了那些为居住在很远的地方的人所共同遵守，并为了在当地使用而有所更改的仪式习俗。在青铜时代后期，墓葬习俗同样显示了地方性的仪式习俗如何反映了身份认同的发展，尤其是有意识地构建与楚国有关的身份。在随后的两章之中，我们会探讨这些仪式活动的地域模式，并通过墓葬这个角度来考察三峡地区的身份形成过程。

第8章

仪式格局（上）

（祭祀与占卜）

引　言

　　我们拥有关于献祭、占卜与丧葬这些仪式习俗的考古资料，它们可以帮助我们去理解古代中国内陆的仪式格局。仪式活动是一种有固定场所、特定时间和用具的表演。这些表演通过规范化的行为和程序化的活动顺序，反映现存的文化法则（cultural principles），以此增强社群的凝聚力（Rappaport 1999；Valeri 1985）。仪式在多大程度上必然是"宗教的"，也就是说，在多大程度上涉及信仰的表达和神圣或神性的概念，以及通过与超自然世界的接触来解决无法解释的现象，这些方面存在着诸多分歧（有关在考古学研究的语境下宗教的定义为何，见 Steadman 2009：23；Insoll 2004：7；关于人们对仪式在多大程度上是宗教的所出现的分歧，见 Kyriakidis 2007 中所收录的论文）。我们暂且将这些分歧放到一边，仪式乃紧密地建立于通过"仪式化"——"使之区别于其他行为方式"，从而使其不朽的基础上（Bell 1997：81）。仪式化的活动是维系复杂社会的一体化和差异机制的基础。通过那些创造意义的过程，仪式不单涉及在本质上的政治再生产（political reproduction）与对模式规律（pattern regularities）所做的控制（Bell 1992, 1997），而且从根本上是由在参与者的身份中处于核心地位的信仰系统赋予其活力的。

几种不同类型的仪式活动构成了社会认同（social identities）的基础，它们包括：（1）很多具有世俗性且频繁地举行的仪式，它们构成了日常行为的重要部分；（2）在季节循环中的指定时间里所进行的历法仪式（calendrical rituals；Marcus 2007）；（3）那些由政府赞助，用来使已建立的社会等级制度得以具体化的仪式；（4）那些为了回应危机和不确定性而举行的仪式（Stein and Stein 2005）。通过参与这些仪式，参与者建立了彼此之间的联系（包括上下级与同级的联系），而这些联系在建立与调整社会认同上扮演着重要的角色。由此产生的身份认同涉及个人面对复杂的社会网络时，对自己的位置不断做出调整，而这种身份认同也因此很难通过考古证据来被充分理解（Shelach 2009）。尽管如此，人们仍然可以调查那些用来让社会角色在其中得以建立、协调与挑战的仪式场所，而我们也通过这些仪式场所（及由此而生的仪式格局）而获得了一个有关社会认同的重要视角。

很多仪式化的习俗均与一些它们必定经常在其中举行的特定场所，或特定类型的场所紧密地联系在一起。例如，丧葬仪式（至少有一部分）是在墓地举行的；祭祖仪式一般在祠堂举行；宴会在特殊的宴饮场所中举行。相比之下，其他仪式可能没有那么具体的地点。有关例子包括在战争或狩猎之前进行的仪式、那些旨在平息特别使人困扰的自然力量的仪式、个人的仪式行为等。稳定的仪式场所与那些较为短暂或流动的仪式活动地点共同组成了一个地区的仪式格局。

构成这个格局的一些仪式遗址是日常活动的场所，不然就是偶尔举行宗教仪式的世俗场所。与此相似的是，在古代中国内陆地区，很多最重要、最频繁和定期举行的仪式活动有可能都是在那些作为核心政治机构设施的建筑物中或周围举行的。例如，我们从文献资料和包括墓葬及青铜器铭文的考古资料中可以得知商周时期的宴会或其他正式集会的场景，这些仪式是权威构建过程的重要组成部分，也经常用来维系各个诸侯国之间直接或间接的联系（Cook 1993；Chang 1983；Falkenhausen 2006b；Rawson 1996）。这些仪式包括精心制作的音乐表演、与祖先和其他神灵世界的祈祷与互动、加强社会等级制度的集体重复行为，以及其他共同维系诸侯国间的政治秩序的形式化行为。因此，仪式格局的重要组成部分与上文所勾勒的文化与政治格局是重叠的。

然而，对仪式用具所做的研究可以用来鉴别特定仪式的空间环境，从而使仪式活动与其他活动区别开来。在这些遗址中，仪式的构成要素从考古学角度看是显而易见的，而这些遗址有可能在为自然景观赋予神话力量一事上扮演着重要角色（Insoll 2004：88），有关例子包括专门的祭祀地点和那些指定为妥善处理祭祀用品的场所。我们将在成都平原与湖南山区确认这类场所。相反，一些有关仪式行为的证据散布于其他世俗活动的证据中，而世俗的活动却反映出仪式在一些地方的重要性，否则这些地方可能不会被认为对仪式活动那么重要。在下文的讨论中，我们会以中坝作坊区利用甲骨进行的占卜仪式作为例子，说明一个仪式与经济格局互相交织的脉络。

我们在第9章将继续通过对包括墓地在内的墓葬布局的考察来分析仪式格局。墓葬位置对任何仪式格局来说都是必要的组成部分，而由于它们与独立的社会行动者（social agents）的身体有直接联系，是用来建立、协调和处理社会身份的最有力的仪式化场所之一（Flad 2002）。我们探讨了青铜时代晚期，位处政治边缘的三峡地区，其墓葬在创造和维持跨地区身份认同的观念上所起的重要作用。

当我们将它们放在一起考虑时，中国内陆仪式格局中这些各种各样的交叉点显示，在整个古代时期，对社会身份创造至关重要的地点并不都与政治活动的主要中心相一致。此外，从仪式格局的角度观察作为政治边缘的三峡地区时，我们发现了中国内陆不同地区间互动的某些被人忽略的方面。

中国内陆的"祭祀遗址"

祭祀包括仪式化的行为，通过毁灭或遗弃使祭品获得神性，并期望这种行为会带来一些好处［Hubert and Mauss 1964（1898）］。在某些情况下，通过献祭获得的利益可能来自与祖先或其他超自然力量的沟通（Chang 1983）或建构这种沟通（Puett 2002）。在其他背景中，祭祀通过"放弃"（renunciation）这种具有社会意义的重要行为（Valeri 1994）和那些仪式参与者之间相关的仪式化互动带来利益。

祭祀的社会重要性在那些涉及杀害动物和与之有关的筵席（Dietlerand Hayden 2001），或对贵重物品所进行的竞争性破坏（Clark and Blake 1994；Graeber 2001）的情况下尤为突出。在这类背景下，祭祀是极具社会性的，并且是一个协调社会角色与个人身份的场合。为了成为一个有效的社会协调场合，祭祀的场所必须是使祭祀得以作为一种公开表演而举行的场所，要不就是部分特定群体可从事私人的、排他性祭祀行为的场所，这种祭祀行为通过排他性使社会阶层得以强化。考古学方面，我们可以通过考察祭祀场所与其他活动场所之间的空间关系，来调查祭祀在多大程度上属于公开表演或具排他性的活动。

我们在这里会考察古代中国内陆三组不同类型的祭祀仪式：两组来自成都平原，一组来自长江中游。这些祭祀仪式的遗址已被考古研究证实为祭祀遗址，我们将会考察其空间特点。首先，来自三星堆的祭祀坑，似乎代表了相对公开、大规模的祭祀仪式。位于金沙遗址群摸底河沿岸的第二组祭祀坑反映了仪式的私密性，但使用也更为频繁。最后，第三组祭祀仪式则以在长江中游洞庭湖南部相对偏远、地势较高的地方发现的零星青铜器为代表。它们有可能是一些排他性祭祀活动的产物，而在有关活动的过程中，精英们采取行动来取悦那些存在于这些偏远场所之中的自然力量与神灵。每一组祭祀仪式在中国内陆的仪式格局中均各自充当着重要节点。

三星堆 K1 和 K2

在众多三星堆主要活动时期发现的遗存中，两个大型"祭祀坑"（K1 和 K2）是最重要的（四川 1999）。正如第 4 章所言，这两处遗迹中所埋藏的遗物一直是三星堆研究的热点。K1 呈长方形，深约 1.5 米，南侧和东南侧有倾斜的坑壁和浅坑道。K1 埋藏有许多石器和玉器；4 件金制物品；200 件青铜器，包括武器、器皿、青铜钟和青铜人头像；经过燃烧的、与小型物件混在一起的动物骸骨以及木和竹的灰烬；13 根象牙；贝壳若干和 40 件陶器。这些遗物大概以上述顺序排列，不均匀地分散在整个土坑中，大部分集中出现在土坑的南部。最上层的陶器分布在其他物品和被烧过的动物骸骨上，这些物品中的大部分在埋藏之前亦曾经过焚烧，其中一些焚烧的温度很高。

K2 距 K1 大约 30 米远，较为狭窄，坑壁较直且无坑道。K2 的深度约与 K1 相同，而且与 K1 方向相近。人们在 K2 发现了分三层放置的大约 1300 件遗物和遗物碎片。最底层包括青铜树及其他青铜器碎片和诸如贝壳、玉石器之类的小型物品。第二层主要是青铜器，它们包括：一个放在底座上、高 2.6 米的人像；超过 40 个青铜人头像，其中有 6 个或更多表面覆有金箔；20 个青铜制面具，它们普遍来说亦与人的轮廓相仿，但却比青铜人头像的头部更大，造型也更古怪；以及众多青铜容器。最上层埋藏有 67 根象牙。K2 所藏遗物比 K1 所藏者更加精致与复杂，而且 K2 中很多遗物在 K1 中无法找到。尽管如此，这两个祭祀坑中的石器、青铜钟、青铜容器和武器形制均相似，而且这两个祭祀坑均被多层夯土密封。K2 所藏的一部分遗物也被焚烧过，而很多在埋藏之前就已经被损毁或变形。因此，这些坑都显示出埋葬前仪式破坏的迹象。

这两个祭祀坑并非我们在这个遗址所知的唯一贮藏点。1929年，人们在月亮湾发现了一个细长的矩形土坑，它被一些大小不一的石盘覆盖，两边排列的石盘数量更多，并埋藏有包括玉刀、玉珠与陶器在内的其他物品。这个土坑引起了考古学家对这个遗址的最初关注（Graham 1933—1934）。根据其外形，这个土坑最初被认为是一座墓葬，但人们却没有从中找到任何人类的遗骸，而鉴于该遗址有着其他"祭祀坑"，故上述解释可能是有问题的。在 1987 年，人们于遗址东北部仓包包发现了一个"祭祀坑"，其中埋藏有镶有绿松石的青铜牌饰和各种包括盘、锛子、斧和垂饰在内的石器与玉器（四川与广汉 1998）。这些有着二里头风格的牌饰暗示这个土坑是一处比 K1 和 K2 更早的遗存。与那些更为精致的遗存一样，仓包包土坑埋藏的物品也有被焚烧的痕迹，这或许代表着三星堆一个相对较早的"杀害"与埋葬祭品的例子（四川与广汉 1998）。此外，人们也在仓包包遗址发现了与月亮湾相类似的排列成行的石盘。

诸如这样的土坑，内部埋藏有经系统损坏的文物，是故意破坏事件的遗迹，反映了社群间的暴力或祭祀仪式。虽然这个时期和随后十二桥时期的成都平原确实有证据证明群体间存在冲突（尤其是俘虏形象的石像这种形式的证据；图 4.10），但 K1 和 K2 中的遗物被小心而有层次地摆放，这一点说明了这些土坑更有可能是三星堆社群的居民进行献祭仪式留下来的遗存。这类仪式要么涉及如同在夸富宴（potlatching）这种在民族志上记录的行为（Boas 1897；Cooper 1982；Drucker and Heizer 1967）中所经常看到的例子一样，要么有策略地放弃财富，要么则妥善地处置祭品，而后者对于控制被投进祭品中的超自然力量、使之不会对社群造成伤害来说是一个重要的过程（Miller 2007：233）。若果是竞争性的夸富表演，那么我们可以预料土坑中的遗物大部分都有可能是贵重物品。反之，以祭祀来控制超自然力量主要涉及破坏那些用在其他仪式活动中的祭品。

当然，将这些遗物毁弃于土坑中的仪式与人们最初使用其中一些物品的仪式并非完全一致。例如，石璋和玉璋这类广泛地与东亚整个公元前 2 千纪其他遗址有关联的遗物（邓聪 1997；Falkenhausen 2003：203；Rawson 1996；So 2001）有可能被用在典礼之中，其时璋的尖端是向上的（图8.1）。同样，我们几乎可以肯定青铜人像和人头颅是在公开表演中用到的重要仪式器物，而且它们作为三星堆物质文化特色，在使之与华北的仪式传统有着显著差别的表述中扮演了至关重要的角色。相反，我们知道在土坑中发现的青铜器中，诸如"尊"这种容器在青铜时代中国其他地方的仪式行为中一直都是很重要的。人们在三星堆发现的这些青铜器中的一部分几乎可以肯定是从其他地区进口的，这些地区很有可能位于长江中游流域（Falkenhausen 2003：215，2011；俞伟超 2000）。这些青铜器在三星堆文化中有可能开始被当地人联想成非常特殊的事物，并开始有着与之前迥然有别的用途。但与盉、高柄豆、玉琮和大型青铜树所有这些器物在遥远文化背景下是重要的仪式物品一样，相关青铜器在被放入三星堆土坑之前肯定也是重要的仪式物品。

在土坑发现的一些物品是被仪式损毁的，但其本身并不必然是贵重的仪式物品。比如玉璧，有可能一直被用作臂镯（So 2001：173）。这类物品的一部分是在藏有贝壳和玉珠的青铜容器内发现的，我们在更遥远的西南地区一些时代较后的遗址中，亦得知有与这种情况相似的储存财富的习俗（肖明华 2004）。在三星堆的祭祀遗址中发现超过 100 件玉璧，它们由不同的工具制成，而这有可能反映了不同等级的价值（So 2001；Flad 2012）。

其他可能反映了价值标准的手工艺品为象牙与有着方形孔的长方形青铜器（"锄形器"）。三星堆的一些象牙被分割成多个部分（这种习俗在金沙遗址中似乎较常见；Flad 2012），而这种将象牙分割的做法暗示了它们的价值有可能是可被分割的。但正如那尊其环握的双手有可能是手持着一副完整的象牙的大型青铜人像暗示的一

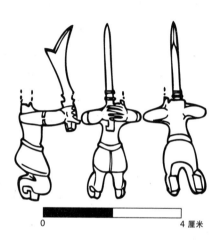

0   4 厘米

图 8.1 三星堆出土的手持璋的小型青铜雕像（K2(3):325）（据四川 1999：235 重绘）

样，完整的象牙有可能仍然是重要的仪式物品（图7.1）。土坑中出
土了超过50件锄形器物，它们在当时可能颇为流行，社群的首领
有可能戴上它们作为地位的标志，甚或有可能作为贵重物品的替代
品。也许，它们有可能是诸如青铜树这类用在仪式表演中的青铜器
物的附件。故此，几乎所有K1和K2的物品都有可能与献祭之前
的仪式活动有关联。因此，举行这种产生这些土坑的祭祀仪式的一
个重要原因有可能是，仪式用具在一次或多次社群间暴力事件中受
到破坏之后，对它们进行适当的处理（孙华2013）。相反的意见认
为K1和K2实际上为墓葬，这些墓地有可能是属于那些人们需要
为其死亡举行复杂纪念仪式活动的宗教领袖或个人。在K1被烧毁
的骨头中，有一些被初步鉴定为人类遗骸（四川1999：522）。然
而，如果这个土坑是与火葬有关的话，我们可能会看到有更多可以
识别的人类骸骨，而且肯定会有人类的牙齿，但人们却没有找到。
也许这些骨头反映了三星堆环境下人类祭祀的某些因素，尽管这只
是推测。

金沙的祭祀区

在金沙，根据所谓的祭祀区集中于梅苑，故此处似乎是一个重
要的仪式活动中心（成都2004a，2004e）。人们最初是在2001年对
管沟进行发掘时发现这个遗址的，当时发掘了一个放满象牙的土坑
（金沙K1）。此后，人们在梅苑进行的进一步工作则从建筑物的废
石堆和随后的科学发掘中出土了1417件遗物。这些遗物包括：56
件有着不同外形和大小的黄金装饰物；479件包括武器、钟、盘、
各种装饰品和小型人像在内的青铜器；558件玉器，当中大多数为
工具和武器，但也包括12件玉琮、62件玉璧和107件诸如玉珠和

抛光的石头等小型器物；248件石器，当中60件为武器和工具，其余的则包括134件石盘、10尊人形小塑像、19尊动物小塑像和25件其他器物；57件骨器和18件陶器。

虽然我们无法确认大部分遗物最初的出处为何，但随后的调查发现，摸底河南岸15公顷的"祭祀带"中存在大量遗物，而摸底河北岸则是住宅区和行政区。祭祀带中至少有60个所谓的"祭祀坑"，主要由小规模的器物坑组成，似乎代表了超过三个年代分期、有关废弃或供奉的周期性仪式（成都2006a）。第一个阶段为三星堆过渡至十二桥文化的这段时期，以象牙制品（包括完整的象牙在内）和石器（有着雕刻装饰的璋、璧和下跪的人形、虎形和蛇形的小塑像）以及一些陶器和少量的玉器为其特征。第二阶段为十二桥文化时期，以青铜、玉器、象牙制品和金器最为常见。这个遗址出土了超过200件黄金器物，而当中大部分出土于这个阶段。第三阶段大约与新一村文化同时，其时玉器、青铜器和象牙制品变得罕有，大多数祭祀坑埋藏有陶器和石器以及大量野猪牙齿和鹿角。一个例子为覆盖200平方米的灰坑（H2），这个广阔的空间包括少量象牙、玉器、磨制石器、陶器、数千枚野猪的牙齿、鹿角和鹿角以及用在"占卜"中的龟壳（见下文的讨论）。

摸底河沿岸的祭祀遗存似乎分布得相当随意，但它们都集中在河岸上，表明这个场所被认为是一个具有仪式或宗教意义的地方。人们至今没有在金沙中找到如三星堆一样大型的土坑，而相对那些土坑而言，摸底河的献祭规模较小，但举行献祭的频率则可能较高。一些诸如金沙K1之类的土坑规模很大，但却比三星堆K1和K2更整齐。金沙K1藏有少量青铜器与玉器，但主要是八层象牙（朱章义等2003；图8.2）。金沙出土的一把长斜方形的玉璋刻有一

图 8.2　2001 年对埋藏有象牙的金沙 K1 所进行的发掘工作（照片由成都市考古研究所授权使用）

幅图像，它显示了玉璋是放在仪式参与者的肩膀上的（图8.3）。这个习俗有可能与在三星堆展示象牙的习俗有关，且需要搭配诸如图7.1所示的雕像。迄今为止，人们已在金沙整个祭祀区的各个地方之中发现了超过100根象牙（成都2006a：37），而其中大多数都被分割成多个部分。

人们在金沙祭坑已发现了至少12尊下跪人像（图4.10），而其他个别的例子则于三星堆和方池街被人发现。它们有可能相当于一些人牲的替代品。若三星堆祭祀坑中那些已经烧过的人骨果真反映了人祭的话，那么这个解释将得到更多的支持。金沙的人似乎大多有着一种特殊的发型，这种发型有着剃掉的鬓角，头发中间分界。这些人像中的一部分有着长辫，而所有人像的双手均被捆绑在背部。正如仍残留在一些人像上的朱红色颜料暗示，这些人像最初可能都有着鲜艳的颜色。它们的姿势反映了频繁的冲突，而其发型有可能是表明种族和社会认同的一种尤其显著的标记。正如第4章所言，三星堆的青铜头像有着数种不同的、经过精心处理的发型和头巾，它们同样也可能是社会认同的标志，而我们可以假设有着分界的发型要么是敌对族群，要么则是那些有可能适合用作人牲、被奴役的社会阶层所特有的，或是一种象征从属的符号标志。

梅苑下跪着的人像，石制的蛇、虎和璧被一同发现在一座小型土坑中。人们在这些土坑中发现了至少10只石虎，这些老虎经过细腻的刻画，它们的口腔张开，嘴里长着尖牙，而且局部有着鲜艳的颜色。这个遗址中经常出现石虎一事说明了老虎的形象在仪式中与人类俘虏的形象一样重要。老虎在与献祭活动有关的宇宙观中可能扮演着一个重要角色，这或许是由于它们与这个地区其他族群的战士一样，对金沙的人们产生了威胁，使得金沙的人民需要一些超

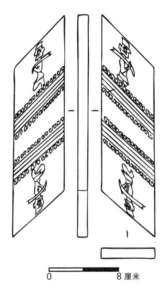

图 8.3 金沙一柄玉璋上刻绘跪坐人物肩扛象牙的形象（据成都 2006a：75 重绘）

0   8 厘米

自然的保护来对抗这种威胁。

梅苑祭祀区域有着大量相对较小的祭祀坑，这暗示有一些进行着私人仪式的个体和小规模族群在一段长时间内持续地利用这个地区。这种重复而小规模的祭祀活动似乎与三星堆的情况有别，或许代表了一种相对分散、行政上更为复杂且对社会角色的协调更为开放的政治秩序（Flad 2012）。但必须注意的是，鉴于有关三星堆的发掘工作并没有得到全面的公布，故我们不清楚诸如月亮湾和仓包包的祭祀坑这类较为小规模的献祭遗存是否有可能实际存在于三星堆。但迄今为止，并没有任何有关这个遗址的出版物和讨论，或是遗址的博物馆有提及这类遗存。此外，在金沙进行的全面发掘工作显示与三星堆 K1 和 K2 相似的大型土坑不存在于金沙的梅苑地区。故此，两个遗址的仪式习俗之间显著的差异有可能是实际存在的。

在转向长江中游地区的祭祀仪式之前，第 4 章所描述的羊子山"金字塔"值得我们在此简单地提及（四川 1957）。羊子山遗址奇怪的结构和组织暗示了它曾被用于一些特殊目的，它或许是用作公共仪式表演的一个重要场所。三星堆博物馆的展览更为异想天开地（但并非不合情理地）提出这个大型的山丘是一个引人注目的遗址，用于公开地舍弃诸如埋藏在三星堆和金沙祭祀坑中的充满仪式意味的、贵重的遗物。当然，这只不过是一种猜测。但即便如此，羊子山亦有可能是成都平原仪式格局中的一个重要中心。

长江中游流域的青铜器祭品

在长江中游流域和三峡地区并没有与成都平原相似的祭祀遗存，但这并不是说没有任何考古遗存被人解释为祭祀遗存。那里固然也有墓葬（将于第9章讨论），其中贵重的物品也被故意地毁弃，而墓葬周围也有着一些动物献祭的零星例子。例如在中坝遗址中，狗的头颅相当有可能是人们在进行旨在保证生产活动顺利的祭祀仪式时，被他们有意地放在整个食盐生产作坊不同位置的土坑里的（Flad 2011：305）。

此外，在长江中游地区南部位处偏远地区的灰坑中也藏有一些精致的青铜器，它们代表着一种分布广泛而有系统的祭祀习俗。青铜制的仪式器皿最先是在与盘龙城建立同时的二里岗时期被引进到这个地区的。大约在二里岗文化衰退和盘龙城被人所舍弃的时期，长江中游的其他地方，尤其是湖南北部出现了青铜器窖藏（McNeal n.d.）。有关例子包括1997年在铜鼓山发现的两件带有安阳风格的仪式用青铜器瓿和鼎（岳阳 2002），以及毛家嘴一个西周贵族居住址出土的7件青铜器（湖北与湖北 1997）。在这些和其他类似的案例中，青铜器可能是墓葬随葬品的一部分，也可能是为了寻回而被贮藏起来的，就像在陕西周原发现的许多西周晚期青铜器一样。

在长江中游其他地方，仪式用的青铜器体现了一种本土铸造传统和一种在祭祀时舍弃祭品的特殊风俗。铙钟是这个地区发现的本土青铜器之一，其中至少有72件出土于湖南各个地区（高至喜 1984；向桃初 2008）。这些铙钟是一个更大型的青铜乐器中的一部分，其中包括其他种类的钟与磬，而且并非湖南独有（有关中国青铜乐钟最权威的论述，见 Falkenhausen 1993）。例如，江西至少发现了135件青铜钟，当中大多数为铙钟和甬钟，其中有接近一半是在20世纪前发现的（彭适凡 1998）。其他在湖南常见的所谓南方青铜器包括青铜罍与有着包括夸张的扉棱与雀鸟在内的精致装饰的青铜容器。

这些青铜器中有一些是在定居点附近发现的，更多的是在水道附近或远处的土坑中发现的。例如，在宁乡市有超过 20 件铙钟是在属于沩水支流的黄材河流域一个相对较小的地区发现的。其中的 15 件铙钟是 1959 年在两个土坑中发现的，两个土坑分别藏有 5 件和 10 件铙钟，剩余的青铜器被发现于炭河里遗址（高至喜 1963）。人们亦在诸如山顶这类偏远场所与其他遗迹分离的土坑中发现了一些造型特别的青铜器。它们包括人们在 1938 年发现的著名的四羊方尊（图 8.4a）和在 1959 年发现的大禾方鼎（图 8.4b），两者被发现的地方亦相当接近炭河里，但具体地点却与该遗址有一段距离（高至喜 1960）。宁乡市是湘江流域内出土青铜器数量最多的县（市），而湘江流域出土的青铜器数量占全湖南省青铜器总数的 80% 以上，这使宁乡成为一个较广阔区域内的"仪式中心"（李零 2004）。

尽管宁乡作为一个偏远地区，私人祭祀可能相对频繁，但若认为这些习俗只是在邻近地区，或只是在湖南流行的话，那就大错特错了。例如自 1949 年以来，人们在江西赣江流域 29 个遗址中发现了青铜乐器，其中至少有 12 处位于山顶、山腰或河岸的相对封闭的场所（彭适凡 1998）。只有 2 处墓葬遗址，而这 2 处墓葬的年代很晚，已到战国时期。我们未能确定其余遗址的位置。因此，将青铜器埋藏在偏远地区的传统，似乎是一种在南方普遍流行的现象。

这种模式对于青铜时代长江中游的祭祀活动做出了何种暗示？我们相信这些资料反映了一种由地方精英主持的特殊祭祀活动。这些精英能够获得大量青铜材料，并反复从事着一种祭祀方式，这种祭祀方式注重与那些位处偏远地区的自然神灵进行互动。这些场所并不是事先决定和固定的，相反，它们有着一些普遍的共性，且有

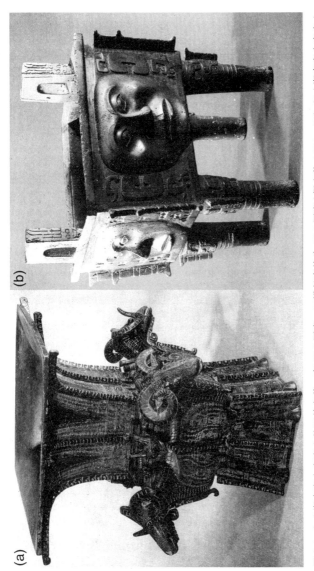

图 8.4 （a）湖南宁乡市出土的四羊方尊：高 58.3 厘米，口沿长宽均为 54.2 厘米（据文物 1976：17）；（b）湖南宁乡市出土的大禾方鼎：高 38.5 厘米，口沿长 29.8 厘米、宽 23.7 厘米。（据湖南 1983b：11）

可能是由地方精英中的一些仪式专家通过某些预测决定的。随之而来的祭祀仪式很可能是精英阶层及其特定祭祀随从的私人事务——尽管更广泛的当地人群对仪式的了解程度可能会因情况而异。然而，祭祀场所的性质暗示了这些祭祀与那些在三星堆与金沙举行的祭祀有着相当大的差异。后者举行的祭祀仪式是更为公开的，而且与建构和管理内部社会（intrasociety）关系密切。

占　卜

在《牛津英语词典》（*Oxford English Dictionary*）中，占卜被定义为"对未来事件的预言，或发现被超自然和魔法手段隐藏与蒙蔽的事物"。各种形式的占卜是那些最为普遍的宗教习俗之一，用来处理不确定的事物并为人类经验带来秩序与理解。因此，占卜仪式的重要性、普遍性和分布是过去的仪式格局至为关键的特点。

我们知道古代中国人曾实行过多种形式的占卜，当中一部分在建构社会权力方面尤其重要，这在诸如商这类中原的成熟国家的发展脉络中尤其如此。灼骨术（Pyro-osteomancy）是一种燃烧动物骨头（所谓的甲骨）的占卜术，在公元前1千纪这段时间里各种形式的占卜术中，它是最著名的（Flad 2008；Keightley 1988）。在后来的历史与考古记录中，我们得知还有其他几种占卜形式（Lewis 2002；李零 2000a，2000b；Loewe 1994），它们包括使用与《易经》的起源有关的"蓍草法"和使用其他诸如竹条、云和梦这类媒介所进行的占卜（Loewe 1988；李零 1990）。相对其他占卜种类，灼骨术有着最系统和最广泛的考古学证据印证，且中国内陆的资料允许我们思考甲骨是在何时、何地使用，以及在仪式过程中的使用频率。可惜的是，我们只有从文献资料中才知道其他形式的占卜，而我们也因此很难在空间脉络中考察它们。

甲骨占卜在公元前4千纪出现于亚洲东部，其时人们燃烧鹿骨与羊骨作占卜之用（有关这个课题的全面回顾，见Flad 2008）。随着甲骨利用的发展，有关习俗变得相当普遍，所需要的步骤也变得更加规范。与此同时，人们一开始使用的多种占卜媒介包括猪、骆驼、熊和牛的肩胛骨，以及龟类腹甲，缩减至仅限于牛的肩胛骨和龟类腹甲。后两种动物具有象征意义，牛在商代晚期的动物类祭品中尤为重要（Yuan and Flad 2005），而龟因为其与长寿、力量及宇宙秩序的关联而成为早期中国宇宙哲学体系中的重要象征（Allan 1995；李零2000a；Lowe 1981：46，1988：87；Venture 2002：216）。

中原使用卜骨的情况在晚商时期达到高峰，同一时期占卜的专业化和复杂程度也登峰造极。当时，甲骨占卜包括预先处理卜骨、钻孔、灼烧、刻辞和管理卜骨这一系列复杂步骤，这些工作由专业的占卜师监督，并需要手法纯熟的从业人员参与其中。正是从这时的甲骨占卜中，人们发现了中国最早的长篇文字，这些文字提供了东亚最早的古文字资料。有关刻辞显示出占卜活动与殷墟商王室有着紧密的联系，其所关注的都是与商代贵族切身相关的议题。它们包括某些有关军事活动、狩猎考察与祭祀的决定能否有效，以及关于未来的天气、收成、自然现象、梦境、分娩和其他状况的吉凶（Keightley 1997）。在殷墟，占卜遗存最密集的地方都与贵族居所和生产作坊有关，这些地区都与王室关系密切，它们对于建立和维系商政权内部的等级制度来说是必不可少的。

我们可以说，那些占卜较为普遍且举行得较频繁的场所有着很高的"仪式密度"（ritual density），这一概念的引入是为了突出某些时期或文化，它们比其他时期或文化更注重仪式实践（Bell 1997：173—209）。霍利·莫伊斯在近年的研究中将仪式密度应用在考古学研究中，借以评估与玛雅典礼有关的"仪式表演的频率、时间长度，或参与的人数"（Moyes 2008：139）。莫伊斯利用了伯利兹（Belize）西部一个洞穴中的木炭沉积物来作为衡量火把是否存在的指标，据此评估洞穴用于举行仪式的频率，莫伊斯同时使用它来考察仪式强度的历时性转变。

在有可供比较的资料时，这种方法也可应用于甲骨占卜的研究。只要甲骨占卜涉及骨块的灼烧，那么单个的灼痕便会成为评估占卜频率的替代标准，灼痕的量化便能反映相对的仪式密度。在中国内陆，这类资料来自中坝遗址。在概括中国内陆地区其他地方出土的卜骨证据的性质后，我们将回到中坝的资料上。

成都地区

卜骨在成都地区并不常见。最早的卜骨是方池街出土的 5 块卜骨，属于三星堆文化过渡至十二桥文化时期（成都与成都 2003：303）。方池街发掘人员依据卜骨上小孔的差异，将这些甲骨分成三类：有些是直径为 1.1 厘米的圆孔，有些小孔形状为长方形，第三种卜骨上的小孔为圆形和椭圆形，直径约为 2 厘米（图 8.5 a—c）。

人们已将这些卜骨与在成都附近出土的其他卜骨进行比较，以考察其历时性变化的模式（李零 2000a：57—64，2000b：285—305；罗二虎 1988；四川与成都 1987）。最早的卜骨有圆形的小孔，其中一部分是钻出来的，其他则是凿成的（图 8.6）。后来的样本中，有一些长方形小孔位于龟类腹甲的内面，在小孔底部中央有一条凿槽，凿槽走向与孔的长边相垂直，以便于卜甲裂开（图 8.5 d）。

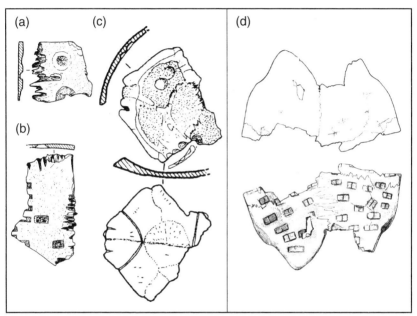

图 8.5 方池街出土卜骨:(a) 85CFT245;(b) 85CFT244;(c) 85CFT243(据成都与成都 2003:304 重绘,此处约为实际大小的三分之一);指挥街出土卜骨:(d) T2(6):38(据四川 与成都 1987 重绘;该报告没有提供比例)

上述类型的卜骨的年代分布较为集中。例如，在指挥街进行的发掘工作出土了一些卜骨，它们来自相同地层，却有着不同类型的占卜标志（四川与成都 1987）。反之，新一村那些贯穿不同考古分期的卜骨则有着相似的圆形标志（成都 2004f：181）。尽管如此，后来的卜骨则倾向于有长方形的小孔，这种变化模式与黄河流域的卜骨转变状况相同。此外，后来的卜骨在占卜仪式之前很有可能经历了更细致或更复杂的预处理。这类预先处理的工作能保证产生更为一致的占卜结果，占卜师阶层可以更容易地解释这些结果，而这个阶层分享着同一套神秘的知识体系（Flad 2008）。

长江中游

在长江中游地区，最早的卜骨遗存见于盘龙城，时间同样是公元前 2 千纪后半期。那里，在属于第五和第七期的灰坑中出土了数件青铜容器，这些容器内盛有带有钻孔的牛肩胛骨，其中盛放在第五期青铜斝的那件与中原二里岗上层时期卜骨的使用模式相同（湖北 2001：135，296）。通过器型排序和相对变化，人们推断这两个时代分别与二里岗上层一期晚段和二里岗上层二期晚段同时。在绝对年代上，这种联系将会把这两个遗址的时代定为约公元前1400—公元前 1300 年，另一个经加速器质谱法校正后的碳十四年测年数据要把这个阶段的开始时间再稍微往前推一些（校正年代为公元前 1530—公元前 1390 年；湖北 2001a：444）。但正如旺蒂尔（Venture 2002：19）指出，盘龙城只有少量卜骨一事表明占卜并非政治权力的一种特别重要的来源。

盘龙城之后的卜甲遗存包括宜昌路家河（长江 2002：87）和香炉石（湖北 1995b）的例子，这两个地方均位于湖北西部。香炉石

图 8.6　金沙遗址博物馆的卜骨（由傅罗文拍摄）

的卜甲出自三个地层，其中包括 3 块年代在公元前 2 千纪中期的龟类腹甲碎片。这些碎片有着椭圆形的占卜标记，且其标记上有着凿刻而成的线条，便于甲骨破裂、形成纹路。属于商代中期到晚期的卜甲有 12 块，包括龟类腹甲和鱼类的鳃盖（腮骨），它们有着由钻头钻成的椭圆形和长方形小孔，其中两个小孔内凿有与小孔横边平行的线条。属于商末周初的卜甲包括 5 块龟壳碎片和 19 块鱼类鳃盖，它们有着长方形占卜标志（图 8.7）。

虽然我们尚未知道在黄河流域和其他地区是否有使用鱼骨来占卜的习俗，但这种情况在中国内陆地区是很常见的（蒋刚 2005）。在湖北，鱼骨在诸如石门嘴一类的西周时期遗址中仍然是一种重要的占卜媒介，这有可能是因为在长江和三峡地区，捕鱼在生计模式中扮演着重要的角色（Flad 2005；袁靖等 2008）。尽管如此，长江中游包括沙市周梁玉桥（彭锦华 1986）和江陵梅槐桥（何驽 1991）在内的其他遗址中，都大多使用龟壳做占卜用。此外，认为鱼骨占卜在三峡占支配地位的说法，未能得到包括中坝或麻柳沱在内的其他遗址资料的支持（相反意见，见蒋刚 2005：59）。

在西周时期，龟和鱼仍然被人用于占卜。在华北，有关甲骨使用的考古学证据在商周过渡期以后出乎意料地变少了。与北方不同的是，在长江中游多个周代遗址中，甲骨的使用仍然是很常见的，主要有不二门（湖南与湘西 2004）、荆南寺（荆州与北京 1989：690）、周梁玉桥（彭锦华 1986）和襄樊地区的其他地点，包括毛狗洞（襄樊 1988：16）、肖家岭（湖北与宜城 1999：30；朱顺龙与石瑞卿 2001）和真武山（湖北与襄樊 1995；张昌平 1996）。襄樊地区的周代甲骨主要是龟甲，其上凿有圆角矩形小孔，小孔底部凿有与小孔横边平行的线条。不二门这个位于湖南西北部相对偏远的遗

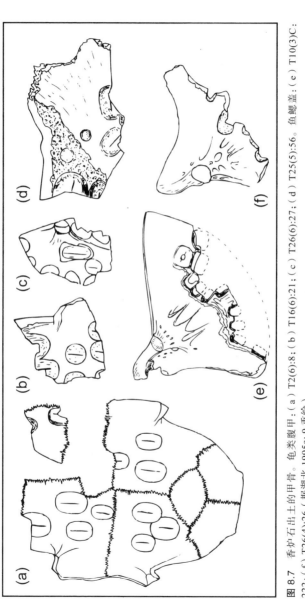

图 8.7　香炉石出土的甲骨。龟类腹甲：（a）T2(6):8；（b）T16(6):21；（c）T26(6):27；（d）T25(5):56。鱼鳃盖：（e）T10(3)C:222；（f）T26(4):26（据湖北 1995a: 9 重绘）

址中出土的甲骨也有着占卜标记，椭圆形小孔底部也有着凿刻而成的纵长线条。襄樊附近其他遗址的卜骨也有占卜的痕迹，主要是由肩胛前偏平区域上的长方形或正方形的小孔和附属小孔组成，这些肩胛骨经过了预处理。这种双孔模式显示出一种与在黄河流域发展早期的甲骨占卜传统的明显联系，尤其在诸如殷墟这类商代遗址以及陕西南部渭水流域的西周时代遗址（有关西周的文物，见曹玮2002；李零 2000a：220—223）。这些标本表明，这种占卜实践在中国内陆远离核心都城的偏远地区仍然存在。

三　峡

三峡地区的甲骨最早出现在公元前 2 千纪，但大部分的时代均为周代。我们从秭归的石门嘴与鲢鱼山（吉林与湖北 2004：432；中国 1961：233）、万州的麻柳沱（复旦 2001：144—145）和忠县的瓦渣地（北京与忠县 2003：669）等地中得知周代的例子。这个地区大多数已公布的甲骨多为龟甲的碎片。麻柳沱出土了大量甲骨，它们包括龟腹甲的碎片和大型的鱼鳃盖。在三峡，甲骨的使用似乎一直持续至很晚时期，如明月坝出土的唐代遗物所证明的那样（四川 1998a：107）。

三峡地区公布最详细的材料来自中坝（Flad 2011）。中坝最早发现的甲骨是龟腹甲，其上有长方形的占卜小孔，可追溯到战国时期（四川与忠县 2001：601）。在随后的发掘工作中，工作人员在一个食盐作坊的中心部分发现了更多的甲骨，年代在公元前 2 千纪前期。只有一块甲骨的时代经碳十四测年校正后早于公元前 1630 年，然而，这块甲骨很小且不完整。在中坝第二阶段（校正年代约公元前 1630—公元前 1210 年）开始，到第三阶段（校正年代约公元前

1100—公元前 200 年）的结束这段时间里，人们发现了属于各个阶段和子阶段的甲骨，几乎均为龟腹甲的碎片。

中坝的甲骨包括 453 个独立的占卜标志。我们可以把它们分成几种类型，每种类型的制作过程稍微不同：一些是因为局部被灼烧而留下一些凹陷区；其他则是人们在灼烧之前有意用钻孔或雕凿的方式造成的。大多数经过预处理的卜骨，占卜标志都是圆形的。从遗址第三阶段的第三期（校正年代约为公元前 500—公元前 380 年）开始，那些经过处理的小孔的底部开始出现由凿刻而成的槽。在第三阶段第四期（校正年代约为公元前 380—公元前 310 年）和第三阶段第五期（校正年代约为公元前 310—公元前 200 年）中，小孔多呈长方，而且有着与小孔横边呈直角的、经凿刻而成的线条。但是，仍然可见到圆形的小孔。

当我们将之与成都平原和长江中游的甲骨进行比较时，可知中坝与成都的例子在占卜技术方面较为相似。在长江中游，诸如肖家岭一类的遗址出土的甲骨，有一些有着长方形或近似长方形并平行排列的小孔，小孔当中由凿刻而成的线条亦倾向于呈纵长形。相反，在诸如成都指挥街一类遗址发现的甲骨小孔中，由凿刻而成的线条则与小孔的长边相互垂直，而长方形的小孔则分布得稍微有些不规律。

中坝占卜习俗的仪式密度反映了甲骨使用和食盐生产之间的联系。在探方 DT0202 中，我们使用了一种前后一致和可靠的采集策略。这种策略让我们能比较随着时间的推移，占卜标志出现的频率，据此计算占卜的重要性。图 8.8 显示了探方 DT0202 每个子阶段中，占卜标志出现的相对频率。有关数据表明，中坝的占卜活动出现了两次不同的高峰：第一次发生在第三阶段的第一期，第二次

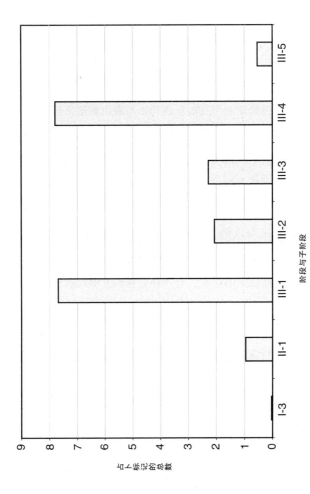

图 8.8　中坝甲骨使用的频率

则出现在第三阶段的第四期。

在三段一期和三段四期这两个时间段里，中坝周围的地区经历着剧烈的政治与社会动荡。甲骨占卜在第二阶段被引进中坝之后，遗址的食盐生产变得更为积极，而且引进了新的程序。在占卜强度首次达到高峰的三段一期里，中坝的食盐生产再一次经历明显的转变。中坝的活动在第三阶段之前有可能出现过停顿，且无论如何，在第三阶段第一期所引进的崭新生产方法也有可能使食盐生产变得困难而不稳定。占卜从仪式方面提高食盐生产效率，也是建立和维系那些食盐生产负责人的领导地位的手段。

随着食盐生产在第三阶段发展，占卜似乎变得不那么重要了，但不稳定又再一次于三段四期出现了。其时，三峡渐渐加入跨地区的政治互动中，特别是与楚的互动。楚在与秦的冲突中处于劣势的情况可能对中坝的食盐市场造成影响。此外，铁锅不久之后被引进食盐生产中，这最终结束了中坝以陶器为基础的食盐生产（尽管遗址的食盐生产以一种在考古学上并不可见的新技术持续着）。占卜密度在三段四期出现的高峰有可能与这些不稳定有关。食盐生产与其成功是那些控制了仪式知识，并在某种程度上也掌管着食盐生产的人，在其竭尽全力预测未来时的主题。这些占卜者对中坝食盐生产所处的社会大环境做出了反应，当这种大环境不确定时，占卜仪式就会增多。生产区中的占卜遗存在空间上与食盐作坊接近，这暗示了这种仪式行为与中坝社群的经济重心是紧密联系在一起的。在三峡的其他地方，占卜的具体内容可能会有所不同，但当占卜在这些不同的地点进行时，它很有可能集中在对当地社群至关重要的问题上。

结　论

中国内陆使用甲骨进行的占卜与东亚灼骨术这个久远的传统相符。在中原地区，这种占卜在殷墟商代晚期档案中与甲骨文有关的高度专门化和精细化的实践中达到了顶峰。中国内陆的甲骨，包括那些在三峡及其周围地区出土者，虽然均无刻辞文字，但事实上它们却显示了人们对跨越政治和文化边界、在广阔地区共享的仪式传统的投入。这些甲骨显示，占卜提供了一种"权威资源"（authoritative resource）的形式（Urban and Schortman 1999），而它最终指向的，是一个在公元前 2 千纪存在于中原的高度集中的政治核心。虽然中国内陆地区的许多甲骨年代要晚于商朝的鼎盛时期，但中原地区存在的领导力与占卜之间的密切联系，可以从当地的权力脉络中寻得蛛丝马迹。甲骨在中原得到广泛的使用，但这种情况并不具有普遍性，在长江上游和中游地区，这种习俗被接纳的程度也有很大的差异。

成都平原有关甲骨占卜的例子要比长江中游的多，而且当我们更仔细地研究这一仪式实践的具体细节时，就会发现三峡地区的仪式实践者和蜀国的仪式实践者之间的联系比三峡地区和楚国之间的联系更紧密。这两种模式均暗示了对于采纳甲骨占卜为一种与现实政治权力密切相关的仪式习俗一事来说，其在四川盆地的重要性要比它在长江中游为大。有关模式亦说明了三峡的社群（或至少是中坝的人群）在一定程度上接受了四川盆地的传统。相反，我们在随后的章节中将会看到，在公元前 1 千纪后期，与墓葬有关的仪式习俗证明了三峡与长江中游地区之间有着紧密联系。

第 9 章

仪式格局（下）

（丧葬习俗与社会认同）

墓葬与丧葬习俗

　　墓葬为建立过去的社会互动模式提供了最好的考古资料。它们为窥探社群成员的个人与群体观念提供了一个重要窗口。因此，考古学家如何诠释墓葬模式，在过去几十年间已成为一个重要的议题。在墓葬研究中，墓葬的华丽程度长久以来都被人作为一种理解社会结构与阶层的间接方法。在亚瑟·萨克斯（Arthur Saxe 1970）具有开创性的著作出版之后，这种观点在 20 世纪 70 年代得到大力提倡。萨克斯的这本民族志著作推断墓葬模式反映了一些经过有意筛选的社会差别，这些差别在墓主生前的社会中具有重要意义。萨克斯之后的其他过程主义考古学家（processual archaeologists）对这些模式做出直接诠释（Binford 1971；Brown 1981，1995；Tainter 1978；O'Shea 1984），这些诠释至今仍然在墓葬考古研究中具有重要影响力。

　　尽管对这种直接的方法持乐观态度，但学者们早就认识到，

（Peebles 1971：68）对在墓葬中观察到的模式而言，"哀悼者的活动和状态"比死者之间的关系更重要（Humphreys 1981；Metcalf and Huntington 1991；Ucko 1969）。那些致力于这种墓葬模式研究的考古学家视死亡为一个仪式过程，这个过程必须要在文化背景中加以理解，而墓葬则是复杂仪式中一个小而重要的方面（Flad 1998，2002；Kuijt 1996；Morris 1987，1992；Nilsson Stutz 2003，2008；Pader 1982）。葬礼并非只（或必然）是一个强化社会差别的场合，也有可能是一些在世的人在面对更为广泛的社会习俗时表明自己身份的机会。"葬礼提供了一个环境，不同的个体为了不同目的在其中重新制订、控制、协调和使用现存的丧葬习俗"（Flad 2002：30）。

研究古代中国的考古学家一直倾向于直接地诠释墓葬模式，这主要是因为历史文献表明，根据等级与地位规定的严密的仪式与习俗，在中国历史的大多数时间里都得到了不断的规范和执行（俞伟超与高明 1978a，1978b，1979）。此外，中国青铜时代贵族极为精致的墓葬，在墓葬结构随葬品方面显示出强烈的标准化模式，这暗示了严格的墓葬等级制度在彼时不仅被建立与遵循，而且与墓主社会身份的某些方面紧密相连。尽管在中国古代，"墓葬财富和社会地位之间的联系可以说比世界上任何其他地方都要直接"，但这种联系不可避免地要经过类似宗教仪式的过滤（Falkenhausen 2006b：75）。正如其他地方一样，我们在中国亦因此必须注意从其文化与仪式背景中思考其墓葬模式。

在本章中，我们试图为遍及中国内陆的墓葬模式提供一个具有代表性的概要。我们会从四川盆地开始，虽然这里的墓葬资料是分散且不完整的，但我们在这里却能够在这些丧葬习俗中观察到几个年代学上的变化。我们接着会转向长江中游，墓葬在这里随处可见，它们也为考察社会认同提供了大量资料。虽然我们可以用这些资料来讨论等级和社会地位，但我们主要关注的是在楚国时期，丧葬习俗是如何被用来确立民族和政治身份的。我们随后会转向三峡，在这里，丧葬习俗是一种重要的途径，通过这种途径，部分楚国的军事和经济移民在仪式上保持着他们与祖国的联系。我们对三峡地区墓葬的讨论会考察丧葬习俗如何在政治外围地区的身份建构中发挥核心作用。

四　川

新石器与青铜时代的墓葬

近年在成都平原及其周围地区发现并发掘了数个宝墩文化时期的墓地（图 9.1）。它们包括成都南郊的十街坊（张君与朱章义 2006；朱章义 2001）和金沙遗址群的化成村（又名"金汇花园"；刘雨茂与荣远大 2001）以及置信金沙苑（成都 2004b）。人们也在鱼凫村（李明斌与陈云洪 2001）、格威药业一期（成都 2005c）和航空港（成都与郫县 2005a）中的新石器地层中发现零星的墓葬。其中大多数只有少量或没有随葬品，但一些墓葬中的骨制装饰物可能反映了社会身份的某些方面。男性中拔牙的比例过高，因此拔牙也可能反映出社会身份。

关于三星堆文化的后续阶段，我们也只有有限的资料。上文提及的仁胜村墓地是一个例外，该墓地中 29 座墓葬的时代被推断为宝墩文化后期与三星堆文化（四川 2004），大部分为长方形土坑墓，

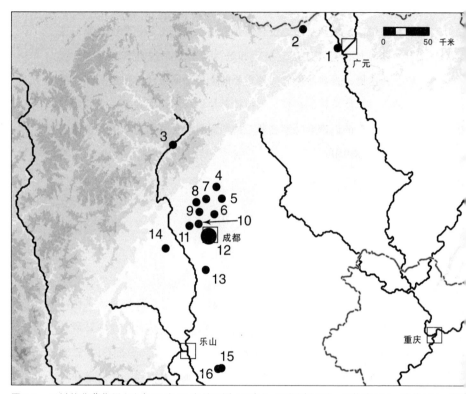

图 9.1　四川的墓葬位置（地点 10 和 12 亦见于图 4.9 中）：百花潭（12）；宝轮院（1）；城关（4）；春雨花间（12）；格威药业一期（10）；航空港（10）；化成村（12）；黄忠村（12）；京川饭店（12）；金井公社（16）；金沙（12）；海滨村（12）；金牛区（12）；金沙巷（12）；金鱼村（11）；兰苑（12）；罗家碾（13）；马家公社（6）；牟托（3）；青川（2）；青羊宫（12）；清镇村（9）；人防（12）；仁胜村（5）；三洞桥（8）；十街坊（12）；蜀风花园城（12）；三星堆（5）；无线电机械学校（12）；太平公社（7）；万博（12）；文庙西街（12）；五联公社（15）；五龙（14）；新一村（12）；雍锦湾（12）；月亮湾（5）；鱼凫村（11）；运动创伤研究所（12）；置信金沙苑（12）；中医学院（12）

少数有二层台，陪葬品会被置于或埋藏在棺木周围，4 座墓葬带有斜坡墓道。仁胜村墓葬随葬品总计有 5 件陶器、61 件玉石器，一些骨制品或象牙制品（包括已切成薄碎片的象牙）。在这些墓室接近其底部的位置，有数层有机物，它们可能是由易腐烂材料制成的陪葬品的残留物。人们在一些墓穴中也找到了朱砂的痕迹，可是初期的报告并没有单独介绍这些墓葬中随葬品的分布。按照有限的描述，这些墓葬中似乎没有形制上的差别，而我们只有很少的证据说明其存在特殊的墓葬习俗。

人们推断仁胜村其他墓葬时代稍晚，属于三星堆遗址的第二至第三阶段（即三星堆文化与十二桥文化时期）。这些墓葬是一些竖穴式土坑墓，虽然并没有棺木或陪葬品，但我们重申，它们有可能含有一些有机材料（四川等 1987b）。三星堆附近的月亮湾发现了另外 6 座与之同时的墓葬（马继贤 1992），但我们并不清楚这些墓葬是否具代表性。

在时代为十二桥文化时期的墓地中，最先经过调查的墓地为水观音墓地（四川 1959d），发掘的 8 座墓葬中包括 5 个只有少量随葬品的早期墓葬（即三星堆文化时期）与 3 座后期墓葬（即十二桥文化时期）。随葬品最多的是 M1，M1 被 44 件陶器、3 件青铜戈、1 件青铜矛、1 件青铜钺、1 件青铜斧、1 件青铜刀、17 件"石条"和 1 副动物牙齿包围（图 9.2）。拥有"蜀风格"的青铜武器被认为"与二里岗武器相近"。可是，由于人们在很多更后期的遗址和其他诸如汉水上游沿岸地区中发现了相似的青铜器（Falkenhausen 2011），故人们很难将它们用作分期标准（Falkenhausen 2001b：187）。

近年在金沙遗址群附近发掘的墓葬向我们提供了更多有关十二桥文化丧葬习俗的资料。例子包括成都春雨花间小区的 17 座墓葬

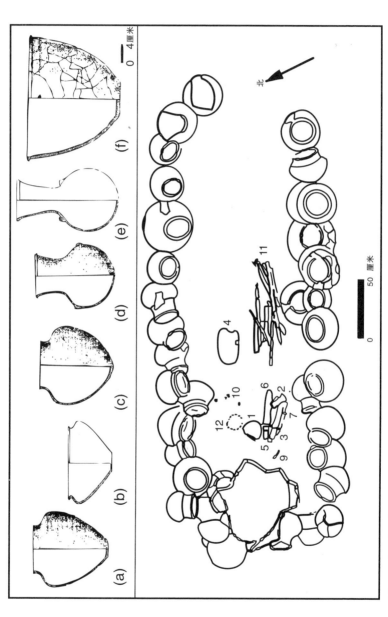

图 9.2 上：水观音 M1 和 M2 出土遗物；下：水观音 M1 平面图。陶器：（a）M1:23（罐）；（b）M4:1（钵）；（c）M1:26（罐）；（d）M1:38（罐）；（e）M2:7（罐）；（f）M2:35（瓮）。M1 随葬品：1、2. 青铜斧；3、6、7. 青铜戈；4. 磨制石器；5. 青铜矛头；9. 鹿齿；10. 人类牙齿；11. 石棒；12. 人类青头碎片。（据四川 1959d：408—409 重绘）

（成都 2006d）、兰苑的百余座墓葬（成都 2003a）、蜀风花园城的
15 座墓葬（成都 2003b）、万博的 60 座墓葬（成都 2004d）、雍锦湾
的 363 座墓葬（魏东与朱泓 2008）、黄忠村的 13 座墓葬（朱章义与
刘骏 2001）。黄忠村一座成年人的墓中随葬有一把柳叶形青铜剑，
时代可能晚于十二桥时期。在很多成年人的墓葬中，尸体的旁边都
放有动物的骸骨。这个地区的其他十二桥文化墓葬据报没有动物骸
骨。因此，上述的动物骸骨代表了有关动物祭祀或是宴会的特殊证
据。一般来说，这些墓葬形制多为竖穴土坑墓，其中一部分有二层
台，一部分有着少量随葬品，偶尔有二次葬现象。

　　同样，我们只有少量有关新一村文化丧葬习俗的资料。例子包
括位于金沙蜀风花园城二期的 15 座墓（成都 2003b）以及国际花园
发现的墓葬（成都 2006f）。这些墓葬均为竖穴土坑墓，随葬品有
尖底罐、尖底盏、尖底杯、纺轮和石器，这些遗物与前一期非常相
似。新一村文化只有少数墓葬，这或许反映了在金沙遗址被舍弃之
后，该地区人口整体下降（孙华 2013）。

战国时期的墓葬

　　与上文情况相反，我们有着大量成都平原战国时期的墓葬资
料，从年代学方面可将这些墓葬分成三个阶段。在春秋晚期至战
国初期，商业街墓地是该阶段规模最大、资料公布最详细的墓地
（专题 9.1 和图 9.3；成都 2002；成都 2009）。其他时代与之大致
相当的墓葬包括什邡县城关的 6 座船棺和 2 座竖穴土坑墓，它是
成都平原唯一一个横跨整个战国时期的墓地（雷雨 2006；四川与
什邡 1998；四川主编 2006a）。此外还包括百花潭墓地髹漆的船
棺（M10）以及 48 件随葬品（四川 1976）、成都文庙西街 M1（随

葬有 17 件楚文化风格青铜器；成都 2005g），以及京川饭店（成都
1989b）、金沙巷（成都 1997a）、罗家碾（罗开玉与周尔泰 1993）、
青羊宫（四川 1983b）、运动创伤研究所（谢涛 1993）、中医学院
（成都 1992）的个别战国墓葬。

专题 9.1

商业街

　　墓穴由一个大型的竖坑（30.5 米 × 20.3 米）组成，坑的底部放置有
15 条木制横梁，用来支撑 17 具大型棺木。墓坑曾被严重盗扰，这有可
能破坏了多达 15 具其他的棺木。土坑周围的一些木质遗存与沟渠显示
了地面上曾有一座建筑物，可能是用来祭祀祖先的。商业街土坑墓埋葬
有两类棺木：9 具船棺和 8 具匣形棺。这些船棺包括 4 具大型（10—19
米长、直径为 1.5—1.7 米）船棺和 5 个较小型（4.4—4.85 米长、直径为
0.8—1.0 米）船棺。后者由 2 条圆状桢楠①制成，它们被纵向地切开，中
间刨凿成空。一条圆木被用作棺木的底部，另一条应作为棺盖——尽管
有几口棺材的盖板不见了，而且在该地区其他地方发现的大多数船棺都
没有盖板（Thote 2001: 210）。这些棺木有可能有二次葬和大量随葬品，
包括各种陶器、青铜器、漆器（有 165 件诸如工具、武器配件和各种家
具的漆器出土）和竹木器。船棺中散落的遗骨有可能暗示了二次葬的存

---

① 原书中作 "cedar logs"，此处据原报告改为 "桢楠"。——编者

在，或者死者在埋葬之前曾长期暴露在空气中。在近代历史上，船棺用于贵州、云南、四川的部分地区的崖墓中，这些船棺是安葬逝者遗体的主要葬具，但由于崖洞中的船棺长期暴露于空气和啮齿类动物活动中，人类的遗骨遭到破坏并变得零碎（图 9.4）。无论如何，发掘人员相信商业街墓葬中骸骨被破坏的现象使这些骸骨与其他船棺墓葬产生区别，并进一步证明了这座大型墓葬是王室成员的集体墓地的结论。这个结论所言之情况有可能发生在开明氏族的第九代，其时他们据称已移至成都地区。几个世代以后，他们在公元前 316 年为秦所灭（成都 2002: 134）。

商业街的匣形棺由经过雕刻的长方形棺木与盖子构成，比船棺要小得多。保存有骸骨的匣形棺均为一次葬，并有少量随葬品。这些陪葬品多数为陶器，少量为青铜器。匣形棺有可能是为与船棺墓主一同下葬的人而设的，其性质可能为人牲。

城关从战国中期开始葬有 38 座墓葬，包括 28 具船棺与 10 座土坑墓，它们大多数随葬有巴蜀风格的武器与工具（四川与什邡 1998；四川主编 2006a）、巴蜀印章、青铜甑，具有楚文化风格的敦亦在其中。成都平原最大型的战国中期墓地位于新都区马家公社（四川与新都 1981）。这个长方形、倾斜的土坑墓埋葬有由多块厚木板制成的外棺（椁）与由原木挖凿而成的内棺。这座墓被洗劫一空，只出土 64 枚青铜箭镞、2 方印章、4 件青铜制的皮带钩、12 把刀、1 个漆杯和数件装饰品。但在外棺底下，人们在墓圹的中心发现了一个未被洗劫的腰坑，腰坑内里埋藏有陶器、漆器和 188 件

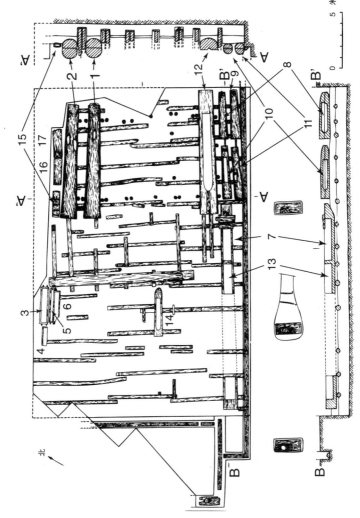

图 9.3 商业街战国墓平、剖面图（据成都 2002：图 3 重绘）

图 9.4 贵州岩洞棺（照片由傅罗文于 2008 年 6 月 26 日，在贵州甲定苗族洞葬所拍摄）

青铜器，其中包括结合了楚与蜀风格的鼎、壶、敦、瓶、剑、戈、斧、刀和印章（四川与新都 1981；Thote 2001：213）。其他同时代的墓葬包括新都区清镇村的另一个墓穴（成都 2007g）、金沙巷 M2（成都 1997a）、金鱼村 M7 和 M14（成都 1997b）以及东北公社（四川和蒲江 1985）和新一村（成都 2004f）的墓葬。这些墓葬与城关的墓葬非常相近。

城关的战国晚期墓包括 5 座船棺墓与 9 座土坑墓（四川与什邡 1998；四川主编 2006a）。很明显，船棺在此时衰落了，尖底盏已不再出现，圜底壶与短柄豆成为最为常见的陶器器型，巴蜀风格的武器与工具仍然是最常见的青铜器。其他战国晚期的墓葬包括大邑县五龙遗址（四川与大邑 1985，1987）、蒲江（四川与蒲江 2002）、犍为县金井公社和五联公社（四川 1983a）。

除此之外，这个地区有很多其他战国时期的墓葬无法判断为早期、中期或晚期。它们包括成都的一些墓葬，包括金牛区 2 座（成都 1985）、中医学院 1 座（成都 1992）、无线电机械学校 1 座（四川 1982）、三洞桥的 4 座墓（成都 1989a）、人防地点的位于十二桥时期地层的 14 座墓葬（成都 2005i；这个位置与上文蜀风花园城的位置相同）、文庙西街的 2 座（成都 2005g）、成都东北部海滨村的 2 座（成都 2005f）、金沙巷 2 座（成都 1997a）、新一村墓地中至少 2 座无法确定年代的墓葬（成都 2004f）和金鱼村的 4 座土坑墓（成都 1997b）。在成都以外，数个据报为战国时期的墓葬包括彭县太平公社 1 座有青铜武器伴出的船棺墓（四川主编 1985）、郫县 1 座出土有青铜武器与铜钱的船棺墓（郫县 1980）和绵竹 1 座出土有 150 件青铜器的船棺墓（四川 1987）。

成都平原周边也有战国时期的墓葬。在成都西南约 150 千米，荥经县的 26 座墓葬出土了大量典型的巴蜀武器，它们有虎形图案和尚未破译的文字，以及 54 枚青铜印章（四川与荥经 1988）。人们已在四川西部高地的其他地方另外发现了一些船棺葬（刘雨茂 1991）。在成都东北 240 千米处，广元宝轮院则有 24 座墓葬，我们在更为东北的地方均找不到船棺这种墓葬习俗（四川 1960；四川与广元 1998）。它们与邻近位处青川的墓地有着显著的不同。后者尽管与它们同时，但这些墓葬习俗明显属于更北边的秦文化（四川与青川 1982；Thote 2001：212）。

在成都平原西北 50 千米以内、岷江流经的山脉中，于牟托发现了公元前 5 世纪的墓地。但是，这些墓地展现了一些与上文讨论者非常不同的特征（Falkenhausen 1996；霍巍 1997；茂县与阿坝 1994；Thote 2001）。有别于木制棺木，牟托的是石棺墓葬，这些墓葬与四川西部山地十分普遍的石棺传统有关（沈仲常与李复华 1983；冯汉骥与童恩正 1973；茂汶 1981；Mengoni 1999；童恩正 1982；徐学书 1995）。我们并不是说牟托的材料与四川盆地无关，事实上，青铜器证明了两者之间长距离的联系（Falkenhausen 1996），但它们却没有显示岷江上游与本文关注地区之间存在强大的政治或文化联系（Thote 2001：205）。

总而言之，战国时期大多数考古学资料是由成都平原与周边地区的墓葬构成的。陪葬品有着显著的军事特征，这暗示了至少对一部分当时的人而言，军事活动是社会认同的一个重要组成部分。从空间而言，平原上的墓葬多数靠近居民区，不过也有一些值得留意的地区（如金沙遗址群），它们似乎在整体上是一个墓葬区。因此，丧葬仪式格局尽管与上文勾勒的政治与文化格局关系密切，却又有所不同。但迄今为止，只有非常少数的大型墓地得到全面的发掘，因而我们无法对差异进行仔细考察，这是因为我们很难对跨越社会阶层的社会认同进行系统性的研究。此外，贵族墓葬过于受到关注，这种情况亦符合我们现在转而讨论的长江中游。

长江中游

新石器至青铜时代早期的墓葬

长江中游地区的墓葬多数与新石器时代文化有关（图9.5）。在某些情况下，例如大溪文化，墓葬是用来定义该文化模式的重要组成部分。人们在十几个墓地中发掘了数百座大溪文化墓葬，这些墓地包括城头山（湖南2007）、大溪（四川1961a，1981；重庆主编2007a）、放鹰台（武汉1998b；湖北2003b）和王家岗（湖北1984）。

大溪本身已发布超过210座墓葬的资料（四川1961a；四川主编1998a；中国1997；重庆主编2007a），这些调查的第一份报告出版于1959年（四川1959a），这份报告讨论了当时名为"华宝溪"遗址中的遗存，华宝溪是大溪的别名。大多数墓主的头部都面向南方，而一些则面向北方或西方，超过一半遗体的葬姿为仰身直肢，但葬姿并不是固定的。墓葬中随葬品的数量不等，有超过30件的，也有无随葬品的。随葬品主要有陶器、石器、玉器、贝壳制装饰物、鱼和龟；它们通常放在躯干上部或头部两侧，很少放在一侧或脚附近。大型的石器时常放在胸部或头部下方，有时会在嘴里发现鱼骨。城头山遗址发掘的215座土坑墓也存在这种情况，而且这个遗址也有95座是埋葬孩童的瓮棺葬（urn burial）（湖南2007）。大溪文化的瓮棺葬也在包括关庙山在内的其他遗址中发现（中国1981）。

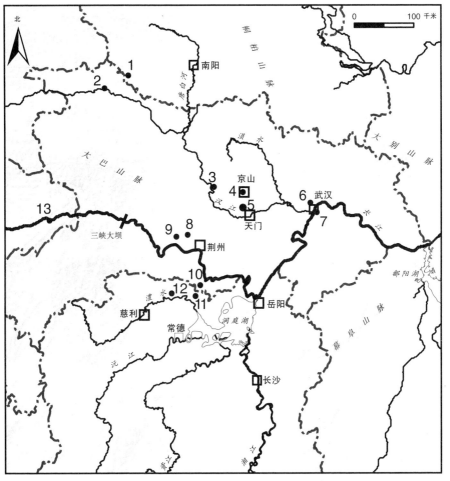

图 9.5 长江中游地区新石器与青铜时代的墓地：城头山（12）；大溪（13）；邓家湾（5）；放鹰台（7）；关庙山（9）；划城岗（11）；黄楝树（1）；六合（3）；盘龙城（6）；青龙泉（2）；屈家岭（4）；王家岗（10）；肖家屋脊（5）；枣林岗（8）

城头山是屈家岭文化已知的最大一处墓地，461座墓葬被追溯至这个时期。它们包括183个土坑墓与278个瓮棺葬。一些墓葬的随葬品达到百余件，与大溪文化墓葬相比，城头山墓地反映了人群之间的财富差异显著增加。一些瓮棺葬被人有意地打上孔，这有可能反映了人们对来世的信念——灵魂需要一条转生之路。与对大溪的例子所作之诠释相反，发掘人员认为屈家岭文化的瓮棺葬也含有成年人的二次墓（尽管发掘其他屈家岭文化墓地的人员并不认同这个观点，如龚丹2006）。无论如何，只有少量例子得到足够妥善的保存，故这种有关墓葬习俗的重要转变仍然只是一种猜想。

其他屈家岭文化墓地包括邓家湾（湖北主编2003；石河1994）、关庙山（中国1981，1983）、划城岗（湖南1983a；湖南2001；湖南主编2005）、黄楝树（长江1990）、放鹰台（武汉1998；湖北2003b）、六合（荆州与钟祥1987）、青龙泉（中国1991c）、屈家岭（王劲主编1955；中国1965；屈家岭1992）、王家岗（湖北1984）和肖家屋脊（湖北主编1999）。划城岗遗址发掘墓葬96座，排成数行，其中有79座竖穴土坑墓，随葬品数量不等，少则仅有3件，多至77件；16座瓮棺葬，随葬品比土坑墓少得多（龚丹2006），它们的精心组织反映了一种高度组织和协调的仪式实践（赵辉2000）。

石家河文化的重要墓地已在城头山（湖南2007）、邓家湾（湖北主编2003）、肖家屋脊（湖北主编1999）和枣林岗（湖北1999）发掘。肖家屋脊的早期墓葬包括23座土坑墓和9座瓮棺葬，但后期的77座墓葬全为瓮棺葬。有的墓葬没有随葬品，有的墓葬随葬品过百，随葬品多为陶器。很多瓮的底部都有由钻头造成的小孔，这与城头山屈家岭文化墓葬很相似。在枣林岗发现的46座瓮棺葬中，有一部分在放置遗体的过程中受损，这进一步肯定了瓮棺葬转而为成年人使用的观点。此外，邓家湾的墓葬显示了一些有关制度化的社会不平等的证据。大多数墓葬有 5 到 15 件随葬品，但在 43 座墓葬中，有 9 座却有 15 到 50 件尺寸更大的随葬品。但总体而言，社会差别并不很明显。

我们在从大溪到屈家岭，再到石家河的脉络中观察到墓葬习俗在年代序列上的整体转变。尽管大溪文化墓葬大多为竖穴土坑墓，只有少量瓮棺葬，但瓮棺葬的比例在整个屈家岭文化时期都有所增长。将成年人二次葬于瓮中的做法在石家河文化成为主要的墓葬习俗。二次葬是一种需要更加精细的仪式化的埋葬过程，这是因为它延长了死者在一个社群的群体意识中存在的时间。二次葬的流行和瓮出现了小孔这种与来世观念有关的做法均表明死者与死亡仪式对于屈家岭文化与石家河文化的社群来说，都是建构社会认同过程中一个愈益重要的部分。

在整个新石器时代中晚期，墓葬均位于与住宅区分开的遥远墓地中，这些墓地是丧葬仪式格局的中心点。但二次葬这种习俗愈益流行一事显示了这种布局的一个重要组成部分，即将遗体埋葬至瓮棺时的场所并不见踪影。或许邻近的住宅区就是相关步骤进行的地方。在这种情况下，生与死的空间将通过与祖先的接触交织在一起。

已知的墓葬似乎为新石器晚期社会分化加剧一事提供了证据。随着时间的推移，埋在墓葬中的陪葬品数量在增加，墓葬间的差异亦然（郭立新 2005b）。整体的文化阶段和个别墓地也是如此，在这些墓地中，随着时间的推移，墓葬的差别也在增加。人们在同一时间使用土坑墓（倾向于较为富裕）和瓮棺葬（陪葬品较少）一事可能反映了不同类别的墓葬习俗与相关仪式。另外，首次墓葬或许代表了埋葬的第一个步骤，其时展示财富是更为重要的。至于瓮棺葬则代表了较后的步骤，其时陪葬品的作用不那么重要了。

至青铜时代早期，可利用的墓葬资料较少，但现存的资料似乎更为直接地反映了社会的阶级划分，故此更为紧密地将墓葬仪式与该地区的政治格局联系在一起。最有名的是盘龙城的墓葬（湖北2001b，2007a）。据报道，在邻近聚落遗址的楼子湾、杨家湾、杨家嘴和李家嘴等地共发现 37 座墓葬。这已知的 37 座墓葬之间有着很多差异。李家嘴（M1—4）和杨家湾（M11）这 5 处墓葬规模较大，墓室面积超过 10 平方米。这些大型的墓葬包括嵌在外部木室（椁）内的棺材、放置在二层台上的人牲，以及埋藏有狗和玉戈的腰坑——这与商朝丧葬习俗有关。例如，李家嘴 M2 规模相当大（3.7米 × 3.2 米 × 1.3 米），并拥有一个外室，外室内发现了 3 具人骨与 1 副狗骨；共出土 77 件随葬品，它们包括 55 件青铜器、9 件陶器、12 件玉器；此外还拥有装饰精美的椁室。在诸如 M2 这类贵族墓葬中的随葬品，尤其是陶器、玉器和青铜器，记录了盘龙城与中原之间的联系。

楚 墓

长江中游地区属于青铜时代晚期不同阶段的墓葬数量非常多，而由于其内涵的高度变化，我们很难对它们进行概括。因此，我们有必要进行一个较为详尽和仔细的讨论。大多数墓葬被人以不严谨的方式认为与楚的墓葬习俗有关，但这个观点却涵盖了一个很大的地域与一段很长的时间。在过去的 60 年中，人们已经发掘了数千座所谓的楚墓，它们构成了这个地区周代墓葬的主体。

很多学者根据地区、年代与墓主的社会地位等方面来对楚墓葬进行分类（陈振裕 1987；Cook and Major 1999b；丁兰 2006；高至

喜 1990；郭德维 1991，1995；杨权喜 2000；中国 2004）。高等级
墓葬一直得到最多的关注，特别是因为有时在保存特别完好的墓葬
中能发现精心制作的陪葬品（So 1999；Xu 1999：26—28；李学勤
1985：155）。在随后的段落中，我们会概括四个子地区中的楚墓
葬：江汉平原、湖北东部、湖北西北部与洞庭湖。我们在下一节将
与其他同时代墓葬一起讨论鄂西三峡地区与楚人有关的墓葬。在这
里讨论到的四个地区中，空间格局都非常相似，墓葬见于与住宅区
分离的大型墓地或墓葬区。小型地理规模（microgeographic scale）
的丧葬仪式格局与聚落的空间格局是相当不同的。进一步说，墓葬
布局明确再现了政治等级和地位。在随后的讨论中，我们会概括楚
地墓葬表现出来的阶级结构。

学者已根据封土堆、梯级与斜坡墓道是否存在、棺木的数量和
各种陪葬品将楚墓葬分成 4 个（丁兰 2006）、5 个（郭德维 1995；中
国 2004）或 6 个（陈振裕 1987；Falkenhausen 2006：372—398）代
表不同地位的群组（status groups），这些种类是用来推断墓主的社
会地位的。我们在这里将楚墓葬分成五类来详细说明和补充丁兰提
出的架构。

甲类：一般为接近正方形的长方形土坑，其巨大的封土
堆覆盖了10到15个同心梯级与一些斜坡墓道。它们有由木制
成、分成5至7间椁室的外椁和多个内棺。在某些情况里，人
牲、随葬品与车马坑是相连的。除却经常为一组到多组的青
铜制仪式器皿，甲类墓葬经常随葬有青铜武器、漆器、乐器
和竹简。陶制器物的数量相对较少。

乙类：一般有墓道，但阶梯较少。它们并没有坟丘，而

且葬坑、寝室和棺木的数量相对甲类来说较少。它们均有一个由木所制、分成3至4间椁室的外椁，以及多个内棺。只有少数墓葬有人牲，尽管多组的青铜礼器很常见，但数量一般较甲类墓葬为少。它们亦随葬有多组仿铜陶礼器、青铜武器、乐器、车马配件、漆器与木制的人形和怪兽雕像。

丙类：没有封土堆，偶尔有墓道。它们均有一个木椁（偶尔会分成2至3间椁室，但有时却不做划分）和一个内棺。主要陪葬品为2至4组的仿铜陶礼器。它们偶尔会随葬青铜器，但不是成组的。其他随葬品包括青铜武器、乐器、实用性陶器、木制的人形或怪兽雕像与车马配件。

丁类：少数有两重棺木，但一般只有单个棺木。陪葬品包括1至2组仿铜陶礼器或实用器。一些墓葬还随葬有青铜武器。

戊类：只藏有1或2件实用陶器，而且完全没有木制的棺木。由于丁类与戊类的主要差别是棺木是否存在，所以在某些情况下，尤其是墓葬保存得不好的时候，我们很难对两者进行区分。

这里讨论的五类墓葬，在楚的发展过程中都表现出一定的变化，这些变化包括青铜器、仿铜陶礼器与实用器的不同变化。如上所言，人们只在甲类与乙类墓葬中发现了青铜器，乙类、丙类与丁类墓葬中仿铜陶礼器是普遍存在的。

这一类型学分析，以及其他大多数被用来区分楚墓类别的类型学分析，都侧重于与墓主身份地位相关的证据，而忽视了个人身份的其他方面。在某些地区，中等楚墓的一般特征具有更多的意义，这些特征强调了墓主与楚政权的从属关系或联系。详尽的研究还包括楚墓中性别、族群、等级、亲属关系、职业，以及其他个人身份构成要素在全部楚墓中相互影响的方式，这超出了本研究的范围。在这里我们会先勾勒上述五类楚墓在东周时期的一些地方性变化，之后会转而讨论三峡，这里具有楚文化风格的墓葬反映了在楚国的一个政治边缘地带中身份协商（identity negotiation）的一些特点。

区域一 江汉平原

江汉平原是楚国的一个政治中心（见第 5 章），已公开的楚墓资料多达几十处（图 9.6）。这些楚墓中包括数个规模较大、出土很多随葬品的墓葬：包山（湖北 1991a）、望山沙塚（湖北 1996a）、天星观（湖北 1982c；湖北 2003a）与左冢（湖北 2006b）。其他含有数百座等级较低墓葬的墓地包括：堆金台（湖北 1999）、九店（湖北 1995c）、罗坡岗（湖北与荆门 2004）、雨台山（湖北与中国 1984；荆州 1980）、枣林岗（湖北 1999）、赵家湖（湖北与北京 1992）和子陵岗（湖北与荆门 2004；荆门 2008）。这里罗列的是那些据称埋藏有百座以上墓葬的大型墓地。人们在这个地区也发掘了很多小型的墓地与单独的墓葬，但数量太多，无法一一列举。

江汉平原的甲类墓葬是整个楚地甲类墓葬的典型。这里所有甲类墓葬均有接近正方形的大型封土堆、有很多阶梯的大型墓圹、平面为长方形的斜坡墓道，和嵌套在椁室内的重棺，内置随葬品。天星观 M1（湖北 1982；湖北 2003）与包山 M2（Cook 2006；湖北 1991；Lai 2002）是具有代表性的例子。天星观共有 5 座封土堆，均建在葬圹上，墓中有着装有棺木与随葬品的多间椁室（专题 9.2）。包山 M2 在多个方面都与天星观相似：木椁的尺寸大小相同，有着 5 间而非 7 间椁室，都随葬有色彩鲜丽的重棺和接近 2000 件随葬品。它有可能是属于一位于公元前 316 年逝世，名为邵佗的人（原字左力右它）。

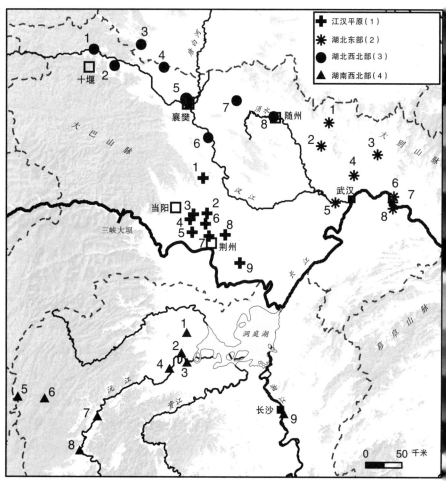

图 9.6 第一至四区的楚墓位置图。区域一（江汉平原）：包山（6），堆金台（5），九店（9），罗坡岗（1），沙冢（7），天星观（8），望山（7），雨台山（7），枣林岗（5），赵家湖（4），赵巷（3），子陵岗（1），左冢（2）；区域二（湖北东部）：白骨墩（3），曹家岗（7），钢铁厂（8），黄土岗（1），罗汉山（6），鲁台山（4），汪家冲（7），武家岗（2），熊家岭（5）；区域三（湖北西北部）：曹营（4），九连墩（7），擂鼓墩（8），罗岗（6），彭岗（5），青龙泉（1），山湾（5），外边沟（2），下寺（3）；区域四（洞庭湖与湖南西北部）：德山（3），黄土山（2），九里（1），李拐堡（5），浏城桥（9），桐木垅（8），四方城（6），狮子山（4），木形山（7）

专题 9.2

天星观 M1 楚墓

尽管 M1 上方的封土堆有一部分因为后来的活动遭到破坏，但经计算，其残存的面积仍有 20 米 × 25 米，而残高则有 7.1 米（图 9.7a）。它覆盖了一个 30.4 米长、33.2 米宽的长方形土坑墓，墓室填土经过夯实。这个墓坑的坑壁有 15 级阶梯，南壁则有 1 条 18.8 米长的墓道。葬具置于墓室底部，有一个木制的外椁，外椁内为三层布满黏土的棺木。外椁由原木垒砌而成，内分 7 室，这在楚墓葬中是数量最多的。有 8 条垫木（与放置铁轨的枕木相似）放在木椁之下，外室椁壁装饰有壁画。三重棺放在外椁中室中，两层外棺是用带有榫卯附件的木板以及青铜钉子建造的，表面均涂满青膏泥。内棺造型为楚墓中常见的悬底弧棺，它并没有保存任何骸骨。这种棺木两侧有原木做成的侧板，侧板内面平整，表面呈弧形。棺盖同样有着弧形的表面，而底层则是一块薄而平坦的木板，它并没有与侧板的底部紧接，而是插入侧板的凹槽内，使内棺底部悬空（图 9.7a）。

尽管这个墓葬曾多次被盗，而且只有北边的椁室是完好无缺的，考古学家仍然从外椁的多个椁室中发现了超过 2000 件随葬品。这些随葬品包括青铜器（鼎、壶、盥缶、盉、盘、匜）、青铜武器（剑、矛、戟、弓、盾）、车马器、乐器（青铜乐钟、瑟、笙、磬、鼓）、漆器（杯、豆、匙、屏风、小桌和木制的守墓兽）、玉器、竹简和少量陶罐。刻在竹简上的文字显示墓主有可能是战国中期楚国的一位高级官员。

江汉平原乙类墓葬以其时代有可能以战国晚期的望山 M2 为代表。M2 有一个直径 17 米、高 2 米的圆形封土堆，墓坑为长方形，墓坑的三边为同心台阶（湖北 1996a；图 9.7b），其东边有一条长8.6 米的墓道。棺椁形制为一椁三棺，外椁由两条枕木支撑，表面则布满白膏泥与竹子。外椁分为头箱、边箱与棺室。大多数随葬品（包括青铜容器、车马器和武器，陶器，漆器与玉石器）都是在头箱与边箱发现的，只有少量个人装饰品放置在内棺中。重棺的最外层与最内层由长方形木板制成，其他则为有悬底弧棺风格的棺木。墓主是一位年老的女性，并以仰卧的姿态安葬。

江陵县九店墓地发掘的大约 600 座墓葬中，有超过一半属于丙类墓葬（湖北 1995c），例子包括 M296 和 M468。M296 为一个长方形土坑墓（约 4 米 × 2 米），其南壁有一条 6.8 米长的墓道，葬具为一椁一棺，放置于两条枕木上。外椁由长方形木板制成，并被分成南北两室。内层的悬底弧棺位于北室，内有一具由竹席包裹、呈仰卧姿势的遗骨。南室空间较小，里面放置着随葬品，它们包括陶器和其他易腐烂的物品，诸如漆器、竹器和草鞋。M468 相对简陋，墓较小，而且没有封土堆、台阶和墓道。外椁由长方形木板制成，也被分成南北二室，其南室有陶器与漆器，北室则有悬底弧棺。

江汉平原的丁类墓葬一般随葬有青铜剑、个别陶礼器和实用陶器。九店墓地埋有超过 200 座丁类墓葬（原报告称它们为"乙类"）。一个例子是 M56，它是一个长方形土坑墓（1.8 米 × 1.2 米），里面有一具其底板悬空的长方形棺木（悬底方棺），墓室的北壁和东壁有两个放置随葬品的壁龛。

戊类墓葬全都没有封土堆、台阶、墓道和棺木。如果其中一些墓葬最初有棺木，但在后来腐烂了的话，那么它们便有可能归入丁

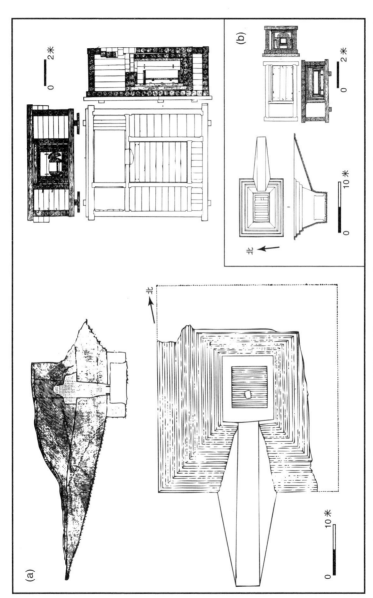

图 9.7 （a）天星观 M1（据湖北 1982: 72, 74 重绘）；（b）望山 M2（据湖北 1996a: 112, 114 重绘）（a 与 b 的封土和木椁规模大致相同）

类。例如，九店 M98 并没有棺木的痕迹，但随葬品却包括 1 把青铜剑、1 把青铜戈、2 件青铜戟、1 件陶鼎和 1 件陶壶。这个墓葬比绝大多数戊类墓葬要复杂得多。大多数戊类墓葬只随葬有一或两件陶器，或根本没有随葬品。

在江汉平原，我们看到人们对等级较高的甲类与乙类墓葬的关注随着时间的推移而增加。如当阳赵巷这类春秋时期的遗址中，没有甲类墓葬，只有少量乙类墓葬（宜昌 1990）。唯有进入战国中期之后，我们才开始发现所有种类的墓葬。在这一时期，甲类与乙类的墓葬随葬有多组青铜鼎、釜和壶，或鼎、敦和壶。在战国晚期，甲类和乙类再一次变得稀有，甚或消失。一些墓葬常常同时随葬有青铜鼎、敦和壶，但另一些则随葬有一组包括鼎、壶和盉这些器皿在内的崭新组合。随后我们亦会看到，这些组合在确立楚国心脏地带与三峡墓葬之间的联系方面发挥了重要作用。

区域二　湖北东部

湖北东部的楚墓已在武汉周围地区超过 30 个墓地中被发现（图 9.6）。较江汉平原而言，湖北东部墓地的规模较小，没有一个墓地的墓葬数量超过 70 座。超过 20 座墓葬的规模较大的墓地包括鄂城钢铁厂（湖北 1983b）、鲁台山（黄陂等 1982）、汪家冲（湖北等 2001）、武家岗（熊卜发与李端阳 1996）和熊家岭（武汉与蔡甸 1988；1993）。

这个地区迄今未发现甲类墓葬。我们得知这里有数个有着封土堆和墓道的乙类墓葬。当中只有少数有着同心台阶，而它们埋葬的棺和椁有 1 至 4 个不等。黄冈市曹家岗的 M5 是一座典型的战国晚期乙类楚墓（黄冈与黄州 2000）。M5 被一个封土堆覆盖，封土堆原来的大小已不可知，墓室大小为 6.4 米 × 6 米，东壁有一条 6.4 米的墓道。葬具为一椁三棺，它们全由长方形的木板制成。椁室周边及底部填充有青膏泥，外椁放在两条枕木上，并被分为头箱、边箱与棺室三部分。大多数随葬品被放在边箱中，它们包括青铜容器、车马和漆器。其他青铜制的敦、漆器、人形木雕和木制镇墓兽雕像均放在头箱。

位于曹家岗西北的是汪家冲墓地，汪家冲 WM18 是湖北东部一座典型的丙类楚墓（湖北主编 2001），墓室东壁有一条长 8.8 米的墓道和一个台阶。该墓葬具为一椁一棺，外椁放在两条枕木上，四周填充有青膏泥，内部被分成头箱、侧箱与棺室。所有随葬品被放在头箱与侧箱中，它们包括青铜器、陶器、乐器和漆器。其他例子包括白骨墩 M1（湖北与麻城 1986）、黄土岗 M6（湖北 2000）、罗汉山 M2（黄州 1987）、武家岗 M23（熊卜发与李端阳 1996）和熊家岭 M6（武汉与蔡甸 1988）。

这个地区的大多数楚墓为丁类。它们没有封土堆、墓道和台阶，而且时常有双层或单层棺木，里面随葬有个别仿铜陶礼器或实用器，有些则同时随葬有青铜武器。例如，汪家冲 WM52，虽然其保存状况并不理想，但其葬具明显为一套双层棺木（湖北主编 2001；图 9.8）。尽管如此，发掘人员却发现了 1 把青铜剑、1 把青铜戈和 1 件陶鼎。这个地区其他相似的例子包括武家岗 M23 和 M17（熊卜发与李端阳 1996）。

戊类墓葬缺少棺木并只随葬有少量实用陶器，有时会有用来放置随葬品的壁龛。例如，汪家冲 M83（湖北主编 2001）墓室北壁壁龛中有陶器随葬品，同一遗址的 WM57 和 WM81 亦有类似的格局。

正如江汉平原一样，这个地区墓葬的陪葬品有着一种历时性的转变。最为重要的是青铜器种类的变化。在春秋中期，收集到的青铜容器主要包括鼎、釜和缶。从春秋晚期开始，釜被敦取代，而缶有时被壶取代。由此产生的组合为鼎、敦、壶，这个组合在战国早期至中期十分常见，盉有时亦加入其中。其他诸如包括鼎、缶、敦的组合同样存在。我们随后将讨论这些容器组合的重要性。

区域三　湖北西北部

　　尽管湖北北部与据说为楚政权的发源地最为接近，而且也是楚人活动范围内最重要的地区，但十堰、随州和襄阳附近地区的楚墓密度相对湖北东部和江汉平原来说却较低（图 9.6）。与湖北东部的墓地一样，湖北西北部的墓地的规模相对于江汉平原的墓地来说较小。在已进行发掘并公布资料的大约 40 处墓地中，只有彭岗（襄阳与襄阳 1999；湖北与襄阳 1997）、青龙泉（中国 1989）、山湾（湖北 1983a）、外边沟（湖北与丹江口 2004）等墓地的墓葬相对较多。但确实存在更多更大型的墓地尚未公布资料，我们拭目以待。

　　枣阳市九连墩墓地初步公布的 M1 和 M2 连同擂鼓墩的大型墓地（专题 9.3），一同代表了这个地区典型的甲类墓葬（湖北 2003c）。虽然它们的一部分结构因后来的活动受到破坏，但如九连墩 M1 的封土堆在考古发掘时仍有 43.3 米长、33.3 米宽和 5 米高。这个封土堆覆盖了一个面积为 38.1 米 × 34.8 米的长方形土坑墓，这座墓有着 14 级台阶，墓坑东壁有一条长 20.1 米的墓道。该墓葬具为双椁双棺，最外层的椁被分成 5 室。第一层内棺是一个长方形的方棺，内有一个悬底弧棺式的棺木。随葬品包括青铜容器、青铜武器、车马器、乐器和漆器。考古学家在 M1 西侧约 25 米处发现了一个车马坑，当中葬有 33 架属于 M1 的马车。M2 墓在规模上较小，但形制与 M1 非常相似，而且也有与之相关的车马坑。

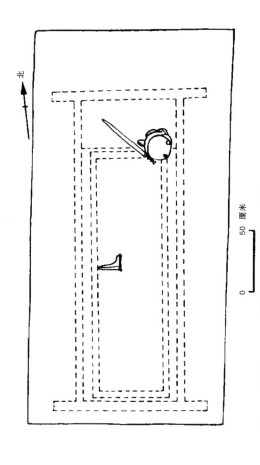

图 9.8　汪家冲 WM52（据湖北主编 2001：230 重绘）

北

0　50　厘米

专题 9.3

擂鼓墩

这个位于随州的大墓是为曾侯乙建造的（湖北 1989，2007c；随县 1979；Thote 1991）。虽然不是直接属于楚国，但曾国主要处于楚国的控制之下，而这个坟墓保存得极好，使它成为理解战国时期长江中游地区贵族墓葬仪式的一个重要资源。曾侯乙约在公元前 433 年下葬，而 1978 年对其墓所进行的发掘工作出土了四个尺寸各异的木制椁室，它们被 60 吨木炭包围。这些木炭还完全包围了夯土，而它们正是坟墓得以保存完好的主要原因。

考古学家在木椁内发现了 1 具为曾侯乙而设的、经过髹漆的棺木，在为女性陪葬者而设的东、西椁中分别发现了 8 具和 13 具棺木。这个墓葬的随葬品超过 15,000 件，包括数百件青铜容器、纺织品、金器、玉器、漆器、皮革物品、陶器和 65 件青铜乐钟。这些乐钟是所收集到的 125 件乐器的一部分，这些乐器包括乐钟、石磬、鼓、琴、瑟、笙、排箫、竹制的篪以及这些乐器的配件。这些乐器对于理解中国战国时期仪式表演的复杂本质来说是极为重要的（Falkenhausen 1993），这种复杂的本质有助于维持诸如曾这个国家机器的运转。这些仪式超出本书的范围，但我们必须注意，这座墓葬出现这些乐器一事并不必然意味着墓葬仪式是音乐表演的主要情境。虽然我们知道音乐在与诸如曾侯乙这类贵族的死亡有关的丧葬仪式中，有可能是一个重要的部分，但我们几乎不知道这些充满政治色彩的表演举行的地点为何。

这个地区的乙类墓葬在建造时有可能是有封土堆的，但这些封土堆在后期被破坏或侵蚀了。这些墓葬多数有墓道、台阶和多个棺木。一个典型例子是宜城市罗岗 M3，它是一座长方形土坑墓，有三层台阶和一条位于东壁的 8.3 米长墓道（湖北主编 1993；图 9.9a）。这座墓有一个外椁和一个内棺。外椁呈长方形，放在两条枕木上，内棺则为悬底弧棺。墓中大多数随葬品被放在内棺外，它们包括仿铜陶礼器、实用陶器、漆器和玉器。

丙类墓葬一般没有封土堆，极少数会有墓道和台阶。它们大多有棺椁组合。例如，襄阳市山湾 M33，保存较差的木质遗存暗示该墓葬具为一椁一棺（湖北 1983a）。大多数随葬品，包括青铜器、武器与玉器被放在内棺外的椁室中。同样，襄阳彭岗 M34 也是一座有着椁与棺和随葬有陶器的墓葬（湖北与襄阳 1997；图 9.9b）。然而，诸如老河口市曹营 M5 这类其他墓葬则相对简陋（老河口 1997）。

由于很多墓葬的棺木都已经朽烂，我们很难区分丁类与戊类墓葬的差别。在这两类墓葬中，随葬品由少量实用陶器组成。在有限的例子里，会有一件或两件仿铜陶礼器，但这些陶器组合并不固定。例子包括曹营 M3（老河口 1997）和彭岗 M38（湖北与襄阳 1997）：曹营 M3 葬具为单棺，随葬品包括 2 件陶鼎与 2 件陶壶；彭岗 M38 缺少棺木，其墓室西壁有一个放有陶器的壁龛。

一些楚贵族墓地最早就是在长江中游流域发现的。正如第 5 章所言，河南淅川下寺一些时代属于春秋晚期的贵族墓葬，有可能与活动于河南西南部和湖北西北部丹江地区的早期楚国贵族有关（Falkenhausen 2006b：338；河南 1979；河南主编 1991；So 1999：34）。这个发掘于 1978—1979 年的墓地埋葬有 9 座大型墓和 16 座中小型墓，共被分成五组。第三组据称是最为重要的（李学

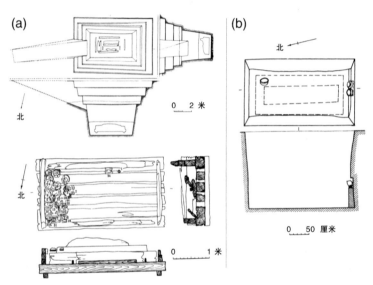

图 9.9　（a）罗岗 M3（据湖北主编 1993: 14 重绘）;（b）彭岗 M34（据湖北与襄阳 1997: 63 重绘）

勤 1991），该组的 M2 是一座大墓，随葬有超过 5000 件遗物（包括精美的、有着透雕工艺的青铜器），周围有 3 座陪葬墓（M1、M3、M4）和 1 座大型车马坑，车马坑内葬有 6 架马车和 19 匹马。

湖北西北部春秋中期楚墓随葬品的青铜器组合主要包括了鼎、釜、盏和缶。在春秋晚期，盏被敦取代。从战国初期开始，鼎、敦、壶成为最常见的组合，这与我们在江汉平原与湖北东部所见情况类似。我们在仿铜陶礼器的组合中亦可发现类似情况。这种风俗一直延续至战国末期，即使盉在这段时期也加入了该组合。

区域四 洞庭湖与湖南西北部

湖南西北部和中部地区楚墓数量仅次于江汉平原（图 9.6）。很多遗址都有大量墓葬，包括长沙市的几个遗址（湖南主编 2000），以及德山（湖南 1959，1963）、黄土山（常德 1995）、李拐堡（湘西主编 2004）、桐木垅（湘西与泸溪 2004）、四方城（湘西与保靖 2004）、狮子山（湖南主编 1992）、木形山（湖南 1994）和近年公布的位于沅江下游流域高密度墓地的超过 1500 座墓葬（湖南主编 2010）。一些高等级大墓已在好几处遗址中被发现。

在这些高等级大墓中，一些诸如临澧县九里 M1 可被归入甲类楚墓（湖南与常德 1986）。尽管现代的建筑活动破坏了 M1 的封土堆与部分台阶，但墓室东壁的两层台阶与墓道仍得到保留。墓室内有一个表面布满了膏泥与分成五室的木制外椁，以及两个内棺。虽然该墓已被盗掘，但东边箱仍有随葬品，包括青铜箭镞、陶壶、各种漆器与车马器。发掘人员在 M1 的西边发现了一个葬有两驾马车的车马坑，其上最初应有封土堆。

这个地区乙类墓葬的例子是长沙市浏城桥春秋晚期的 M1（湖

南 1972；湖南主编 2000）。它没有封土堆，但却有三层台阶与一条墓道。一个木制的外椁表面布满了白膏泥，内有两重棺。外棺呈长方形，内棺为悬底弧棺。人们在外椁的西边箱部分发现了另一个较小的悬底弧棺。大部分陪葬品放置于棺木外，包括 4 件青铜鼎、青铜武器、陶器、漆器、乐器和车马器。

这个地区的丙类墓葬很少有墓道与台阶，大部分均有着棺椁组合和至少一组仿铜陶礼器。一个例子是长沙市左家公山 M15（湖南 1954；湖南主编 2000；在长沙楚墓的编号系统中，该墓编号为M185；图 9.10）。这个墓葬有一个长方形的土坑，一边有墓道，木椁被放置在枕木上，外填有白膏泥，内有棺一具，随葬品包括 1 把青铜剑、陶器、漆器与木制武器。

洞庭湖地区与湖南西北部大多数楚墓可归类为丁类与戊类。然而，由于棺木保存欠佳，故我们在区分它们时再次遭遇瓶颈。在长沙地区楚墓报告中，没有棺木的墓葬占 2000 多座墓葬中的 97%（湖南主编 2000），其中很多墓葬均设有壁龛，这些壁龛经常放置有数件陶器作为随葬品，可是这些陶器并不一定会组成一套组合。例如，泸溪县桐木坨 M50 出土有一副棺木与鼎、敦、壶和豆这些陶器（湘西与泸溪 2004）。

如果我们考察这个地区墓葬的随葬品组合，会发现典型的青铜器组合为鼎、敦、壶，其他青铜器诸如盘、匙、匜也偶有发现。在战国晚期，典型的青铜器组合里加入了盉。仿铜陶礼器的主要组合为鼎、敦、壶，尽管豆、匜、盘、匙也很常见。常见于江汉平原区域的釜与缶在这个地区的墓葬中并不常见，反之，相比江汉平原，这里的敦要常见得多。在战国晚期，盉在本地区变得尤其重要。

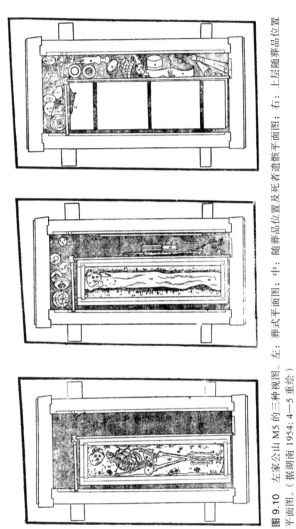

图 9.10 左家公山 M5 的三种视图。左：葬式平面图；中：随葬品位置及死者遗骸平面图；右：上层随葬品位置平面图。（据湖南 1954：4—5 重绘）

总　结

尽管长江中游地区不同区域间的楚墓存在着细微的差异，但高等级的楚墓也有着一些共同的特点，这些特点尤其见于诸如望山、雨台山、天星观、包山这类墓地中，我们也可以总结出该地区高等级墓葬的总体趋势。从公元前 6 世纪到公元前 3 世纪，漆器和丝绸逐渐成为衡量地位的重要标志，这一趋势使我们对墓葬等级的评估变得更加复杂。詹妮·苏（1999）利用雨台山、包山等墓地中出土的大量漆器，以及在马山 M1 发现的绣花丝绸（湖北 1985；更多有关马山墓葬的描述，又见湖北 1988；荆州 1987b）记录了这种年代趋势。詹妮·苏（1999：37）将这些趋势与人们没有节制地使用颜料、镶嵌物与黄金一事相联系，将之视为在楚君主获得政治上的成就之后，楚人对自身发展充满信心并放弃了使用北方青铜器的传统的证明。她认为这些都是人们在丧葬习俗中对本地文化的重视的证据，这种趋势在人们把葬具建造成更像住宅而不是像死者的居所一事上是很明显的（So 1999：37）。这种重视使这个丧葬仪式格局与政治格局之间产生了一些很紧密的联系。但必须强调的是，由于易腐朽的随葬品，如漆器和丝绸的不同保存状况，使我们不能直接比较不同地区的墓葬随葬品（李零 1991：59）。然而，这些独特的南方习俗的不同元素暗示了一个有意识的过程，在这个过程中不仅有身份地位的建构，还通过这个仪式过程使一个独特的楚或者至少是南方的身份得以与北方并列。

其他历时性变化包括，相对于春秋时期，战国时期楚墓中武器的数量上升。罗泰（2006b：384）已指出，在春秋时期只有最高级的墓葬会随葬武器，但战国时期的墓葬（约所有墓葬的 44%）中出土了武器。这种模式说明战国时期社会军事化的加剧。这并不令人意外，而且它似乎碰巧与严格地按照等级埋葬的墓葬习俗的衰落一同发生（Falkenhausen 2006b：391）。这种已经增强的军事化对于三峡墓葬仪式中的身份建构方面，造成了显而易见的影响，我们即将讨论这个地区。

三 峡

新石器至青铜时代早期的墓葬

三峡地区新石器至青铜时代早期的墓葬很少，上文讨论过的大溪是一个例外（图9.11a）。老关庙发掘的一座墓葬的时代可能属于老关庙下层时期（吉林与四川 1998）。一位成年男性与一个石铲和一件陶豆一同被埋葬，但我们并不很确定这个墓葬的时代。同样，只有少数的墓葬与哨棚嘴文化相关。中坝遗址的墓葬最多，共有9座土坑墓，均无葬具（四川主编 2003，2007）。只有M77这一座墓有陪葬品：1件陶器与1件石制扁斧。在其他两座墓中，发掘人员发现了数堆白色的卵石和在其中一个墓主的右腕发现了骨制手镯。在哨棚嘴发现两座新石器时代墓葬，均为竖穴土坑墓，墓主为仰身葬（北京主编 2001，2006），除了一个发簪，再无其他随葬品。跳石遗址同样有两座新石器时代土坑墓，有少量随葬品（南京主编 2003a）。根据这些少量资料，我们发现一个有关丧葬仪式的相对简单但基本一致的模式：少量随葬品和谨慎放置尸体。至少目前的资料显示，除了大溪，墓葬似乎是在定居点或定居点周围，而不是在单独的墓地里。

早期青铜时代的墓葬在考古学上也没有得到很好的研究，而且我们也很难确定它们的年代。很多报告只鉴定了墓葬属于商周时期，而报道的地层时常使我们难以将墓葬归入一些诸如三星堆、十二桥或瓦渣地等更为具体的时期。

哨棚嘴只有一座墓葬，为有一副棺木的竖穴土坑墓，墓主为仰身葬，遗骸保存状况较差（北京主编 2006：625），陪葬品为 1 件小平底壶，1 把贝壳刀。李家坝也有一座属于这个时期的土坑墓，同样埋有一副保存欠佳的骸骨，其躯干之下的腰坑内放有 5 件石器和 1 件小平底壶，而骸骨附近则放有 1 件石斧、1 件石锛和 1 件具三星堆风格的勺把（四川与云阳 2001b：209）。

人们在中坝子观察到两类属于这段时期的墓葬：土坑墓与瓮棺葬。土坑墓有 2 座，墓主仰身直肢，双手交叉，并有数件随葬品（西北与万州 2001：351）。瓮棺葬由一个喇叭口的无底壶和一个绳纹罐组成（西北 2006：237），其中含有一副婴儿骸骨的碎片。另一个瓮棺葬的例子见于石地坝遗址，但缺少完整的骸骨（重庆与丰都 2006：707）。另一个特别的例子为中坝 H392（四川主编 2007：1019），人们在这个土坑中发现了一具手脚弯曲的男性骸骨，以及大量灰烬、尖底盏、盘和豆形底座。这是已知的唯一一个可能反映了人际暴力或人祭的偶然埋葬的例子。总的来说，三峡地区早期青铜时代的墓葬数量很少，而且似乎只比本地区新石器时代墓葬稍微精巧一点而已。与较早时期的情况一样，几乎没有证据证明该地区的丧葬仪式格局与居住格局存在差异。

青铜时代晚期至铁器时代墓葬

在青铜时代晚期，大致相当于东周时期，出土了更多的墓葬

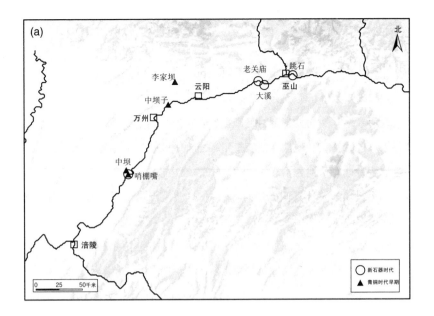

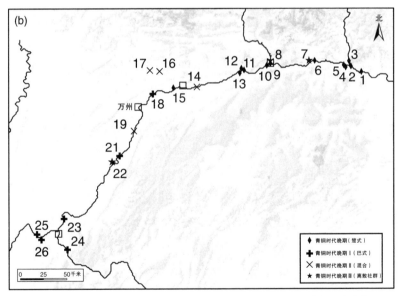

图 9.11 （a）三峡新石器至青铜时代早期的墓地。（b）本文讨论到的青铜时代晚期墓地。青铜时代晚期（带有楚文化风格）：宝塔坪（13），兵书宝剑峡（2），卜庄河（2），高椅子（6），官庄坪（3），何家大沟（4），红庙岭（6），雷家坪（6），麦沱（10），马沱（15），庙坪（1），瞿塘关（11），仁家坪（6），沙包岭（5），上关（12），水府庙（2），瓦岗槽（9），王家湾（6）；青铜时代晚期 I（带有巴文化风格）：八卦（23），老鸹冲（21），蔺市（26），小田溪（24），镇安（25），中坝子（18）。青铜时代晚期 II（杂类）：大坪（19），李家坝（16），帽盒岭（14），土城坡（8），秀峰一中（8），余家坝（17）；青铜时代晚期 III（独立类）：石匣子（22），西瀼口（7），崖脚（22）。（海拔梯度与图 2.6 相同）

（图9.11b）。有可能是受到地形限制，我们无法在本地区找到非常大型的墓地。然而，青铜时代晚期至铁器时代的墓地似乎与聚落分开了。根据其与其他地区的丧葬习俗之间的相似性，中国考古学家经常认为这些墓地若不属于"巴"（即本地风格），就属于"楚"（即从属于长江中游地区同时代的习俗）。这些观点指出了这些地方的仪式所起的重要作用，进一步说，这些仪式是建构族群身份的重要场合。在某些情况下，面对面的仪式在遥远的社群中发展起来。

我们概括巴文化风格与楚文化风格墓葬之间的差异如下：

1.墓葬的长度与宽度的比例不同。巴文化风格墓葬的长度相对其宽度一般较长，其长宽比例为3：1，而楚文化风格墓葬的长宽比例则为1.5：1。

2.巴文化风格墓葬葬具只有一棺，但楚文化风格墓葬则倾向于有棺椁组合。

3.正如上文所讨论的长江中游的很多墓葬，在楚文化风格墓葬中，外椁之下有两条平行的枕木。在巴文化风格的墓葬中，却不见这些枕木。

4.两者的随葬品有巨大差异。巴文化风格墓葬随葬品较少，大多为诸如具有当地风格的圜底壶这类陶器。楚文化风格的墓葬随葬品则较多样性，其中一些墓葬的随葬品特别丰富。这些随葬品基本重现了楚中心区域包括鼎、敦与壶随葬组合在内的丧葬模式（郭德维1995）。此外，在这些墓葬中发现的武器也很明显是楚式器物，与巴式兵器有很大的区别。

我们将在这里讨论三峡的丧葬习俗，首先聚焦位于峡谷内的墓地，随后考察万州地区。我们在峡谷中发现楚文化丧葬习俗被使用的情况从东至西一路下降，这并不令人感到惊讶。但在万州地区，一个墓群显示了楚文化丧葬习俗的巨大影响力，这是当时人们在仪式情境中自觉地与楚文化发生联系的证据。

三峡东部

从西陵峡东端经巫峡至瞿塘峡西端的三峡地区内公开出版的墓葬资料中，我们发现了许多具有楚文化墓葬习俗的遗址。这些墓地多数位于长江支流河口。例如，位于长江南岸的香溪河河口有四个彼此靠近的墓地（卜庄河、何家大沟、庙坪与沙包岭），和三个位于长江北岸的遗址（兵书宝剑峡、官庄坪与水府庙）。在卜庄河的一座战国时期墓葬受到严重破坏，随葬品有一套敦、壶、豆组合（宜昌与秭归 1991）。人们在附近的何家大沟发掘了 14 座东周时期墓葬（广东 2006）。所有墓葬都是长方形土坑墓，其中一些有二层台，另一些则有壁龛。其中一个例子是 M12，墓室内有一具已经朽烂的棺木，四壁留有二层台，北壁中的壁龛置有一套陶制的鼎、敦、壶，还有一只陶盘。人们在沙包岭发现了 3 座墓葬（潜江 2010），但只有 M1 保存良好并得到详细公布。该墓葬具朽烂，随葬品有青铜及铁制的磬形饰物、1 只青铜环、1 只涂色的玻璃珠和 3 枚刻有秦式铭文的青铜印章，这些随葬品表明这个墓葬的时代属于战国晚期。

邻近的庙坪遗址是这个地区最大的墓地，有 43 座周代墓葬（湖北与湖北 2003）。尽管墓葬之间没有打破关系，但发掘人员根据墓葬中的随葬品确定其中 30 座墓的时代属于春秋至战国晚期。M3 是时代最早的墓葬之一，它的木棺放在两条枕木上，随葬有1把青铜剑、1支青铜矛、2枚青铜箭镞、1件陶壶和1件漆器。M39的时代被确定为战国早期，葬具为一椁一棺，外椁放在两条枕木上，随葬品为1件青铜器盖、1件青铜盘、1件青铜匙、1件漆器、3件陶器、1件玉璧和1件铁器。一个后期的例子为M102，它的单棺放在两条枕木上，随葬品包括一套鼎、盉、壶组合。这些随葬品显示的时代刚好是秦统一前后的战国末期。

长江北岸的情况较为复杂。在水府庙有1座保存欠佳的墓葬，其中埋葬有两个小平底绳纹壶（黄冈2010）。这些壶与湖北其他春秋晚期至战国早期同类器型类似，有可能显示了楚的影响。我们在香溪河上游西岸找到官庄坪遗址（国务院与国家2005b）。官庄坪遗址在新石器时代至东周时期都有人居住，有67座时代确定为春秋中期至战国晚期墓葬。一个例子是M45，它是一座长方形土坑墓，墓室西壁有一条墓道，葬具为椁棺组合，外椁底部置有两根枕木，墓主仰身直肢，椁室内的随葬品为陶壶、陶碗各一。M60的葬具也为棺椁组合，椁室内放置有两套鼎、敦、壶。其他诸如M59则设有一座壁龛，龛内放有陶器。一般来说，这个遗址大多数墓葬都只随葬1或2件陶器。

兵书宝剑峡的悬棺是一个很独特的例子（秭归2010）。人们在长江北岸的一个峭壁之上发现了3座墓葬。M1的棺盖藏在其北侧的洞穴中。M2是一对由树干雕成的重棺，它位于南边的一个洞穴中，并叠压在M3上。M2随葬有7把青铜矛，外棺与内棺之间则放有2把青铜戈，这些武器的尖部均已断裂。M3亦是重棺，随葬有青铜武器、青铜容器、青铜工具、玉耳环和一些衣物。虽然其中的容器被确定为楚式器皿，但大多数青铜武器具巴蜀风格，其中一些有着巴蜀图案。随葬品的风格显示，这些墓葬的时代应属东周，尽管没有人提出更确切的年代。这个遗址的有机材料得到非常好的保存，为人们在未来进行相当准确的放射性碳定年法测年提供了条件。

我们现在西移至巴东县，该地已发掘了6处墓地遗址。最东面者为红庙岭，在5次发掘工作中，人们已清理了66座时代被断为周代的土坑墓（国务院与国家2010a；湖北2007d，2010a，2010b；武汉2010）。一部分墓葬有二层台，少数仍保留一些葬具遗存，大多保存较差。陶器与青铜武器是主要的随葬品，这些随葬品展示了与典型巴文化和楚文化遗物的相似性。有3把矛为巴文化风格，并饰有巴蜀图案。人们也发现2把常见类型的剑：一把有格，另一把则没有。前者一般属于楚文化风格，后者则与巴文化的传统有关。这种联系通过一个例子得到巩固：一把无格但装饰有巴蜀图案的剑。在这个大型墓地中，这类有着明显巴文化风格的青铜器，尤其值得我们留意。

在红庙岭西边的雷家坪有3座墓葬：06BLM9、99BLM2和02BLM4（国务院与国家2009），均为长方形土坑墓。06BLM9墓室西壁有一条墓道，葬具为棺椁组合，外椁放在两条枕木上，被分成四室。随葬品包括青铜镜、马车盖弓帽、1根青铜销轴、2件玉璧。99BLM2随葬有1件青铜壶与2件无法辨认器型的铁器。02BLM4随葬有青铜鍪、青铜剑、青铜矛、陶壶各一。这些青铜武器与陶器都是楚文化风格器物，但青铜鍪在重庆地区的巴文化墓葬中是相当普遍的。

雷家坪的西边有高桅子与王家湾。高桅子公布有一座战国墓葬（M6），棺木与墓主遗骸不存，可能是因为恶劣的保存环境，但人们仍发现了数件随葬陶器（恩施 2010b），这些随葬品是典型的楚文化风格器物。王家湾发现的 38 座墓葬中（恩施 2010a），有一座战国时期墓葬（M17），其中只有少量存在棺木与人类遗骸的证据，随葬有两套陶制鼎、敦、壶，以及 1 颗玻璃珠。仁家坪遗址位于长江南岸，在高椅子与王家湾的对面，有 3 座东周时期墓葬。这 3 座墓葬全都是长方形土坑墓，而且没有棺木遗存（岳阳 2006）。在更西边的是西瀼口，有 2 座墓葬（鄂西 1998）。M1 为一座土坑墓，随葬有青铜箭镞与陶制的鼎、缶、壶这些典型的楚文化风格仿铜陶礼器。相反，M2 则有 1 件青铜戈和 2 把柳叶形青铜剑，它们均为巴文化风格器物。在随后的讨论中，我们将会再次讨论巴楚风格同墓的稀有现象。

往西移至长江与大宁河的汇合处，我们发现了几个其时代被推断为战国至汉代的墓地，包括秀峰一中遗址（河南主编 2007）。这个遗址中的 2 座墓葬均为狭长的土坑墓，随葬有附有圆柄首的剑、青铜箭镞、陶鬲、长柄豆、盘与壶。这些器物与楚中心区域战国早期的遗物相似。长柄豆尤其能与这个地区大多数同类容器形成对比，后者一般有少于 10 厘米长的豆柄，明显长于容器的宽度。在一些遗址，诸如中坝子、八卦与镇安，豆的柄均非常短，这些豆主要见于诸如城关这类万州和成都平原的遗址中。其他 2 座墓葬的墓室较宽，有木棺葬具，随葬品有青铜鼎、敦、圆柄首的剑、戈、匙、乐钟、矛和陶制的鼎、敦、壶、盘，这些组合与风格的时代有可能属于战国中期至晚期。此外，虽然有一座墓（M5）展示了具有浓厚楚文化风格的墓葬习俗与随葬品，但其中的戈与矛具有巴蜀风格，并有着虎形的图案。M10 是一座狭窄的土坑墓，只随葬有 1 件圜底陶壶与 1 颗珠，其时代也有可能为战国中期至晚期。赵新平

（2003）曾认为，它是某位巴人的墓葬，其他墓则是楚人的。

秀峰一中墓地旁原巫山中学内的土城坡墓地，其年代属于战国至汉代（武汉与巫山 2008，2009）。其中有 4 座战国时期墓葬，其埋葬习俗与随葬品都具有浓烈的楚文化风格。例如，2004ⅡM65 是一座宽阔的长方形土坑墓，随葬有青铜鼎、敦、壶、匜、勺、镜、盘，长颈陶罐、陶鬲，以及鹿角和铁锸。附近的瓦岗槽也有 2 座战国时代墓葬，随葬有多套陶鼎、敦、壶（南京主编 2003b；武汉主编 2007）。尽管其他墓葬不像这两座墓葬一样随葬有整套仿铜陶礼器，但它们大多数随葬有楚文化风格的武器与陶器。瓦岗槽ⅣM1 是唯一的例外，它随葬有一把巴文化风格的柳叶形剑。最后，麦沱有 3 座已公布的战国时期墓葬（重庆主编 2003b）。它们均为宽阔的长方形土坑墓，葬具为外椁内棺组合，均随葬有一件青铜制或铁制的鼎与一件青铜壶，以及具有楚文化风格的其他随葬品。

我们继续将目光西移至瞿塘峡，在长江与梅溪河交汇点有一处战国到汉代的墓群。例如，梅溪河东岸的瞿塘关有 2 座时代属于战国中期至晚期的土坑墓（重庆 2006b）。M1 随葬有一套陶制的鼎、敦、壶，M4 只残留少许棺椁及枕木痕迹，有少量遗骸，随葬品有陶制的鼎、敦，铜带钩。邻近的上关遗址同样有 6 座已公布的战国时期墓葬（重庆 2003b），其中随葬有典型的楚文化风格遗物。

梅溪河东岸另一个墓地为宝塔坪（吉林主编 2005，2007a）。虽然人们在该处找不到有关棺木的证据，但 M1024 和 IM1028 均有二层台，二层台上放置有多套陶制的鼎、敦、壶、长柄豆及其他随葬品。附近的帽盒岭墓地（又名故陵楚墓）有 4 座战国时期墓葬，但只公布了 M3（中国与云阳 2003）。它是一个宽阔的长方形土坑墓，葬具为内棺与外椁，随葬有 1 件陶鼎、2 件陶敦、2 件壶、5 件陶罐、1件陶匜、1件带有青铜附件的漆器、1把青铜剑、1支矛和1件玉璧。尽管很多随葬品都有很浓厚的楚文化风格，但青铜矛却是1件巴文化风格器物，其上有虎形和手形图案。

最后，我们在更为西边的地方找到另一个位于马沱的战国时期墓地，该墓地的墓葬具有楚文化风格（郑州主编2007）。虽然这个墓地共发掘出10座战国墓，但只有其中两个得到详细公布。M41是该墓地规模最大的墓葬，葬具为外椁内棺组合，椁下置有枕木。该墓随葬有多套仿铜陶礼器，包括鼎、敦、壶、豆，以及圆柄首青铜剑与青铜戈。很多陶器表面有楚文化风格的装饰。豆有很长的柄，但其器型却与上文罗列墓地出土的豆相当不同。M6葬具同样为外椁内棺组合，但其随葬品较少，包括具有楚文化风格的圆柄首青铜剑、戈、矛。

到目前为止，我们讨论到的墓葬的时代全被确定为战国中期至晚期，其中很多都与湖北的楚墓有着很强的相似性。它们均有宽阔的长方形土坑，其中一些有二层台，在保存环境许可的情况下会保留有一个木棺或棺椁组合，偶尔会布满膏泥。很多墓葬有多套完整的青铜或陶制鼎、敦、壶，这是同时代楚墓的典型特征。即使它们并不是一套组合，但就其特色而言，很多陪葬品都具有很浓厚的楚文化风格。秀峰一中M5、瓦岗槽IVM1、故陵M3较为特殊，除了随葬有楚文化风格器物，它们均还随葬有巴文化风格器物。同时，西瀼口的M8则展现出与巴文化墓葬更相似的面貌。我们在万州地区所观察到的格局却相当不同。

万州地区

如果我们以云阳县为界，我们将会发现云阳西边的墓地在其墓葬风俗方面与我们前述的墓地十分不同，而且更为复杂。我们大致可将这些墓地分成三类（图9.11b）：为数最多者，为所谓的巴文化墓地（甲类）；第二类（乙类）墓地混合有各种埋葬习俗，这些习俗包括楚文化的墓室构造与多种巴文化随葬品和少量的楚文化遗物；第三类（丙类）是那些楚文化墓葬占主导地位，同时又有巴文化墓葬的墓地。上文提及的西瀼口墓地有可能属于丙类，但它只有少量墓葬，我们很难对其所属类别进行判断。在三峡的西边，丙类墓地可能反映了与第7章讨论的经济活动有关的、楚国商人的离散中心（trade diaspora）。

　　万州中坝子是已知的最东端的甲类墓地。人们在中坝子进行的四次发掘活动中，共清理并公布了超过31座东周时期的墓葬（西北与万州2001，2003；西北2002a，2002b，2006）。所有墓葬均为狭窄的长方形土坑墓，有少数葬具痕迹。随葬品中只有少量青铜器，诸如柳叶形剑、矛和戈这类巴文化器物。陶器是主要随葬品，主要有短柄豆、圜底壶、凹底罐、纺轮。陶豆似乎是这个墓地非常重要的随葬品，这是因为在几类墓中都有大量这类器物，例如M34有29件，M38有11件。这些豆与上文提到的墓地中随葬的豆亦有所不同。除3件例外，它们的柄部都比前述的豆短很多，将之与较东边的墓地的豆进行比较，则它们的柄部更似圈足，而不是柄。而且这些豆与高柄豆有着根本的不同，后者似乎与楚的陶器类型有关。中坝子墓地出土的这种豆更像成都平原什邡城关墓地中的短柄豆（雷雨2006；四川与什邡1998；四川主编2006a）。这些豆的一部分表面有着一些无法解释的符号。中坝子也出土了2具瓮棺葬，即W2和W3，均葬有婴孩的遗骸。中坝子墓葬的时代应属于战国早期至中期。

从中坝子沿着长江上游方向移动约 70 千米，在老鸹冲墓地有 8 座战国晚期到西汉初期的墓葬（重庆与重庆 2007c）。尽管有关报告并没有很详细的描述，但我们知道这些墓葬为狭窄的土坑墓，葬具中只有少量随葬品。这些随葬品包括短柄豆、青铜制圜底壶、青铜乐钟与青铜制桥形饰物，均为常见的巴文化墓葬随葬品。

再往西走，在涪陵区还有巴人墓群。小田溪是随葬品最丰富的一处墓地，年代在战国时期（涪陵 1973；四川主编 1974，1998b；四川与涪陵 1985）。9 座墓葬均已公布，其中有 8 座长方形土坑墓得到正式的公布。它们是青铜时代晚期三峡地区最奢华的墓葬之一，其中埋葬有大量青铜器、武器、工具、乐器（钟）和一些保存欠佳的陶器。大多数青铜武器为典型的巴文化风格器物，诸如有着巴蜀图案的柳叶形剑、戈与三角戟。其他巴文化器物包括短柄矛、作为蒸煮器的甑、肩部有衔环的缶、附有环形耳的鍪、作为战鼓的錞于。我们也从中找到一些外来文化因素，如 M3 中随葬的铸刻有秦铭文的戈，以及楚式的壶和罍。陶器大多为具有本地巴文化风格的圜底壶。正如第 6 章所言，由于 M2 有着大量随葬品并且青铜钲上有"王"这个铭文，一些考古学家相信小田溪墓葬的墓主是属于最高级别的巴贵族，甚至有可能是那些自称为王的人。考古学家对于这些墓葬的年代有着不同的意见，大致有战国早期（王家祐与王子岗 1980）、战国晚期（段渝与谭晓钟 1991；徐中舒与唐嘉弘 1981）、战国晚期到秦代（蒋晓春 2002）或秦代（于豪亮 1976）等几种观点，大部分学者推断它们的年代为战国晚期至秦代。

小田溪附近还有其他几处巴文化墓地。镇安是其中最大的一处，有 22 座战国至汉代的墓葬（北京与重庆 2003b，2006；北京等 2007b）。这些墓葬都是狭长的长方形土坑墓，超过一半墓葬的葬具采用单棺或外椁内棺组合。有少数可追溯至战国中后期的墓葬，其随葬品通常包括柳叶形剑和青铜斧，上有巴蜀纹案，以及青铜矛、巴蜀铜印章、铁锸、短柄陶豆和圜底壶。附近的另外两处小型墓地，八卦（重庆等 2007c）和蔺市（重庆与涪陵 2003）也有类似的狭长墓葬，随葬有巴文化风格的遗物。

这些甲类墓地可根据墓主的地位再次细分。位于小田溪的墓葬规模相对较大，随葬品也最丰富。相反，中坝子、老鸹冲、镇安、蔺市和八卦这类墓地有可能是为地位较低者建造的，墓葬形制则是狭窄的长方形土坑墓，而且随葬品较少。大多数这些墓葬中的棺木都是根据楚墓风格由木板做成，更有一些墓室内填满膏泥、棺椁置于一对枕木上。这些特征与上文讨论的巴蜀船棺传统相当不同。尽管小田溪随葬有一些楚文化风格的遗物，诸如青铜壶、罍和一些漆器，但大多数随葬品为典型的巴文化遗物。

相反，云阳西边的乙类墓地则较为复杂。三个具有代表性的遗址位于具有楚文化与巴文化风格墓地中间的缓冲地带：李家坝、余家坝与大坪，李家坝是其中规模最大的（四川 1998b；四川与重庆 2011a；四川与云阳 2001c，2003a；四川主编 2002）。这个遗址在从商代到清代这段漫长的时间里一直为人所用，但最重要的遗存当属东周时期。李家坝东周时期遗址可被分成两个相连的区域：东边的一个住宅区（见第 6 章）和西边的墓地。尽管住宅区的遗物主要是诸如花边口圜底壶、罐、鼎、高柄豆、尖底杯和尖底盏这些当地器物，但也发现了很多楚文化风格的器物。这些楚文化风格的器物最先出现在战国中期，到战国晚期才消失。人们还在遗址中发现一枚楚蚁鼻钱。这些发现反映了当地社群与楚人之间的互动，以及类似的墓葬模式。

发掘人员在这个遗址中清理了超过300座战国时期的墓葬。大多数墓葬墓室长度在2到4米间，宽在0.5至2.5米之间，分大、中、小三种规格。这些墓葬排列密集，时常出现叠压打破关系。这使得发掘人员可以分析随葬品组合之间的地层关系，并由此将整个墓地的年代分为三个阶段，时间上从春秋晚期延续至整个战国时期，每座墓葬都被归入其中的某个阶段。在已公布的95座墓中，少数有用来放置随葬品的二层台，有42座墓拥有木制的外椁内棺或一对重棺。没有葬具的墓葬多数是狭窄的长方形土坑墓。其中M8的情况较为特殊，狭窄的墓室中葬有一具船棺，随葬品为具有本地风格的实用器。一些没有葬具的墓葬也有可能曾有类似的葬具，因为其墓室形制非常相似。

其他有葬具的墓葬都较为复杂，它们的规模都比M8大，葬具用木板做成"II"形。一部分墓葬的葬具被放在两条枕木上，表面都铺有膏泥，而这在上文讨论到的楚墓中很常见。与那些没有葬具的墓葬相比，这些墓葬普遍都有较多随葬品，包括青铜制的柳形剑和一些直刃剑、戈、柳叶形矛头、斧、箭镞、刀与鍪，陶制的圜底壶、凹底罐、平底罐、鬲和甗，这些都是很常见的本土巴文化随葬品，另外还有高柄豆、短柄豆。当中的青铜武器大多都以凹雕的鸟、虎、蝉、肢体为母题，与青羊宫文化遗物相似。发掘人员也确定了8个与死者一同埋葬的人牲，全都出于规模较大的墓葬中。人牲的骸骨多数被肢解，头骨放在死者旁边。这暗示他们是在埋葬前被杀的，并有可能被人砍头或肢解。我们并没有从三峡其他同时代的墓葬中发现这种习俗。

典型的例子有M25（图9.12）和M45。M25葬具为一椁一棺（四川与云阳2003a），外椁铺有一层膏泥，内棺表面有少量髹漆痕迹，很有可能整个内棺表面都曾被髹漆。棺室内的随葬品有1把柳叶形剑、1件青铜鍪和1件青铜勺子。其他10件随葬品被放在椁室，包括1件青铜鼎、2件青铜壶、1件青铜鍪、1把虎纹戈、2把青铜斧、1把青铜刀、1件陶豆和1件陶制的凹底罐。M45与之相似，有29件随葬品，包括一套青铜鼎、敦、壶，1件青铜鍪、1把柳形剑、2支虎纹矛、1把青铜戈、7枚青铜箭镞、1把青铜匕首、2把青铜斧、1件凹底罐和1件平底罐。与其他墓葬一样，M25和M45均随葬有各种各样巴文化武器和陶器，但它们还随葬有一些在其他墓葬中很少见到的楚文化青铜器。M45甚至随葬有整套的青铜鼎、敦、壶，这与东边同时代的楚墓风格相一致。

97ⅡM33进一步令这些已知墓葬模式变得复杂。97ⅡM33展示了一种与最后两者非常相似的墓葬风俗，除了葬有一套陶鼎、敦、壶，尚有1件青铜匙、1件陶杓、2件陶豆和1件青铜鍪作为随葬品（四川与云阳2001c：258）。我们在这里似乎看到一个能证明当地复制楚文化器物的例子，借以（不完美地）创造一个接近，但并非如实地复制楚文化仪式的墓葬习俗。我们随后将会回到这些议题。

开县余家坝遗址是另一个与李家坝相似的案例。人们清理了大约100座战国时期墓葬（山东1999；山东主编2003，2004，2007a，2007b），其中大多数葬具为一棺一椁组合。这些墓葬相比李家坝墓葬更为狭窄、长度更短，因此内棺之外的椁室空间有限，大多数随葬品均放在棺内。随葬品包括诸如柳叶形剑、虎纹戈、矛、斧、刀、青铜鍪，陶器包括有盖高柄豆，玉器有玉耳环和玉珠等。大多数随葬品都有着浓烈的地方特色。

余家坝其他墓葬墓室较宽，埋藏较深，尽管报告没有描述墓葬

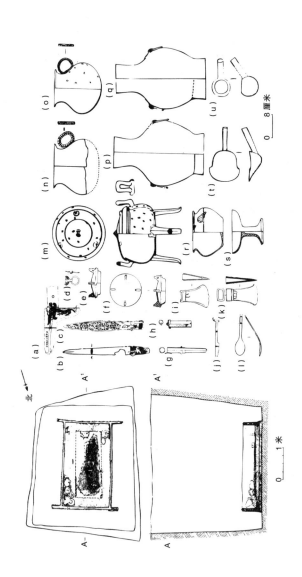

图 9.12 李家坝 M25 和随葬品（附随葬品数量）：（a）有铭文的虎纹戈（9）；（b—c）剑（1、20）；（d）铺首（19）；（e—f）盖（16、17）；（g）镈（11）；（h）镞（10）；（i）斧（12）；（j）削（8）；（k）钺（14）；（l）匙（2）；（m）鼎（5）；（n—o）鍪（3、6）；（p—q）壶（4、7）；（r）陶豆（22）；（s）陶罐（23）；（t）青铜勺（13）；（u）青铜杓（15）。（以上均据四川与云阳2003a: 356—358 按相同比例重绘）

的空间分布，但它们有可能是埋葬在同一个墓地的，这是因为有很多墓葬都是在2002年清理的。这些墓葬的葬具多有棺椁，椁室的规模比上述墓葬要大得多，内棺则多数放在椁室的一边。大多数随葬品被放在椁室内，而它们与上文提及的随葬品有所不同。例如，M122的15件随葬品包括2件陶鼎、2件陶敦、3件陶壶、4件高柄豆、1件陶罐、1把圆柄首青铜剑、1件铁锸以及1件青铜鍪。另一个例子，M129中有20件随葬品：1件青铜鍪，1件圆柄首青铜剑，1件铁锸以及17件陶器，主要有鼎、敦、壶、豆以及杓和勺在内的陶器（山东主编2004：43）。

余家坝这两类墓葬在墓葬形制和随葬品方面均存在差别。发掘人员推断前者的年代应为战国中期至晚期，后者则为战国末期至西汉早期。如果这是正确的话，那么墓葬习俗似乎表现出一种随着时间而愈加混杂的特征。尽管这无疑是有可能的，但一些楚文化风格的陶器却暗示第二类墓葬的年代可能没有那么晚。反之，墓地空间布局上的差别可能显示了遗址的居住者在同一时间拥有着明显不同的墓葬习俗，而这些习俗可能反映了人们在有意识地进行族群的建构与扩张。

乙类墓地的第三个案例为位于余家坝南边约50千米的万州区大坪遗址。人们在这里清理出67座东周时期墓葬（重庆与重庆2006b；益阳主编2007）。由于保存欠佳，只有少量墓葬保留有葬具遗存。根据这些土坑墓的形制，我们将它们分成两类。一类是狭窄的长方形土坑墓，它们随葬有诸如柳叶形剑（一些有着巴蜀图案）、矛（一些有着巴蜀图案或虎形纹饰）、戈、箭镞、斧、錾和印章等青铜器，陶器有圜底罐、平底罐和壶。除了陶壶，大多数随葬品均为巴文化器物。另一类墓葬的宽度是前一类的接近两倍，并随葬有更多楚文化遗物。一个例子是 M115，它随葬有 1 件陶鼎、2 件陶敦、1 件陶壶、3 件有盖高柄豆和 2 把青铜斧，我们再次看到了成套的鼎、敦、壶组合。尽管其他规模较大的墓葬并没有随葬这些整套的仿铜陶礼器，但它们比一些小型墓葬随葬有更多的青铜器。此外，除了 M136 随葬一把圆柄首剑，较大型墓葬中的武器都明显具有巴蜀风格，例如柳叶形剑和刻有巴蜀图案的矛，这与余家坝的情况是不同的。

这些乙类墓地的特点是，其墓葬的结构特征使人联想到楚墓的风格，而随葬品则明显受到巴蜀物质文化的影响。在这些墓地中，产生了墓葬的仪式习俗融合了来自不同地区的影响，大多数墓葬均表现出各种丧葬习俗的混杂。

相比之下，万州地区的丙类墓葬则是巴文化风格墓葬与楚文化风格墓葬并存，以楚文化风格墓葬为主。这种类型的墓葬似乎仅见于沓井河与长江交汇处东岸的墓葬群中（上文提到的西瀼口可能是一个例外）。这个河口的西岸是哨棚嘴、瓦渣地和杜家院子遗址等食盐生产遗址，而沿着沓井河往上游移动约六千米便是中坝这个新石器时代至青铜时代的主要食盐生产遗址（见第 6、7 章）。位于这里的墓地彼此非常接近，但由于发掘工作是由不同考古队伍进行的，故这些墓地均被分入数个遗址，它们包括崖脚、石匣子、洞天堡和罗家桥。

崖脚又名"半边街"，它是这个墓地群中最靠西的。人们在这里已清理了超过 40 座战国时期墓葬，其中大多数与云阳县东边的楚墓葬非常相似（北京与重庆 2003a，2009；北京主编 2007a）。它们有相对较宽的土坑（长宽比例约为 1.5∶1），棺椁也放在两条枕木上，随葬品也具有浓厚的楚文化风格。只有两个例子（BM1 和

BM4）缺少这种墓葬内涵的明显证据。

　　崖脚这类楚文化风格墓葬的例子包括 BM3 和 BM4。前者随葬有两套鼎、敦、壶组合，1 件青铜鼎，2 支青铜矛和 1 把圆柄首青铜剑（图 9.13a）；后者也随葬有两套陶鼎、敦、壶，高柄豆、盘，1 件青铜乐钟与数颗料珠（图 9.13b）。那些料珠可能是玻璃制成的（它们被列为料珠与料管，但很可惜没有照片资料），料珠包括 3 颗椭圆形的珠、1 根玉管与 2 颗"蜻蜓眼"。蜻蜓眼肯定是由玻璃制成的，也见于崖脚其他墓葬中，包括 BM17 中的 3 颗（北京与重庆 2003a：703）。蜻蜓眼亦见于楚地，包括湖北、湖南的遗址，以及南方更远的广东与云南。人们认为它们是在西亚制成并沿着贸易路线到达这个地区，它们有可能促进了楚国玻璃制作工艺的繁荣工业（后德俊 1995：258—272）。陶器非常粗糙，有可能是为随葬专门制作的明器。其他墓葬也有着浓厚的楚文化特色，尽管它们并未随葬成套仿铜陶礼器，且随葬品总数较少。这些随葬品包括诸如高柄豆、凹底壶、凹底罐和鼎之类的陶器，以及多把圆柄首青铜剑、青铜乐钟与玉璧。

　　除了上述墓葬，这个遗址还有其他 10 座各不相同的墓葬。它们同样为长方形土坑墓，但却窄得多（长宽比约 3∶1）。这些墓葬的葬具仍然与楚文化风格相似，其中一些的外椁下甚至有两条枕木。但这些墓葬的随葬品并不一致，每个墓的随葬品有 3—5 件，包括铁剑、青铜矛、青铜带钩、短柄豆、圜底壶和平底罐。总的来说，它们与万州地区的巴文化随葬品更为类似。BM2 是一个典型的例子，它并没有棺木，随葬有数件具当地风格的陶制圜底壶、2 件短柄豆和 1 把铁剑（图 9.13c）。这种墓葬形式是这一时期该地区的典型墓葬形式，而且与上文讨论到的乙类墓很相似。其中一些墓葬可能比前面提到的大多数楚墓稍晚一些，例如打破 BM4 的 BM2。

　　邻近的其他遗址显示了相似的格局。例如，石匣子已经公布了
4 座战国时期墓葬（北京与中山 2005；重庆与北京 2009；杨华主编
2007，2009）。M66 是一座宽阔的土坑墓，葬具为一棺一椁，发现
2 件随葬品，计有陶罐、石璧各一。其他 3 座墓葬，M64、M65 与
M67 均为没有葬具和随葬品的狭窄土坑墓。洞天堡的 7 座战国时期
墓葬全为有葬具的宽阔长方形土坑墓，其中一些有枕木（杨华主编
2007；重庆与北京 2009）。每个墓葬中都有 3—5 件随葬品，包括
陶制的凹底罐、壶、鬲、鍪，玛瑙戒指，玉耳环和石璧。除了一个
陶鍪，其他随葬品全都表现出很强烈的楚文化特色。

　　最后，瀋井遗址群的东边是罗家桥遗址，目前已公布的有 10
座战国时代墓葬。大多数为有葬具的长方形土坑墓，其中一部分有
枕木（成都与重庆 2003a，2003b；成都主编等 2007c）。M10 的随
葬品数量最多，计有 2 件陶鼎、3 件陶壶、1 件陶盂和 1 件玉璧。
其他墓葬则随葬有 2 至 4 件随葬品，包括陶壶、高柄豆和凹底罐。
唯一的例外是 M5，它是一个狭窄的长方形土坑，随葬有 2 件高柄
豆、1 件平底壶和 1 件凹底罐。发掘人员认为这是一座随葬楚文化
风格遗物的巴文化墓葬。

　　这些墓葬随葬的容器与武器显示出一种混合了青羊宫文化和楚
文化遗物的混合状态，但其模式却与上文的乙类墓地的特征有所不
同。朱萍（2002：87，100—103，106—109）已论证了李家坝早期
墓葬与其他乙类墓地一样，只随葬有少数楚文化的遗物，但墓葬习
俗却表现出其与楚政权的联系随着时间渐渐增强。从战国中期到晚
期，这些遗址中的墓葬习俗似乎出现了一个文化融合过程，而这些
遗址的居民则有选择性地吸收了一部分楚文化墓葬习俗。诸如李家

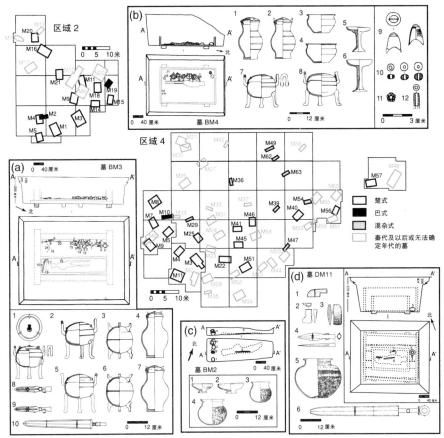

图 9.13 崖脚区域 2 与区域 4 中的青铜时代晚期到铁器时代墓葬。楚式:(a)BM3:(1)青铜鼎,(2)陶鼎,(3)陶敦,(4)陶壶,(5)陶鼎,(6)陶敦,(7)陶壶,(8—9)青铜矛,(10)青铜剑,(以下没有图片)(11)鼎盖,(12)青铜勺,(13)青铜镎,(14—18)铅饰品,人类(19)牙齿,(20)陶珠,(21)青铜箭镞,(22)青铜戈,(23—24)漆器碎片;(b)BM4:(1—2)陶壶,(3—4)陶盘,(5—6)陶豆,(7—8)陶鼎,(9)青铜乐钟,(10)玻璃珠,(11)蜻蜓眼念珠(这里显示其中一颗),(12)玻璃制椭圆形念珠;混杂式:(c)BM2:(1—2)陶豆,(3—4)陶鼎,(5)(没有提供图片的)铁剑;(d)DM11:(1)青铜刀,(2)青铜钺,(3)石斧,(4)青铜矛,(5)罐,(6)青铜剑,(7)(没有提供图片的)青铜箭镞。(所有插图均据北京与重庆 2003a:687—690,697—701 重绘)

坝 M33 这类战国中期的墓葬似乎主要以楚文化风格为其特色，但其他墓葬则暗示其所受楚文化的影响相当有限——并没有全盘接受楚文化随葬品和楚文化丧葬习俗的所有方面。在战国晚期，相同遗址中的楚文化因素随着青羊宫文化因素与秦文化因素的进入而消失。正如朱萍所言，大多数战国晚期的墓葬可能没有多少楚文化因素。但至少有一座大型的、随葬品非常丰富的战国晚期墓葬（罗家桥 M10）保留了许多楚文化的特色，同时含有秦文化和青羊宫文化因素。这个例子反映了吸收了外来习俗的、经改造之后的本地仪式的持续影响。

相反，崖脚及其邻近的少量墓葬似乎同时混合了巴文化与楚文化墓葬习俗。一个例子，DM11 随葬有一把巴文化青铜剑和楚文化凹底陶壶（图 9.13d）。同样，在 2000 年发掘的 8 座墓均随葬有楚文化陶器，但其墓坑均长而窄，没有棺椁与典型楚墓中的枕木。它们可能代表了一些混合的墓葬习俗，反映了崖脚零散的社群与其当地东道主之间关系的历时性变化。但这些是特例，大多数墓葬均以较为传统的楚文化墓葬习俗与随葬品为其特征。

这些楚文化墓葬远离楚国边境。有些人认为这是楚军队在该地驻扎的证据（刘不朽 2005；余静 2005；赵炳清 2005，2008，2009，2010；朱萍 2002，2010；邹芙都 2005）。但墓葬的数量很少，这令有关说法很成问题，因为缺乏证据表明附近其他地方有大量楚人存在，而与此相反，一些墓葬中存在的武器又证明了死者身份的军事因素。万州地区其他甲类墓地仅表现出巴文化的墓葬风格，这些墓地邻近那些以外部市场为导向的专业化经济活动的遗址。有鉴于此，崖脚的墓葬有可能代表了一小群出现在忠县地区的楚商人，其中的一部分人更可能与楚的军队有联系。

这些与楚有联系的人可能在当地领导人的许可下，少量居住在中坝地区从事贸易活动。这些领导人与巴联盟有联系，但受到楚的武力威胁。跨文化的贸易是不可预测的，而且这种贸易经常需要"特别的制度安排来协助保证两方的共同安全"（Curtin 1984：1），而楚军的强大实力使得仅需在该地区进行少量驻军即可维护自身贸易的安全。商人有可能从食盐贸易中获利，并促进了有关贸易，当地的领袖则有可能获得上等的楚国产品，诸如漆器、丝绸和青铜器皿。这些楚商人可能保留了其与楚国故土之间在文化上的从属关系，维持了楚的墓葬风俗，并在当地的生产中复制了楚文化器物。

这种可能性将符合贸易离散模式（trade-diaspora model），这种模式已被人用来解释世界其他地方物质文化的相似格局。离散者多数指那些通过移民和流亡离开故乡的难民或社群。尽管在有关离散者的文献中，"离散者"这个名词与成为"受害者"（victimization）这个过程之间已发展出一种很强的联系（R. Cohen 1997：2；Gomez 2006；Orser 1998；Spencer-Wood 1999），但已有一些学者扩展这个专有名词的意思为一个"有关几类人的隐喻式称呼，简单地说，他们为移居国外者（expatriates）、被放逐国外者（expellees）、政治难民（political refugees）、居住外国者（alien residents）、移民（immigrants）与少数族裔和种族（ethnic and racial minorities）"（Safran 1991：83；Clifford 1992，1994；R. Cohen 1997；Lilley 2004，2006）。这种重新定义允许我们考察移民的众多原因、他们与故乡和东道国之间的不同关系和维系或舍弃原来身份的众多过程。

我们认为构成离散者的人是"一群因为各种原因、不管自愿与否而离开故国的人，来到在文化与政治上都十分陌生的寄居地，而且仍然通过族群认同的一些方面与其故国维持着很强的联系"（陈伯桢 2007b：3；引自 Cohen 1997）。正如我们的定义，离散群体在其寄居的区域可以是处于边缘的、有自主权的或占据优势的（Stein 2002：32—33）。按照他们的角色，他们将会有不同理由维持其与故国的身份认同。这个定义的关键为，促成他们离开的动力并不是定义离散者的主要因素。反之，离散社群与其故国与东道国之间的关系，以及他们在其寄居地的行为，对于定义离散社群来说更为重要。这使政治边缘的中心地位对研究来说再次变得重要。

离散社群的一个重要的类型由一些作为贸易网络的一部分而分散的人形成（A. Cohen 1971：266—267；Curtin 1984）。"在相互联系的网络中，那些和外国人一同生活的商人的贸易社群可在每一个大陆发现，而且可追溯其历史"（Curtin 1984：3）。在中国内陆这个例子中，我们已看到三峡的食盐生产促进了这个地区日益壮大的贸易。随着它的发展，战国时期的三峡出现了一群其墓葬习俗与楚文化墓葬习俗相同的人，而三峡本地墓葬习俗的规范则来自那些所谓的巴文化墓葬。尽管巴文化墓葬有时会埋葬有奢侈的楚文化陪葬品，但楚文化墓葬在结构上与前者却相当不同。墓葬的结构更能反映一些根深蒂固的传统，这些传统被同一个族群的成员和一些有着自觉的文化与政治联系的人共享。

丧葬仪式成为强调和把握与楚的联系的场合，由此产生的丧葬模式反映了生活在这个边缘地区的社群成员的习俗，他们一直在调整自己复杂的混合立场。尽管军事装备是仪式内容的一部分，这些人并不是土地的占领者，也不是寻求建立楚国统治地位的殖民者。相反，这些小型群体一直强调其与当地人的差别，而墓葬仪式有可能是众多建构与维系身份认同的场域之一。

摘要与总结

这里提出了那些从属于楚的社群与当地并没有被合并进楚国领土内的社群之间的复杂关系，这种关系并非三峡地区独有。例如，人们已在岭南的广东与广西地区发现了楚文化遗物，但没有楚占领过当地的证据，当地人亦无意吸收楚文化丧葬习俗的所有内容（Allard 2004：14；广西 1973；蒋廷瑜 1980；李学勤 1991：16）。同样，人们在广东西部也发现了楚文化青铜器，但它们却被人解释为楚人送与当地领袖的礼物（Peters 1999：116；徐恒彬 1982）。事实上，在整个楚国地区，都有证据表明楚国和其他民族的丧葬习俗的融合（Peters 1999：108—109）。这些关系的确切本质应得到特定领域的关注，而且必须根据墓葬习俗的仪式化本质来理解。无论如何，丧葬仪式的格局似乎明显不涉及地位差异被简单地具体化的地方，而只是景观的一个组成部分，在这里，身份的各个方面都得到了协调、实现和复制。

我们在三峡地区观察到，在整个公元前1千纪里，丧葬习俗是一种充满活力的仪式行为，它为巴、楚之间的身份协调提供了一个情境，也为其他一些人提供了楚的身份认同。某些通过这种方法在仪式上标榜自己属于楚的人有可能是一些或许有着军事联系的商人，他们视自己为楚离散者的一员，并且依靠三峡地区分散的政治纽带将自己的社会角色联系起来（Clifford 1994）。

对这些墓葬与其他仪式习俗进行的讨论与诸如三峡这些地方如何融入更大的经济、政治、意识形态和社会互动网络有关。我们对三峡墓葬进行的讨论有助我们摆脱那些"在政治上属于'边缘'的区域受到'中心'的'经济剥削'"模式，专注于生产和贸易的不同整合过程可能影响当地人民对自己文化或种族关系的构思方式，从而理解在第 7 章讨论的专业化食盐生产的发展历程。因此，我们对三峡的讨论拒绝那种强调楚国或蜀国剥削了这个地区的解释。相反，本土居民和近期移民参与和采纳某些属于其他地区的风俗的过程应被视为一些重要的地方化过程。在青铜时代后期，墓葬习俗显示了当地的仪式类型是如何吸收那些用于建构身份认同的模式的，这些模式尤其与和楚国有关的地方身份认同有关。

最后两章（第 8 与 9 章）认为，宗教习俗与仪式并不是附属现象，而是我们理解过去的一个重要方面。尽管"当考古学家只研究考古学资料，他们对史前社会的经济的了解，有可能比他们对社会组织与宗教信仰的了解要多得多"（Trigger 2006：355，他概括了 Clark 1939 中的内容）或许是正确的，但我们仍然认为，如果我们考虑到仪式习俗与它们的考古遗存的话，那么过去的社会行为的关键特点就能够被纳入古代景观的重构中。

第10章

结　语

（互动的景观与景观的互动）

在本书中，我们看到诸如三峡这类在中国内陆的政治地缘格局中属于边缘的地区，能够成为重要的生产与贸易节点，而且在文化身份认同形成的过程中，这些地区也处于中心的位置。食盐的生产与贸易尤其是三峡的人民得以与远方的社群进行愈来愈多交流的重要原因。在这个地区进行食盐生产与贸易的人在不同程度上与蜀地的人进行互动，而正如墓葬资料显示的，他们是一个社群网络的一部分，逐渐被散居的楚人所渗透。通过众多景观格局的角度来考察这个地区，我们获得了一种当政治外围地区被边缘化时所忽略的视角。这一认识是在将中部政治边缘置于考察的中心这一过程中产生的。

正如人们对世界其他地区指出的那样，"位处多个中心之间的边陲在决定交易的金额方面"，或在本质上决定其与偏远地区其他形式的互动方面"并非无关轻重"（Kohl 1987b：20）。这种理解使近年的学术研究转而试图了解政治外围地区在政治变化中扮演的角色。例如，Lyons 和 Papadopoulos（2002a：7）曾指出："学者们已经从研究中心转向了边缘地带，在这里，差异得以协商，行动和期望有了新的意义。当然，外围并不是一个外部的地理节点，而是那些意义被置换和重新创造的边界环境。"因此，将焦点放在那些所谓的遥远边缘上的做法，是任何试图理解社会转变与地区关系的尝试中不可或缺的部分（Hall 2000：237）。

在中国内陆，三峡地区是一个尤其重要的政治边缘地带。这里的整体格局似乎是，从新石器到青铜时代早期，成都地区与三峡西部之间的文化联系要较三峡与长江中游（在屈家岭与石家河以前，它在文化上一直是支离破碎的）之间的文化联系牢固。但在青铜时代，似乎是"恒久的文化边境"（Anthony 2007：104）的三峡，则因受到其与东方人口众多的区域之间的互动的刺激，而使其中密集而专业化的生产活动得到发展，并最终吸引了从东方迁移到这个区域的商人离散社群和军事人员。

我们对这些关系的评估需要摆脱"认为政治与文化中心是最为重要的"这种范式。我们通过单独地评估不同历史景观格局来做到这一点——对不同活动模式的影响范围不一致的地理异质性的研究。但重要的是，我们不可过分将这些差异简化为活动的独立领域。首先，历史景观格局无法简单地在地图上标示，这是由考古记录不完整，以及政治、经济、宗教与其他行为之间的内在联系和它们与自然环境相交的不同形式造成的（Insoll 2004）。此外，任何把某个特定时间里的景观格局描绘在地图上的尝试都会模糊景观的动态变化（chronological dynamism）。

景观是一种分析结构（analytical constructs），帮助我们构建我们观察互动的方法。它们关系到对环境的感知与经验，而且构成了人们在空间之中的互动，包括人类在空间中与空间互动的各种方式。Timothy Ingold（1993：156）在指出景观是"居住其中、占据其土地和沿着那些连接它们的道路旅行的人所了解的世界"时，他概括了有关景观的涵盖范围最广的观点。Kenneth Olwig 在他对文艺复兴时期，景观在建构政治实体一事上所扮演的角色进行的丰富诠释中，表达了有关景观的相似理解（2002：226）："景观是居住方式的一种表现，一个地方的习性通过它得以产生，并作为习俗和法律奠定在土地的物理结构上。"这些观点认为，随着人类与环境之间的关系不断展开，景观处于不断形成的过程中。故景观并非"一个被人理解的事物"，而是"一个活生生的过程，它创造人，也被人创造"（Inglis 1977：489）。

需要注意的是，这种视角将景观与环境区分开来，而环境是"已经存在"的东西［Tuan 1990（1979）］。一些人对景观的研究主要集中在人文创造的特征上，这些特征客观地存在于空间和自然环境（environment）中，而另一些人（包括 Ingold 和 Tuan）则关注于人们在现在和过去如何看待"土地"（Johnson 2007：3—4）。一般来说，后者的观点把焦点放在风景（scenery）上，尤其是对自然的艺术描绘，以及如何用视觉和空间来想象一个国家（Olwig 2002）。这里提出的观点是从这两种方法得来的：一方面，通过考古材料研究人类活动的空间布局；另一方面，强调对不同地方的不同认知都会依赖于那个最重要地区的活动。地方活动的性质亦有可能影响到任何一个地方与另一个地方之间的关系，这有助于确定该特定地方对更广泛的景观做出贡献的方式。

我们发现，比较与几个广泛类别相关的考古遗存的空间分布具有启发意义，这些类别虽然相关，但反映了不同的社会实践领域。

这里描述的格局强调聚落密度、政治控制、陶器分布、资源开发、贸易、祭祀仪式、占卜与丧葬活动甚至是研究史。同样，我们也可以强调其他格局。青铜生产遗迹或布局可能是进一步分析的重点，同位素数据将来可以用于重建青铜工艺与青铜器传播的路线与格局。这些数据将有助于评估我们的设想，即在第一个千年下半叶，作为移民人群的一部分，楚国商人和军事人员从楚国迁入三峡。

这里所采用的方法在某些方面类似于研究区域景观的视角，这些视角为理解古代世界其他区域的社会和文化发展带来了新的见解。有两个特定例子可以用来作为说明：David Carrasco（1991a，1991b）在其有关阿兹特克的著作中所描述的、位于墨西哥中部的礼仪景观；和蒂娜·瑟斯顿（1999，2001）在她对铁器时代斯堪的纳维亚的社会变革进行的研究中，所梳理的众多有关景观的要点。

Carrasco关于礼仪景观的概念强调地方通过表演，尤其是神圣空间中有关仪式行为的表演，不断地对场所进行重新规划和再生。例如，他描绘了阿兹特克是如何通过仪式表演将包罗万象的宇宙观实例化，以及无可避免地与之产生联系。一个例子是要一位从政治边缘被捕的战士在城市内游行，以此作为这个过程的一部分：这名战士将在一年内变成神，最终在一个宗教区域的公共祭祀中被杀（Carrasco 1991b）。这种以表演为基础、有关阿兹特克世界的"中心"的理解，在根本上重构了墨西哥中部城市生活的本质。

之前的著作，尤其是Paul Wheatley（1971）具有开创性的学术研究视阿兹特克城为一个向心力象征，作为一个关键枢纽，将神圣和世俗的景观元素联系在一起。因此，人们主要通过考察特诺奇提特兰–特拉特洛尔科（Tenochtitlan-Tlatelolco）城来进行对阿兹特克人的研究（Clendinnen 1991），这个城市是现代墨西哥合众国统领其近 20 万平方千米国土的心脏地带。尽管诸如 J. Z. 史密斯（J.
Z. Smith 1978）这些人提出这样的批评，即这样构思的中心区域必
须从外围和中心来理解，但这并没有挑战对阿兹特克城作为定义和
构造景观的中心区域的认识。相反，Carrasco 更为激进地提出，阿
兹特克的个案显示了礼仪活动创造了"礼仪景观"（我们的"仪式格
局"）。政治边缘地带在这个景观中成为概念上的中心，政治中心在
没有这种景观的情况下则无法维持。这种礼仪景观由那些通过表演
产生或转化的神圣空间，即"那些因仪式活动而联系至仪式整体之
中的庙宇、邻近地区、宫殿"（Carrasco 1991b：39）组成。"市场
活动"与"战争的象征性与行动"同样描述了对于构成阿兹特克世界
的多重景观来说不可或缺的空间结构。

对阿兹特克世界存在着众多重叠景观的认识在 Mapa de Cuauht-
inchan 近年的作品中得到更为清晰的发展（Carrasco and Sessions
2011）。这幅地图描绘了当地艺术家在被西班牙征服 20 年后理解
的，阿兹特克人的奇奇梅克（Chichimec）祖先迁徙与聚居的情况，
同时吸收了地方与"神话格局（它是一个原始行为反复在其中发生
的格局）"之间真实的空间关系元素（Carrasco and Sessions 2011：
430）。对这幅地图进行的研究表明，在墨西哥中部所做的研究在忽
视其他诸如乔卢拉（Cholula）这类地处关键节点、历史上活跃且为
朝圣中心的重要场所的情况下，过分强调了某些被人标榜为中心的
地方，诸如特诺奇提特兰与特奥蒂瓦坎（Teotihuacan）（Carrasco
and Sessions 2011：435）。这幅地图则强调了乔卢拉是如何在阿兹
特克世界整体景观中扮演着不可或缺的角色，而它之所以有着这种
角色，并不是因为它是一个通过各种机构集中向心力的中心，而是
因为它是一个人们通过的地方，是一个过渡发生的文化十字路口，

一个在某些景观中具有开创性、在其他景观中处于次要地位的中间地带（Carrasco and Sessions 2011：443）。通过采用一种与本书所提出的方法基本相似的方法，阿兹特克地区的面貌已得到了更加细微的理解。

同样，蒂娜·瑟斯顿在她对位于南斯堪的纳维亚的国家的发展研究中已探讨了多重景观。瑟斯顿（2001：xi）考察了在铁器时代（1 世纪至约 1200 年），社会转变中以社会生产的形式发生的诸多"景观"转变，其中之一包括"自治、复杂的中型社会转化成一个统一而中央集权化的国家"。作为一项关于次级国家形成的研究，她的工作试图厘清历史的复杂过程，以及在这个过程中，各种不同的、相互竞争的利益处于不断协调的状态。因此，其著作是一部有关异质性力量在社会演化过程中所起作用的经典著作，但考虑到瑟斯顿对地区资料和聚落模式的兴趣，这是她少数对异质性关系的空间维度进行的实证研究之一。

为了理解这种空间维度，瑟斯顿考虑到多个社会转变得以发生的规模：跨地区性（supraregional）规模、地区性（regional）规模、本土性（local）规模。虽然她主要的兴趣仍然集中在政治权力在这些不同规模中的性质，但她通过研究现代瑞典南部斯堪尼亚州（Scania）贾瑞施塔德（Järrestad）的当地文化景观认识到多种相互冲突与互动的媒介（vectors），并来说明这一点。瑟斯顿（2001：32）认为，人们可以留意到不同"类型"的文化景观，包括（但有可能不限于）"社会政治景观、经济景观与神圣景观"。她对这些景观之间关系的理解与我们有关格局的讨论很类似，"这些不同景观相互接触与交流的地方展现了它们之间的关系：在一个有着中央政府牢固控制的体系里，经济景观有可能频繁地与政治景观发生交集，神圣中心与政治中心的重合与分离有可能暗示了这些机构之间接触的次数，或将一个由本土控制的小规模信仰系统，与一个由国家控制、且与政治纠缠在一起的崇拜区别开来"（Thurston 2001：32）。

瑟斯顿在贾瑞施塔德那里观察到一个过程：现存团体与特定地点之间的关系，会随着时间而让位给新的、更集中的、由精英所操纵的机构，尽管"统治的战略遭遇了阻力，并体现在旧文化景观的持续存在上"（Thurston 2001：38）。当早期村落在500—700年建立时，它们开始向周围扩散。但在第二个建村浪潮出现之后，小规模的宅基地（homesteads）与独立的农场建立起来，以满足中央对税收和盈余的需求（Thurston 2001：100）。与早期村落形成的自发过程相反，这种对外部空间进行的第二次占领是事先决定的并且是有组织进行的。与此同时，村落被重组，虽然其规模缩小了，但将"以前分散的传统活动场所、圣地、集会场所、市场等场所"聚集在一起（Thurston 2001：102）。这个过程包括在城镇中兴建教堂，它彻底地改变了神圣景观，并使之与由精英建立的政治秩序更为紧密地联系起来。正如瑟斯顿与其在贾瑞施塔德的同僚收集到的资料所显示的，这种转变是一个缓慢而充满博弈的过程。但最终，她的研究揭示了"一种转变，通过这种转变，各种景观被有力地、断断续续地统一起来"。

有关贾瑞施塔德的个案研究探讨了一个最终完全合并到丹麦国家中的地区，即使奋争到底的当地人仅仅是屈从，而不是同意这种合并（Thurston 2001：276）。瑟斯顿首要关注者，是理解这个政治集中化的过程。但在跨地区景观这个较为宽阔的规模中，在丹麦国家附近属于政治边缘的地方却从来没有被合并进去，人们也有可能有效地考察在同一个时段中的这些地方，以观察不同格局（瑟斯顿的"景观")有可能并非如此明显地交织或汇集在一起。这样的研究将与我们在中国内陆的探索更加相似。

在具启发性地使用格局的方法来研究景观时,我们强调了三峡在理解中国内陆在古代更广泛的转变过程一事上所具有的重要性。这个边缘是较为广泛的图景中的一个活跃的主体(active agent),而唯有在我们意识到这个区域在较广阔地区中的经济活动上所扮演的关键角色,以及在我们调整分析范围以集中在这个区域的仪式习俗的本质上时,这一点才会变得明显。当我们将感兴趣的范围从中国内陆这一整体的宏观地区范围,调整至一个较为中型的范围,而且试图理解发生在政治边缘地带的社会过程时,墓葬资料变得尤其重要并且最具启发性。

归根结底,使三峡人民与楚国人民加强交流的最主要的活动似乎是盐的生产和分配。尽管本地区负责盐的生产与销售的人们也在不同程度上与蜀地的人们进行互动,而且从未被具有凝聚力的楚国完全殖民或合并,但他们在楚国离散者的渗透下,形成了涵盖多个互有差别的社群的网络。这一认识只有在以三峡本身为研究重点的背景下才有意义,而不仅仅将其看作一个城市化的楚国的边缘地区。我们期待以后会有关于三峡盐商和盐商生活的研究,这将以新的方式揭示更广泛区域间的互动模式。

参考书目

Abu-Lughod, Janet (1989). *Before European Hegemony: The World System A.D. 1250–1350*. Oxford: Oxford University Press.

Adshead, Samuel Adrian M. (1992). *Salt and Civilization*. New York: St. Martins Press.

Agamben, Giorgio [1998 (1995)]. *Homo Sacer: Sovereign Power and Bare Life*. Palo Alto, CA: Stanford University Press.

Alexander, John A., Paul Sinclair, Bassey Andah, and Alex Okpoko (1993). The Salt Industries of West Africa: A Preliminary Study. In, *The Archaeology of Africa: Food, Metals and Towns*, Vol. 20, edited by Thurston Shaw. London: Routledge. Pp. 652–657.

Algaze, Guillermo (1989). The Uruk Expansion: Cross-cultural Exchange in Early Mesopotamian Civilization. *Current Anthropology* 30(5): 571–608.

Algaze, Guillermo (2005). *The Uruk World System: The Dynamics of Early Mesopotamian Civilization*. Chicago: University of Chicago Press.

Allan, Sarah (1995). *The Shape of the Turtle: Myth, Art and Cosmos in Early China*. Albany: SUNY Press.

Allard, Francis (2004). Lingnan and Chu during the First Millennium B.C.: A Reassessment of the Core-Periphery Model. In, *Guangdong: Archaeology and Early Texts*, edited by Shing Müller et al. Weisbaden, Germany: Harrassowitz. Pp. 1–21.

AMNH [American Museum of Natural History] (1917). *Annual Report of the*

American Museum of Natural History. Vol. 49. New York: American Museum Press.

An Chengbang, Feng Zhaodong, and Loukas Barton (2006). Dry or Humid? Mid-Holocene Humidity Changes in Arid and Semi-arid China. *Quaternary Science Reviews* 25(3–4): 351–361.

An Zhimin (1989). Chinese Archaeology: Past and Present. *Archaeological Review from Cambridge* 8(1): 12–18.

安志敏（1993）:《论环渤海的史前文化——兼评"区系"观点》, 载《考古》1993 (7), 609—615 页。

An Zhisheng, John E. Kutzbach, Warren L. Prell, and Stephen C. Porter (2001). Evolution of Asian Monsoon and Phased Uplift of the Himalaya-Tibetan Plateau since Miocene Times. *Nature* 411: 62–66.

An Zhisheng, Stephen C. Porter, John E. Kutzbach, Wu Xihao, Wang Suming, Liu Xiaodong, Li Xiaoqiang, and Zhou Weijian (2000). Asynchronous Holocene optimum of the East Asian monsoon. *Quaternary Science Reviews* 19(8): 743–762.

Anderson, Benedict (1991). *Imagined Communities: Reflections on the Origin and Spread of Nationalism.* New York: Verso.

Anderson, Malcolm (1996). *Frontiers: Territory and State Formation in the Modern World.* Cambridge: Polity Press.

Andersson, Johan Gunnar (1934). *Children of the Yellow Earth: Studies in Prehistoric China.* New York: Macmillan.

Andrews, Anthony P. (1983). *Maya Salt Production and Trade.* Tucson: University of Arizona Press.

Anthony, David W. (2007). *The Horse, the Wheel, and Language: How Bronze Age Riders from the Eurasian Steppes Shaped the Modern World.* Princeton, NJ: Princeton University Press.

敖天照（1993）:《三星堆海贝来源初探》, 载《四川文物》1993（5）, 48—50 页。

Arkush, Elizabeth, and Charles Stanish (2005). Interpreting Conflict in the Ancient Andes: Implications for the Archaeology of Warfare. *Current Anthropology* 46(1): 3–28.

浅原达郎（1984）:《夏文化探索の道》, 载《古史春秋》第 1 辑, 18—28 页。

Baber, Edward Colborne (1882). *Travels and Researches in Western China.* London: John Murray.

Bagley, Robert W. (1977). Pan-lung-ch'eng: A Shang City in Hubei. *Artibus Asiae* 24:165–219.

——(1980). The Zhengzhou Phase (The Erligang Period), and the Appearance and Growth of Regional Bronze Using Cultures. In, *The Great Bronze Age of China*, edited by Wen Fong. New York: Alfred A. Knopf. Pp. 97–133.

——(1990). A Shang City in Sichuan Province. *Orientations* 1990 (November): 52–67.

——(1999). Shang Archaeology. In, *The Cambridge History of Ancient China: From the Origins of Civilization to 221 BC*, edited by Michael Loewe and Edward L. Shaughnessy. Cambridge: Cambridge University Press. Pp. 124–231.

白九江、邹后曦（2009）:《三峡地区船形杯及其制盐功能分析》，载《南方文物》2009（1），72—76 页。

白云（1993）:《关于石家河文化的几个问题》，载《江汉考古》1993（4），41—48 页。

Barbieri-Low, Anthony J. (2008). *Artisans in Imperial China*. Seattle: University of Washington Press.

Barth, Fredrik, editor (1969). *Ethnic Groups and Boundaries: The Social Organization of Culture Difference*. Long Grove, IL: Waveland Press.

Bar-Yosef, Ofer (1986). The Walls of Jerico: An Alternative Interpretation. *Current Anthropology* 27(2): 157–162.

Bashkow, Ira (2004). A Neo-Boasian Conception of Cultural Boundaries. *American Anthropologist* 106(3): 443–458.

Beech, Joseph (1933–1934). University Beginning: A Story of the West China Union University. *Journal of the West China Border Research Society* VI: 91–104.

北京［北京大学考古学系］（1994）:《四川省忠县三峡工程淹没区地下文物保护规划报告》（呈交国家文物局报告）。

北京与重庆［北京大学考古文博学院、重庆市忠县文物保护管理所］（2003a）:《忠县崖脚墓地发掘报告》，载重庆与重庆［重庆市文物局、重庆市移民局］编:《重庆库区考古报告集 1998 卷》，北京: 科学出版社，679—734 页。

北京与重庆［北京市文物研究所三峡考古队、重庆市涪陵区博物馆］（2003b）:《涪陵镇安遗址发掘报告》，载重庆与重庆［重庆市文物局、重庆市移民局］编:《重庆库区考古报告集 1998 卷》，北京：科学出版社，850—894 页。

——（2006）:《涪陵镇安遗址发掘报告》，载重庆与重庆［重庆市文物局、重庆市移民局］编:《重庆库区考古报告集 1999 卷》，北京：科学出版社，747—785 页。

北京与重庆［北京大学考古文博学院三峡考古队、重庆市忠县文物保护管理所］（2009）:《重庆忠县崖脚楚墓 2000 年发掘简报》，载《四川文物》2009（1），3—13 页。

北京与河南［北京大学考古文博学院、河南省文物考古研究所］（2007）:《登封王城岗考古发现与研究（2002—2005）》，郑州：大象出版社。

北京与忠县［北京大学考古文博学院、重庆市忠县文物保护管理所］（2003）:《忠县瓦渣地遗址发掘简报》，载重庆与重庆［重庆市文物局、重庆市移民局］编:《重庆库区考古报告集 1998 卷》，北京：科学出版社，649—678 页。

北京与中山［北京大学考古文博学院三峡考古队、中山大学人类学系］（2005）:《重庆市忠县石匣子墓地 2004 年度发掘简报》，载《南方文物》2005（2），1—7 页。

北京与驻马店［北京大学考古学系、驻马店市文物保护管理所］（1998）:《驻马店杨庄：中全新世淮河上游的文化遗存与环境信息》，北京：科学出版社。

北京主编［北京大学考古系、湖北省文物考古研究所、石家河考古队、湖北省荆州地区博物馆］（1992）:《石家河遗址群调查报告》，载《南方民族考古》第 5 辑，213—294 页。

北京主编［北京大学考古文博院三峡考古队、重庆市三峡库区田野考古培训班、忠县文物保护管理所］（2001）:《忠县㽏井口遗址群哨棚嘴遗址发掘简报》，载重庆与重庆［重庆市文物局、重庆市移民局］编:《重庆库区考古报告集 1997 卷》，北京：科学出版社，610—657 页。

北京主编［北京大学考古文博院三峡考古队、成都市文物考古研究所、重庆市忠县文物保护管理所］（2003）:《重庆市忠县哨棚嘴遗址商周时期遗存 2001 年发掘报告》，载《成都考古发现》2001，421—438 页。

北京主编［北京大学考古学研究中心、北京大学考古文博学院三峡考古队、重庆市忠县文物保护管理所］（2006）:《忠县哨棚嘴遗址发掘报告》，载重庆与重庆［重庆市文物局、重庆市移民局］编:《重庆库区考古报告集 1999 卷》，北京：科学出版社，530—643 页。

北京主编［北京大学考古文博院三峡考古队、重庆市文物局、忠县文物保护管理所］（2007a）:《忠县㽏井口遗址群崖脚（半边街）墓地发掘报告》，载重庆与重庆［重庆市文物局、重庆市移民局］编:《重庆库区考古报告集 2000 卷》，北京：科学出版社，905—963 页。

北京主编［北京市文物研究所、重庆市文物局、重庆市涪陵区博物馆］（2007b）：《2001、2003 年度涪陵镇安遗址发掘报告》，载重庆与重庆［重庆市文物局、重庆市移民局］编：《重庆库区考古报告集 2001 卷》，北京：科学出版社，1930—1980 页。

Bell, Catherine M. (1992). *Ritual Theory, Ritual Practice*. Oxford: Oxford University Press.

——(1997). *Ritual: Perspectives and Dimensions*. New York: Oxford University Press.

Binford, Lewis R. (1971). Mortuary Practices: Their Study and Potential. In, *Approaches to the Social Dimensions of Mortuary Practices*, edited by James A. Brown. Washington, DC: Society for American Archaeology. Pp. 6–29.

Bishop, George (1990). *Travels in Imperial China: The Explorations and Discoveries of Père David*. London: Cassell.

Blakeley, Barry B. (1999a). Chu Society and State: Image versus Reality. In, *Defining Chu: Images and Reality in Ancient China*, edited by C. A. Cook and J. S. Major. Honolulu: University of Hawai'i Press. Pp. 51–66.

——(1999b). The Geography of Chu. In, *Defining Chu: Images and Reality in Ancient China*, edited by C. A. Cook and J. S. Major. Honolulu: University of Hawai'i Press. Pp. 9–20.

Blanton, Richard E., and Gary M. Feinman (1984). The Mesoamerican World System. *American Anthropologist* 86(3): 673–682.

Blanton, Richard E., Gary M. Feinman, S. A. Kowalewsky, and P. N. Pere-grine (1996). A Dual Processual Theory for the Evolution of Mesoamerican Civilization. *Current Anthropology* 37(1): 1–14.

Bloch, Maurice R. (1963). The social influence of salt. *Scientific American* 209(1): 88–96, 98.

Boaretto, Elisabetta, Xiaohong Wu, Jiarong Yuan, Ofer Bar-Yosef, Vikki Chu, Yan Pan, Kexin Liu, David Cohen, Tianlong Jiao, Shuicheng Li, Haibin Gu, Paul Goldberg, and Steve Weiner (2009). Radiocarbon Dating of Charcoal and Bone Collagen Associated with Early Pottery at Yuchanyan Cave, Hunan Province, China. *Proceedings of the National*

Academy of Sciences 106(24): 9595–9600.

Boas, Franz (1897). The Social Organization and Secret Societies of the Kwakiutl. *Report of the U.S. National Museum for 1895*: 311–738.

Browman, David L., and Douglas R. Givens (1996). Stratigraphic Excavation: The First "New Archaeology". *American Anthropologist* 98(1): 80–95.

Brown, Ian W. (1980). *Salt and the Eastern North American Indian: An Archaeological Study*. Cambridge, MA: Peabody Museum, Harvard University.

Brown, James A. (1981). The Search for Rank in Prehistoric Burials. In, *The Archaeology of Death*, edited by Robert Chapman et al. Cambridge: Cambridge University Press. Pp. 25–37.

——(1995). On Mortuary Analysis–With Special Reference to the Saxe-Binford Research Program. In, *Regional Approaches to Mortuary Analysis*, edited by Lane-Anderson Beck. New York: Plenum Press. Pp. 3–26.

Brück, Joanna (1999). Ritual and Rationality: Some Problems of Interpretation in European Archaeology. *European Journal of Archaeology* 2(3): 313–344.

Caldwell, Joseph R. (1964). Interaction Spheres in Prehistory. In, *Hopewellian Studies*, edited by Joseph R. Caldwell and R. L. Hall. Springfield: Illinois State Museum. Pp. 135–143.

曹玮（2002）:《周原甲骨文》, 北京: 世界图书出版公司。

曹文宣（2004）:《三峡库区秭归石门嘴遗址出土鱼卜骨鉴定报告》, 载《考古学报》2004（4）, 449—450 页。

Carneiro, Robert L. (1970). A Theory of the Origins of the State. *Science* 169: 733–738.

Carrasco, David (1991a). Introduction: Aztec Ceremonial Landscapes. In, *To Change Place: Aztec Ceremonial Landscapes*, edited by David Carrasco. Niwot: University Press of Colorado. Pp. xix–xxx.

——(1991b). The Sacrifice of Tezcatlipoca: To Change Place. In, *To Change Place: Aztec Ceremonial Landscapes*, edited by David Carrasco. Niwot: University Press of Colorado. Pp. 32–57.

Carrasco, David, and Scott Sessions (2011). Middle Place, Labyrinth, and Circumambulation: Cholula's Peripatetic Role in the Mapa de Cuauhtinchan No.2. In,

Cave, City, and Eagle's Nest: An Interpretive Journey through the Mapa de Cuauhtinchan No.2, edited by David Carrasco and Scott Sessions. Albuquerque: University of New Mexico Press. Pp. 427–454.

柴岩（1999）:《糜子》，北京：中国农业出版社。

Chang, Kwang-chih (Zhang Guangzhi) (1977). Chinese Archaeology since 1949. *Journal of Asian Studies* 36: 623–646.

——(1980). *Shang Civilization*. New Haven, CT: Yale University Press.

——(1981). Archaeology and Chinese Historiography. *World Archaeology* 13(2):156–169.

——(1983). *Art, Myth, and Ritual*. Cambridge, MA: Harvard University Press.

——(1986a). *The Archaeology of Ancient China*. New Haven, CT: Yale University Press.

——张光直（1994）:《序》，载香港［香港中文大学中国考古艺术研究中心］编《南中国及邻近地区古文化研究——庆祝郑德坤教授从事学术活动六十周年论文集》，香港：中文大学出版社，xxxix—xl 页。

常璩著，任乃强编（1987）:《华阳国志校补图注》，上海：上海古籍出版社。

长办，宜都［长办库区红花套考古工作站、宜都市博物馆］（1988）:《城背溪遗址复查记》，载《江汉考古》1988（4），7—14 页。

常德［常德市文物管理处］（1995）:《湖南常德县黄土山楚墓发掘报告》，《江汉考古》1995（1），1—18 页。

长江［长江文物考古队直属工作队］（1961）:《一九五八至一九六一年湖北郧县和均县发掘简报》，载《考古》1961（10），519—530 页。

长江［长江流域规划办公室考古队河南分队］（1990）:《河南淅川黄楝树遗址发掘报告》，载《华夏考古》1990（3），1—69 页。

长江［长江水利委员会］（2002）:《宜昌路家河长江三峡考古发掘报告》，北京：科学出版社。

Carrasco, David, editor (1991). *To Change Place: Aztec Ceremonial Landscapes*. Niwot: University Press of Colorado.

Chase-Dunn, Christopher, and Thomas D. Hall (1991). Conceptualizing Core/Periphery Hierarchies for Comparative Study. In, *Core/Periphery Relations in Pre-capitalist Worlds*, edited by Christopher Chase-Dunn and Thomas D. Hall. Boulder, CO:

Westview Press. Pp. 5–43.

——(1994). The Historical Evolution of World-Systems. *Sociological Inquiry* 64:257–280.

——(1997). *Rise and Demise: Comparing World Systems*. Boulder, CO: Westview Press.

陈德安（1991）:《三星堆遗址》, 载《四川文物》1991（1）, 63—66 页。

Chen FaHu, Cheng Bo, Zhao Hui, Fan Yuxin, David B. Madsen, and Jin Ming (2007). Post-glacial Climate Variability and Drought Events in the Monsoon Transition Zone of Western China. In, *Late Quaternary Climate Change and Human Adaptation in Arid China*, edited by David B. Madsen et al. Amsterdam: Elsevier. Pp. 25–40.

Chen FaHu, Cheng Bo, Zhao Yan, Zhu Yan, and David B. Madsen (2006). Holocene Environmental Change Inferred from a High-Resolution Pollen Record of Lake Zhuyeze, Arid China. *Holocene* 16: 675–684.

Chen Fong Ching (2001). Life and Work of Professor Cheng Te-k'un. Unpublished obituary in possession of author. Hong Kong.

陈剑（2007）:《波西、营盘山及沙乌都——浅析岷江上游新石器文化演变的阶段性》, 载《考古与文物》（2007）5, 65—70 页。

陈伯桢（2003）:《由早期陶器制盐遗址与遗物的共同特性看渝东早期盐业生产》, 载《盐业史研究》2003（1）, 31—38 页。

——(2004). *Salt Production and Distribution from the Neolithic Period to the Han Dynasty in the Eastern Sichuan Basin, China*. Unpublished PhD thesis, Inter-disciplinary Program in Archaeology, University of California, Los Angeles.

——（2006）:《中国早期盐的使用及其社会意义的转变》, 载《新史学》2006（4）, 15—72 页。

——(2007b). Daily Practices as Social Memory: Chu Trade Diaspora in Ba during the Eastern Zhou Period. Paper delivered at Data and Interpretation on Contemporary Understanding of Anthropological Knowledge, Taipei, Taiwan, November 8.

——(2008a). Technical Changes in the Salt Production from the Neolithic Period to the Han Dynasty at Zhongba. In, *Sel, eau et forêt D'hier à aujourd'hui,* edited by Olivier Weller et al. Paris: Presses universitaires de Franche-Comté. Pp. 143–161.

——(2008b). Investigaciones recientes sobre arqueología de la sal en China. In, *Sal y salinas: Un gusto ancestral*, Vol. Supp. No.51, edited by Blas Román Castellón Huerta. Mexico City: Instituto nacional de Anthopología e Historia. Pp. 31–39.

——（2010）:《世界体系理论观点下的巴楚关系》，载《南方民族考古》第 6 辑，41—68 页。

陈全家，王善才，张典维（2004）:《清江流域古动物遗存研究》，北京：科学出版社。

陈铁梅，杨全，陈琪，胡艳秋（2000）:《巫山县龙骨坡地层的电子自旋共振测年》，载《人类学学报》2000（1），17—19 页。

陈卫东，王天佑（2004）:《浅议岷江上游新石器时代文化》，载《四川文物》2004（3），15—21 页。

陈显丹（1989）:《广汉三星堆遗址发掘概况、初步分期——兼论"早蜀文化"的特征及其发展》，载《南方民族考古》1989（2），213—229 页。

——（2001）:《广汉三星堆大事记（1929—2000.2），载《中华文化论坛》2001（1），41—45 页。

陈贤一（1980）:《江陵张家山遗址的试掘与探索》，载《江汉考古》1980（2），77—86 页。

陈星灿（1997）:《中国史前考古学史研究（1895—1949）》，北京生活·读书·新知三联书店与哈佛燕京图书馆。

Chen Xingcan and Magnus Fiskesjö (2004). The Chinese Fate of Johan Gunnar Andersson: From Scholar to Scholar. In, *China before China: Johna Gunnar Andersson, Ding Wenjiang, and the Discovery of China's Prehistory*, edited by Magnus Fiskesjö and Chen Xingcan. Stockholm: Museum of Far Eastern Antiquities. Pp. 104–125.

Chen Xingcan, Liu Li, and Zhao Chunyan (2010). Salt from Southern Shanxi and the Development of Early States in China. In, *Salt Archaeology in China: Global Comparative Perspectives*, Vol. 2, edited by Li Shuicheng and Lothar von Falkenhausen. Beijing: Science Press. Pp. 43–67.

陈振裕（1987）:《湖北楚墓总述》，载湖北［湖北省考古学会］编:《湖北省考古学会论文集（一）》，武汉:《江汉考古》编辑部，95—106 页。

沈仲常，李复华（1983）:《石棺葬文化中所见的汉文化因素初探》，载《考古与文物》1983（4），81—83 页。

Cheng Te-k'un [Zheng Dekun] (1942). The Lithic Industries of Prehistoric Sichuan.

Journal of the West China Border Research Society 14A: 1–16.

——(1945). An Ancient History of Szechwan. *Journal of the West China Border Research Society* XVI: 1–14.

——郑德坤（1946）:《四川古代文化史》,成都: 华西大学博物馆专刊。

——(1957). *Archaeological Studies in Sichuan*. Cambridge: Cambridge University Press.

成都［成都市文物管理处］（1985）:《成都市金牛区发现两座战国墓葬》,载《文物》1985（5）, 41—43 页。

成都［成都市文物管理处］（1989a）:《成都三洞桥青羊小区战国墓》,载《文物》1989（5）, 31—35 页。

成都［成都市博物馆考古队］（1989b）:《成都京川饭店战国墓》,载《文物》1989（2）, 62—66 页。

——（1992）:《成都中医学院战国土坑墓》,载《文物》1992（1）, 71—75 页。

成都［成都市文物考古工作队］（1997a）:《成都市金沙巷战国墓清理简报》,载《文物》1997（3）, 15—23 页。

——（1997b）:《成都西郊金鱼村发现的战国土坑墓》,载《文物》1997（3）, 4—14 页。

成都［成都市文物考古研究所］（2001）:《成都市黄忠村遗址 1999 年度发掘的主要收获》,载《成都考古发现》1999, 164—181 页。

——（2002）:《成都市商业街船棺、独木棺墓葬发掘报告》,载《成都考古发现》2000, 78—136 页。

——（2003a）:《成都市金沙遗址"兰苑"地点发掘简报》,载《成都考古发现》2001, 1—32 页。

——（2003b）:《金沙遗址蜀风花园城二期地点试掘简报》,载《成都考古发现》2001, 33—53 页。

——（2004a）:《成都金沙遗址 2001 年黄忠村干道规划道路 B 线地点试掘简报》,载《成都考古发现》2002, 42—61 页。

——（2004b）:《成都金沙遗址"置信金沙园一期"地点发掘简报》,载《成都考古发现》2002, 1—41 页。

——（2004c）:《成都金沙遗址 I 区"梅苑"东北部地点发掘一期简报》,载《成都考古发现》2002, 96—171 页。

——（2004d）:《成都金沙遗址万博地点考古勘探与发掘收获》，载《成都考古发现》2002，62—95页。

——（2004e）:《成都金沙遗址Ⅰ区"梅苑"地点发掘一期简报》，载《成都考古发现》2004（4），4—65页。

——（2004f）:《成都十二桥遗址新一村发掘简报》，载《成都考古发现》2002，172—208页。

——（2005a）:《2001年金沙遗址干道黄忠A线地点发掘简报》，载《成都考古发现》2003，44—88页。

——（2005b）:《成都市高新西区"大唐电信二期"商周遗址试掘简报》，载《成都考古发现》2003，145—164页。

——（2005c）:《成都市高新西区格威药业一期新石器遗址发掘简报》，载《成都考古发现》2003，165—185页。

——（2005d）:《成都高新西区"万安药业包装厂"商周遗址试掘简报》，载《成都考古发现》2003，186—217页。

——（2005e）:《成都市高新西区国腾二期商周遗址试掘简报》，载《成都考古发现》2003，137—144页。

——（2005f）:《成都市青龙乡海滨村墓葬发掘简报》，载《成都考古发现》2003，266—307页。

——（2005g）:《成都市文庙西街战国墓葬发掘简报》，载《成都考古发现》2003，244—265页。

——（2005h）,《金沙村遗址芙蓉苑南地点发掘简报》，载《成都考古发现》2003，11—43页。

——（2005i）:《金沙村遗址人防地点发掘简报》，载《成都考古发现》2003，89—119页。

Chengdu [Chengdu Institute of Cultural Heritage and Archaeology] (2006a). *The Jinsha Site: A 21st Century Discovery of Chinese Archaeology*. Beijing: China Intercontinental Press.

成都［成都文物考古研究所］（2006b）:《成都高新西区摩甫生物科技地点古遗址发掘简报》，载《成都考古发现》2004，82—97页。

——（2006c）:《成都高新西区四川方源中科地点古遗址发掘简报》，载《成都考古发现》2004，53—68页。

——（2006d）:《成都市金沙遗址"春雨花间"地点发掘简报》,载《成都考古发现》2004, 217—254 页。

——（2006e）:《成都市金沙遗址郎家村"精品房"地点发掘简报》,载《成都考古发现》2004, 176—216 页。

——（2006f）:《金沙遗址"国际花园"地点发掘简报》,载《成都考古发现》2004, 118—175 页。

——（2006g）:《金沙玉器》,北京:科学出版社。

——（2007a）:《成都市高新西区顺江小区二期商周遗址发掘简报》,载《成都考古发现》2005, 222—232 页。

——（2007b）:《成都市金沙遗址"西城天下"地点发掘》,载《成都考古发现》2005, 244—272 页。

——（2007c）:《成都市商业街船棺墓葬出土动物骨骼鉴定报告》,载《成都考古发现》2005, 475—485 页。

——（2007d）:《成都市中海国际社区古遗址发掘简报》,载《成都考古发现》2005, 141—207 页。

——（2007e）:《成都市中海国际社区商周遗址发掘简报》,载《成都考古发现》2005, 114—140 页。

——（2007f）:《十二桥遗址出土动物骨骼鉴定报告》,载《成都考古发现》2005, 458—474 页。

成都［成都市新都区文物管理所］（2007g）:《成都市新都区清镇村土坑墓发掘简报》,载《成都考古发现》2005, 289—300 页。

成都［成都市文物考古研究所］（2009）:《成都商业街船棺葬》,北京:文物出版社。

成都［成都平原国际考古调查队］（2010）:《成都平原区域考古调查（2005—2007）》,载《南方民族考古》第6辑, 255—278 页。

成都与北京［成都市文物考古研究所、北京大学考古文博院］（2002）:《金沙淘珍——成都市金沙村遗址出土文物》,北京:文物出版社。

成都与成都［成都市博物馆考古队、成都市文物考古研究所］（2003）:《成都方池街古遗址发掘报告》,载《考古学报》2003（2）, 297—316 页。

成都与重庆［成都市文物考古研究所、重庆市忠县文物保护管理所］（2003a）:《重庆市忠县罗家桥战国秦汉墓地第一次发掘报告》,载《成都考古发现》2001,

439—459 页。

——（2003b）：《重庆市忠县罗家桥战国秦汉墓地第二次发掘报告》，载《成都考古发现》2001，460—483 页。

成都与都江堰［成都市文物考古工作队、都江堰市文物局］（1999）：《成都市都江堰市芒城遗址调查与试掘》，载《考古》1999（7），14—27 页。

成都与郫县［成都市文物考古工作队、郫都区博物馆］（1999）：《四川郫县古城遗址调查与试掘》，载《文物》1999（1），32—42 页。

——（2001a）：《四川郫县古城遗址 1997 年发掘简报》，载《文物》2001（3），52—68 页。

——（2001b）：《四川省郫县古城遗址 1998-1999 年发掘收获》，载《成都考古发现》1999，29—39 页。

——（2001c）：《四川省郫县清江村遗址调查发掘收获》，载《成都考古发现》1999，146—163 页。

成都与郫县［成都市文物考古研究所、郫都区文物管理所］（2005a）：《成都市高新西区航空港古遗址发掘简报》，载《成都考古发现》2003，218—233 页。

——（2005b）：《成都市郫县西南交通大学新校区一、二期古遗址试掘简报》，载《成都考古发现》2003，234—243 页。

成都与郫县［成都文物考古工作队、郫都区博物馆］（2007）：《成都市郫县西华大学网络技术学院商周遗址发掘简报》，载《成都考古发现》2005，208—221 页。

成都与蒲江［成都市文物考古工作队、蒲江县文物管理所］（2002）：《成都市蒲江县船棺墓发掘简报》，载《文物》2002（4），27—31 页。

成都与青白江［成都文物考古研究所、青白江区文物保护管理所］（2006）：《成都市青白江区三星村遗址试掘简报》，载《成都考古发现》2004，255—282 页。

成都与四川［成都文物考古研究所、四川省文物考古研究所］（2009）：《成都十二桥》，北京：文物出版社。

成都与四川［成都文物考古队、四川大学历史系］（1992）：《成都市上汪家拐街遗址发掘报告》，载《南方民族考古》第 5 辑，325—358 页。

成都与新都［成都市文物考古工作队、新都区文物管理所］（1997）：《四川新都县桂林乡商代遗址发掘简报》，载《文物》1997（3），24—34 页。

成都与新都［成都市文物考古研究所、新都区文物管理所］（2003）：《成都市新都区正因村商周时期遗址发掘收获》，载《成都考古发现》2001，54—79 页。

——（2005）:《成都市新都区正因小区工地考古勘探发掘收获》, 载《成都考古发现》2003, 120—136 页。

成都与新津［成都文物考古研究所、新津县文管所］（2011）:《新津宝墩遗址调查与试掘简报（2009—2010 年）》, 载《成都考古发现》2009, 1—67 页。

成都主编［成都市文物考古工作队、四川联合大学考古教研室、新津县文管所］（1997）:《四川新津县宝墩遗址调查与试掘》, 载《考古》1997（1）, 40—52 页。

成都主编［成都市文物考古工作队、四川联合大学历史系考古教研室、温江区文管所］（1998）:《四川省温江县鱼凫村遗址调查与试掘》, 载《文物》1998（12）, 38—56 页。

成都主编［成都市文物考古研究所、四川大学历史系考古教研室、早稻田大学长江流域文化研究所］（2000）:《宝墩遗址：新津宝墩遗址发掘和研究》, 成都：成都市文物考古研究所。

成都主编［成都市文物考古研究所、阿坝藏族羌族自治州文管所、茂县博物馆］（2002）:《四川茂县营盘山遗址试掘报告》, 载《成都考古发现》2000, 2—78 页。

成都主编［成都文物考古研究所、阿坝藏族羌族自治州文物管理所、茂县羌族博物馆］（2007a）:《四川茂县白水寨及下关子遗址调查简报》, 载《成都考古发现》2005, 8—14 页。

成都主编［成都文物考古研究所、阿坝藏族羌族自治州文物管理所、茂县羌族博物馆］（2007b）:《四川茂县白水寨和沙乌都遗址 2006 年调查简报》, 载《四川文物》（2007）6, 3—12 页。

成都主编［成都市文物考古工作队、重庆市文物局、忠县文物保护管理所］（2007c）:《忠县罗家桥遗址 2001 年度发掘报告》, 载重庆与重庆［重庆市文物局、重庆市移民局］编:《重庆库区考古报告集 2001 卷》, 北京：科学出版社, 1547—1566 页。

Chetham, Deirdre (2002). *Before the Deluge: The Vanishing World of the Yangtze's Three Gorges*. New York: Palgrave Macmillan.

Childs-Johnson, Elizabeth, and Lawrence R. Sullivan (1996). The Three Gorges Dam and the Fate of China's Southern Heritage. *Orientations* 27(7): 55–61.

重庆［重庆市博物馆（胡人朝）］（1983a）:《四川涪陵白鹤梁石鱼题刻是古代"水位站"》, 载《考古与文物》1983（6）, 48—52 页。

重庆［重庆市博物馆］（1983b）:《四川嘉陵江中下游新石器时代遗址调查》, 载

《考古》1983（6），496—500 页。

——（1992）:《重庆市长江河段新石器时代遗址调查与试掘》，载《考古》1992
（12），1068—1081 页。

重庆［重庆市文物考古所］（2003a）:《丰都玉溪遗址勘探、早期遗存发掘简报》，
载重庆与重庆［重庆市文物局、重庆市移民局］编:《重庆库区考古报告集 1998 卷》，
北京: 科学出版社，745—765 页。

——（2003b）:《奉节上关遗址发掘简报》，载重庆与重庆［重庆市文物局、重
庆市移民局］编:《重庆库区考古报告集 1998 卷》，北京: 科学出版社，276—298 页。

——（2006a）:《丰都玉溪遗址发掘简报》，载重庆与重庆［重庆市文物局、重
庆市移民局］编:《重庆库区考古报告集 1999 卷》，北京: 科学出版社，655—680 页。

重庆［重庆市文物考古研究所］（2006b）:《奉节瞿塘关遗址发掘报告》，载重庆
与重庆［重庆市文物局、重庆市移民局］编:《重庆库区考古报告集 1999 卷》，北京:
科学出版社，202—234 页。

重庆与北京［重庆师范大学历史与文博学院、北京大学考古文博学院］（2009）:
《重庆忠县石匣子和洞天堡战国墓地发掘简报》，载《考古》2009（12），32—38 页。

重庆与重庆［重庆市文物局、重庆市移民局］（2001）:《重庆库区考古报告集
1997 卷》，北京: 科学出版社。

——（2003）:《重庆库区考古报告集 1998 卷》，北京: 科学出版社。

——（2006a）:《重庆库区考古报告集 1999 卷》，北京: 科学出版社。

——（2006b）:《万州大坪墓地》，北京: 科学出版社。

重庆与重庆［重庆市文物考古所、重庆市涪陵区博物馆］（2006c）:《涪陵蔺市
遗址发掘简报》，载重庆与重庆［重庆市文物局、重庆市移民局］编:《重庆库区考古
报告集 1999 卷》，北京: 科学出版社，786—806 页。

重庆与重庆［重庆市文物局、重庆市移民局］（2007a）:《重庆库区考古报告集
2000 卷》，北京: 科学出版社。

——（2007b）:《重庆库区考古报告集 2001 卷》，北京: 科学出版社。

重庆与重庆［重庆市文物考古所、重庆市文物局］（2007c）:《忠县老鸹冲遗址
（墓葬部分）发掘简报》，载重庆与重庆［重庆市文物局、重庆市移民局］编:《重庆库
区考古报告集 2000 卷》，北京: 科学出版社，831—869 页。

重庆与丰都［重庆市文物考古所、丰都县文物管理所］（2006）:《丰都石地坝遗
址商周时期遗存发掘报告》，载重庆与重庆［重庆市文物局、重庆市移民局］编:《重

庆库区考古报告集 1999 卷》，北京：科学出版社，702—746 页。

重庆与复旦［重庆市博物馆、复旦大学文博系］（2006）:《万州麻柳沱遗址考古发掘报告》，载重庆与重庆［重庆市文物局、重庆市移民局］编:《重庆库区考古报告集 1999 卷》，北京：科学出版社，498—524 页。

重庆与涪陵［重庆市文物考古所、涪陵区文物管理所］（2003）:《涪陵蔺市遗址发掘简报》，载重庆与重庆［重庆市文物局、重庆市移民局］编:《重庆库区考古报告集 1998 卷》，北京：科学出版社，813—833 页。

重庆与陕西［重庆市文化局三峡办、陕西省考古研究所三峡考古队］（2003）:《万州塘坊坪遗址发掘报告》，载重庆与重庆［重庆市文物局、重庆市移民局］编:《重庆库区考古报告集 1998 卷》，北京：科学出版社，575—591 页。

重庆与万州［重庆市博物馆、万州区文管所］（2006）:《万州苏和坪遗址发掘报告》，载重庆与重庆［重庆市文物局、重庆市移民局］编:《重庆库区考古报告集 1999 卷》，北京：科学出版社，433—450 页。

重庆主编［重庆市博物馆、万州区文管所、复旦大学文博系］（2003a）:《万州麻柳沱遗址发掘报告》，载重庆与重庆［重庆市文物局、重庆市移民局］编:《重庆库区考古报告集 1998 卷》，北京：科学出版社，539—558 页。

重庆主编［重庆市文化局、湖南省文物考古研究所、巫山县文物管理所］（2003b）:《重庆巫山麦沱古墓群第二次发掘报告》，载重庆与重庆［重庆市文物局、重庆市移民局］编:《重庆库区考古报告集 1998 卷》，北京：科学出版社，119—147 页。

重庆主编［重庆市文物考古所、重庆市文物局、巫山县文物管理所］（2007a）:《巫山大溪遗址勘探发掘简报》，载重庆与重庆［重庆市文物局、重庆市移民局］编:《重庆库区考古报告集 2000 卷》，北京：科学出版社，423—480 页。

重庆主编［重庆市文物考古所、重庆市文物局、重庆市万州区博物馆］（2007b）:《万州苏和坪遗址第二次发掘报告》，载重庆与重庆［重庆市文物局、重庆市移民局］编:《重庆库区考古报告集 2000 卷》，北京：科学出版社，689—708 页。

重庆主编［重庆市文物考古所、重庆市文物局、重庆市涪陵区博物馆］（2007c）:《涪陵八卦遗址发掘简报》，重庆与重庆［重庆市文物局、重庆市移民局］编:《重庆库区考古报告集 2000 卷》，北京：科学出版社，1112—1138 页。

楚皇城［楚皇城考古发掘队］（1980a）:《湖北宜城楚皇城勘查简报》，载《考古》1980（2），108—113，134 页。

——（1980b）:《湖北宜城楚皇城勘查简报》, 载《考古》1980（2）, 114—122 页。

Clark, J. G. D. (1939). *Archaeology and Society*. London: Methuen.

Clark, John E., and Michael Blake (1994). The Power of Prestige: Competitive Generosity and the Emergence of Rank Societies in Lowland Mesoamerica. In, *Factional Competition and Political Development in the New World*, edited by Elizabeth M. Brumfiel and John Fox. Cambridge: Cambridge University Press. Pp. 17–30.

Clendinnen, Inga (1991). *Aztecs*. Cambridge: Cambridge University Press.

Clifford, James (1992). Traveling Cultures. In, *Cultural Studies*, edited by L. Grossberg et al. New York: Routledge. Pp. 96–116.

——(1994). Diasporas. *Cultural Anthropology* 9(3): 302–338.

Cohen, Abner (1971). Cultural Strategies in the Organization of Trading Diasporas. In, *The Development of Indigenous Trade and Markets in West Africa,* edited by C. Meillassoux. London: Oxford University Press. Pp. 266–281.

Cohen, David J., and Robert E. Murowchick (2001). Introduction: K. C. Chang and Chinese Archaeology Today. *The Review of Archaeology* 22(2): 1–4.

Cohen, Robin (1997). *Global Diasporas: An Introduction*. London: UCL Press.

Committee [Committee on Scholarly Communication with the People's Republic of China] (1973). Visit to China, May 15–June 15, 1973. Unpublished report housed in Fung Library, Harvard University.

Connah, Graham (1996). *Kibiro: The Salt of Bunyoro, Past and Present.* London: British Institute in East Africa.

Connah, Graham, Andrew Piper, and Ephraim Kamuhangire (1990). Salt Production at Kibiro. *Azania* 25: 27–39.

Cook, Constance A. (1993). Ritual Feasting in Ancient China: Preliminary Study I. In, *The Second International Conference Volume on Chinese Paleography*. Hong Kong: Chinese University of Hong Kong. Pp. 469–487.

——(2006). *Death in Ancient China: The Tale of One Man's Journey.* Leiden, Netherlands: Brill.

Cook, Constance A., and Barry B. Blakeley (1999). Introduction. In, *Defining Chu: Images and Reality in Ancient China*, edited by C. A. Cook and J. S. Major. Honolulu: University of Hawai'i Press. Pp. 1–5.

Cook, Constance A., and John S. Major (1999a). *Defining Chu: Images and Reality in Ancient China*. Honolulu: University of Hawai'i Press.

——(1999b). Preface: What Does "Defining Chu" Mean? In, *Defining Chu: Images and Reality in Ancient China*, edited by C. A. Cook and J. S. Major. Honolulu: University of Hawai'i Press. Pp. vii–ix.

Cooper, Eugene (1982). The Potlach in Ancient China: Parallels in the Sociopolitical Structure of the Ancient Chinese and the American Indians of the Northwest Coast. *History of Religions* 22(2): 103–128.

Costin, Cathy L., and Melissa B. Hagstrum (1995). Standardization, Labor Investment, Skill, and the Organization of Ceramic Production in Late Pre-hispanic Highland Peru. *American Antiquity* 60(4): 619–639.

Crawford, Gary W. (2006). East Asian Plant Domestication. In, *Archaeology of Asia*, edited by Miriam T. Stark. Malden, MA: Blackwell. Pp. 77–95.

Crawford, Gary W., and Shen Chen (1998). The Origins of Rice Agriculture: Recent Progress in East Asia. *Antiquity* 72: 858–866.

Curtin, Philip (1984). *Cross-cultural Trade in World History*. Cambridge: Cambridge University Press.

大渡河［大渡河中游考古队］(2003):《四川汉源县 2001 年度的调查与试掘》，载《成都考古发现》2001，306—383 页。

Dai Qing (1996). Interview with Yu Weichao. *Orientations* 27(7): 62–64.

D'Alpoim Guedes, Jade (2011). Millets, Rice, Social Complexity and the Spread of Agriculture to the Chengdu Plain and Southwest China. *Rice* 4(3): 104–113.

D'Altroy, Terrance N. (1992). *Provincial Power in the Inka Empire*. Washington, DC: Smithsonian Institution Press.

Dames, M. L. (1886). Old Seals Found at Harappa. *The Indian Antiquary* xv: 1.

de Brisay, Kay W., and K. A. Evans (1975). *Salt: The Study of an Ancient Industry*. Report on the Salt Weekend held at the University of Essex, 20, 21, 22 September, 1974. Colchester, UK: Colchester Archaeological Group.

Demattè, Paola (1999). Longshan Era Urbanism: The Role of Cities in Predynastic China. *Asian Perspectives* 38(2): 131–153.

邓聪（1997):《东亚先秦牙璋诸问题》，载《中国文化研究所学报》1997（6），

325—333 页。

Dethier, Vincent G. (1977). The Taste of Salt. *American Scientist* 65(6): 744–751.

Dietler, Michael, and Bryan Hayden (2001). *Feasts*. Washington, DC: Smithsonian Institution Press.

丁兰（2006）:《湖北地区楚墓分区研究》, 北京：民族出版社。

Ding, X., S. Y. Jiang, K. D. Zhao, E. Nakamura, K. Kobayashi, P. Ni, L. X. Gu, and Y. H. Jiang (2006). In-situ U-Pb SIMS dating and trace element (EMPA) composition of zircon from a granodiorite porphyry in the Wushan copper deposit, China. *Mineralogy and Petrology* 86: 29–44.

Dirlik, Arif (1978). *Revolution and History: The Origins of Marxist Historiography in China, 1919–1937*. Berkeley: University of California Press.

Dominguez, Adolfo J. (2002). Greeks in Iberia: Colonialism without Colonization. In, *The Archaeology of Colonialism*, edited by Claire L. Lyons and John Papadopoulos. Los Angeles: Getty Research Institute. Pp. 65–95.

Dommelen, Peter van (2005). Colonial Interactions and Hybrid Practices: Phoenecian and Carthaginian Settlement in the Ancient Mediterranean. In, *The Archaeology of Colonial Encounters: Comparative Perspectives,* edited by Gil J. Stein. Sante Fe, NM: School of American Research. Pp. 109–142.

Dong, Jinguo, Yongjin Wang, Hai Cheng, Ben Hardt, R. Lawrence Edwards, Xinggong Kong, Jiangying Wu, Shitao Chen, Dianbing Liu, Xiuyang Jiang, and Kan Zhao (2010). A high-resolution stalagmite record of the Holocene East Asian monsoon from Mt Shennongjia, central China. *Holocene* 20(2): 257– 264.

董作宾（1942）:《殷代的羌与蜀》, 载《说文月刊》1942（7）, 103—115 页。

Donnan, Hastings, and Thomas M. Wilson, editors (1996). *Border Approaches: Anthropological Perspectives on Frontiers*. Lanham, MD: University of America Press.

Dorrell, P. (1978). The Uniqueness of Jerico. In, *Archaeology in the Levant: Essays for Kathleen Kenyon*, edited by R. Morrey and P. Parr. Warminster, UK: Aris and Phillips. Pp. 11–18.

Drucker, Philip, and Robert F. Heizer (1967). *To Make My Name Good: A Reexamination of the Southern Kwakiutl Potlatch*. Berkeley: University of California Press.

段渝（1999）:《政治结构与文化模式：巴蜀古代文明研究》，上海：学林出版社。

——（2006）:《从血缘到地缘：古蜀酋邦向国家的演化》，载《中华文化论坛》2006（2），5—9 页。

段渝，陈剑（2001）:《成都平原史前古城性质初探》，载《天府新论》2001（6），81—86 页。

段渝，谭晓钟（1991）:《涪陵小田溪战国墓及所见之巴、楚、秦关系诸问题》，载《四川文物》1991（2），3—9 页。

Dumasy, Jacques (2007):《法国与四川：百年回眸》，成都：成都时代出版社。

Dye, Daniel S. (1924–1925). Data on West China Artifacts. *Journal of the West China Border Research Society* 2: 63–73.

——(1930–1931). Some Ancient Circles, Squares, Angles and Curves in Earth and in Stone in Szechwan, China. *Journal of the West China Border Research Society* 4: 97–105.

——(1936). James Huston Edgar, Pioneer. *Journal of the West China Border Research Society* VIII: 14–18.

Editorial [Editorial Committee for Studies on Poyang Lake] (1987). *Research on Poyang Lake*. Shanghai: Shanghai Scientific and Technical Publishers.

Edmonds, Mark (1999). *Ancestral Geographies of the Neolithic*. London: Routledge.

Eisenstadt, Shmuel Noah, and Bernhard Giesen (1995). The Construction of Collective Identity. *Archives Européennes de Sociologie* 36: 72–102.

Elton, Hugh (1996). *Frontiers of the Roman Empire*. Bloomington: Indiana University Press.

Elvin, Mark (2004). *The Retreat of the Elephants: An Environmental History of China*. New Haven, CT: Yale University Press.

恩施［恩施自治州博物馆］（2010a）:《巴东王家湾墓群 2007 年发掘简报》，载国务院与国家［国务院三峡工程建设委员会办公室、国家文物局］编:《湖北库区考古报告集第六卷》，北京：科学出版社，293—341 页。

——（2010b）:《巴东高㶚子遗址 2006 年发掘简报》，载国务院与国家［国务院三峡工程建设委员会办公室、国家文物局］编:《湖北库区考古报告集第六卷》，北京：科学出版社，342—356 页。

Evasdottir, Erika E. S. (2005). *Obedient Autonomy: Chinese intellectuals and the achievement of orderly life*. Honolulu: University of Hawai'i Press.

鄂西［鄂西自治州博物馆］（1998）:《巴东西瀼口古墓群发掘简况》, 国家［国家文物局三峡工程文物保护领导小组湖北工作站］编:《三峡考古之发现》, 武汉：湖北科学技术出版社, 357—373 页。

Fagan, Brian M., and John E. Yellen (1968). Ivuna: Ancient Salt–working in Southern Tanzania. *Azania* 3: 1–43.

Falkenhausen, Lothar von (1991). Chu Ritual Music. In, *New Perspectives on Chu Culture during the Eastern Zhou Period*, edited by Thomas Lawton. Washington, DC: Smithsonian Institution Press. Pp. 47–106.

——(1992). Serials on Chinese Archaeology Published in the People's Republic of China: A Bibliographic Survey. *Early China* 17: 247–295.

——(1993). On the Historiographical Orientation of Chinese Archaeology. *Antiquity* 67: 839–849.

——(1995). The Regionalist Paradigm in Chinese Archaeology. In, *Nationalism, Politics and the Practice of Archaeology*, edited by Philip L. Kohl and Clare Fawcett. Cambridge: Cambridge University Press. Pp. 198–216.

——(1996). The Moutuo Bronzes: New Perspectives on the Late Bronze Age in Sichuan. *Arts Asiatiques* 51: 29–59.

——(1997). Su Bingqi (October 4, 1909–June 30, 1997). *Artibus Asiae* 57(3/4): 365–366.

——(1999a). Su Bingqi (b. 1909). In, *Encyclopedia of Archaeology: The Great Archaeologists*, edited by Tim Murray. New York: Garland. Pp. 591–599.

——(1999b). Xia Nai (1910–1985). In, *Encyclopedia of Archaeology: The Great Archaeologists*, edited by Tim Murray. New York: Garland. Pp. 601–614.

——(2001a). The Archaeology of Eastern Sichuan at the end of the Bronze Age: Bells. In, *Ancient Sichuan: Treasures from a Lost Civilization*, edited by Robert W. Bagley. Seattle, WA: Seattle Art Museum. Pp. 226–229.

——(2001b). The Chengdu Plain in the Early First Millennium B.C.: Zhuwa-jie. In, *Ancient Sichuan: Treasures from a Lost Civilization*, edited by Robert W. Bagley. Seattle, WA: Seattle Art Museum. Pp. 177–201.

——(2001c). The Use and Significance of Ritual Bronzes in the Lingnan Region during the Eastern Zhou Period. *Journal of East Asian Archaeology* 3(1–2): 193–236.

————(2003). The External Connections of Sanxingdui. *Journal of East Asian Archaeology* 5(1–4): 191–246.

————(2004). Yu Weichao (4 January 1933–5 December 2003). *Artibus Asiae* 64(2): 295–312.

————(2005). The E Jun Qi Tallies: Inscribed Texts and Ritual Contexts. In, *Text and Ritual in Early China*, edited by Martin Kern. Seattle: University of Washington Press. Pp. 79–123.

————(2006a). Background and Purpose of the Project. In, *Salt Archaeology in China: Ancient Salt Production and Landscape Archaeology in the Upper Yangzi Basin: Preliminary Studies*, Vol.1, edited by Li Shuicheng and Lothar von Falkenhausen. Beijing: Science Press. Pp. 10–27.

————(2006b). *Chinese Society in the Age of Confucius (1000–250 B.C.): The Archaeological Evidence.* Los Angeles: Cotsen Institute of Archaeology, University of California, Los Angeles.

罗泰（2011）:《汉水上游青铜时代初论》, 载曹玮编:《汉中出土商代青铜器第四卷》, 成都: 巴蜀书社, 378—516 页。

Fang, J. (1991). Influence of Sea Level Rise on the Middle and Lower Reaches of the Yangtze River since 12,100 BP. *Quaternary Science Review* 10: 527–536.

Feinman, Gary M. (1999). The Changing Structure of Macroregional Mesoamerica: The Classic-Postclassic Transition in the Valley of Oaxaca. In, *World-Systems Theory in Practice: Leadership, Production, and Exchange,* edited by P. Nick Kardulias. New York: Rowman & Littlefield. Pp. 53–62.

冯广宏（1996）:《巴蜀古文戈铭试读》, 载《四川文物》1996（6）, 3—9 页。

Feng Hanji [as Feng Han-yi] (1936). *The Chinese Kinship System.* Unpublished PhD dissertation, Department of Anthropology, University of Pennsylvania.

————(1937). The Chinese Kinship System. *Harvard Journal of Asiatic Studies* 2(2): 141–275.

冯汉骥（1961）:《关于楚公戈的真伪并略论四川巴蜀时期的兵器》, 载《文物》1961（11）, 32—34 页。

————（1980）:《四川彭县出土的铜器》,《文物》1980（12）, 38—47 页。

——（1985a）:《成都平原之大石文化遗迹》, 载冯汉骥编:《冯汉骥考古学论文集》, 北京：文物出版社, 7—10 页。

——（1985b）:《四川彭县出土的铜器》, 载冯汉骥编:《冯汉骥考古学论文集》, 北京：文物出版社, 19—27 页。

冯汉骥、童恩正（1973）:《岷江上游的石棺葬》, 载《考古学报》1973（2）, 41—60 页。

——（1979）:《记广汉出土的玉石器》, 载《文物》1979（2）, 31—36, 30 页。

冯汉骥、杨有润、王家祐（1958）:《四川古代的船棺葬》, 载《考古学报》1958（2）, 77—96 页。

冯庆豪（1989）:《合川沙溪沙梁子新石器遗址调查》, 载《巴渝文化》第 1 辑, 312—320 页。

Fiskesjö, Magnus (2005). The Unexpected Past: Modern Chinese Nationalism and the Challenge of Prehistory. Paper delivered at the 2nd Annual Enzheng Tong Lecture, Wesleyan University, Middletown, CT, October 11.

Flad, Rowan K. (1998). *Honoring the Dead of the Living? Burial Practices and the use of Animal Remains at the Cemetery Site of Dadianzi, Inner Mongolia, China.* Unpublished MA thesis, Interdisciplinary Program in Archaeology, University of California, Los Angeles.

Flad, Rowan K. (2002). Ritual or Structure? Analysis of Burial Elaboration at Dadianzi, Inner Mongolia. *Journal of East Asian Archaeology* 3(3–4): 23–52.

——(2004). *Specialized Salt Production and Changing Social Structure at the Prehistoric Site of Zhongba in the Eastern Sichuan Basin, China.* Unpublished PhD thesis, Interdisciplinary Program in Archaeology, University of California, Los Angeles.

——(2005). Salting Fish and Meat in the Prehistoric Three Gorges: Zooarchaeology at Zhongba, China. *Journal of Field Archaeology* 30(3): 231–253.

——(2007). Rethinking Specialization in the Context of Salt Production in Prehistoric Sichuan. In, *Rethinking Craft Specialization in Complex Societies: Archaeological Analyses of the Social Meaning of Production*, edited by Zachary X. Hruby and Rowan K. Flad. Berkeley: American Anthropological Association and the University of California Press. Pp. 107–128.

——(2008). Divination and Power: A Multi-regional View of the Development of

Oracle Bone Divination in Early China. *Current Anthropology* 49(3): 403–437.

——(2011). *Salt Production and Social Hierarchy in Ancient China: An Archaeological Investigation of Specialization in China's Three Gorges.* Cambridge: Cambridge University Press.

——(2012). Bronze, Jade, Gold and Ivory: Valuable Objects in Ancient Sichuan. In, *The Construction of Value in the Ancient World*, edited by John K. Papadoupoulos and Gary Urton. Los Angeles: Cotsen Institute of Archaeology. Pp. 258—287.

Flad, Rowan K., and Pochan Chen (2006). The Archaeology of the Sichuan Basin and Surrounding Areas during the Neolithic Period. In, *Salt Archaeology in China: Ancient Salt Production and Landscape Archaeology in the Upper Yangzi Basin: Preliminary Studies*, Vol. 1, edited by Li Shuicheng and Lothar von Falkenhausen. Beijing: Science Press. Pp. 183–259.

Flad, Rowan K., Jiping Zhu, Changsui Wang, Pochan Chen, Lothar von Falkenhausen, Zhibin Sun, and Shuicheng Li (2005). Archaeological and chemical evidence for early salt production in China. *Proceedings of the National Academy of Sciences* 102(34): 12618–12622.

Fogelin, Lars (2007). The Archaeology of Religious Ritual. *Annual Review of Anthropology* 36: 55–71.

——(2008a). Introduction: Methods for the Archaeology of Religion. In, *Religion, Archaeology, and the Material World*, edited by Lars Fogelin. Carbondale: Southern Illinois University, Center for Archaeological Investigations. Pp. 1–14.

Fogelin, Lars, editor (2008b). *Religion, Archaeology, and the Material World.* Carbondale: Southern Illinois University, Center for Archaeological Investigations.

Frachetti, Michael (2012). Multi-regional emergence of mobile pastoralism and non-uniform instutional complexity across Eurasia. *Current Anthropology* 53(1): 2–38.

Frank, Andre Gunder (1966). The Development of Underdevelopment. *Monthly Review* (September): 19–31.

——(1993). Bronze Age World System Cycles. *Current Anthropology* 34(4): 383–430.

——(1999). Abuses and Uses of World Systems Theory in Archaeology. In, *World-Systems Theory in Practice: Leadership, Production, and Exchange*, edited by P. Nick

Kardulias. New York: Rowman & Littlefield. Pp. 275–296.

Frank, Andre Gunder, and Barry K. Gills (1993). *The World System: Five Hundred Years or Five Thousand?* London: Routledge.

复旦［复旦大学考古队］（2001）:《三峡麻柳沱遗址的考古实践与收获》，载复旦与复旦［复旦大学文博与博物馆学系、复旦大学文化遗产研究中心］编:《文化遗产研究集刊2》，上海：上海古籍出版社，141—160页。

福建与重庆［福建省考古队、重庆万州区文保所］（2003）:《重庆万州涪溪口遗址1998年度发掘报告》，载重庆与重庆［重庆市文物局、重庆市移民局］编:《重庆库区考古报告集1998卷》，北京：科学出版社。

——（2006）:《万州涪陵口遗址第三期发掘报告》，载重庆与重庆［重庆市文物局、重庆市移民局］编:《重庆库区考古报告集1999卷》，北京：科学出版社，478—497页。

福建与万州［福建省博物馆考古队、万州区文物管理所］（2001）:《万州涪溪口遗址发掘报告》，载重庆与重庆［重庆市文物局、重庆市移民局］编:《重庆库区考古报告集1997卷》，北京：科学出版社，325—346页。

涪陵［涪陵县文化馆］（1973）:《四川省涪陵县白涛区小田溪发现春秋战国时期巴人墓葬》，载《文物》1973（1），59—60页。

高崇文（2000）:《试论长江中游原始文化的变迁与古史传说》，载严文明、安田喜宪编:《稻作、陶器和都市的起源》，北京：文物出版社，189—197页。

高应勤（1998）:《西陵峡新石器时代文化序列研究》，载《四川文物》1998（2），8—11页。

高至喜（1960）:《商代人面方鼎》，载《文物》1960（10），7—58页。

——（1963）:《湖南宁乡黄材发现商代铜器和遗址》，载《考古》1963（12），646—648页。

——Gao Zhixi [Kao Chih-shi] (1984). An Introduction to Chang and Chou Bronze Nao Excavated in South China. In, *Studies of Shang Archaeology*, edited by K. C. Chang. New Haven, CT: Yale University Press. Pp. 275–299.

——（1990）:《论战国晚期楚墓》，载《东南文化》1990（4），75—86页。

Gills, Barry K., and Andre Gunder Frank (1990). The Cumulation of Accumulation: Theses and Research Agenda for 5000 Years of World System History. *Dialectical Anthropology* 15(1): 19–42.

Glover, Denise M., Stevan Harrell, Charles F. McKhann, Margaret B. Swain, Eds. (2011). *Explorers and Scientists in China's Borderlands*, 1880–1950. Seattle: University of Washington Press.

Godelier, Maurice (1969). La monnaie de sel des Baruya da Novuvelle-Guinée. *L'Homme* 11(2): 5–37.

——(1977). *Perspectives in Marxist Anthropology.* Cambridge: Cambridge University Press.

——(1986). *The Making of Great Men: Male Domination and Power among the New Guinea Baruya.* Cambridge: Cambridge University Press.

Gomez, Michael A., editor (2006). *Diasporic Africa: A Reader.* New York: New York University Press.

龚丹（2006）:《屈家岭文化中的儿童埋葬方式探析》，载《东南文化》2006（5），10—14 页。

Gosden, Chris (2004). *Archaeology and Colonialism: Cultural Contact from 5000 BC to the Present.* Cambridge: Cambridge University Press.

Gouletquer, Pierre Louis (1975). Niger, Country of Salt. In, *Salt: The Study of an Ancient Industry.* Report on the Salt Weekend held at the University of Essex, 20, 21, 22 September, 1974, edited by K. W. de Brisay and K. A. Evans. Colchester, UK: Colchester Archaeological Group. Pp. 47–51.

Graeber, David (2001). *Toward an Anthropological Theory of Value: The False Coin of Our Own Dreams.* New York: Palgrave.

Graham, David C. (1933–1934). A Preliminary Report of the Hanchou Excavation. *Journal of the West China Border Research Society* 6: 114–131.

Granger, Walter (1932). Paleontological Exploration in Eastern Szechwan. *Natural History of Central Asia* 1: 501–528.

Green, Stanton W., and Stephen M. Perlman, editors (1985). *The Archaeology of Frontiers and Boundaries.* New York: Academic Press.

Grimes, Peter (2000). Recent Research on World-Systems. In, *A World-Systems Reader: New Perspectives on Gender, Urbanism, Cultures, Indigenous Peoples and Ecology*, edited by Thomas D. Hall. Lanham, MD: Rowman & Littlefield. Pp. 29–58.

顾颉刚（1981 [1941]）:《古代巴蜀与中原的关系说及其批判》，载顾颉刚编:《论巴蜀与中原的关系》，成都：四川人民出版社，1—71 页。

广东［广东省文物考古研究所］（2006）:《秭归何家大沟遗址的发掘》，载国务院与国家［国务院三峡工程建设委员会办公室、国家文物局］编:《湖北库区考古报告第三卷》，北京：科学出版社，105—159 页。

广西［广西壮族自治区博物馆］（1973）:《广西恭城县出土的青铜器》，载《考古》1973（1），30—34 页。

郭德维（1982）:《江陵楚墓论述》，载《考古学报》1982（2），155—182 页。

——（1983）:《楚墓分类问题探讨》，载《考古》1983（3），249—259 页。

——（1991）:《试论楚墓的分区》，载湖北［湖北省考古学会］编:《湖北省考古学会论文选集（一）》，武汉：《江汉考古》编辑部，82—89 页。

——（1995）:《楚系墓葬研究》，武汉：湖北教育出版社。

——（1999）:《楚都纪南城复原研究》，北京：文物出版社。

郭立新（2003a）:《冲突与战争：从大溪到石家河》，载湖北与湖北［湖北省文物事业管理局、湖北省三峡工程移民局］编:《2003 三峡文物保护与考古学研究学术研讨会论文集》，北京：文物出版社，137—156 页。

——（2003b）:《论汉江东部地区史前时期的手工业专门化生产》，载《东南文化》2003（9），22—28 页。

——（2004a）:《长江中游地区新石器时代自然环境变迁研究》，载《中国历史地理论丛》19（2），5—16 页。

——（2004b）:《屈家岭文化的聚落形态与社会结构分析》，载《中原文物》2004（6），9—14 页。

——（2005a）:《长江中游地区初期社会复杂化研究（4300 B.C.—2000 B.C.）》，上海：上海古籍出版社。

——（2005b）:《石家河文化晚期的瓮棺葬研究》，载《四川文物》2005（3），22—26 页。

郭胜斌（2001）:《铜鼓山商代遗存文化因素分析》，载《江汉考古》2001（4），40—48，22 页。

——（2005）:《岳阳商代考古述略》，载《江汉考古》2005（3），63—69 页。

郭胜斌，罗仁林（1996）:《附山园—黄家园遗址的考古发现与初步研究》，载湖南［湖南省文物考古研究所］编:《长江中游史前文化暨第二届亚洲文明学术讨论会文集》，长沙：岳麓书社，167—176 页。

郭正忠（1997）:《中国盐业史——古代篇》，北京：人民出版社。

国家[国家文物局]（1984）:《田野考古工作规程》，北京：文物出版社。

国家[国家文物局三峡考古队]（1989）:《湖北秭归朝天嘴遗址发掘简报》，载《文物》1989（2），2—40页。

——（2001）:《朝天嘴与中堡岛》，北京：文物出版社。

国家[国家文物局]（2009）:《田野考古工作规程》，北京：文物出版社。

国定与厦门[国家文物局三峡文物保护小组湖北工作站、厦门大学历史系考古教研室]（2001）:《湖北巴东茅寨子湾遗址发掘报告》，载《考古学报》2001（3），361—396页。

国务院与国家[国务院三峡工程建设委员会办公室、国家文物局]（2003）:《湖北库区考古报告集第一卷》，北京：科学出版社。

——（2005a）:《湖北库区考古报告集第二卷》，北京：科学出版社。

——（2005b）:《秭归官庄坪》，北京：科学出版社。

——（2006a）:《湖北库区考古报告集第三卷》，北京：科学出版社。

——（2006b）:《巴东楠木园》，北京：科学出版社。

——（2007）:《湖北库区考古报告集第四卷》，北京：科学出版社。

——（2009）:《巴东雷家坪》，北京：科学出版社。

——（2010a）:《巴东红庙岭》，北京：科学出版社。

——（2010b）:《湖北库区考古报告集第五卷》，北京：科学出版社。

——（2010c）:《湖北库区考古报告集第六卷》，北京：科学出版社。

Hall, Thomas D. (1986). Incorporation in the World System: Toward a Critique. *American Sociological Review* 51: 390–402.

——(1999). World-Systems and Evolution: An Appraisal. In, *World-Systems Theory in Practice: Leadership, Production, and Exchange*, edited by P. Nick Kardulias. New York: Rowman & Littlefield. Pp. 1–24.

——(2000). Frontiers, Ethnogenesis, and World Systems: Rethinking the Theories. In, *A World-Systems Reader: New Perspectives on Gender, Urbanism, Cultures, Indigenous Peoples and Ecology*, edited by Thomas D. Hall. Lanham, MD: Rowman & Littlefield. Pp. 237–270.

Hansen, Thomas B., and Finn Stepputat (2006). Sovereignty Revisited. *American Review of Anthropology* 35: 295–315.

Hart, Virgil C. (1888). *Western China: A Journey to the Great Buddhist Centre of Mount Omei.* Boston: Ticknor.

Hassig, Ross (1985). Trade, *Tribute, Transportation: The Sixteenth-century Political Economy of the Valley of Mexico.* Norman: University of Oklahoma Press.

——(1988). *Aztec Warfare: Imperial Expansion and Political Control.* Norman: University of Oklahoma Press.

——(1992). *War and Society in Ancient Mesoamerica.* Berkeley: University of California Press.

何介钧（1982）：《试论大溪文化》，载中国考古学会编：《中国考古学会第二次年会（1980）论文集》，北京：文物出版社，116—123页。

——（1984）：《湖南商周时期古文化的分区探索》，载《湖南考古辑刊》第2辑，20—27页。

——（1996）：《湖南商时期古文化研究》，载湖南博物馆编：《湖南省博物馆四十周年纪念论文集》，长沙：湖南教育出版社，47—69页。

——（1998）：《湖南史前玉器》，载邓聪编：《东亚玉器》第一册，香港：香港中文大学出版社，222—227页。

——（2004）：《长江中游新石器时代文化》，武汉：湖北教育出版社。

何介钧，曹传松（1987）：《湖南澧县商周时期古遗址调查与探掘》，载《湖南考古辑刊》第4辑，1—10页。

何锟宇（2009）：《成都商业街船棺葬出土动物骨骼鉴定报告》，载成都市文物考古研究所编：《成都商业街船棺葬》，北京：文物出版社，156—167页。

何锟宇，颜劲松，陈云洪（2006）：《成都市商业街船棺墓葬出土动物骨骼研究》，载《四川文物》2006（6），142—50页。

何驽（1991）：《梅槐桥类型卜甲、卜骨的分析》，载《考古与文物》1991（5），65—69页。

——（1994）：《荆南寺遗址夏商时期遗存分析》，载《考古学研究（二）》，78—100页。

He, Y., Wilfred H. Theakstone, Zhang Zhonglin, Zhang Dian, Yao Tandong, Chen Tuo, Shen Yongping, and Pang Hongxi (2004). Asynchronous Holocene climatic change across China. *Quaternary Research* 61(1): 52–63.

何志国（1990）：《绵阳发掘边堆山新石器时代遗址》，载《四川文物》1990（2），

21 页。

——（1993）:《绵阳边堆山文化初探》，载《四川文物》1993（6），10—15 页。

Helms, Mary W. (1993). *Craft and the Kingly Ideal: Art, Trade and Power.* Austin: University of Texas Press.

河南［河南省丹江库区文物发掘队］（1980）:《河南省淅川县下寺春秋楚墓》，载《文物》1980（10），13—20 页。

河南［河南省文物考古研究所］（2001）:《郑州商城：1953 年—1985 年考古发掘报告》，北京，文物出版社。

河南与长江［河南省文物研究所、长江流域规划办公室考古队河南分队］（1989）:《淅川下王岗》，北京：文物出版社。

河南与周口［河南省文物研究所、周口地区文化局文物科］（1983）:《河南淮阳平粮台龙山文化城址试掘简报》，载《文物》1983（3），21—36，99 页。

河南主编［河南省文物研究所、河南省丹江库区文物发掘队、淅川县博物馆］（1991）:《淅川下寺春秋楚墓》，北京：文物出版社。

河南主编［河南省文物研究所、重庆市文物局、巫山县文物管理所］（2007）:《巫山秀峰—中战国、两汉墓地发掘报告》，载重庆与重庆［重庆市文物局、重庆市移民局］编:《重庆库区考古报告集 2000 卷》，北京：科学出版社，177—205 页。

衡阳［衡阳市博物馆］（1978）:《湖南衡阳市郊发现青铜牺尊》，载《文物》1978（7），88 页。

Hobsbawm, Eric, and Terence Ranger (1983). *The Invention of Tradition.* Cambridge: Cambridge University Press.

Hodder, Ian (1982). *Symbols in Action: Ethnoarchaeological Studies of Material Culture.* Cambridge: Cambridge University Press.

Höllmann, Thomas O. (1986). *Jinan: Die Chu-Haupstadt Ying im China der Späteren Zhou-Zeit.* Munich, Germany: C. H. Beck.

后德俊（1995）:《楚国的矿冶髹漆和玻璃制造》，武汉：湖北教育出版社。

——（1996）:《商王朝势力的南下与江南古铜矿》，载《南方文物》1996（1），81—85 页。

侯亚梅，李英华，黄万波，徐自强，鲁娜（2006）:《龙骨坡遗址第 7 水平层石制品新材料》，载《第四纪研究》26（4），555—561 页。

Howells, W. W., and Patricia J. Tsuchitani, editors (1977). *Paleoanthropology in the*

People's Republic of China. Washington, DC: National Academy of Sciences.

Hsü, Cho-yün, and Kathryn M. Linduff (1988). *Western Chou Civilization*. New Haven, CT: Yale University Press.

胡明明（2003）:《先秦时期三峡地区盐业考古研究——以忠县瓦渣地遗址为例》,北京大学考古学系未出版硕士论文。

Hu Shih-chang (1993). Introduction. In, *2000 Years of Chinese Lacquer*, edited by Oriental Ceramic Society of Hong Kong. Hong Kong: Oriental Ceramic Society of Hong Kong. Pp. 14–25.

华觉明（1999）:《中国古代金属技术：铜和铁造就的文明》,郑州：大象出版社。

黄昊德、李蜀蕾（2005）:《温江鱼凫村遗址的分期研究与竹墙功能考察》,载《四川文物》2005（4）,44—50页。

黄伟（2002）:《近年来三峡云阳李家坝遗址巴人墓葬发掘与初步研究》,载霍巍、王挺之编:《长江上游早期文明的探索》,成都：巴蜀书社,96—113页。

黄冈［黄冈市博物馆］（2010）:《秭归香溪几处遗址墓葬2007年的发掘》,载国务院与国家［国务院三峡工程建设委员会办公室、国家文物局］编:《湖北库区考古报告集第五卷》,北京：科学出版社,353—388页。

黄冈与黄州［黄冈市博物馆、黄州区博物馆］（2000）:《湖北黄冈两座中型楚墓》,载《考古学报》2000（2）,257—284页。

黄陂主编［黄陂区文化馆、孝感地区博物馆、湖北省博物馆］（1982）:《湖北黄陂鲁台山两周遗址与墓葬》,载《江汉考古》1982（2）,37—61页。

黄石［黄石市博物馆］（1981）:《湖北铜绿山春秋时期炼铜遗址发掘简报》,载《文物》1981（8）,30—39页。

——（1999）:《铜绿山古矿冶遗址》,北京：文物出版社。

黄州［黄州古墓发掘队］（1987）:《黄冈罗汉山楚墓》,载《江汉考古》1987（1）,1—4页。

湖北［湖北省文物管理委员会］（1965）:《湖北宜城"楚皇城"遗址调查》载《考古》1965（8）,377—382页。

湖北［湖北省荆州地区博物馆］（1976a）:《湖北松滋县桂花树新石器时代遗址》,载《考古》1976（3）,187—196,160页。

湖北［湖北省博物馆］（1976b）:《盘龙城商代二里岗期的青铜器》,载《文物》

1976（2），26—41 页。

——（1976c）:《一九六三年湖北黄陂盘龙城商代遗址的发掘》,载《文物》1976（1），49—59 页。

——（1980a）:《楚都纪南城考古资料汇编》,武汉：湖北省博物馆。

——（1980b）:《楚都纪南城》,武汉：湖北省博物馆。

——（1980c）:《当阳季家湖楚城遗址》,载《文物》1980（10），31—41 页。

——（1982a）:《楚都纪南城的勘查与发掘（上）》,载《考古学报》1982（3），325—350 页。

——（1982b）:《楚都纪南城的勘查与发掘（下）》,载《考古学报》1982（4），477—508 页。

湖北［湖北省荆州地区博物馆］（1982c）:《江陵天星观一号楚墓》,载《考古学报》1982（1），71—115 页。

湖北［湖北省博物馆］（1983a）:《襄阳山湾东周墓葬发掘报告》,载《江汉考古》1983（2），1—35 页。

湖北［湖北省鄂州市博物馆］（1983b）:《鄂城楚墓》,载《考古学报》1983（2），223—254 页。

湖北［湖北省荆州地区博物馆］（1984）:《湖北王家岗新石器时代遗址》,载《考古学报》1984（2），193—220 页。

湖北［湖北省荆州地区博物馆］（1985）:《江陵马山一号楚墓》,北京：文物出版社。

湖北［湖北省博物馆江陵工作站］（1987a）:《纪南城松柏鱼池探掘简报》,载《江汉考古》1987（3），22—29 页。

湖北［湖北省博物馆］（1987b）:《汉阳东城垸纱帽山遗址调查》,载《江汉考古》1987（3），7—18,6 页。

湖北［湖北省博物馆江陵工作站］（1988a）:《江陵马山十座楚墓》,《江汉考古》1988（3），21—35 页。

——（1988b）:《江陵县纪南城摩天岭遗址试掘简报》,载《江汉考古》1988（2），6—11 页。

湖北［湖北省博物馆］（1989）:《曾侯乙墓》,北京：文物出版社。

湖北［湖北省地方志编纂委员会］（1990）:《湖北省志——地质矿产》,武汉：湖北人民出版社。

湖北［湖北省荆沙铁路考古队］（1991a）:《包山楚墓》，北京：文物出版社。

湖北［湖北省文物考古研究所］（1991b）:《1988年楚都纪南城松柏区的勘查与发掘》，载《江汉考古》1991（4），6—15页。

——（1991c）:《湖北江陵朱家台遗址发掘简报》，载《江汉考古》1991（3），1—12页。

——（1995a）:《纪南城新桥遗址》，载《考古学报》1995（4），413—451页。

湖北［湖北省清江隔河岩考古队］（1995b）:《湖北清江香炉石遗址的发掘》，载《文物》1995（9），4—28页。

湖北［湖北省文物考古研究所］（1995c）:《江陵九店东周墓》，北京：科学出版社。

——（1996a）:《江陵望山沙冢楚墓》，北京：文物出版社。

湖北［湖北省地方志编纂委员会］（1996b）:《湖北省志——文物名胜》，武汉：湖北人民出版社。

——（1997a）:《湖北省志——地理》，武汉：湖北人民出版社。

湖北［湖北省荆门市博物馆］（1997b）:《荆门马家院屈家岭文化城址调查》，载《文物》1997（7），49—53页。

湖北［湖北省荆州博物馆］（1999）:《枣林岗与堆金台：荆江大堤荆州马山段考古发掘报告》，北京：科学出版社。

湖北［湖北省京珠公路考古队孝感组］（2000）:《孝感黄土岗战国楚墓发掘简报》，载《江汉考古》2000（3），26—30页。

湖北［湖北省文物考古研究所］（2001a）:《湖北鹰城门板湾新石器时代遗址》，载《中国重要考古发现》1999，7—11页。

——（2001b）:《盘龙城：1963年—1994年考古发掘报告》，北京：文物出版社。

——（2001c）:《宜都城背溪》，北京：文物出版社。

湖北［湖北省荆州博物馆］（2003a）:《荆州天星观2号楚墓》，北京：文物出版社。

湖北［湖北省文物考古研究所］（2003b）:《武昌放鹰台》，北京：文物出版社。

——（2003c）:《湖北枣阳市九连墩楚墓》，载《考古》2003（7），10—14页。

湖北［湖北省文物考古研究所纪南城工作站］（2005）:《巴东长沱河遗址发掘简报》，载国务院、国家［国务院三峡工程建设委员会办公室、国家文物局］编:《湖北库区考古报告集第二卷》，北京：科学出版社，22—28页。

——（2006a）:《湖北黄梅意生寺遗址发掘报告》，载《江汉考古》2006（4），3—36页。

湖北［湖北省文物考古研究所］（2006b）:《荆门左冢楚墓》，北京：文物出版社。

——（2006c）:《湖北省大冶市草王嘴城西汉城址调查简报》，载《江汉考古》2006（3），12—20页。

——（2006d）:《大冶五里界——春秋城址与周围遗址考古报告》北京：科学出版社。

——（2006e）:《大冶五里界春秋城址勘探发掘简报》，载《江汉考古》2006（2），17—30页。

——（2006f）:《巴东茅寨子湾遗址的第二次发掘》，载国务院、国家［国务院三峡工程建设委员会办公室、国家文物局］编:《湖北库区考古报告集第三卷》，北京：科学出版社，428—516页。

湖北［湖北省博物馆］（2007a）:《盘龙城：长江中游的青铜文明》，北京：文物出版社。

——（2007b）:《屈家岭：长江中游的史前文化》，北京：文物出版社。

——（2007c）:《曾侯乙墓：战国早期的礼乐文明》，北京：文物出版社。

湖北［湖北省文物考古研究所］（2007d）:《湖北巴东县经庙岭遗址出土一批重要青铜兵器》，载《四川文物》2007（4），16—23页。

——（2008）:《房县七里河》，北京：文物出版社。

——（2010a）:《巴东红庙岭第三次发掘》，载国务院、国家［国务院三峡工程建设委员会办公室、国家文物局》编:《湖北库区考古报告集第六卷》，北京：科学出版社，188—215页。

——（2010b）:《巴东红庙岭遗址第一、二次发掘报告》，载国务院、国家［国务院三峡工程建设委员会办公室、国家文物局］编:《湖北库区考古报告集第六卷》，北京：科学出版社，148—187页。

湖北与北京［湖北宜昌地区博物馆、北京大学考古系］（1992）:《当阳赵家湖楚墓》，北京：文物出版社。

湖北与丹江口［湖北省文物考古研究所、丹江口市博物馆］（2004）:《湖北丹江口市外边沟东周、两汉墓》，载《考古学集刊》第14辑，14—53页。

湖北与湖北［湖北黄冈市博物馆、湖北蕲春县博物馆］（1997）:《湖北蕲春达城新屋塆西周铜器窖藏》，载《文物》1997（12），29—33页。

湖北与湖北［湖北省京九铁路考古队、湖北省文物考古研究所］（2001）：《武穴鼓山：新石器时代墓地发掘报告》，北京：科学出版社。

湖北与湖北［湖北省文物事业管理局、湖北省三峡工程移民局］（2003）：《秭归庙坪》，北京：科学出版社。

湖北与湖北［湖北省清江隔河岩考古队、湖北省文物考古研究所］（2003）：《清江考古》，北京：科学出版社。

湖北与湖北［湖北省潜江博物馆、湖北省荆州博物馆］（2005）：《潜江龙湾：1987—2001年龙湾遗址发掘报告》，北京：文物出版社。

湖北与荆门［湖北省文物事业管理局、荆门市博物馆］（2004）：《荆门罗坡岗与子陵岗》，北京：科学出版社。

湖北与麻城［湖北省博物馆江陵工作站、麻城市革命博物馆］（1986）：《麻城楚墓》，载《江汉考古》1986（2），10—41页。

湖北与四川［湖北宜昌地区博物馆、四川大学历史系］（1987）：《宜昌中堡岛新石器时代遗址》，载《考古学报》1987（1），45—97页。

湖北与武汉［湖北省文物考古研究所、武汉大学历史系考古教研室］（1996）：《湖北江陵朱家台遗址1991年的发掘》，载《考古学报》1996（4），443—472页。

湖北与襄阳［湖北省文物考古研究所、襄阳市博物馆］（1995）：《湖北襄樊真武山周代遗址》，载《考古学集刊》第9辑，138—161页。

——（1997）：《湖北襄樊市彭岗东周墓群第三次发掘》，载《考古》1997（8），61—75页。

湖北与宜城［湖北省文物考古研究所、宜城市博物馆］（1999）：《湖北宜城县肖家岭遗址的发掘》，载《文物》1999（1），21—31页。

湖北与中国［湖北省荆州地区博物馆、中国社会科学院考古研究所］（1984）：《江陵雨台山楚墓》，北京：文物出版社。

湖北与中国［湖北省文物考古研究所、中国社会科学院考古研究所］（1994）：《湖北石家河罗家柏岭新石器时代遗址》，载《考古学报》1994（2），191—229页。

湖北主编［湖北省博物馆、武大考古专业、房县文化馆］（1984）：《房县七里河遗址发掘的主要收获》，载《江汉考古》1984（3），1—12页。

湖北主编［湖北省文物考古研究所、襄樊市博物馆、宜城市博物馆］（1993）：《湖北宜城罗岗车马坑》，载《文物》1993（12），1—18页，35页。

湖北主编［湖北省荆州博物馆、湖北省文物考古研究所、北京大学考古学系、石家河考古队］（1999）:《肖家屋脊——天门石家河考古发掘报告之一》，北京：文物出版社。

湖北主编［湖北省文物考古研究所、黄冈市博物馆、黄州博物馆］（2001）:《湖北黄州楚墓》，载《考古学报》2001（2），227—274页。

湖北主编［湖北省文物考古研究所、黄冈市博物馆、麻城市博物馆］（2006）:《湖北省麻城余家寨遗址调查简报》，载《江汉考古》2006（3），3—11页。

Hubert, Henri, and Marcel Mauss (1964 [1898]). *Sacrifice: Its Nature and Functions*. Chicago: University of Chicago Press.

Humphreys, S. C., and Helen King (1981). *Mortality and Immortality: The Anthropology and Archaeology of Death*. London: Academic Press.

湖南［湖南省文物管理委员会］（1954）:《长沙市左家公山的战国木椁墓》，载《文物参考资料》1954（12），3—9页。

湖南［湖南省博物馆］（1959）:《湖南常德德山战国墓葬》，载《考古》1959（12），658—662页。

——（1963）:《湖南常德德山楚墓发掘报告》，载《考古》1963（9），461—473，479页。

——（1966）:《湖南省博物馆新发现的几件铜器》，载《文物》1966（4），1—6页。

——（1972）:《长沙浏城桥一号墓》，载《考古学报》1972（1），59—72页。

——（1979a）:《三十年来湖南文物考古工作》，载文物［文物编辑委员会］编:《文物考古工作三十年》，北京：文物出版社，310—324页。

——（1979b）:《澧县梦溪三元宫遗址》，载《考古学报》1979（4），461—489页。

——（1982a）:《湖南安乡县汤家岗新石器时代遗址》，载《考古》1982（4），341—354页。

——（1982b）:《澧县东田丁家岗新石器时代遗址》，载《湖南考古辑刊》第1辑，2—18页。

——（1983a）:《安乡划城岗新石器时代遗址》，载《考古学报》1983（4），427—470页。

——（1983b）:《湖南省博物馆》，北京：文物出版社。

——（1984）:《长沙县出土春秋时期越族青铜器》，载《湖南考古辑刊》第2辑，35—37页。

湖南［湖南省文物普查办公室］（1986）:《湖南临澧县早期新石器文化遗存调查报告》，载《考古》1986（5），385—393页。

湖南［湖南省志编纂委员会］（1987）:《湖南省志：第二卷——地理志（上下册）》，长沙：湖南人民出版社。

湖南［湖南省地方志编纂委员会］（1992a）:《湖南省志——文化志、文化事业》，长沙：湖南人民出版社。

湖南［湖南省文物考古研究所］（1992b）:《湖南石门皂市商代遗存》，载《考古学报》1992（2），185—219页。

湖南［湖南省文物考古研究所］（1994）:《沅陵木形山战国墓发掘简报》，载《湖南考古辑刊》第6辑，92—96页。

湖南［湖南省地方志编纂委员会］（1995）:《湖南省志：第二十八卷——文物志》，长沙：湖南人民出版社。

湖南［湖南省文物考古研究所］（1996）:《湖南澧县梦溪八十垱新石器时代早期遗址发掘简报》，载《文物》1996（12），26—39页。

——（2000）:《湖南黔阳高庙遗址发掘简报》，载《文物》2000（4），4—23页。

湖南［湖南省博物馆］（2001）:《湖南安乡县划城岗遗址第二次发掘简报》，载《考古》2001（4），13—26页。

湖南［湖南省文物考古研究所］（2002）:《澧县鸡叫城古城址试掘简报》，载《文物》2002（5），8—68页。

——（2006a）:《彭头山与八十垱》，北京：科学出版社。

——（2006b）:《湖南洪江市高庙新石器时代遗址》，载《考古》2006（7），9—15页。

——（2007）:《澧县城头山：新石器时代遗址发掘报告》，北京：文物出版社。

湖南与常德［湖南省博物馆、常德地区文物工作队］（1986）:《临澧九里楚墓发掘报告》，载《湖南考古辑刊》第3辑，87—111页。

湖南与国际［湖南省文物考古研究所、国际日本文化研究中心］（2007）:《澧县城头山：中日合作澧阳平原环境考古与有关综合研究》，北京：文物出版社。

湖南与澧县［湖南省文物考古研究所、澧县文物管理所］（1990）:《湖南澧县梦溪彭头山新石器时代早期遗址发掘简报》，载《文物》1990（8），17—29页。

湖南与湘西［湖南省文物考古研究所、湘西自治州文物管理处］（2002）:《湘西永顺不二门发掘报告》，载湖南与湖南［湖南省文物考古研究所、湖南省考古学会］:

《湖南考古》，长沙：湖南出版集团，72—125 页。

湖南与岳阳［湖南省文物考古研究所、岳阳市文物工作队］(1989)：《岳阳市郊铜鼓山商代遗址与东周墓发掘报告》，载《湖南考古辑刊》第 5 辑，29—45，200 页。

湖南主编［湖南省文物考古研究所、岳阳市文物工作队、华容县文物管理所］(1989)：《华容县刘卜台新石器时代遗址发掘简报》，载《湖南考古辑刊》第 5 辑，13—21 页。

湖南主编［湖南省文物考古研究所、桃源县文化局、桃花源文物管理所］(1992)：《湖南桃源县狮子山战国墓发掘》，载《文物》1992 (7)，60—74 页。

湖南主编［湖南省博物馆、湖南省文物考古研究所、长沙市博物馆、长沙市文物考古研究所］(2000)：《长沙楚墓》，北京：文物出版社。

湖南主编［湖南省文物考古研究所、长沙市博物馆、长沙市文物考古研究所、望城区文物管理所］(2001)：《湖南望城县高砂脊商周遗址的发掘》，载《考古》2001 (4)，27—44 页。

湖南主编［湖南省文物考古研究所、常德市文物处、安乡县文物管理所］(2005)：《湖南安乡划城岗遗址第二次发掘报告》，载《考古学报》2005 (1)，55—108 页。

湖南主编［湖南省文物考古研究所、长沙市文物考古研究所、宁乡市文物管理所］(2006)：《湖南宁乡炭河里西周城址与墓葬发掘简报》，载《文物》2006 (6)，4—35 页。

湖南主编［湖南省文物考古研究所、重庆市文物局、巫山县文物管理所］(2007)：《巫山江东嘴石器时代遗址发掘报告》，载重庆与重庆［重庆市文物局、重庆市移民局］编：《重庆库区考古报告集 2000 卷》，北京：科学出版社，374—394 页。

湖南主编［湖南省常德市文物局、常德博物馆、鼎城区文物管理处、桃源县文物管理所、汉寿县文物管理所］(2010)：《沅水下游楚墓》，北京：文物出版社。

洪玲玉，崔剑锋，王辉，陈剑(2011)：《川西马家窑类型彩陶产源分析与探索》，载《南方民族考古》第 7 辑，1—31 页。

霍巍(1997)：《关于岷江上游牟托石棺墓几个问题的探讨》，载《四川文物》1997 (5)，6—10 页。

——(2004)：《温故而知新——20 世纪早期华西边疆研究的历史价值》，载李绍明、周蜀蓉编：《葛维汉民族学考古学论著》，成都：巴蜀书社。

Inglis, F. (1977). Nation and community: A landscape and its morality. *Sociological*

Review 25: 489–514.

Ingold, Tim (1993). The Temporality of Landscape. *World Archaeology* 25(2): 153–174.

Insoll, Timothy (2004). *Archaeology, Ritual, Religion.* New York: Routledge.

Jarvis, Devra I. (1993). Pollen Evidence of Changing Holocene Monsoon Climate in Sichuan Province, China. *Quaternary Research* 39: 325–337.

Jenkins, Richard (1996). *Social Identity.* London: Routledge.

Jennings, Justin (2006). Core, Peripheries, and Regional Realities in Middle Horizon Peru. *Journal of Anthropological Archaeology* 25: 346–370.

Jeske, Robert J. (1999). World-Systems Theory, Core-Periphery Interactions, and Elite Economic Exchange in Mississippian Societies. In, *World-Systems Theory in Practice: Leadership, Production, and Exchange*, edited by P. Nick Kardulias. New York: Rowman & Littlefield. Pp. 203–222.

Ji Hongbing, Chaoyang Li, and Jinming Wen (1997). Source of Ore-Forming Material and Metallogenic Age of the Zheboshan Gold Deposit, Western Sichuan Province, China. *Chinese Science Bulletin* 43(8): 684–690.

贾汉清（1998）:《湖北公安鸡鸣城遗址的调查》，载《文物》1998（6），25—30页。

蒋成，陈剑（2001）:《岷江上游考古新发现述析》，载《中华文化论坛》2001（3），27—31页。

蒋刚（2005）:《重庆鄂西地区商周时期甲骨的类型学研究》，载《江汉考古》2005（4），59—68页。

姜铭，Jade D'alpoim Guedes，何锟宇（2011）:《新津宝墩遗址2009年度考古试掘浮选结果分析简报》，载《成都考古发现》2009，68—82页。

蒋廷瑜（1980）:《楚国的南界和楚文化对岭南的影响》，载中国［中国考古学会］编:《中国考古学会第二次年会（1980）论文集》，北京：文物出版社，67—70页。

蒋晓春（2002）:《试论涪陵小田溪墓地的分期与时代》，载《江汉考古》2002（3），69—74，45页。

江玉祥（1993）:《广汉三星堆遗址出土的象牙》，载赵殿增主编:《三星堆与巴蜀文化》，成都：巴蜀书社，198—204页。

江章华（2002）:《川东长江沿岸先秦考古学文化的初步分析》，载《中华文化论坛》2002（2），40—47页。

——（2004a）:《岷江上游新石器时代遗存新发现的几点思考》，载《四川文物》2004（3），10—14页。

——（2004b）:《试论鄂西地区商周时期考古学文化的变迁——兼谈早期巴文化》，载《考古》2004（11），1037—1042页。

江章华，颜劲松，李明斌（1997）:《成都平原的早期古城址群——宝墩文化初论》，载《中华文化论坛》1997（4），8—14页。

江章华，王毅（1998）:《川东长江沿岸史前文化初论》，载《四川文物》1998（2），3—7页。

江章华，王毅，张擎（2001）:《成都平原早期城址及其考古学文化初论》，载宿白编:《苏秉琦与当代中国考古学》，北京:科学出版社，699—721页。

江章华，王毅，张擎（2002）:《成都平原先秦文化初论》，载《考古学报》2002（1），1—21页。

江章华，王毅，张擎，四川大学历史系考古教研室，早稻田大学长江流域文化研究所（2000）:《成都平原早期城址及其考古学文化初论》，载成都主编:《宝墩遗址:新津宝墩遗址发掘和研究》，成都:成都市文物考古研究所，99—121页。

吉林［吉林大学考古学系］（1999）:《四川奉节县新浦遗址发掘报告》，载《考古》1999（1），40—52页。

吉林与奉节［吉林大学考古学系、奉节县白帝城文物管理所］（2003）:《奉节新浦遗址发掘简报》，载重庆与重庆［重庆市文物局、重庆市移民局］编:《重庆库区考古报告集1998卷》，北京:科学出版社，239—255页。

——（2006）:《奉节新浦遗址发掘简报》，载重庆与重庆［重庆市文物局、重庆市移民局］编:《重庆库区考古报告集1999卷》，北京:科学出版社，168—179页。

吉林与湖北［吉林大学边疆考古研究中心、湖北省文物考古研究所］（2004）:《湖北秭归石门嘴遗址发掘》，载《考古学报》2004（4），419—448页。

吉林与四川［吉林大学考古学系、四川省文物考古研究所］（1998）:《奉节县老关庙遗址第三次发掘》，载四川［四川省文物考古研究所］编:《四川考古报告集》，北京:文物出版社，11—40页。

吉林主编［吉林大学边疆考古研究中心、重庆市文化局、白帝城文物管理所］（2005）:《奉节宝塔坪遗址2003年发掘简报》，载《江汉考古》2005（4），10—18页。

吉林主编［吉林大学边疆考古研究中心、重庆市文物局、奉节县文物管理所］（2007a）:《奉节宝塔墓群战国、汉代墓葬发掘报告》，载重庆与重庆［重庆市文物局、重庆市移民局]编:《重庆库区考古报告集2000卷》,北京:科学出版社,514—526页。

　　吉林主编[吉林大学边疆考古研究中心、重庆市文物局、奉节县白帝城文物管理所](2007b):《奉节新浦遗址2001年发掘报告》,载重庆与重庆[重庆市文物局、重庆市移民局]编:《重庆库区考古报告集2001卷》,北京:科学出版社,310—321页。

　　金升藻,刘晓那(2003):《天星观二号墓动物骨骼鉴定》,载湖北[湖北省荆州博物馆]编:《荆州天星观2号楚墓》,北京:文物出版社,227—229页。

　　金正耀,William T. Chase,平尾良光,彭适凡,马渊久夫,三轮嘉六,詹开逊(1994):《江西新干大洋洲商墓青铜器的铅同位素比值研究》,载《考古》1994(8),744—747页。

　　金正耀,马渊久夫,Tom Chase,陈德安,三轮嘉六,平尾良光,赵殿增(1995):《广汉三星堆遗物坑青铜器的铅同位素比值研究》,载《文物》1995(2),80—85页。

　　金正耀,马渊久夫,Tom Chase,陈德安,三轮嘉六,平尾良光,赵殿增(1999):《广汉三星堆祭祀坑青铜器的化学组成和铅同位素比值研究》,载四川[四川省文物考古研究所]编:《三星堆祭祀坑》,北京:文物出版社,490—499页。

　　纪南城[纪南城考古工作坊](1988):《江陵朱家台遗址调查简报》,载《江汉考古》1988(4),15—22页。

　　荆门[荆门市博物馆](1987):《荆门市荆家城新石器时代遗址调查》,载《江汉考古》1987(2),32—54页。

　　——(2008):《荆门子陵岗》,北京:文物出版社。

　　荆州[荆州博物馆](1980):《江陵雨台山楚墓发掘简报》,载《考古》1980(5),391—402页。

　　荆州[荆州地区博物馆](1987a):《湖北松滋博宇山遗址试掘简报》,载《文物资料丛刊》第10辑,32—38页。

　　——(1987b):《江陵马山砖厂二号楚墓发掘简报》,载《江汉考古》1987(3),30—34页。

　　荆州[荆州博物馆](1998):《湖北荆州市阴湘城遗址1995年发掘简报》,载《考古》1998(1),17—28,71页。

　　——(2009):《荆州荆南寺》,北京:文物出版社。

　　荆州与北京[荆州地区博物馆、北京大学考古系](1989):《湖北江陵荆南寺遗址第一、二次发掘简报》,载《考古》1989(8),679—692,698页。

荆州与福冈［荆州博物馆、福冈教育委员会］(1997)：《湖北荆州市阴湘城遗址东城墙发掘简报》，载《考古》1997（5），1—10，24 页。

荆州与江陵［荆州地区博物馆、江陵县文物管理处］(1987)：《湖北江陵荆南寺遗址调查》，载《文物资料丛刊》第 10 辑，39—43 页。

荆州与潜江［荆州地区博物馆、潜江县博物馆］(1987)：《湖北潜江龙湾发现楚国大型宫殿基址》，载《江汉考古》1987（3），19—21 页。

荆州与钟祥［荆州地区博物馆、钟祥市博物馆］(1987)：《钟祥六合遗址》，载《江汉考古》1987（2），1—31 页。

荆州主编［荆州市博物馆、石首市博物馆、武汉大学历史系考古专业］(1998)：《湖北石首市走马岭新石器时代遗址发掘简报》，载《考古》1998（4），16—38 页。

Johnson, Matthew (2007). *Ideas of Landscape*. Malden, MA: Blackwell.

Kamitani, M., K. Okamura, Y. Teraoka, S. Miyano, and Y. Watanabe (2007). *Mineral Resources Map of East Asia*. Tsukuba: Geological Survey of Japan.

Karlbeck, Orvar (1955). Selected Objects from Ancient Shou-chou. *Bulletin of the Museum of Far Eastern Antiquities* 27: 41–130.

Kaufmann, Dale W. (1960). *Sodium Chloride, the Production and Properties of Salt and Brine*. New York: Reinhold/Chapman & Hall.

刘德根（1990)：《论石家河文化早期与屈家岭文化晚期的关系》，载《江汉考古》1990（3），45—50 页。

Keightley, David N. (1988). Shang Divination and Metaphysics. *Philosophy East and West* 38(4): 367–397.

——(1997). Shang Oracle Bone Inscriptions. In, *New Sources of Early Chinese History: An Introduction to the Reading of Inscriptions and Manuscripts,* edited by Edward L. Shaughnessy. Berkeley, CA: Society for the Study of Early China. Pp. 57–84.

——(1999). The Environment of Ancient China. In, *The Cambridge History of Ancient China: From the Origins of Civilization to 221 BC*, edited by Michael Loewe and Edward L. Shaughnessy. Cambridge: Cambridge University Press. Pp. 30–36.

Keslin, Richard O. (1964). Archaeological Implications on the Role of Salt as an Element of Cultural Diffusion. *Missouri Archaeologist* 26: 1–174.

Kohl, Philip L. (1987a). The Ancient Economy, Transferable Technologies and the Bronze Age World System: A View from the Northeastern Fron-tier in the Ancient Near

East. In, *Center and Periphery in the Ancient World*, edited by Michael J. Rowlands et al. Cambridge: Cambridge University Press. Pp. 13–24.

——(1987b). The Use and Abuse of World Systems Theory: The Case of the Pristine West Asian State. In, *Advances in Archaeological Method and Theory,* edited by Michael B. Schiffer. San Diego, CA: Academic Press. Pp. 1–35.

Kondō Yoshirō 近藤义郎 (1975). The Ancient Salt Industry in Japan. In, *Salt: The Study of an Ancient Industry*. Report on the Salt Weekend held at the University of Essex, 20, 21, 22 September, 1974, edited by K. W. de Brisay and K. A. Evans. Colchester, UK: Colchester Archaeological Group. Pp. 61–65.

Kopytoff, Igor (1987). The Internal African Frontier: The Making of African Political Culture. In, *The African Frontier: The Reproduction of Traditional African Societies*, edited by Igor Kopytoff. Bloomington: Indiana University Press. Pp. 2–84.

Kristof, Ladis K. D. (1959). The Nature of Frontiers and Boundaries. *Annals of the Association of American Geographers* 49(3): 269–282.

Kuijt, Ian (1996). Negotiating Equality through Ritual: A Consideration of Late Natufian and Pre-pottery Neolithic A Period Mortuary Practices. *Journal of Anthropological Archaeology* 15: 313–336.

Kurlansky, Mark (2002). *Salt: A World History*. New York: Walker.

Kusimba, Chapurukha, and Sibel B. Kusimba (2005). Mosaics and Interactions: East Africa, 2000 bp to the Present. In, *African Archaeology: A Critical Introduction*, edited by Ann B. Stahl. Oxford: Blackwell. Pp. 390–419.

Kutzbach, J. E. (1981). Monsoon Climate of the Early Holocene: Climate Experiment Using Earth's Orbital Parameters for 9000 Years Ago. *Science* 214(4516): 59–61.

Kutzbach, J. E., and P. J. Guetter (1986). The Influence of Changing Orbital Parameters and Surface Boundary Conditions on Climate Simulation for the Past 18,000 Years. *Journal of Atmospheric Science* 43: 1726–1759.

Kuznar, Lawrence A. (1999). The Inca Empire: Detailing the Complexities of Core-Periphery Interactions. In, *World-Systems Theory in Practice: Leadership, Production, and Exchange,* edited by P. Nick Kardulias. New York: Rowman & Littlefield. Pp. 223–240.

Kyong-McClain, Jeffrey (2009). *Excavating the Nation: Archaeology and Control of the Past and Present in Republican Sichuan*. Unpublished PhD thesis, Department of

History, University of Illinois.

Kyong-McClain, Jeffrey and Geng Jing (2011). D. C. Graham in Chinese Intellectual History: Foreigner as Nation Builder. In, *Explorers and Scientists in China's Borderlands, 1880–1950*, edited by D. M. Glover et al. Seattle: University of Washington Press. Pp. 211–239.

Kyriakidis, Evangelos, editor (2007). *The Archaeology of Ritual*. Los Angeles: Cotsen Institute of Archaeology, University of California, Los Angeles.

Lahiri, Nayanjot (2005). *Finding Forgotten Cities: How the Indus Civilization Was Discovered*. New Delhi: Permanent Black.

Lai Guolong (2002). *The Baoshan Tomb: Religious Transitions in Art, Ritual and Text during the Warring States Period (480–221 BCE)*. Unpublished PhD thesis, Department of Art History, University of California, Los Angeles.

Lamberg-Karlovsky, C. C. (2012). Interaction Spheres in the Ancient Near East: Thirty Years Later. In, *My Life Is Like a Summer Rose. Essays for Maurizio Tosi*, edited by C. C. Lamberg-Karlovsky and Barbara Cerrasatti. Oxford: British Archaeological Reports. Pp. TBD.

蓝勇（2003）:《长江三峡历史地理》，成都：四川人民出版社。

老河口［老河口市博物馆］（1997）:《老河口市曹营战国墓清理简报》，载《江汉考古》1997（3），27—32 页。

Lattimore, Owen (1962). *Studies in Frontier History: Collected Papers 1928–1958*. London: Oxford University Press.

Lee, Yun-Kuen (2002a). Building the Chronology of Early Chinese History. *Asian Perspectives* 41(1): 15–42.

——(2002b). Differential Resolution in History and Archaeology. *Journal of East Asian Archaeology* 4(1–4): 375–386.

雷鸣（1985）:《湖北文物考古文献目录 1949—1983》，武汉：湖北省志文物志编辑室。

雷雨（2006）:《试论什邡市城关墓地的分期与年代》，载《四川文物》2006（3），31—53 页。

雷雨，陈德安（1991）:《巴中月亮岩和通江擂鼓寨遗址调查简报》，载《四川文物》1999（6），52—55 页。

Lewis, Mark Edward (2002). Dicing and Divination in Early China. *Sino-Platonic Papers* 121: 1–22.

李伯谦（1996）:《从对三星堆青铜器年代的不同认识谈到如何正确理解和运用"文化滞后"理论》,载四川［四川省文物考古研究所］编:《四川考古论文集》,北京:文物出版社,64—69 页。

Li Chi [Li Ji] (1977). *Anyang: A Chronicle of the Discovery, Excavation, and Reconstruction of the Ancient Capital of the Shang Dynasty.* Seattle: University of Washington Press.

李德喜,陈树祥（2008）:《七里河遗址石家河文化房屋遗迹复原研究》,载湖北［湖北省文物考古研究所］编:《房县七里河》,北京:文物出版社,313—324 页。

Li Feng (2003a). *"Feudalism" in Western Zhou China: A Criticism.* Harvard Journal of Asiatic Studies 63(1): 115–144.

——(2006). *Landscape and Power in Early China: The Crisis and Fall of the Western Zhou 1045–771 BC.* Cambridge: Cambridge University Press.

李锋（2003b）:《忠县邓家沱遗址西周时期文化遗存的初步认识》,载重庆与重庆［重庆市文物局、重庆市移民局］编:《重庆 2001 三峡文物保护学术研讨会论文集》,北京:科学出版社,99—106 页。

Li, Jijun, Shiyou Xie, and Mingsheng Kuang (2001). Geomorphic Evolution of the Yangtze Gorges and the Time of Their Evolution. *Geomorphology* 41(2–3): 125–135.

Li, Jianwei, Xinfu Zhao, Meifu Zhou, P. Vasconcelos, Changqian Ma, Xiaodong Deng, Z. S. de Souza, Yongxin Zhao, and Gang Wu (2008). Origin of the Tong-shankou Porphyryskarn CuMo Deposit, Eastern Yangtze Craton, Eastern China: Geochronological, Geochemical, and SrNdHf Isotopic Constraints. *Mineralium Deposita* 43: 315–336.

Li Ling 李零 [Trans. by William G. Boltz] (1990). Formulaic Structure of Chu Divinatory Bamboo Slips. *Early China* 15: 70–86.

Li Ling 李零 [Trans. by Lothar von Falkenhausen] (1991). On the Typology of Chu Bronzes. *Beitrage zur allgemeinen ung vergleichenden Archaeologie* 11: 57– 113.

李零（2000a）:《中国方术考（修订本）》,北京:东方出版社。

——（2000b）:《中国方术续考》,北京:东方出版社。

——（2004）:《入山与出塞》,北京:文物出版社。

李明斌（1999）:《四川雅安沙溪遗址陶器及相关问题的初步研究》,载《考古》

1999（2），75—81页。

李明斌，陈云洪（2001）:《温江县鱼凫遗址 1999 年度发掘》，载《成都考古发现》1999，40—53页。

李明斌，王方（2001）:《岷江小区遗址 1999 年第一期发掘》，载《成都考古发现》1999，182—192页。

李绍明，林向，徐南洲（1991）:《巴蜀历史、民族、考古、文化》，成都: 巴蜀书社。

李绍明，林向，赵殿增（1993）:《三星堆与巴蜀文化》，成都: 巴蜀书社。

李水城（2003）:《近年来中国盐业考古领域的新进展》，载《盐业史研究》2003（1），9—15页。

——（2009）:《2008 年中国的盐业考古》，载《南方文物》2009（1），54—56页。

李水城，兰玉富，王辉，胡明明（2003）:《莱州湾地区古代盐业考古调查》，载《盐业史研究》2003（1），82—91页。

李水城，兰玉富，王辉（2009）:《鲁北——胶东盐业考古调查记》，载《华夏考古》2009（1），11—25页。

李桃元，夏丰（2001）:《湖北鹰城陶家湖古城址调查》，载《文物》2001（4），71—76页。

李文杰（1986）:《大溪文化的类型和分期》，载《考古学报》1986（2），131—152页。

——（1988）:《大溪文化之最》，载《江汉考古》1988（1），93—95页。

李文漪，刘光琇，周明明（1992）:《湖北西部全新世温暖期植被与气候》，载施雅风、孔昭宸编:《中国全新世大暖期气候与环境》，北京: 海洋出版社，94—99页。

李小波（2006）:《四川古代盐业开发的地质基础》，载 *Salt Archaeology in China: Ancient Salt Production and Landscape Archaeology in the Upper Yangzi Basin: Preliminary Studies*, Vol. 1, edited by Li Shuicheng and Lothar von Falkenhausen. 北京: 科学出版社，163—181页。

李晓岑（1993）:《商周中原青铜器矿料来源的再研究》，载《自然科学史研究》1993（12），264—267页。

Li Xu 李旭 (1986). *Vegetation and Environmental Change at Mt. Luoji, Sichuan China.* Unpublished MA thesis, Nanjing Institute of Geology and Paleontology, Academia Sinica, Nanjing.

李旭，刘金陵（1988）:《四川西昌螺髻山全新世植被与环境变化》，载《地理学报》1988（1），44—51页。

李学勤［笔名江鸿］（1976）:《盘龙城与商朝的南土》，载《文物》1976（2），42—46页。

Li Xueqin 李学勤 (1985). *Eastern Zhou and Qin Civilizations*. New Haven, CT: Yale University Press.

——(1991). Chu Bronzes and Chu Culture. In, *New Perspectives on Chu Culture during the Eastern Zhou Period,* edited by Thomas Lawton. Washington, DC: Smithsonian Institution Press. Pp. 1–22.

——（1997）:《三星堆与蜀国古史传说》，载李学勤编《走出疑古时代》，沈阳：辽宁大学出版社，203—213页。

李永宪（1996）:《略论四川地区的细石器》，载四川［四川省文物考古研究所］编:《四川考古论文集》，北京：文物出版社，6—18页。

Li Yung-ti (2003). On the Function of Cowries in Shang and Western Zhou China. *Journal of East Asian Archaeology* 5(1–4): 1–26.

黎泽高（1991）:《枝城市新石器时代文化概述》，载《江汉考古》1991（1），20—26页。

Liebmann, Matthew (2012). Parsing Hybridity: Archaeologies of Amalgamation in Seventeenth Century New Mexico. In, *Hybrid Material Culture: The Archaeology of Syncretism and Ethnogenesis*, edited by Jeb Card. Carbondale: Southern Illinois University, Center for Archaeological Investigations. Pp. TBD.

Lightfoot, Kent G., and Antoinette Martinez (1995). Frontiers and Boundaries in Archaeological Perspectives. *Annual Review of Anthropology* 24: 471–492.

Liljestrand, S. H. (1933–1934). A Resume of Border Research and Researchers: Presidential Address. *Journal of the West China Border Research Society* VI: viii– xix.

Lilley, Ian (2004). Diaspora and Identity in Archaeology: Moving beyond the Black Atlantic. In, *A Companion to Social Archaeology*, edited by Lynn Meskell and Robert W. Preucel. Malden, MA: Blackwell. Pp. 287–312.

——(2006). Archaeology, Diaspora and Decolonization. *Journal of Social Archaeology* 6(1): 28–47.

林春（1984）:《宜昌地区长江沿岸夏商时期的一支新文化类型》，载《江汉考古》

1984（2），29—38 页。

林树基，郑洪汉（1987）:《草海的演化》，贵阳：贵州人民出版社。

林甘泉，田人隆，李祖德（1982）:《中国古代史分期讨论五十年：一九二九—一九七九》，上海：人民出版社。

林向（1982）:《大溪文化与巫山大溪遗址》，载中国［中国考古学会］编:《中国考古学会第二次年会（1980）论文集》，北京：文物出版社，124—132 页。

——（1988）:《羊子山建筑遗址新考》，载《四川文物》1988（5），3—8 页。

——（1989）:《三星堆遗址与殷商的西土——兼释殷墟卜辞中的"蜀"的地理位置》，载《四川文物（广汉三星埋遗址研究专辑）》1989，23—30 页。

Linduff, Kathryn M., Han Rubin, and Sun Shuyun (2000). *The Beginnings of Metallurgy in Ancient China*. Lewiston, NY: Edwin Mellen Press.

刘彬徽（1980）:《楚郢都建制考》，载湖北［湖北省社会科学院历史研究所］编:《楚文化新探》，武汉：湖北人民出版社，102—117 页。

刘不朽（2005）:《巴楚在三峡地区的军事争夺和文化交融——关于巴楚关系与巴楚文化之探讨》，载《中国三峡建设》2005（1），64—70 页。

刘昭瑞（1992）:《"安州六器"辨》，载《文物》1992（10），76—77 页。

Liu, G. (1988). *The Palaeoecological Environments of the Past 20,000 Years in the Longquanhu Region, Jianghan Plain, Hubei Province*. Unpublished MA thesis.（未见）

刘华才（1991）:《包山二号楚墓动物遗骸的鉴定》，载湖北［湖北省荆沙铁路考古队］编:《包山楚墓》，北京：文物出版社，445—447 页。

Liu Li (1996). Settlement Patterns, Chiefdom Variability, and the Development of Early States in North China. *Journal of Anthropological Archaeology* 15(3): 237–288.

Liu, Li, and Hong Xu (2007). Rethinking Erlitou: Legend, History and Chinese Archaeology. *Antiquity* 81: 886–901.

Liu Li, and Chen Xingcan (2001). Cities and Towns: The Control of Natural Resources in Early States, China. Bulletin of the Museum of Far Eastern. *Antiquities* 73: 5–47.

——(2003). *State Formation in Early China*. London: Duckworth.

刘磐石，魏达议（1974）:《四川省汉源县大树公社狮子山发现新石器时代遗址》，载《文物》1974（5），91—92 页。

刘清泉（1997）:《四川省经济地理》，北京：新华出版社。

刘诗中，卢本珊（1998）:《江西铜岭铜矿遗址的发掘与研究》，载《考古学报》1998（4），465—496页。

刘顺（2007）:《湖南新石器时代的特色文化》，载《怀化学院学报》26（7），9—11页。

刘雨茂（1991）:《试论川西发现的战国船棺葬》，载罗开玉、罗伟先编:《华西考古研究》，成都：成都出版社，172—183页。

刘雨茂，荣远大（2001）:《成都市西郊化成村遗址1999年度发掘报告》，载《成都考古发现》1999，127—145页。

刘志一（1989）:《古蜀文字是蚕丝文字吗？》，载《四川文物》1989（6），54—57页。

礼州［礼州遗址联合考古发掘队］（1980）:《四川西昌礼州新石器时代遗址》，载《考古学报》1980（4），443—456，531—534页。

Loewe, Michael (1981). China. In, *Divination and Oracles*, edited by Michael Loewe and Carmen Blacker. Boulder, CO: Shambala. Pp. 38–62.

——(1988). Divination by Shells, Bone and Stalks during the Han Period. *T'oung Pao* 74: 81–118.

——(1994). *Divination, Mythology and Monarchy in Han China.* Cambridge: Cambridge University Press.

吕世忠（1998）:《先秦时期山东的盐业》，载《盐业史研究》1998（3），10—28页。

Lull, Vicente (2000). Death and Society: A Marxist Approach. *Antiquity* 74: 576–580.

罗二虎（1988）:《成都地区卜甲的初步研究》，载《考古》1988（12），1122—1129页。

——（1994）:《论鄂西地区的夏商晚期文化》，载《东南文化》1994（1），42—51页。

罗开玉，周尔泰（1993）:《成都罗家碾发现二座蜀文化墓葬》，载《考古》1993（2），190—192页。

罗伦德（1989）:《重庆嘉陵江一级阶地孢粉分析及其晚全新世古气候的演变》，载《海洋地质与第四纪地质》1989（4），85—95页。

罗仁林（1999）:《岳阳地区商时期的文化序列及其文化因素的分析》，载《湖南考古辑刊》1999，223—251页。

Lyman, R. Lee, and Michael J. O'Brien (1999). Americanist Stratigraphic Excavation and the Measurement of Culture Change. *Journal of Archaeological Method and Theory* 6(1): 55–108.

Lynn, Madeleine, editor (1997). *Yangtze River: The Wildist, Wickedist River on Earth – An Anthology.* Hong Kong: Oxford University Press.

Lyons, Claire L., and John Papadopoulos (2002a). Archaeology and Colonialism. In, *The Archaeology of Colonialism*, edited by Claire L. Lyons and John Papadopoulos . Los Angeles: Getty Research Institute. Pp. 1–26.

——(2002b). *The Archaeology of Colonialism.* Los Angeles: Getty Research Institute.

马继贤（1988）:《关于长江三峡地区古文化遗址分布的几个特点》，载《江汉考古》1988（4），115—119 页。

——（1991）:《汉源县狮子山新石器时代遗址》，载《中国考古学年鉴》1991，270 页。

——（1992）:《广汉月亮湾遗址发掘追记》，载《南方民族考古》第 5 辑，310—323 页。

马幸辛（1989）:《川东北考古文化分期刍论》，载《四川文物》1989（6），26—30 页。

——（1993）:《大巴山脉与川北史前文化的探讨》，载《四川文物》1993（5），8—114 页。

Madsen, David B., and Robert G. Elston (2007). Variation in Late Quaternary Central Asian Climates and the Nature of Human Response. In, *Late Quaternary Climate Change and Human Adaptation in Arid China,* edited by David B. Madsen et al. Amsterdam: Elsevier. Pp. 69–82.

Major, John S. (1999). Characteristics of Late Chu Religion. In, *Defining Chu: Images and Reality in Ancient China*, edited by C. A. Cook and J. S. Major. Honolulu: University of Hawai'i Press. Pp. 121–144.

茂县与阿坝［茂县羌族博物馆、阿坝藏族羌族自治州文物管理所］（1994）:《四川茂县牟托一号石棺墓及陪葬坑清理简报》，载《文物》1994（3），4—40 页。

茂汶［茂汶羌族自治县文化馆］（1981）:《四川茂汶营盘山的石棺葬》，载《考古》1981（5），411—421 页。

Marcus, Joyce (2007). Rethinking Ritual. In, *The Archaeology of Ritual,* edited by Evangelos Kyriakidis. Los Angeles: Cotsen Institute of Archaeology, University of California. Pp. 43–76.

Mayewski, Paul A., Eelco E. Rohling, J. Curt Stager, Wibörn Karlén, Kirk A. Maasch, L. David Meeker, Eric A. Meyerson, Francoise Gasse, Shirley van Kreveld, Karin Holmgren, Julia Lee-Thorp, Gunhild Rosqvist, Frank Rack, Michael Staubwasser, Ralph R. Schneider, and Eric J. Steig (2004). Holocene Climate Variability. *Quaternary Research* 62(3): 243–255.

McKhann, Charles F. and Alan Waxman (2011). David Crockett Graham. In, *Explorers and Scientists in China's Borderlands, 1880–1950,* edited by D. M. Glover et al. Seattle: University of Washington Press. Pp. 180–210.

McKillop, Heather (2002). *Salt: White Gold of the Ancient Maya.* Gainsville: University Press of Florida.

——(2010). Underwater Maya: Spatial Analysis of Briquetage and Wooden Buildings at the Paynes Creek Saltwork, Belize, Central America. In, *Salt Archaeology in China: Global Comparative Perspectives*, Vol. 2, edited by Li Shuicheng and Lothar von Falkenhausen. 北京：科学出版社. Pp. 349–373.

McNeal, Robin (n.d.). Erligang Contacts South of the Yangzi: The Expansion of Interaction Networks in Early Bronze-Age Hunan. In, *Art and Archaeology of the Erligang Civilization*, edited by Kyle Steinke. Princeton, NJ: Princeton University Press. Pp. TBD.

McNeish, Richard S., Geoffrey Cunnar, Zhao Zhijun, and J. G. Libby (1998). Second Annual Report of the Sino-American Jiangxi (PRC) Project (SAJOR). Unpublished manuscript.

McNeish, Richard S., and J. G. Libby (1995). Origins of Rice Agriculture: *The Preliminary Report of the Sino-American Jiangxi (PRC) Project (SAJOR).* El Paso: University of Texas Press.

Mei, Jianjun (2009). Early Metallurgy in China: Some Challenging Issues in Current Studies. In, *Metallurgy and Civilisation: Eurasia and Beyond*, edited by Jianjun Mei and Thilo Rehren. London: Archetype. Pp. 9–16.

孟华平（1992）:《论大溪文化》, 载《考古学报》1992（4）, 393—412 页。

——（1993）:《三峡地区新石器时代遗存的谱系研究》, 载《华夏考古》1993（3）, 35—51 页。

——（1997）:《长江中游史前文化结构》，武汉：长江文艺出版社。

——（1998）:《试论长江中游古城的兴起》，载吉林［吉林大学考古系］编:《青果集：吉林大学考古系建系十周年纪念文集》，北京：知识出版社，155—161 页。

Mengoni, Luisa-Elena (1999). Archaeological Variability and Cultural Identities. Preliminary Observations on the Funerary Remains of Pre-imperial and Early Imperial Sichuan (Fifth–First Centuries BC). *Annali dell'Istituto Universitario Orientale* 59(1–4): 316–346.

Metcalf, Peter, and Richard Huntington (1991). *Celebrations of Death: The Anthropology of Mortuary Ritual.* Cambridge: Cambridge University Press.

Middleton, Andrew, and Ian Freestone (1995). The Mineralogy and Occurence of Jade. In, *Chinese Jade: From the Neolithic to the Qing,* edited by Jessica Rawson. London: British Museum Press. Pp. 413–423.

Miller, Heather M. L. (2007). *Archaeological Approaches to Technology.* Boston: Academic Press.

水野清一（1948）:《东亚考古学の发达》，京都：大八洲出版株式会社。

Morgan, Lewis Henry (1877). *Ancient Society or Researches in the Lines of Human Progress from Savagery, through Barbarism, to Civilization.* New York: Henry Holt.

Morris, Ian (1987). *Burial and Ancient Society: The Rise of the Greek City State.* Cambridge: Cambridge University Press.

——(1992). *Death Ritual and Social Structure in Classical Antiquity.* Cambridge: Cambridge University Press.

——(1999). Negotiated Peripherality in Iron Age Greece: Accepting and Resisting the East. In, *World-Systems Theory in Practice: Leadership, Production, and Exchange,* edited by P. Nick Kardulias. New York: Rowman & Littlefield. Pp. 63–84.

Morse, William Reginald (1922–1923). President's Address. *Journal of the West China Border Research Society* I: 2–7.

Morse, William Reginald, and Y. Yen (1936). Ancient Historical Aboriginal Ethnic Groups of Szechwan Province, West China. *Journal of the West China Border Research Society* VII: 106–140.

Moser, Jeffrey［孟絜予］(2010a). *Recasting Antiquity: Ancient Bronzes and Ritual Hermeneutics in the Song Dynasty.* Unpublished PhD thesis, History of Art and

Architecture and East Asian Languages and Civilizations, Harvard University.

——（2010b）:《宋代青铜器工艺史的重新思考：以彭州青铜器窖藏为例》，台湾大学艺术史研究所硕士论文（未刊）。

Moyes, Holley (2008). Charcoal as a Proxy for Use-Intensity in Ancient Maya Cave Ritual. In, *Religion, Archaeology, and the Material World*, edited by Lars Fogelin. Carbondale: Southern Illinois University, Center for Archaeological Investigations. Pp. 139–158.

Multhauf, Robert P. (1978). *Neptune's Gift, a History of Common Salt.* Baltimore: Johns Hopkins University Press.

Murowchick, Robert E. (1997). The State of Sino-Foreign Collaborative Archaeology in China. *Orientations* 28(6): 26–33.

中村慎一（1997a）:《中国における囲壁集落の出現》，载《考古学研究》，44（2），58—73 页。

——（1997b）:《石家河遺迹をめぐる諸問題》，载《日本中国考古学会会報》7，41—55 页。

——（1997c）:《石家河遺迹と中国都市文明の起源》，载藤本强:《住の考古学》，东京：同成社，155—169 页。

南京［南京博物馆］（1991）:《四川彭山汉代崖墓》，北京：文物出版社。

南京与巫山［南京博物馆考古研究所、巫山县文物管理所］（2001）:《巫山跳石遗址发掘报告》，载重庆与重庆［重庆市文物局、重庆市移民局］:《重庆库区考古报告集 1997 卷》，北京：科学出版社，65—99 页。

——（2006）:《巫山培石遗址第一次发掘报告》，载重庆与重庆［重庆市文物局、重庆市移民局］:《重庆库区考古报告集 1999 卷》，北京：科学出版社，59—79 页。

南京主编［南京博物馆考古研究所、重庆市文化局、巫山县文物管理所］（2003a）:《巫山跳石遗址第二次发掘报告》，载重庆与重庆［重庆市文物局、重庆市移民局］:《重庆库区考古报告集 1998 卷》，北京：科学出版社，27—57 页。

南京主编［南京博物馆考古研究所、重庆市博物馆、巫山县文物管理所］（2003b）:《巫山瓦岗槽墓地发掘报告》，载重庆与重庆［重庆市文物局、重庆市移民局］:《重庆库区考古报告集 1998 卷》，北京：科学出版社，148—171 页。

南京主编［南京博物馆考古研究所、重庆市文化局、巫山县文物管理所］（2007a）:《巫山碚石遗址第二次发掘报告》，载重庆与重庆［重庆市文物局、重庆市移民局]:《重庆库区考古报告集 2000 卷》, 北京: 科学出版社, 49—83 页。

南京主编[南京大学历史系考古专业、重庆市文物局、巫山县文物管理所] (2007b):《巫山江东嘴遗址发掘报告》, 载重庆与重庆[重庆市文物局、重庆市移民局]:《重庆库区考古报告集 2000 卷》, 北京: 科学出版社, 84—108 页。

南京主编[南京大学历史系、重庆市文物局、巫山县文物管理所] (2007c):《巫山江东嘴遗址发掘报告》, 载重庆与重庆[重庆市文物局、重庆市移民局]:《重庆库区考古报告集 2001 卷》, 北京: 科学出版社, 1—33 页。

Nelson, Nels C. (1919). The Archaeology of the Southwest: A Preliminary Report. *Proceedings of the National Academy of Sciences* 5(4): 114–120.

——(1926). Notes on the Archaeology of the Gobi. *American Anthropologist* n.s. 28(1): 305–308.

——(1932). Archaeological Reconnaissance in the Yangtze River Gorges. In, *Natural History of Central Asia,* Vol. 1, edited by Roy C. Andrews. New York: American Museum of Natural History. Pp. 542–549.

——(1933). The Antiquity of Man in America in the Light of Archaeology. In, *The American Aborigines: Their Origin and Antiquity*, edited by D. Jenness. Toronto: University of Toronto Press. Pp. 87–130.

Nelson, Sarah M. (1996). Ideology and the Formation of an Early State in Northeast China. In, *Ideology and the Early State*, edited by H. J. Classen and J. G. Oosten. The Hague: E. J. Brill. Pp. 153–169.

Nilsson Stutz, Liv (2003). *Embodied Rituals and Ritualized Bodies: Tracing Ritual Practices in Late Mesolithic Burials.* Stockholm: Almquiest & Wiksell.

——(2008). Capturing Mortuary Ritual: An Attempt to Harmonize Archae— ological Method and Theory. In, *Religion, Archaeology, and the Material World,* edited by Lars Fogelin. Carbondale: Southern Illinois University, Center for Archaeological Investigations. Pp. 159–178.

Nyabongo, Akiki K. (1945). Salt and Its Uses in Africa. *Negro History Bulletin* VIII: 203–204, 207–210.

O'Brien, Michael J. (2003). Nels Nelson and the Measure of Time. In, *Picking the Lock of Time: Developing Chronology in American Archaeology,* edited by J. Truncer. Gainsville: University Press of Florida. Pp. 64–87.

吴世恩（2003）:《三峡库区的远古文化——从新石器时代到早期铁器时代》，北京大学考古学系未刊博士论文计划书。

冈村秀典（2000）:《屈家岭、石家河文化属城市文明吗？》，载安田喜宪编:《稻作、陶器、都市的起源》，北京：文物出版社，181—187页。

Olsen, John W. (2000). China's Earliest Inhabitants. *Journal of East Asian Archaeology* 2(1–2): 1–9.

Olwig, Kenneth Robert (2002). *Landscape Nature and the Body Politic: From Britain's Renaissance to America's New World*. Madison: University of Wisconsin Press.

Orser, Charles E. (1998). The Archaeology of the African Diaspora. *Annual Review of Anthropology* 27: 63–82.

Osborne, Henry Fairfield (1931). Explorations, Researches, and Publications of Pierre Teilhard De Chardin, 1911–1931. *American Museum Novitates* 485: 1– 14.

O'Shea, John M. (1984). *Mortuary Variability: An Archaeological Investigation*. Orlando, FL: Academic Press.

小泽正人（1998）:《中国——殷、周、春秋》，载《史学杂志（1997年の历史学界回顾と展望）》第5辑，206—212页。

Pader, Ellen-Jane (1982). *Symbolism, Social Relations, and the Interpretation of Mortuary Remains*. Oxford: BAR.

Pan, Yuanming, and Ping Dong (1999). The Lower Changjiang (Yangzi/Yangtze River) Metallogenic Belt, East Central China: Intrusion-and Wall Rock-Hosted Cu-Fe-Au, Mo, Zn, Pb, Ag Deposits. *Ore Geology Reviews* 15: 177–242.

盘龙城［盘龙城发掘队］（1976）:《盘龙城一九七四年度田野考古纪要》，载《文物》1976（2），5—15页。

Parker, Bradley J. (2006). Toward an Understanding of Borderland Processes. *American Antiquity* 71(1): 77–100.

Parkinson, William A., and Michael L. Galaty (2007). Secondary States in Perspective: An Integrated Approach to State Formation in the Prehistoric Aegean. *American Anthropologist* 109(1): 113–129.

Parsons, Jeffrey (2001). *The Last Saltmakers of Nexquipayac, Mexico: An Archaeological Ethnography*. Ann Arbor: Museum of Anthropology, University of Michigan.

Patterson, Thomas C. (1990). Processes in the Formation of Ancient World Systems. *Dialectical Anthropology* 15(1): 1–18.

Pauketat, Timothy R. (2007). *Chiefdoms and Other Archaeological Delusions*. Lanham, MD: Alta Mira Press.

Pearson, Richard (1988). Chinese Neolithic Burial Patterns: Problems and Method of Interpretation. *Early China* 13: 1–45.

Peebles, Christopher S. (1971). Moundville and Surrounding Sites: Some Structural Considerations of Mortuary Practices II. In, *Approaches to the Social Dimensions of Mortuary Practices*, Vol. 25, edited by James A. Brown. Washington, DC: Society of American Archaeology. Pp. 68–91.

裴安平（2004）:《澧阳平原史前聚落形态的特点与演变》，载《考古》2004（11），63—76 页。

裴明相（1990）:《试论屈家岭文化的社会性质》，载《华夏考古》1990（3），86—91 页。

Peng Bangben 彭邦本 (2002). In Search of the Shu Kingdom: Ancient Legends and New Archaeological Discoveries in Sichuan. *Journal of East Asian Archaeology* 4(1–4): 75–100.

——（2003）:《古城、酋邦与古蜀共主政治的起源——以川西平原古城群为例》，载《四川文物》2003（2），18—22 页。

——（2006）:《关于创立"都江堰学"的几点思考》，载《西华大学学报（哲学社会科学版）》2006（2），40—43 页。

彭浩（1982）:《楚墓葬制初论》，载中国［中国考古学会］编:《中国考古学会第二年年会（1980）论文集》，北京：文物出版社，33—40 页。

彭静中（1980）:《古代巴蜀铜器文字试释》，载《四川地方史研究专集》，四川：四川人民出版社，173—176 页。

彭锦华（1986）:《沙市周梁玉桥甲骨的初步研究》，载《考古》1986（4），348-352 页。

——（1990）:《湖北沙市周梁玉桥遗址动物骨骸的鉴定与研究》，载《考古与文物》1990（1），90—96 页。

彭适凡（1998）:《赣江流域出土商周铜铙和甬钟概述》，载《南方文物》1998（1），43—57 页。

彭适凡，刘诗中（1990）:《关于瑞昌商周铜矿遗存与古扬越人》，载《江西文物》1990（3），25—31，41页。

Peregrine, Peter N. (1992). *Missippian Evolution: A World-System Perspective*. Madison, WI: Prehistory Press.

——(2000). Archaeology and World-Systems Theory. In, *A World-Systems Reader: New Perspectives on Gender, Urbanism, Cultures, Indigenous Peoples, and Ecology*, edited by Thomas D. Hall. Lanham, MD: Rowman & Littlefield. Pp. 59–68.

Peters, Heather A. (1999). Towns and Trade: Cultural Diversity and Chu Daily Life. In, *Defining Chu: Images and Reality in Ancient China*, edited by C. A. Cook and J. S. Major. Honolulu: University of Hawai'i Press. Pp. 99–119.

郫县［郫县博物馆］（1980）:《四川郫县发现战国船棺葬》，载《考古》1980（6），560—561页。

Potts, Daniel (1984). On Salt and Salt Gathering in Ancient Mesopotamia. *Journal of the Economic and Social History of the Orient* XXVII(III): 225–269.

Puett, Michael J. (2002). *To Become a God: Cosmology, Sacrifice, and Self-divinization in Early China*. Cambridge, MA: Harvard University Asia Center.

Pumpelly, Raphael (1866). *Geological Researches in China, Mongolia, and Japan during the Years 1862–1865*. Washington, DC: Smithsonian Institution.

祁国钧（1986）:《试论屈家岭文化的类型与相关问题》，载《江汉考古》1986（4），49—59页。

钱玉趾（1988）:《古蜀地存在过拼音文字——成都百花潭战国墓出土的铜盉盖考》，载《四川文物》1988（6），3—8页。

——（1989）:《古蜀地存在过拼音文字再谈——四川出土的几件铜器铭文考》，载《四川文物》1989（6），42—49页。

潜江［潜江市博物馆］（2010）:《秭归何家岭、沙包岭墓地发掘简报》，载国务院与国家［国务院三峡工程建设委员会办公室、国家文物局］编:《湖北库区考古报告集第五卷》，北京：科学出版社，402—433页。

屈家岭［屈家岭考古发掘队］（1992）:《屈家岭遗址第三次发掘》，载《考古学报》1992（1），63—96页。

饶宗颐（1946）:《楚辞地理考》，上海：商务印书馆。

Rappaport, Roy A. (1999). *Ritual and Religion in the Making of Humanity*.

Cambridge: Cambridge University Press.

Rawson, Jessica (1996). The Ritual Bronze Vessels of the Shang and the Zhou. In, *Mysteries of Ancient China: New Discoveries from the Early Dynasties*, edited by Jessica Rawson. New York: George Braziller. Pp. 248–265.

Read, Bernard E. (1939). The Dragon in Chinese Medicine. *Journal of the North China Branch of the Royal Asiatic Society* LXX: 21–29.

Reeds, Chester A. (1932). A Review of the Work of the Central Asiatic Expeditions. In, *Natural History of Central Asia*, Vol. 1, edited by Roy C. Andrews. New York: American Museum of Natural History. Pp. 553–574.

任式楠（1998）:《中国史前城址考察》, 载《考古》1998（1）, 1—16 页。

任乃强, 任新健（2002）:《四川州县建置沿革图说》, 成都: 巴蜀书社。

Renfrew, Colin (1973). Monuments, Mobilization and Social Organization in Neolithic Wessex. In, *The Explanation of Culture Change: Models in Prehistory,* edited by Colin Renfrew. London: Duckworth. Pp. 539–558.

——(1975). Trade as Action at a Distance: Questions of Integration and Communication. In, *Ancient Civilizations and Trade*, edited by Jeremy A. Sabloff and C. C. Lamberg-Karlovsky. Albuquerque: University of New Mexico Press. Pp. 3–59.

Rice, Prudence M. (1998). Contexts of Contact and Change: Peripheries, Frontiers, and Boundaries. In, *Studies in Culture Contact: Interaction, Culture Change, and Archaeology*, edited by James G. Cusick. Carbondale: Southern Illinois University, Center for Archaeological Investigations. Pp. 44–66.

Rice, Prudence M., and Don S. Rice (2005). The Final Frontier of the Maya: Central Peten,´ Guatemala, 1450–1700 CE. In, *Untaming the Frontier in Anthropology, Archaeology and History*, edited by Bradley J. Parker and Lars Rosdeth. Tuscon: University of Arizona Press. Pp. 147–173.

Richthofen, Ferdinand Freiherr von (1870). *Reports on the Provinces of Hunan, Hupeh, Honan, and Shansi.* Shanghai.

——(1872). *Letter by Baron Richthofen on the provinces of Chili, Shansi, Shensi, Sz'chwan with notes on Mongolia, Kansu, Yünnan and Kwei-Chau.* Shanghai: "Ching–Foong."

Riehm, Karl (1961). Prehistoric Salt-Boiling. *Antiquity* 35(139): 181–191.

Rosdeth, Lars (2005). The Fragmentary Frontier: Expansion and Ethnogenesis in the Himalayas. In, *Untaming the Frontier in Anthropology, Archaeology and History*, edited by Bradley J. Parker and Lars Rosdeth. Tuscon: University of Arizona Press. Pp. 83–109.

Rösler, Michael, and Tobias Wendl, editors (1999). *Frontiers and Borderlands: Anthropological Perspectives*. Frankfurt, Germany: Peter Lang.

Rowlands, Michael J. (1987). Centre and Periphery: A Review of the Concept. In, *Centre and Periphery in the Ancient World*, edited by Michael J. Rowlands et al. Cambridge: Cambridge University Press. Pp. 1–11.

Rudolph, Conrad (2003). In Memoriam: Richard C. Rudolph, Professor of East Asian Languages and Cultures, Emeritus, Los Angeles 1909–2003. [Web-document available at http://www.universityofcalifornia.edu/ senate/inmemoriam/RichardC.Rudolph.htm].

Safran, William (1991). Diaspora in Modern Societies: Myths of Homeland and Return. *Diaspora* 1: 83–99.

Sage, Steven (1992). *Ancient Sichuan and the Unification of China*. New York: SUNY Press.

Said, Edward W. (1994). *Culture and Imperialism*. New York: Knopf.

Saile, Thomas (2010). Early Salt-Making in Central Europe: Patterns of Salt Production and Trade in the Neolithic. In, *Salt Archaeology in China: Global Comparative Perspectives*, Vol. 2, edited by Li Shuicheng and Lothar von Falkenhausen. 北京：科学出版社 . Pp. 199–217.

Saxe, Arthur A. (1970). *Social Dimensions of Mortuary Practices*. Unpublished PhD thesis, Department of Anthropology, University of Michigan, Ann Arbor.

Schneider, Jane (1977). Was there a precapitalist world-system? *Peasant Studies* 6(1): 20–29.

Schortman, Ed M., and Patricia A. Urban (1992). The Place of Interaction Studies in Archaeological Thought. In, *Resources, Power and Interaction*, edited by Ed M. Schortman and Patricia A. Urban. New York: Plenum Press. Pp. 3–15.

Ségalen, Victor, Gilbert de Voisins, and Jean Lartigue (1923–1924). *Mission archéologique en Chine (1914)*. Paris: P. Geuthner.

陕西与万州［陕西省考古研究所、万州区文物管理所］（2001）:《万州塘房坪遗址发掘报告》，载重庆与重庆［重庆市文物局、重庆市移民局］:《重庆库区考古报告集 1997 卷》，北京：科学出版社，469—500 页。

陕西［陕西省考古研究所康家考古队］（1988）：《陕西临潼康家遗址发掘简报》，载《考古与文物》1988（5—6），214—228 页。

——（1992）：《陕西省临潼县康家遗址 1987 年发掘简报》，载《考古与文物》1992（4），11—25 页。

陕西主编［陕西省考古研究所三峡考古队、重庆市文物局、重庆市万州区博物馆］（2007）：《万州塘坊坪遗址 2001 年考古发掘报告》，载重庆与重庆［重庆市文物局、重庆市移民局］：《重庆库区考古报告集 2001 卷》，北京：科学出版社，1079—1113 页。

山东［山东大学考古系］（1999）：《四川开县余家坝战国墓葬发掘简报》，载《考古》1999（1），53—59 页。

山东主编［山东大学考古学系、重庆市文化局、开县文物管理所］（2003）：《重庆开县余家坝墓地 2000 年发掘简报》，载《华夏考古》2003（4），10—21 页。

山东主编［山东大学东方考古研究中心、重庆市文化局、开县文物管理所］（2004）：《重庆市开县余家坝墓地 2002 年发掘简报》，载《江汉考古》2004（3），37—48 页。

山东主编［山东大学考古学系、重庆市文化局、开县文物管理所］（2007a）：《开县余家坝墓地发掘简报》，载重庆与重庆［重庆市文物局、重庆市移民局］：《重庆库区考古报告集 2000 卷》，北京：科学出版社，671—688 页。

——（2007b）：《开县余家坝墓地 2001 年发掘简报》，载重庆与重庆［重庆市文物局、重庆市移民局］：《重庆库区考古报告集 2001 卷》，北京：科学出版社，1429—1448 页。

商承祚（1957）：《长沙出土楚漆器图录》，北京：中国古典艺术出版社。

上海与万州［上海大学文物考古研究中心、万州区文物管理所］（2001）：《万州麻柳沱遗址发掘简报》，载重庆与重庆［重庆市文物局、重庆市移民局］：《重庆库区考古报告集 1997 卷》，北京：科学出版社，381—421 页。

Shaughnessy, Edward L. (1999). Calendar and Chronology. In, *The Cambridge History of Ancient China: From the Origins of Civilization to 221 BC*, edited by Michael Loewe and Edward L. Shaughnessy. Cambridge: Cambridge University Press. Pp. 19–29.

Shaw, Raynor (2004). The Physical Characteristics of the Yangzi River: The River from a Geologist's Perspective. In, *Yangzi: The Yangtze River and the Three Gorges from Source to Sea*, edited by Judy Bonavia and Richard Hayman. Hong Kong: Airphoto International. Pp. 35–63.

Shelach, Gideon (2001). Interaction Spheres and the Development of Social Complexity in Northeast China. *The Review of Archaeology* 22(2): 22–34.

——(2004). Marxist and Post-Marxist Paragigms for the Neolithic. In, *Gender and Chinese Archaeology*, edited by Katheryn M. Linduff and Yan Sun. Walnut Creek, CA: Altamira Press. Pp. 11–28.

——(2009). *Prehistoric Societies on the Northern Frontiers of China: Archaeological Perspectives on Identity Formation and Economic Change during the First Millennium BCE*. London: Equinox.

Shelach, Gideon, and Yuri Pines (2006). Secondary State Formation and the Development of Local Identity: Change and Continuity in the State of Qin (770–221 B.C.). In, *Archaeology of Asia*, edited by Miriam T. Stark. Malden, MA: Blackwell. Pp. 202–230.

Shelach, Gideon, Kate Raphael, and Yitzchak Jaffe (2011). Sanzuodian: The Structure, Function and Social Significance of the Earliest Stone Fortified Sites in China. *Antiquity* 85: 11–26.

沈长云（2006）:《从酋邦理论到古蜀国家的建立》, 载《中华文化论坛》2006（4）, 5—10 页。

沈强华（1986）:《试论屈家岭文化的地域类型》, 载《考古与文物》1986（2）, 37—44 页。

Sherratt, Andrew (1993). What Would a Bronze Age World System Look Like? Relations between Temperate Europe and the Mediterranean in Later Prehistory. *Journal of European Archaeology* 1: 1–57.

石泉（2004 [1988]）:《古代荆楚地理新探续集》, 武汉 : 武汉大学出版社。

Shi Yafeng, Kong Zhaozheng, Wang Sumin, Tang Lingyu, Wang Fubao, Yao Tandong, Zhao Xitao, Zhang Peiyuan, and Shi Shaohua (1993). *Mid-Holocene Climates and Environments in China*. Global and Planetary Change 7: 219–233.

——(1994). Climates and Environments of the Holocene Megathermal Maximum in China. *Science in China* (Series B) 37: 481–493.

石河［石河考古队］（1990）:《湖北省石河遗址发掘简报》, 载《文物》1990（8）, 1—16, 98—101 页。

——（1994）:《湖北天门市邓家湾遗址1992年发掘简报》，载《文物》1994（4），32—41页。

石龙过［石龙过江水库指挥部文物工作队］（1956）:《湖北京山天门考古发掘简报》，载《考古通讯》1956（3），11—21页。

四川［四川省文物管理委员会］（1956a）:《成都青羊宫遗址清理简报》，载《考古通讯》1956（2），43—45页。

——（1956b）:《成都羊子山第172号墓发掘报告》，载《考古学报》1956（4），1—20页。

——（1957）:《成都羊子山土台遗址清理简报》，载《考古学报》1957（4），17—31页。

四川［四川省博物馆］（1959a）:《四川省长江三峡水库考古调查简报》，载《考古》1959（8），398—403页。

——（1959b）:《成都青羊宫遗址试掘简报》，载《考古》1959（8），411—414页。

——（1959c）:《川东长江沿岸新石器时代遗址调查简报》，载《考古》1959（8），393—397，403页。

——（1959d）:《四川新繁县水观音遗址试掘简报》，载《考古》1959（8），404—410页。

——（1960）:《四川船棺葬发掘报告》，北京：文物出版社。

四川［四川长江流域文物保护委员会文物考古队］（1961a）:《四川巫山大溪新石器时代遗址发掘记略》，载《文物》1961（11），15—21，60，71页。

——（1962）:《四川忠县瞀井沟遗址发掘》，载《考古》1962（8），416—417页。

四川［四川省博物馆］（1976）:《成都百花潭中学十号墓发掘记》，载《文物》1976（3），40—46页。

——（1981）:《巫山大溪遗址第三次发掘》，载《考古学报》1981（4），461—490页。

四川［四川省文物管理委员会］（1982）:《成都战国土坑墓发掘简报》，载《文物》1982（1），28—30页。

四川［四川省博物馆］（1983a）:《四川犍为县巴蜀土坑墓》，载《考古》1983（9），779—785页。

——（1983b）:《成都西郊战国墓》，载《考古》1983（7），97—600页。

——（1991）:《巴蜀青铜器》，成都：成都出版社。

四川［四川省地方志编纂委员会］(1996a):《四川省志——水利志》,成都:四川科学出版社。

——(1996b):《四川省志——地理志》,成都:成都地图出版社。

四川［四川大学历史系考古专业］(1998a):《云阳县明月坝遗址试掘简报》,载四川［四川省文物考古研究所］编:《四川考古报告集》,北京:文物出版社,91—111页。

四川［四川联合大学历史系考古专业］(1998b):《1994—1995年四川云阳李家坝遗址的发掘》,载四川［四川联合大学历史系考古专业］编:《四川大学考古专业创建三十五周年纪念文集》,成都:四川大学出版社,374—422页。

四川［四川省博物馆］(1998c):《巫山大溪遗址第三次发掘》,载国家［国家文物局三峡工程文物保护领导小组湖北工作站］编:《三峡考古之发现》,武汉:湖北科学技术出版社,143—168页。

四川［四川省地方志编纂委员会］(1998d):《四川省志——地质志》,成都:四川科学技术出版社。

四川［四川省文物考古研究所］(1998e):《四川考古报告集》,北京:文物出版社。

——(1999):《三星堆祭祀坑》,北京:文物出版社。

四川［四川省文物考古研究所三星堆遗址工作站］(2004):《四川广汉市三星堆遗址仁胜村土坑墓》,载《考古》2004(10),878—886页。

四川［四川省文物考古研究院］(2007):《岷江中下游考古调查简报》,载《四川文物》2007(1),23—33页。

四川与成都［四川大学博物馆、成都市博物馆］(1987):《成都指挥街周代遗址发掘报告》,载《南方民族考古》第1辑,171—210页。

四川与重庆［四川大学考古学系、重庆市云阳县文物管理所］(2011a):《重庆云阳李家坝巴文化墓地1999年度发掘简报》,载《南方民族考古》第7辑,427—480页。

——(2011b):《重庆云阳李家坝遗址1999年度发掘简报》,载《南方民族考古》第7辑,369—426页。

四川与重庆［四川省文物考古研究所、重庆市忠县文物保护管理所］(未注明日期):《忠县中坝》,北京:科学出版社。

四川与大邑［四川省文物管理委员会、大邑县文化馆］(1985):《四川大邑五龙战国巴蜀墓葬》，载《文物》1985（5），29—40页。

——（1987）:《四川大邑县五龙乡土坑墓清理简报》，载《考古》1987（7），604—610页。

四川与涪陵［四川省文物管理委员会、涪陵地区文化局］（1985）:《四川涪陵小田溪四座战国墓》，载《考古》1985（1），14—17，32页。

四川与广汉［四川省文物考古研究所三星堆工作站、广汉市文物管理所］（1998）:《三星堆遗址真武仓包包祭祀坑调查简报》，载四川［四川省文物考古研究所］编:《四川考古报告集》，北京：文物出版社，78—90页

四川与广元［四川省文物考古研究所、广元市文物管理所］（1998）:《广元市昭化宝轮院船棺葬发掘简报》，载四川［四川省文物考古研究所］编:《四川考古报告集》，北京：文物出版社，197—211页。

四川与彭县［四川省博物馆、彭县文化馆］（1981）:《四川彭县西周窖藏铜器》，载《考古》1981（6），496—499，555页。

四川与蒲江［四川省文物管理委员会、蒲江县文物管理所］（1985）:《蒲江县战国土坑墓》，载《文物》1985（5），17—22页。

四川与青川［四川省博物馆、青川县文化馆］（1982）:《青川县出土秦更修田律木牍——四川青川县战国墓发掘简报》，载《文物》1982（1），1—21页。

四川与什邡［四川省文物考古研究所、什邡市文物保护管理所］（1998）:《什邡市城关战国秦汉墓葬发掘报告》，载四川［四川省文物考古研究所］编:《四川考古报告集》，北京：文物出版社，112—185页。

四川与通江［四川省文物考古研究所、通江县文物管理所］（1998）:《通江县擂鼓寨遗址试掘报告》，载四川［四川省文物考古研究所］编:《四川考古报告集》，北京：文物出版社，41—58页。

四川与王［四川省博物馆、王有鹏］（1987）:《四川绵竹县船棺葬》，载《文物》1987（10），22—33页。

四川与新都［四川省博物馆、新都区文物管理所］（1981）:《四川新都战国木椁墓》，载《文物》1981（6），1—16页。

四川与雅安［四川省文物考古研究院、雅安市文物管理所］（2007）:《2005年雅安沙溪遗址发掘简报》，载《四川文物》2007（3），3—18页。

四川与荥经［四川省文物管理委员会、荥经严道古城遗址博物馆］（1988）:《四川荥经同心村巴蜀墓发掘简报》，载《考古》1988（1），49—54页。

四川与云阳［四川大学历史文化学院考古系、云阳县文物管理所］（2001a）:《云阳东洋子遗址考古勘探发掘报告》，载重庆与重庆［重庆市文物局、重庆市移民局］编:《重庆库区考古报告集 1997 卷》，北京：科学出版社，187—208 页。

——（2001b）:《云阳李家坝遗址发掘报告》，载重庆与重庆［重庆市文物局、重庆市移民局］编:《重庆库区考古报告集 1997 卷》，北京：科学出版社，209—243 页。

——（2001c）:《云阳李家坝东周墓地发掘报告》，载重庆与重庆［重庆市文物局、重庆市移民局］编:《重庆库区考古报告集 1997 卷》，北京：科学出版社，244—288 页。

——（2001d）:《云阳李家坝水田遗址发掘报告》，载重庆与重庆［重庆市文物局、重庆市移民局］编:《重庆库区考古报告集 1997 卷》，北京：科学出版社，311—324 页。

——（2003a）:《云阳李家坝巴人墓地发掘报告》，载重庆与重庆［重庆市文物局、重庆市移民局］编:《重庆库区考古报告集 1998 卷》，北京：科学出版社，348—388 页。

——（2003b）:《云阳李家坝遗址发掘报告》，载重庆与重庆［重庆市文物局、重庆市移民局］编:《重庆库区考古报告集 1998 卷》，北京：科学出版社，299—347 页。

四川与忠县［四川省文物考古研究所、忠县文物保护管理所］（2001）:《忠县中坝遗址发掘报告》，载重庆与重庆［重庆市文物局、重庆市移民局］编:《重庆库区考古报告集 1997 卷》，北京：科学出版社，559—610 页。

四川主编［四川省博物馆、重庆市博物馆、涪陵县文化馆］（1974）:《四川涪陵地区小田溪战国土坑墓清理简报》，载《文物》1974（5），61—80 页。

四川主编［四川省文管会、雅安地区文化馆、荥经县文化馆］（1984）:《四川荥阳曾家沟战国墓群第一、二次发掘》，载《考古》1984（12），1072—1084，1091 页。

四川主编［四川省文管会、赵殿增、胡昌钰］（1985）:《四川彭县发现船棺葬》，载《文物》1985（5），92—93 页。

四川主编［四川省文化厅文物处、灌县志编纂委员会、灌县文物保管所］（1986）:《都江堰文物志》，成都：四川师范大学学报编辑部。

四川主编［四川省文物管理委员会、四川省文物考古研究所、四川省广汉市文化局］（1987a）:《广汉三星堆遗址一号祭祀坑发掘简报》，载《文物》1987（10），1—15 页。

四川主编［四川省文物管理委员会、四川省文物考古研究所、成都市博物馆］

（1987b）：《成都十二桥商代建筑遗址第一期发掘简报》，载《文物》1987（12），1—23，37页。

四川主编［四川省文物管理委员会、四川省博物馆、广汉市文化馆］（1987c）：《广汉三星堆遗址》，载《考古学报》1987（2），227—254页。

四川主编［四川省文物管理委员会、四川省博物馆、广汉市文化局、文管所］（1989）：《广汉三星堆遗址二号祭祀坑发掘简报》，载《文物》1989（5），1—20页。

四川主编［四川省文物管理委员会、四川省博物馆、四川省雅安地区文物管理所］（1990）：《雅安沙溪遗址发掘及调查报告》，载《南方民族考古》第3辑，293—339页。

四川主编［四川省文史研究馆编，高朴实、李有明、张小谷主编］（1992a）：《巴蜀述闻》，上海：上海书店。

四川主编［四川省文物考古研究所三星堆工作站、四川省广汉市文管所、什邡市文管所］（1992b）：《四川广汉、什邡商周遗址调查报告》，载《南方民族考古》第5辑，295—309页。

四川主编［四川省文物管理委员会、四川省博物馆、巫山县文化馆］（1998a）：《巫山境内长江、大宁河域古遗址调查简报》，载四川［四川省文物考古研究所］编：《四川考古报告集》，北京：文物出版社，1—10页。

四川主编［四川省文物考古研究所、涪陵区博物馆、涪陵区文物管理所］（1998b）：《涪陵市小田溪9号墓发掘简报》，载四川［四川省文物考古研究所］编：《四川考古报告集》，北京：文物出版社，186—196页。

四川主编［四川大学历史文化学院考古学系、重庆市文物局、云阳县文管所］（2001）：《重庆云阳县李家坝Ⅰ区水田遗址发掘简报》，载《考古》2001（11），1006—1014页。

——（2002）：《重庆云阳李家坝东周墓地1997年发掘报告》，载《考古学报》2002（1），59—94页。

四川主编［四川省文物考古研究所、重庆市文物局三峡办、忠县文物保护管理所］（2003）：《忠县中坝遗址二区发掘简报》，载重庆与重庆［重庆市文物局、重庆市移民局］编：《重庆库区考古报告集1998卷》，北京：科学出版社，607—648页。

四川主编［四川大学历史文化学院考古学系、重庆市文化局、云阳县文管所］（2004）：《重庆云阳县李家坝遗址1997年度发掘简报》，载《考古》2004（6），23—49页。

四川主编［四川省文物考古研究院、德阳市文物考古研究所、广汉市文物管理所］（2005）:《2004 年广汉烟堆子遗址商周时期遗迹发掘简报》，载《四川文物》2005（2），3—18 页。

四川主编［四川省文物考古研究院、德阳市文物考古研究所、什邡市文物管理所］（2006a）:《什邡城关战国秦汉墓地》，北京：文物出版社。

四川主编［四川省文物考古研究院、绵阳市博物馆、江油市文物管理所］（2006b）:《四川江油市大水洞新石器时代遗址发掘简报》，载《四川文物》2006（6），10—16 页。

四川主编［四川省文物考古研究所、北京大学考古文博院、美国 UCLA 大学、重庆市文物局、忠县文物保护管理所］（2007）:《忠县中坝遗址 1999 年度发掘简报》，载重庆与重庆［重庆市文物局、重庆市移民局］编:《重庆库区考古报告集 2000 卷》，北京：科学出版社，946—1042 页。

Smith, Adam T. (2003). *The Political Landscape: Constellations of Authority in Early Complex Societies*. Berkeley: University of California Press.

Smith, Johathan Z. (1978). *Map Is Not Territory: Studies in the History of Religion*. Leiden, Netherlands: E. J. Brill.

So, Jenny F. (1999). Chu Art: Link between Old and New. In, *Defining Chu: Images and Reality in Ancient China*, edited by C. A. Cook and J. S. Major. Honolulu: University of Hawai'i Press. Pp. 33–47.

——(2001). Jade and Stone at Sanxingdui. In, *Ancient Sichuan: Treasures from a Lost Civilization*, edited by Robert Bagley. Seattle, WA: Seattle Art Museum. Pp. 153–176.

——(2008). Exploring Ancient Sichuan's Cultural Contacts: Evidence from Jade and Stone. In, *New Frontiers in Global Archaeology: Defining China's Ancient Traditions*, edited by Thomas Lawton. Washington, DC: AMS Foundation for the Arts, Sciences and Humanities. Pp. 299–320.

Song Xinchao (2007). The Archaeological Finds of the Yangtze River Three Gorges Project. *Chinese Archaeology* 7: 192–194.

宋治民（1998a）:《蜀文化尖底陶器初论》，载《考古与文物》1998（2），41—49，33 页。

——（1998b）:《蜀文化与巴文化》，成都：四川大学出版社。

——（2000）:《试论四川温江鱼凫村遗址、新津宝墩遗址和郫县古城遗址》，载

《四川文物》2000（2），9—18 页。

——（2005a）:《三星堆遗址仁胜村土坑墓的思考》，载《四川文物》2005（4），40—43，56 页。

——（2005b）:《蜀文化尖底陶器续论——兼谈成都金沙遗址的时代》，载《四川文物》2005（6），21—31 页。

Spence, Michael W. (2005). A Zapotec Diaspora Network in Classic-Period Central Mexico. In, *The Archaeology of Colonial Encounters: Comparative Perspectives*, edited by Gil J. Stein. Sante Fe, NM: School of American Research. Pp. 173–206.

Spencer-Wood, S. (1999). The Formation of Ethnic-American Identities: Jewish Communities in Boston. In, *Historical Archaeology: Back from the Edge*, edited by P. Funari et al. London: Routledge. Pp. 284–307.

Spier, Leslie (1931). N. C. Nelson's Stratigraphic Technique in the Reconstruction of Prehistoric Sequences in Southwestern America. In, *Methods in Social Science: A Case Book*, edited by S. A. Rice. Chicago: University of Chicago Press. Pp. 275–283.

Stahl, Ann B. (2004). Political Economic Mosaics: Archaeology of the Last Two Millennia in Tropical Sub-Saharan Africa. *Annual Review of Anthropology* 33: 145–172.

Steadman, Sharon R. (2009). *Archaeology of Religion: Cultures and Their Beliefs in Worldwide Context*. Walnut Creek, CA: Left Coast Press.

Stein, Gil J. (1999a). *Rethinking World-Systems: Diasporas, Colonies, and Interaction in Uruk Mesopotamia*. Tucson: University of Arizona Press.

——(1999b). Rethinking World-Systems: Power, Distance, and Diasporas in the Dynamics of Interregional Interaction. In, *World-Systems Theory in Practice: Leadership, Production, and Exchange*, edited by P. Nick Kardulias. New York: Rowman & Littlefield. Pp. 153–178.

——(2002). Colonies without Colonialism: A Trade Diaspora Model of Fourth Millennium B.C. Mesopotamian Enclaves in Anatolia. In, *The Archaeology of Colonialism*, edited by Claire L. Lyons and John Papadopoulos. Los Angeles: Getty Research Institute. Pp. 27–64.

——, editor (2005a). *The Archaeology of Colonial Encounters: Comparative Perspectives*. Santa Fe, NM: School of American Research.

——(2005b). Introduction: The Comparative Archaeology of Colonial Encounters.

In, *The Archaeology of Colonial Encounters: Comparative Perspectives*, edited by Gil J. Stein. Sante Fe, NM: School of American Research. Pp. 3–32.

Stein, Rebecca L., and Philip L. Stein (2005). *The Anthropology of Religion, Magic and Witchcraft*. Boston: Pearson.

Stuiver, Minze, Paula J. Reimer, Edouard Bard, J. Warren Beck, G. S. Burr, Konrad A. Hughen, Bernd Kromer, Gerry McCormac, Johannes Van Der Plicht, and Marco Spurk (1998). INTCAL98 Radiocarbon Age Calibration 24,000–0 calBP. *Radiocarbon* 40(3): 1041–1083.

Sturgeon, Janet (2005). *Border Landscapes: The Politics of Akha Land Use in China and Thailand*. Seattle: University of Washington Press.

苏秉琦（1991）:《关于重建史前史的思考》，载《考古》1991（12），1109—1118页。

——(1997). Hua People-Descendants of the Dragon-Chinese: An Archaeological Seeking after Roots. *Antiquity* 71(271): 37–39.

苏秉琦，殷玮璋（1981）:《关于考古学文化的区系类型问题》，载《文物》1981（5），10—17页。

随县［随县擂鼓墩一号墓考古发掘队］（1979）:《湖北随县曾侯乙墓发掘简报》，载《文物》1979（7），1—4页。

随州［随州市博物馆］（1981）:《湖北随县发现商代青铜器》，载《文物》1981（8），46—48页。

——（2008）:《随州擂鼓墩二号墓》，北京：文物出版社。

Sukhu, Gopal (1999). Monkeys, Shamans, Emperors, and Poets: The Chuci and Images of Chu during the Han Dynasty. In, *Defining Chu: Images and Reality in Ancient China*, edited by C. A. Cook and J. S. Major. Honolulu: University of Hawai'i Press. Pp. 145–166.

孙华（1992）:《试论广汉三星堆遗址的分期》，载《南方民族考古》第5辑，10—24页。

——（1996）:《成都十二桥遗址群分期初论》，载四川［四川省文物考古研究所］编:《四川考古论文集》，北京：文物出版社，123—144页。

——（2000）:《四川盆地的青铜时代》，北京：科学出版社。

——(2013). The Sanxingdui Culture of the Sichuan Basin. In, *Companion to Chinese Archaeology*, edited by Anne Underhill. Malden, MA: Wiley—Blackwell.

孙华，陈德安（2000）：《四川盆地的新石器文化》，载孙华编：《四川盆地的青铜时代》，北京：科学出版社，302—323 页。

孙吉（2006）：《成都平原更新世：全新世中期的地理环境与文明进入和选择》，载《成都大学学报（社科版）》2006（1），23—27 页。

孙吉，邓文（2006）：《岷江上游新石器时代的文化景观与环境动因》，载《四川文物》2006（5），44—50 页。

Sun Xiangjun and Chen Yinshuo (1991). Palynological Records of the Last 11,000 Years in China. *Quaternary Science Reviews* 10(6): 537–544.

Sun Xiangjun and Pinxian Wang (2005). How Old Is the Asian Monsoon System? Palaeobotanical Records from China. *Palaeogeography, Palaeoclimatology, Palaeoecology* 222(3–4): 181–222.

孙智彬（1992）：《通江县擂鼓寨新石器时代遗址》，载《中国考古学年鉴》1991，271—272 页。

——（1999）：《中坝遗址新石器时代遗存初论》，载《中国考古学会第十次年会论文》，北京：未出版会议论文。

——（2003a）：《中坝遗址新石器时代遗存初论》，载《四川文物》2003（3），32—40 页。

——（2003b）：《忠县中坝遗址的性质——盐业生产的思考与探索》，载《盐业史研究》2003（1），25—30 页。

——（2005）：《中坝文化与宝墩文化辨》，载《中华文化论坛》2005（3），5—16 页。

——(2008). Research on the Relationship between Site Function and Environment at the Site of Zhongba, Chongqing City, China. *Chinese Science Bulletin* 53(Suppl. 1): 58–73.

Sutton, J. E. G., and A. D. Roberts (1968). Uvinza and Its Salt Industry. *Azania* 3:45–86.

Sweeting, Marjorie M. (1995). *Karst in China: Its Geomorphology and Environment.* Berlin: Springer.

Tainter, Joseph A. (1978). Mortuary Practices and the Study of Prehistoric Social Systems. In, *Advances in Archaeological Method and Theory,* Vol. 1, edited by Michael B. Schiffer. New York: Academic Press. Pp. 105–141.

谭其骧（1980）：《云梦与云梦泽》，载《复旦学报（历史地理专辑）》1980 年 S1 期。

——（1982）：《中国历史地图集》，北京：中国地图出版社。

Tang, L. Y., C. M. Shen, G. Yu, H. Y. Han, and J. Y. Xiao (1996). Study on the Holocene Climatic Change in the Middle Yangtze River Valley and Its Southern Areas. 载张丕远编:《中国历史气候变化》,济南: 山东科学技术出版社, 108—158 页。

Tao, Jing, Min-Te Chen, and Shiyuan Xu (2006). A Holocene Environmental Record from the Southern Yangtze River Delta, Eastern China. Palaeogeography, *Palaeoclimatology, Palaeoecology* 230: 204–229.

Thompson, Leonard, and Howard Lamar (1981). Comparative Frontier History. In, *The Frontier in History: North America and Southern Africa Compared*, edited by Howard Lamar and Leonard Thompson. New Haven, CT: Yale University Press. Pp. 3–13.

Thote, Alain (1991). The Double Coffin of Leigudun Tomb No. 1: Iconographic Sources and Related Problems. In, *New Perspectives on Chu Culture during the Eastern Zhou Period*, edited by Thomas Lawton. Washington, DC: Smithsonian Institution Press. Pp. 23–46.

——(2001). The Archaeology of Eastern Sichuan at the End of the Bronze Age (Fifth to Third Century BC). In, *Ancient Sichuan: Treasures from a Lost Civilization*, edited by Robert W. Bagley. Seattle, WA: Seattle Art Museum. Pp. 203–252.

——(2001–2002). Review of Constance A. Cook and John S. Major, eds., Defining Chu: Image and Reality in Ancient China. Honolulu: Uni-versity of Hawai'i Press, 1999. ix + 254 pp. *Early China* 26–27: 257– 284.

Thurston, Tina L. (1999). The Knowable, the Doable, and the Undiscussed: Tradition, Submission, and the "Becoming" of Rural Landscapes in Den-mark's Iron Age. *Antiquity* 73: 661–671.

——(2001). *Landscapes of Power, Landscapes of Conflict: State Formation in the South Scandinavian Iron Age*. New York: Springer Scientific.

天门［天门市博物馆］(1987):《天门县新石器时代遗址调查》, 载《江汉考古》1987（4）, 32—36 页。

童恩正(1979):《古代的巴蜀》, 成都: 四川人民出版社。

Tong Enzheng (1982). Slate Cist Graves and Megalithic Chamber Tombs in Southwest China: Archaeological, Historical, and Ethnographical Approaches to the Identification of Early Ethnic Groups. *Journal of Anthropological Archaeology* 1(3): 266–274.

——（1985）:《冯汉骥小传》, 载冯汉骥编:《冯汉骥考古学论文集》, 北京: 文物出版社, 210—214 页。

——（1988）:《摩尔根模式与中国的原始社会史研究》, 载《中国社会科学》1988（2）, 177—196 页。

——(1989). Morgan's Model and the Study of Ancient Chinese Society. *Social Sciences in China* 10(2): 182–205.

——(1995). Thirty Years of Chinese Archaeology (1949–1979). In, *Nationalism, Politics and the Practice of Archaeology*, edited by Philip L. Kohl and Clare Fawcett. Cambridge: Cambridge University Press. Pp. 177–197.

——（1998）:《从考古资料看中国西南地区的奴隶社会》, 载童恩正编:《南方文明》, 重庆: 重庆出版社, 604—638 页。

Tong Qianming (2000). The Effect of Geologic Structures on the Control of Floods in the Middle Yangtze River Valley. 地质学报 [*Acta Geologica Sinica*] 74(2): 344–348.

Trigger, Bruce G. (2006). *A History of Archaeological Thought*. 2nd ed. Cambridge: Cambridge University Press.

Tuan, Yi-fu (1990 [1979]). Topophilia: A Study of Environmental Perception, Attitudes, and Values. New York: Columbia University Press.

Tylor, Edward Burnett (1871). *Primitive Culture*. London: Murray.

Ucko, Peter J. (1969). Ethnography and the Archaeological Interpretation of Funerary Remains. *World Archaeology* 1: 262–277.

Underhill, Anne P. (1994). Variation in Settlements during the Longshan Period of Northern China. *Asian Perspectives* 33: 197–228.

Underhill, Anne P., Gary Feinman, Linda Nicholas, Gwen Bennett, Fengshu Cai, Haiguang Yu, Fengshi Luan, and Hui Fang (2002). Regional Survey and the Development of Complex Societies in Southeastern Shandong, China. *Antiquity* 76: 745–755.

Underhill, Anne P., Gary M. Feinman, Linda M. Nicholas, Gwen Bennett, Cai Fengshu, Yu Haiguang, Luan Fengshi, and Fang Hui (1998). Systematic Regional Survey in Southeastern Shandong Province, China. *Journal of Field Archaeology* 25: 453–474.

Urban, Patricia A., and Edward M. Schortman (1999). Thoughts on the Periphery: The Ideological Consequences of Core-Periphery Relations. In, *World-Systems Theory in Practice: Leadership, Production, and Exchange*, edited by P. Nick Kardulias. New York:

Rowman & Littlefield. Pp. 125–152.

Valeri, Valerio (1985). *Kingship and Sacrifice: Ritual and Society in Ancient Hawaii*. Chicago: University of Chicago Press.

——(1994). Wild Victims: Hunting as Sacrifice and Sacrifice as Hunting in Huaulu. *History of Religions* 34(2): 101–130.

Van Slyke, Lyman P. (1988). *Yangtze: Nature, History, and the River*. Reading, MA: Addison-Wesley.

Venture, Olivier (2002). *Étude d'un emploi rituel de l'écrit dans la Chine archaïque (XIIIe–VIIIe siècle avant notre ère): Réflexion sur les matériaux épigraphiques des Shang et des Zhou occidentaux*. Unpublished PhD thesis, Ètudes de l'Extrêmeorient, Université de Paris 7–Denis Diderot.

Waetzoldt, H. (1990). Zu den Bewässerungseinrichtungen in der Provinz Umma. *Bulletin on Sumerian Agriculture* 5: 1–29.

Wagner, Donald B. (1987). The Dating of the Chu Graves of Changsha: The Earliest Iron Artifacts in China? *Acta Orientalia (Copenhagen)* 48: 111–156.

——(1993). *Iron and Steel in Ancient China*. Leiden, Netherlands: E. J. Brill.

——(2003). The Earliest Use of Iron in China. *Bulletin of the Museum of Far Eastern Antiquities* 75: 127–169.

Walker, Caroline, Robert Shipley, Ruth Lor Malloy, and Fu Kailin (1993). *On Leaving Baidicheng: The Culture of China's Yangzi Gorges*. Toronto: NC Press.

Wallerstein, Immanuel (1974). *The Modern World System I: Capitalist Agricultural and the Origins of the European World-Economy in the Sixteenth Century*. New York: Academic Press.

——(1975). *World Inequality: Origins and Perspecitves on the World System*. Montreal: Black Rose Books.

——(1980). *The Modern World System II: Mercantilism and the Consolidation of the European World-Economy, 1600–1750*. New York: Academic Press.

——(1989). *The Modern World System III: The Second Era of Great Expansion of the Capitalist World-Economy, 1730s–1840s*. San Diego, CA: Academic Press.

万县［《万县地区盐业志》编纂委员会］（1991）:《万县地区盐业志》，成都：四川人民出版社。

王传雷、祁明松、李永涛（1998）:《盘龙城商代城址田野考古物探工作总结》，载《江汉考古》1998（3），49—52页。

王红星（2003）:《从门板湾城壕聚落看长江中游地区城壕聚落的起源与功用》，载《考古》2003（9），61—75页。

——（2006）:《楚都探索的考古学观察》，载《文物》2006（8），63—68页。

Wang Jian, Lu Houyuan, and Shen Caiming (1990). Factor Interpretation Method and Quantitative Analysis of Climatic Changes over the Last 12,000 Years in China. 载刘闯主编：*Global Change and Environmental Evolution in China: Proceedings of SectionIII, Regional Conference on Asian Pacific Countries of G.U.*，呼和浩特：内蒙古科技出版社，66—68页。

王建辉，刘森淼（1992）:《荆楚文化》，沈阳：辽宁教育出版社会。

王家祐（1961）:《记四川彭县竹瓦街的铜器》，载《文物》1961（11），28—31页。

王家祐，王子岗（1980）:《涪陵出土的巴文物与川东巴国》，载四川[四川大学历史系考古专业]编:《四川大学学报丛刊》，成都：四川大学，166—169页。

王杰（1987）:《屈家岭遗址下层与大溪文化晚期是同类文化性质的遗存吗？》，载《江汉考古》1987（2），64—68页。

王劲（2007）:《后石家河文化定名的思考》，载《江汉考古》2007（1），60—72页。

王劲，吴瑞生，谭维四（1955）:《湖北京山县石龙过江水库工程中发现的新石器时代遗址简报》，载《文物资料丛刊》1955（4），41—46页。

王鲁茂（1997）:《川东史前文化初探》，载《四川文物》1997（3），9—12页。

Wang, Mingke (2010). A Historical Anthropological Perspective on Surprising Discoveries in the Archaeology of Ancient China. *Procedia-Social and Behavioral Sciences* 2(5): 7392–7398.

王仁湘，叶茂林（1993）:《四川盆地北缘新石器时代考古新收获》，载李绍明主编:《三星堆与巴蜀文化》，成都：巴蜀书社，257—265页。

王善才（2007）:《香炉石：我国早期巴文化遗址的发现与研究》，北京：科学出版社。

Wang Tao (1997). Establishing the Chinese Archaeological School: Su Bingqi and Contemporary Chinese Archaeology. *Antiquity* 71(271): 31–36.

王文建，龙西斌（1987）:《石门县商时期遗存调查——宝塔遗址与桅岗墓葬》，载《湖南考古辑刊》第4辑，11—18页。

王鑫(1996):《忠县瞂井口遗址群哨棚嘴遗址分析——兼论川东地区的新石器文化及早期青铜文化》,载四川[四川省文物考古研究所]编:《四川考古论文集》,北京:文物出版社,19—42页。

Wang, Yongjin, Hai Cheng, R. Lawrence Edwards, Yaoqi He, Xinggong Kong, Zhisheng An, Jiangying Wu, Meghan J. Kelly, Carolyn A. Dykoski, and Xiangdong Li (2005). The Holocene Asian Monsoon: Links to Solar Changes and North Atlantic Climate. *Science* 308: 854–857.

王毅(1991a):《成都市巴蜀文化遗址的新发现》,载李绍明编:《巴蜀历史、民族、考古、文化》,成都:巴蜀书社,295—309页。

——(1991b):《从考古发现看川西平原治水的起源与发展》,载罗开玉主编:《华西考古研究》,成都:成都出版社,146—171页。

——(2003). Prehistoric Walled Settlements in the Chengdu Plain. *Journal of East Asian Archaeology* 5(1–4): 109–148.

王毅,蒋成(2000):《成都平原早期城址的发现与初步研究》,载严文明、安田喜宪编:《稻作、陶器和都市的起源》,北京:文物出版社,143—165页。

王毅,孙华(1999):《宝墩村文化的初步认识》,载《考古》1999(8),60—73页。

魏东,朱泓(2008):《成都金沙遗址雍锦湾墓地人骨鉴定报告》,载《四川文物》2008(2),44—47页。

卫聚贤(1937):《中国考古学史》,北京:商务印书馆。

——(1941):《巴蜀文化》,载《说文月刊》1941(4),1—29页。

——(1942):《巴蜀文化》,载《说文月刊》1942(7),41—70页。

魏学峰(1989):《古蜀地存在过拼音文字之疑》,载《四川文物》1989(6),50—53页。

文崇一(1967):《楚文化研究》,台北南港:中央研究院民族学研究所。

——(1990):《楚文化研究》,台北:东大图书公司:总经销三民书局股份有限公司。

Wen Guang and Jing Zhichun (1992). Chinese Neolithic Jade: A Preliminary Geoarchaeological Study. *Geoarchaeology* 7(3): 251–275.

文物[文物出版社]编(1976):《中国古青铜器选》,北京:文物出版社。

Wheatley, Paul (1971). *The Pivot of the Four Quarters*. Edinburgh: Edinburgh University Press.

White, Richard (1991). *The Middle Ground: Indians, Empires, and Republics in the Great Lakes Region, 1650–1815*. Cambridge: Cambridge University Press.

Willey, Gordon R., and Jeremy A. Sabloff (1993). *A History of American Archaeology*. New York: W. H. Freeman.

Winchester, Simon (1996). *The River at the Center of the World: A Journey Up the Yangzi and Back in Chinese Time*. New York: Henry Holt.

Winkler, Marjorie G., and Pao K. Wang (1993). The Late-Quaternary Vegetation and Climate of China. In, *Global Climates since the Last Glacial Maximum*, edited by H. E. Wright, Jr. et al. Minneapolis: University of Minnesota Press. Pp. 221–264.

Woodbury, Richard B. (1960a). Nels C. Nelson and Chronological Archaeology. *American Antiquity* 25(3): 400–401.

——(1960b). Nelson's Stratigraphy. *American Antiquity* 26(1): 98–99.

Wu Hung (1997). All About the Eyes: Two Groups of Sculptures from the Sanxingdui Culture. *Orientations* 28(8): 58–66.

Wu Wenxiang and Liu Tungsheng (2004). Possible Role of the "Holocene Event 3" on the Collapse of Neolithic Cultures around the Central Plain of China. *Quaternary International* 117: 153–166.

Wu, X. H., Z. S. An, S. M. Wang, X. D. Liu, X. Q. Li, W. J. Zhou, J. F. Liu, J. J. Lu, S. C. Porter, and J. E. Kutzbach (1994). The Temporal and Spatial Variation of East-Asian Summer Monsoon in Holocene Optimum in China. 第四纪科学 [*Quaternary Science*] 1994(1): 24–37.

武仙竹，杨定爱（2006）:《湖北巴东罗坪遗址动物遗骸研究报告》，载《四川文物》2006（5），36—43 页。

武仙竹，周国平（2005）:《湖北官庄坪遗址动物遗骸研究报告》，载国务院与国家[国务院三峡工程建设委员会办公室、国家文物局]编:《秭归官庄坪》，北京：科学出版社，603—618 页。

吴小平，吴建民（1998）:《洞庭湖区新石器时代遗址的分布与古环境变迁的关系》，载《东南文化》1998（1），35—40 页。

吴晓松，洪刚（1997）:《湖北蕲春达城新屋湾窖藏青铜器及相关问题的研究》，载《文物》1997（12），52—54 页。

吴新智（2000）:《巫山龙骨坡似人下颌属于猿类》，载《人类学学报》2000（1），

1—10 页。

吴耀利，丛德新（1996）:《试论魏家梁子文化》，载《考古》1996（8），19—26 页。

武汉［武汉大学荆楚史地考古教研室］（1984）:《随州安居遗址初次调查简报》，载《江汉考古》1984（4），1—7 页。

武汉［武汉大学随州考古发掘队］（1991）:《随州西花园遗址发掘简报》，载《江汉考古》1991（2），15—22 页。

武汉［武汉市博物馆］（1998a）:《1997—1998 年盘龙城发掘简报》，载《江汉考古》1998（3），34—48 页。

——（1998b）:《洪山放鹰台遗址 97 年度发掘报告》，载《江汉考古》1998（3），1—33 页。

武汉［武汉市盘龙城遗址博物馆筹建处］（2010）:《巴东红庙岭墓地 2007 年发掘报告》，载国务院与国家［国务院三峡工程建设委员会办公室、国家文物局］编:《湖北库区考古报告集第六卷》，北京：科学出版社，216—242 页。

武汉与蔡甸［武汉市考古队、蔡甸县博物馆］（1993）:《武汉市汉阳县熊家岭东周墓发掘》，载《文物》1993（6），65—76 页。

武汉与蔡甸［武汉市考古队、蔡甸县文化馆］（1988）:《武汉市汉阳县熊家岭楚墓》，载《考古》1988（12），1099—1108 页。

武汉与巫山［武汉市考古研究所、巫山县文物管理所］（2008）:《重庆巫山土城坡墓地 2006 年度发掘简报》，载《四川文物》2008（3），3—20 页。

——（2009）:《重庆巫山土城坡墓地 2004 年发掘简报》，载《江汉考古》2009（2），24—55 页。

武汉主编［武汉大学历史系考古教研室、武汉市博物馆、新洲区文化馆］（1993a）:《湖北新洲香炉山遗址（南区）发掘简报》，载《江汉考古》1993（1），14—19，87 页。

武汉主编［武汉大学历史系考古教研室、襄阳市博物馆、随州市博物馆］（1993b）:《西花园与庙台子》，武汉：武汉大学出版社。

武汉主编［武汉市文物考古研究所、重庆市文物局、巫山县文物管理所］（2007）:《巫山瓦岗槽墓地 2001 年度考古发掘报告》，载重庆与重庆［重庆市文物局、重庆市移民局］编:《重庆库区考古报告集 2001 卷》，北京：科学出版社，151—180 页。

Wünnemann, Bernd, Kai Hartmann, Manon Janssen, and C. Zhang Hucai (2007). Responses of Chinese Desert Lakes to Climate Instability during the Past 45,000 Years. In,

Late Quaternary Climate Change and Human Adaptation in Arid China, edited by David B. Madsen et al. Amsterdam: Elsevier. Pp. 11–24.

夏鼐，殷玮璋（1982）:《湖北铜绿山古铜矿》，载《考古学报》1982（1），1—14页。

Xiang, Fang, Lidong Zhu, Chengshan Wang, Xixi Zhao, Hongde Chen, and Wenguang Yang (2007). Quaternary Sediment in the Yichang Area: Implications for the Formation of the Three Gorges of the Yangtze River. *Geomorphology* 85(3–4): 249–258.

向桃初（2006）:《湖南宁乡炭河里西周城址与墓葬发掘简报》，载《文物》2006（6），4—35页。

——（2008）:《湘江流域商周青铜文化研究》，北京：线装书局。

向绪成（1983）:《从关庙山遗址看大溪文化的分期——兼评目前大溪文化的几种分期》，载《江汉考古》1983（3），68—79页。

向绪成、黄锡全（1995）:《大溪文化》，载杨宝成编:《湖北考古发现与研究》，武汉：武汉大学出版社，26—43页。

襄阳［襄阳市博物馆］（1988）:《湖北枣阳毛狗洞遗址调查》，载《江汉考古》1988（3），10—20页。

襄阳、襄阳［襄阳市文物管理处、襄阳市博物馆］（1999）:《襄樊彭岗东周墓地第一次发掘简报》，载《江汉考古》1999（4），7—16，38页。

湘西与保靖［湘西自治州文物管理处、保靖县文物管理所］（2004）:《保靖四方城战国、汉代墓葬发掘报告》，载湖南与湖南［湖南省文物考古研究所、湖南省考古学会］编:《湖南考古 2002》，长沙：岳麓书社，174—224页。

湘西与泸溪［湘西自治州文物管理处、泸溪县文管所］（2004）:《泸溪桐木垅战国、汉墓发掘报告》，载湖南与湖南［湖南省文物考古研究所、湖南省考古学会］编:《湖南考古 2002》，长沙：岳麓书社，254—288页。

湘西主编［湘西自治州文物管理处、湘西自治州博物馆、龙山县文物管理所］（2004）:《龙山县里耶镇李拐堡战国墓》，载湖南与湖南［湖南省文物考古研究所、湖南省考古学会］编:《湖南考古》，长沙：岳麓书社，126—146页。

肖明华（2004）:《论滇文化的青铜贮贝器》，载《考古》2004（1），78—88页。

肖先进，敖天照，刘家胜，包育智（2001）:《三星堆发现发掘始末》，成都：四川人民出版社。

孝感［孝感地区博物馆］（1993）:《湖北安陆市商周遗址调查》，载《考古》1993（6），500—506，542页。

孝感与孝感［孝感地区博物馆、孝感市博物馆］(1994):《湖北孝感聂家寨遗址发掘简报》,载《江汉考古》1994(2),1—14页。

西北［西北大学文博学院］(2002a):《重庆市万州区中坝子遗址第三次发掘报告》,载《考古与文物》2002(3),32—56页。

西北［西北大学考古队］(2002b):《重庆万州中坝子遗址第四次发掘简报》,载《文博》2002(3),3—20页。

——(2006):《万州中坝子遗址第三次发掘简报》,载重庆与重庆［重庆市文物局、重庆市移民局］编:《重庆库区考古报告集1999卷》,北京:科学出版社,235—252页。

西北与万州［西北大学考古队、万州区文物管理所］(2001):《万州中坝子遗址发掘报告》,载重庆与重庆［重庆市文物局、重庆市移民局］编:《重庆库区考古报告集1997卷》,北京:科学出版社,347—380页。

——(2003):《万州中坝子遗址东周时期墓葬发掘报告》,载重庆与重庆［重庆市文物局、重庆市移民局］编:《重庆库区考古报告集1998卷》,北京:科学出版社,592—606页。

谢涛(1993):《成都运动创伤研究所发现土坑墓》,载《成都文物》1993(3),64—66页。

谢维扬(1995):《中国早期国家》,杭州:浙江人民出版社。

谢远云、李长安、王秋良、殷鸿福(2005):《江汉平原6000年以来的古降水变化:江陵剖面沉积物粒度记录》,载《海洋地质与第四纪地质》2005(3),119—124页。

西南［西南博物院筹备处］(1954):《宝成铁路修筑工程中发现的文物简介》,载《文物参考资料》1954(3),10页。

熊卜发、李端阳(1996):《孝昌县武家岗东周墓葬第一次发掘报告》,载湖北［湖北省孝感市博物馆］编:《鄂东北考古报告集》,武汉:湖北科学技术出版社,16—45页。

徐恒彬(1982):《试论楚文化对广东历史发展的作用》,载中国［中国考古学会］编:《中国考古学会第二次年会(1980)论文集》,北京:文物出版社,74—79页。

许宏(2000):《先秦城市考古学研究》,北京:燕山出版社。

Xu, Jay (2001a). Bronze at Sanxingdui. In, *Ancient Sichuan: Treasures from a Lost Civilization*, edited by Robert Bagley. Seattle, WA: Seattle Art Museum. Pp. 59–152.

——(2001b). Sichuan before the Warring States Period. In, *Ancient Sichuan:*

Treasures from a Lost Civilization, edited by Robert Bagley. Seattle, WA: Seattle Art Museum. Pp. 21–38.

——(2003). Defining the Archaeological Cultures at the Sanxingdui Site. *Journal of East Asian Archaeology* 5(1–4): 149–190.

——(2008). *The Sanxingdui Site: Art and Archaeology*. Unpublished PhD thesis, Department of Art History, Princeton University.

Xu Shaohua (1999). Chu Culture: An Archaeological Overview. In, *Defining Chu: Images and Reality in Ancient China*, edited by C. A. Cook and J. S. Major. Honolulu: University of Hawai'i Press. Pp. 21–32.

徐世群（1998）:《巴蜀文化大典》, 成都：四川人民出版社。

徐学书（1995）:《岷江上游新石器时代文化的初步研究》, 载《考古》1995（5）, 415—426 页。

徐中舒（1974）:《四川涪陵小田溪出土的虎钮錞于》, 载《文物》1974（5）, 81—83 页。

——（1987）:《巴蜀考古论文集》, 北京：文物出版社。

徐中舒，唐嘉弘（1981）:《古代楚蜀的关系》, 载《文物》1981（6）, 17— 25 页。

徐祖祥（1990）:《论大溪文化》, 载《南方民族考古》3, 213—236 页。

严文明（1992）:《略论中国文明的起源》, 载《文物》1992（1）, 40—49, 25 页。

Yan Wenming(1999). Neolithic Settlements in China: Latest Finds and Research. *Journal of East Asian Archaeology* 1(1–4): 131–148.

——(2004). The Cradle of Eastern Civilization. In, *New Perspectives on China's Past: Chinese Archaeology in the Twentieth Century*, Vol. 1, edited by Yang Xiaoneng. New Haven, CT: Yale University Press. Pp. 48–75.

Yang, Bin (2004). Horses, Silver and Cowries: Yunnan in Global Perspective. *Journal of World History* 15(3): 281–322.

——(2011). The Rise and Fall of Cowries: The Asian Story. *Journal of World History* 22(1): 1–25.

杨宝成，黄锡全（1995）:《湖北考古发现与研究》, 武汉：武汉大学出版社。

杨华，刘琼，艾涛（2007）:《三峡库区忠县石匣子、洞天堡、周家院子墓地考古发掘考察》, 载《重庆师范大学学报（哲学社会科学版）》2007（1）, 88—93 页。

杨华，黄建华，张庆久，郭亮（2009）:《三峡库区忠县石匣子古墓群的考古发掘与研究》，载《重庆师范大学学报（哲学社会科学版）》2009（2），80—86 页。

杨美莉（2002）:《二里头文化的嵌绿松石铜牌》，载《研究纪要》3，27—88 页。

杨权喜（1980）:《当阳季家湖考古试掘的主要收获》，载《江汉考古》1980（2），27—30 页。

——（2000）:《楚文化》，北京：文物出版社。

羊向东，朱育新，蒋雪中，吴艳宏，王苏民（1998）:《沔阳地区一万多年来孢粉记录的环境演变》，载《湖泊科学》10（2），23—29 页。

Yang Xiaoneng (2004). Urban Revolution in Late Prehistoric China. In, *New Perspectives on China's Past: Chinese Archaeology in the Twentieth Century,* Vol. 1, edited by Yang Xiaoneng. New Haven, CT: Yale University Press. Pp. 98–143.

杨永富，李奎，常嗣和（2002）:《金沙村遗址玉、石器材料鉴定及初步研究》，载成都与北京［成都市文物考古研究所、北京大学考古文博院］编:《金沙淘珍——成都市金沙村遗址出土文物》，北京：文物出版社，193—200 页。

Yankowski, Andrea (2010). Traditional Technologies and Ancient Commodities: An Ethnoarchaeological Study of Salt Manufacturing and Pottery Production in Bohol, Central Philippines. In, *Salt Archaeology in China: Global Comparative Perspectives*, Vol. 2, edited by Li Shuicheng and Lothar von Falkenhausen. 北京：科学出版社 . Pp. 161–181.

Yasuda Yoshinori (2002). Origins of Pottery and Agriculture in East Asia. In, *The Origins of Pottery and Agriculture*, edited by Yasuda Yoshinori. New Delhi: Roli Books/Lustre Press. Pp. 119–142.

叶茂林（1991a）:《广元市邓家坪新石器时代遗址》，载《中国考古学年鉴》1991，269—270 页。

——（1991b）:《广元市中子铺营盘梁细石器遗址》，载《中国考古学年鉴》1991，269 页。

易建平（2004）:《部落联盟与酋邦——民主·专制·国家：起源问题比较研究》，北京：社会科学文献出版社。

Yi, Sangheon, Yoshiki Saito, Quanhong Zhao, and Pinxian Wang (2003). Vegetation and Climate Changes in the Changjiang (Yangzi River) Delta, China, during the Past 13,000 Years Inferred from Pollen Records. *Quaternary Science Reviews* 22: 1501–1519.

宜昌［宜昌地区博物馆］（1986）:《馆藏铜器介绍》1986（2），93—96，76 页。

——（1990）:《湖北当阳赵巷 4 号春秋墓发掘简报》，载《文物》1990（10），

25—32 页。

宜昌［宜昌博物馆］(2006)：《卜庄河古遗址（A、B区）发掘简报》，载国务院与国家［国务院三峡工程建设委员会办公室、国家文物局］编：《湖北库区考古报告集第三卷》，北京：科学出版社，19—34 页。

宜昌与秭归［宜昌地区博物馆、秭归屈原纪念馆］(1991)：《秭归卜庄河古墓发掘》，载《江汉考古》1991（4），24—28，93 页。

殷涤非、罗长铭(1958)：《寿县出土的鄂君启金节》，载《文物参考资料》1958（4），8—11 页。

Yin, Hongfu, Guangrun Liu, Jiangao Pi, Guojin Chen, and Changan Li (2007). On the River–Lake Relationship of the Middle Yangtze Reaches. *Geomorphology* 85(3–4): 197–207.

尹检顺(2007)：《汤家岗文化初论》，载《南方文物》2007（2），61—69 页。

荥经［荥经严道古城遗址博物馆］(1994)：《四川荥经南罗坝村战国墓》，载《考古学报》1994（3），381—396 页。

益阳与潘［益阳市文物管理处、潘茂辉］(1999)：《益阳新石器时代遗址考古发掘与初步研究》，载《湖南考古辑刊》7，171—197 页。

益阳主编［益阳市文物管理处、重庆市文物局、重庆市文物考古所、重庆市万州区文物管理所］(2007)：《万州大坪墓群 2001 年度发掘简报》，载重庆与重庆［重庆市文物局、重庆市移民局］编：《重庆库区考古报告集 2001 卷》，北京：科学出版社，1322—1347 页。

余从新(1980)：《安陆县晒书台商周遗址试掘》，载《江汉考古》1980（1），64 页。

于豪亮(1976)：《四川涪陵的秦始皇二十六年铜戈》，载《考古》1976（1），22—23，21 页。

余静(2005)：《从近年来三峡考古新发现看楚文化的西渐》，载《江汉考古》2005（1），73—84 页。

于孟洲(2010)：《重庆峡江地区中坝文化研究》，载《考古与文物》2010（3），22—31，52 页。

俞伟超(1996)：《三星堆文化在我国文化总谱系中的位置、地望及其土地崇拜》，载四川［四川省文物考古研究所］编：《四川考古论文集》，北京：文物出版社，59—63 页。

——(2000)：《长江三峡文物存真》，重庆：重庆出版社。

俞伟超，高明（1978a）:《周代用鼎制度研究》，载《北京大学学报（哲学社会科学版）》1978（1），84—98 页。

——（1978b）:《周代用鼎制度研究》，载《北京大学学报（哲学社会科学版）》1978（2），84—97 页。

——（1979）:《周代用鼎制度研究》，载《北京大学学报（哲学社会科学版）》1979（1），83—96 页。

余文斌，罗静波，刘晓那（2003）:《天星观二号墓 8 号铜鼎出土鱼骨鉴定》，载湖北〔湖北省荆州博物馆〕编:《荆州天星观二号楚墓》，北京：文物出版社，230—231 页。

Yuan Jiarong (2002). Rice and Pottery 10,000 Yrs. BP at Yuchanyan, Dao County, Hunan Province. In, *The Origins of Pottery and Agriculture*, edited by Yasuda Yoshinori. New Delhi: Roli Books/Lustre Press. Pp. 157–167.

袁靖（2007）:《城头山遗址出土猪骨鉴定》，载湖南与国际〔湖南省文物考古研究所、国际日本文化研究中心〕编:《澧县城头山：中日合作澧阳平原环境考古与有关综合研究》，北京：文物出版社，123—124 页。

Yuan Jing and Rowan K. Flad (2005). New Zooarchaeological Evidence for Changes in Shang Dynasty Animal Sacrifice. *Journal of Anthropological Archaeology* 24(3): 252–270.

Yuan Jing, Rowan K. Flad, and Luo Yunbing (2008). Meat-Acquisition Patterns in the Neolithic Yangzi River Valley, China. *Antiquity* 82: 351–366.

岳阳〔岳阳市文物工作队〕（1994）:《钱粮湖坟山堡新石器时代遗址试掘报告》，载《湖南考古辑刊》第 6 辑，17—33 页。

岳阳〔岳阳市云溪区文物管理所〕（2002）:《岳阳市市郊铜鼓山遗址新出土的青铜器》，载湖南与湖南〔湖南省文物考古研究所、湖南省考古学会〕编:《湖南考古2002》，长沙：湖南出版集团，455—459 页。

岳阳〔岳阳市文物考古研究所〕（2006）:《巴东仁家坪遗址 2002 年发掘简报》，载国务院与国家〔国务院三峡工程建设委员会办公室、国家文物局〕编:《湖北库区考古报告集第三卷》，北京：科学出版社，396—406 页。

云南〔云南省博物馆文物工作队〕（1977）:《云南云县忙怀新石器时代遗址调查》，载《考古》1977（3），176—177，214 页。

张昌平（1996）:《论湖北襄樊地区两周甲骨》，载《考古与文物》1996（5），

12—17 页。

张昌平，郭伟民（2005）:《中国出土玉器全集（湖北、湖南）》，北京：科学出版社。

Zhang Chi (1997). The Rise of Urbanism in the Middle and Lower Yangzi River valley. *Bulletin of the Indo-Pacific Prehistory Association* 16: 63–67.

张弛（2000）:《江西万年早期陶器和稻属植硅石遗存》，载严文明、安田喜宪编:《稻作、陶器、都市的起源》，北京：文物出版社，43—49 页。

Zhang Chi and Hung Hsiao-chun (2010). The emergence of agriculture in southern China. *Antiquity* 84(323): 11–25.

张君，朱章义（2006）:《成都十街坊遗址新石器时代晚期人骨的观察》，载《考古》2006（7），75—79 页。

张善熙，陈显丹（1989）:《三星堆文化的贝币试探》，载《四川文物》1989（S1），69—71 页。

Zhang Wenxu and Yuan Jiarong (1998). A Preliminary Study of Ancient Excavated Rice from the Yuchanyan Site, Dao County, Hunan Province, P.R. China. *Acta Agronimica Sinica* 24: 416–420.

张文绪，裴安平（1997）:《澧县梦溪八十垱出土稻谷的研究》，载《文物》1997（1），36—41 页。

Zhang Xiaoyang (1991). *The Formation and Evolution of Dongting Lake and Delta Deposit*. Unpublished MS thesis, Nanjing Institute of Geography.

张晓阳，蔡述明，孙顺才（1994）:《全新世以来洞庭湖的演变》，载《湖泊科学》6（10），13—21 页。

张西显（1983）:《浅说楚都丹阳在淅川》，载《中原文物》1983（专号），55—58 页。

张绪球（1991a）:《石家河文化的陶塑品》，载《江汉考古》1991（3），55—60 页。

——（1991b）:《石家河文化分期分布和类型》，载《考古学报》1991（4），389—413 页。

——（1992）:《长江中游中石器时代文化概论》，武汉：湖北科学技术出版社。

——（1994）:《屈家岭文化古城的发现和初步研究》，载《考古》1994（7），629—634 页。

——（2000）:《长江中游史前城址和石家河聚落群》，载严文明、安田喜宪编:《稻作、陶器、都市的起源》，北京：文物出版社，167—179 页。

张亚初（1984）:《论鲁台山西周墓的年代与族属》，载《江汉考古》1984（2），23—28 页。

张泽栋（1983）:《云梦"楚王城"遗址简记》，载《江汉考古》1983（2），93 页。

张之恒（1982）:《试论大溪文化》，载《江汉考古》1982（1），66—71 页。

赵宾福（2004）:《考古学文化的"命名"与"易名"——以"老关庙下层文化"和"哨棚嘴文化"概念为例》，载《东南文化》2004（4），36—39 页。

赵宾福，王鲁茂（1996）:《老关庙下层文化初论》，载四川［四川省文物考古研究所］编:《四川考古论文集》，北京：文物出版社，44—56 页。

赵炳清（2005）:《略论峡江地区盐卤资源与楚西进置郡的关系》，载《三峡大学学报（人文社会科学版）》27（5），17—21 页。

——（2008）:《从峡江地区的楚墓看楚国的西境变化》，载《中国历史地理论丛》23（2），52—58，75 页。

——（2009）:《从峡江地区楚文化遗存看东周时期巴楚关系的变化》，载《华夏考古》2009（2），118—124，152 页。

——（2010）:《从峡江地区楚文化遗存看东周时期的巴楚关系》，载《考古》2010（4），79—86 页。

赵殿增（1983）:《巴蜀文化的考古学分期》，载中国［中国考古学会］编:《中国考古学年会第四次年会论文集》，北京：文物出版社，214—224 页。

Zhao Dianzeng (1996). The Sacrificial Pits at Sanxingdui. In, *Mysteries of Ancient China: New Discoveries from the Early Dynasties*, edited by Jessica Rawson. New York: George Braziller. Pp. 232–239.

赵殿增主编［赵殿增、四川省文物考古研究所、四川省文物管理委员会］（1987）:《巴蜀原始文化的研究》，载徐中舒编:《巴蜀考古论文集》，北京：文物出版社，1—22 页。

赵静芳（2003）:《重庆丰都高家镇玉溪遗址动物骨骸的鉴定和研究》，北京大学考古学及博物馆学系未出版硕士论文。

Zhao Songqiao (1994). *Geography of China: Environment, Resources, Population, and Development*. New York: John Wiley.

赵新平（2003）:《巫山秀峰一中墓地战国墓试析》，载［重庆市文物局、重庆市移民局］编:《重庆 2001 三峡文物保护学术研讨会论文集》，北京：科学出版社，124—127 页。

Zhao, Yiming, Yinan Zhang, and Chengsi Bi (1999). Geology of Gold-Bearing Skarn Deposits in the Middle and Lower Yangtze River Valley and Adjacent Regions. *Ore Geology Reviews* 14: 227–249.

Zhao Yan, Yu Zicheng, Chen FaHu, and An Chengbang (2007). Holocene Vegetation and Climate Changes from Fossil Pollen Records in Arid and Semiarid China. In, *Late Quaternary Climate Change and Human Adaptation in Arid China*, edited by David B. Madsen et al. Amsterdam: Elsevier. Pp. 51–65.

Zhao Zhijun (1998). The Middle Yangtze Region in China Is One Place Where Rice Was Domesticated: Phytolith Evidence from the Diaotonghuan Cave, Northern Jiangxi. *Antiquity* 72: 885–897.

赵志军(2005):《有关中国农业起源的新资料和新思考》,载中国[中国社会科学院考古研究所]编:《新世界的中国考古学》,北京:科学出版社,86—101页。

Zhao Zhijun and Rowan Flad (n.d.). Report on Floatation Results from the Zhongba Site in Chongqing. In, *Salt Archaeology in China: Ancient Salt Production and Landscape Archaeology in the Upper Yangzi Basin: Research on Zhongba*, Vol. 3, edited by Li Shuicheng and Lothar von Falkenhausen. 北京:科学出版社,页数不明。

郑州[郑州市文物考古研究所、重庆市文物局、云阳县文物保护管理所](2007):《云阳马沱墓地2001年度发掘报告》,载[重庆市文物局、重庆市移民局]编:《重庆库区考古报告集2001卷》,北京:科学出版社,626—681页。

钟长永,黄健(1997):《川东盐业与三峡库区的盐业遗址》,载《四川文物》1997(2),3—6页。

忠县[忠县志编纂委员会](1994):《忠县志》,成都:四川辞书出版社。

中国[中国科学院考古研究所](1957):《长沙发掘报告》,北京:科学出版社。

中国[中国科学院考古研究所长江三峡工作组](1961):《长江西陵峡考古调查与试掘》,载《考古》1961(5),231—235页。

中国[中国科学院考古研究所湖北发掘队](1962):《湖北蕲春毛家嘴西周木构建筑》,载《考古》1962(1),1—9页。

中国[中国科学院考古研究所](1965):《京山屈家岭》,北京:科学出版社。

中国[中国社会科学院考古研究所湖北工作队](1981):《湖北枝江关庙山新石器时代遗址发掘简报》,载《考古》1981(4),289–297页。

中国[中国社会科学院考古研究所](1982):《考古工作手册》,北京:文物出版社。

中国［中国社会科学院考古研究所湖北工作队］（1983）:《湖北枝江关庙山遗址第二次发掘》,载《考古》1983（1）,17—29页。

中国［中国社会科学院考古研究所四川工作队］（1988）:《四川乐山市考古调查简报》,载《考古》1988（1）,7—11页。

中国［中国社会科学院考古研究所湖北工作队］（1989）:《湖北郧县东周西汉墓》,载《考古学集刊》第6辑,143—174页。

中国［中国社会科学院考古研究所四川工作队］（1990a）:《四川绵阳市边堆山新石器时代遗址调查简报》,载《考古》1990（4）,307—313页。

——（1990b）:《四川万县地区考古调查简报》,载《考古》1990（4）,314—321页。

——（1991a）:《四川广元市中子铺细石器遗存》,载《考古》1991（4）,289—299页。

——（1991b）:《四川汉源县大树乡两处古遗址调查》,载《考古》1991（5）,385—389页。

中国［中国社会科学院考古研究所］（1991c）:《青龙泉与大寺》,北京:科学出版社。

——（1991d）:《中国考古学中碳十四年代报告集1965—1991》,北京:文物出版社。

中国［中国自然资源丛书编撰委员会］（1995）:《中国自然资源丛书——四川卷》,北京:中国环境科学出版社。

中国［中国社会科学院考古研究所长江三峡考古队］（1996）:《四川巫山县魏家梁子遗址的发掘》,载《考古》1996（8）,1—18,48页。

——（1997）:《巫山县大溪新石器时代至清代遗址》,载《中国考古学年鉴》1995,215—216页。

中国［中国社会科学院考古研究所］（1999）:《偃师二里头》,北京:中国大百科全书出版社。

——（2001）:《蒙城尉迟寺——皖北新石器时代聚落遗存的发掘与研究》,北京:科学出版社。

——（2003）:《中国考古学:夏商卷》,北京:中国社会科学出版社。

——（2004）:《中国考古学:两周卷》,北京:中国社会科学出版社。

——编（2005）:《考古工作人员训练班五十周年纪念文集》,北京:中国社会科学院考古研究所。

——（2006）:《枣阳雕龙碑》,北京:科学出版社。

中国与四川［中国社会科学院考古研究所四川工作队、四川省广元市文物管理所］（1991）:《四川广元市张家坡新石器时代遗址的调查与试掘》,《考古》1991（9）,774—780页。

中国与巫山［中国社会科学院考古研究所长江三峡工作队、巫山县文物管理所］（2001）:《巫山双堰塘遗址发掘报告》,载重庆与重庆［重庆市文物局、重庆市移民局］编:《重庆库区考古报告集1997卷》,北京:科学出版社,31—64页。

——（2006）:《巫山双堰塘遗址发掘报告》,载［重庆市文物局、重庆市移民局］编:《重庆库区考古报告集1999卷》,北京:科学出版社,80—144页。

中国与云阳［中国历史博物馆故陵考古队、云阳县文物管理所］（2003）:《云阳故陵楚墓发掘报告》,载重庆与重庆［重庆市文物局、重庆市移民局］编:《重庆库区考古报告集1998卷》,北京:科学出版社,389—415页。

中国主编［中国科学院古脊椎动物与古人类研究所、重庆自然博物馆、奉节县白帝城博物馆、河北省阳原县文物保护管理所、万州区文物管理所］（2001）:《奉节鱼复浦遗址旧石器时代考古发掘报告》,载重庆与重庆［重庆市文物局、重庆市移民局］编:《重庆库区考古报告集1997卷》,北京:科学出版社,144—159页。

中国主编［中国社会科学院考古研究所、四川省文物考古研究所、成都市文物考古研究所］（2006）:《四川汉源县麦坪村、麻家山遗址试掘简报》,载《四川文物》2006（2）,3—19页。

中日［中日联合考古调查队］（1998）:《四川新津县宝墩遗址1996年发掘简报》,载《考古》1998（1）,29—50页。

——（2001a）:《都江堰市芒城遗址1998年度工作简报》,载《成都考古发现》1999,54—98页。

——（2001b）:《都江堰市芒城遗址1999年度工作简报》,载《成都考古发现》1999,99—126页。

周光林（1993）:《屈家岭文化墓葬浅析》,载《江汉考古》1993（4）,34—40页。

Zhou, M. (1985). Vegetation and Environment at Dajiu Lake, Shennong Mountain, Unpublished MA thesis.（未见）

周世荣（1962）:《湖南石门县皂市发现商殷遗址》,载《考古》1962（3）,144—

146 页。

Zhou, Taihe, R. J. Goldfarb, and G. N. Phillips (2002). Tectonics and distribution of gold deposits in China – an overview. *Mineralium Deposita* 37: 249–282.

朱诚，钟宜顺，郑朝贵，马春梅，李兰（2007）:《湖北旧石器至战国时期人类遗址分布与环境的关系》，载《地理学报》62（3），227—242 页。

朱诚，于世永（2003）:《巫山大昌镇张家湾遗址剖面孢粉分析报告》，载重庆与重庆［重庆市文物局、重庆市移民局］编:《重庆库区考古报告集1998卷》，北京:科学出版社，203—205 页。

朱诚，于世永，卢春成（1997）:《长江三峡及江汉平原地区全新世环境考古与异常洪涝灾害研究》，载《地理学报》52（3），268—276 页。

朱俊英，黎泽高（2005）:《大冶五里界春秋城址及周围遗址考古的主要收获》，载《江汉考古》2005（1），45—49 页。

竺可桢（1972）:《中国近五千年来气候变迁的初步研究》，载《考古学报》1972（1），15—38 页。

朱萍（2002）:《楚文化的西渐——楚国西向扩张的考古学观察》，北京大学考古学系未出版硕士论文。

——（2010）:《楚文化的西渐——楚国经营西部的考古学观察》，成都:巴蜀书社。

朱顺龙，石瑞卿（2001）:《论先秦时期南北方卜甲骨的异同》，复旦大学文物与博物馆学系、复旦大学文化遗产研究中心编:《文化遗产研究集刊2》，上海:上海古籍出版社，174—184 页。

朱训（1999）:《中国矿情:金属矿产》，北京:科学出版社。

Zhu Zhangyi, Zhang Qing, and Wang Fang (2003). The Jinsha Site: An Introduction. *Journal of East Asian Archaeology* 5(1–4): 247–276.

朱章义（2001）:《成都市南郊十街坊遗址发展纪要》，载《成都考古发现》1999，1—28 页。

朱章义，刘骏（2001）:《成都市黄忠村遗址1999年度发掘的主要收获》，载《成都考古发现》1999，164—181 页。

秭归〔秭归县屈原纪念馆〕（2010）:《秭归兵书宝剑峡悬棺清理报告》，载国务院与国家［国务院三峡工程建设委员会办公室、国家文物局］编:《湖北库区考古报告集第五卷》，北京:科学出版社，138—156 页。

邹芙都（2005）:《论楚国对西南地区的经营》,载《云南社会科学》2005（2）,110–113 页。

邹冲（1996）:《三星堆文化与夏商文化的关系》,载《四川考古论文集》,四川省文物考古研究所编,北京:文物出版社,57—58 页。

邹后曦,袁东山（2003）:《重庆峡江地区新石器文化》。载重庆与重庆［重庆市文物局、重庆市移民局］编:《重庆 2001 三峡文物保护学术研讨会论文集》,北京:科学出版社,17—40 页。

邹一清（2005）:《古蜀与美索不达米亚:从灌溉系统的比较分析看古代文明的可持续发展》,载《中华文化论坛》2005（2）,145—148 页。

——（2006）:《先秦蜀地农业的有关材料与研究》,载《四川师范大学学报》2006（6）,9—13 页。

出版后记

近年来，长江中上游地区的考古成果受到越来越多的关注，这部著作就是两位作者在这片地区深耕多年的硕果。他们用中心／边缘的视角考察四川盆地、三峡地区和长江中游这三个主要的讨论区域，又从自然地理环境、政权更迭、经济模式、文化习俗、宗教信仰等不同层面分析这几个区域的内部社会结构、彼此间的互动方式，以及由各种互动所形成的外部社会网络。在这种复杂、多元、全面，同时极具启发性的研究方式下，三峡这一传统以来被视为政治和文化边缘的区域，至少在经济和商业贸易方面成为长江中上游的中心。

中心和边缘在层层剖析中被不断置换，作者也由此达到他们的目的——为我们展示了这片地区、这种研究方式的多样性、在学术研究中更多的可能性。这部著作也以其深度、广度及前沿性成为长江中上游地区考古研究的杰出之作。

服务热线：133-6631-2326　188-1142-1266

服务信箱：reader@hinabook.com

后浪出版公司

2021 年 3 月

图书在版编目（CIP）数据

古代中国内陆：景观考古视角下的古代四川盆地、三峡和长江中游地区 / (美) 傅罗文著；陈伯桢著；戚轩铭译. -- 北京：北京联合出版公司, 2021.4（2023.3 重印）

ISBN 978-7-5596-4915-7

Ⅰ. ①古… Ⅱ. ①傅… ②陈… ③戚… Ⅲ. ①长江流域—地方史—研究—古代 Ⅳ. ① K295

中国版本图书馆 CIP 数据核字 (2021) 第 017224 号

This is a Simplified-Chinese translation edition of the following title published by Cambridge University Press: Ancient Central China: Centers and Peripheries Along the Yangzi River
ISBN 9780521727662
© Rowan K. Flad and Pochan Chen 2013
This Simplified-Chinese translation edition for the People's Republic of China (excluding Hong Kong, Macau and Taiwan) is published by arrangement with the Press Syndicate of the University of Cambridge, Cambridge, United Kingdom.
© Beijing United Publishing Co.,Ltd and Ginkgo (Shanghai) Book Co., Ltd., 2021
This Simplified-Chinese translation edition is authorized for sale in the People's Republic of China (excluding Hong Kong, Macau and Taiwan) only. Unauthorised export of this Simplified - Chinese translation edition is a violation of the Copyright Act. No part of this publication may be reproduced or distributed by any means, or stored in a database or retrieval system, without the prior written permission of Cambridge University Press and Ginkgo (Shanghai) Book Co., Ltd. Copies of this book sold without a Cambridge University Press sticker on the cover are unauthorized and illegal.
本书封面贴有 Cambridge University Press 防伪标签，无标签者不得销售。

审图号：GS（2020）5052 号

古代中国内陆：景观考古视角下的古代四川盆地、三峡和长江中游地区

著　　者：[美]傅罗文　陈伯桢　　　　译　　者：戚轩铭
出 品 人：赵红仕　　　　　　　　　　选题策划：后浪出版公司
出版统筹：吴兴元　　　　　　　　　　特约编辑：梁欣彤　周　磊
责任编辑：管　文　　　　　　　　　　营销推广：ONEBOOK
封面设计：尬　木

北京联合出版公司出版
（北京市西城区德外大街 83 号楼 9 层 100088）
北京盛通印刷股份有限公司印刷　新华书店经销
字数 348 千字　889 毫米 × 1194 毫米　1/32 15 印张
2021 年 4 月第 1 版　2023 年 3 月第 3 次印刷
ISBN 978-7-5596-4915-7
定价：82.00 元

后浪出版咨询 (北京) 有限责任公司　版权所有，侵权必究
投诉信箱：copyright@hinabook.com　fawu@hinabook.com
未经许可，不得以任何方式复制或者抄袭本书部分或全部内容
本书若有印、装质量问题，请与本公司联系调换，电话 010-64072833